GRIEBEN / ENGLAND UND WALES

DIE GRAFSCHAFTEN
(COUNTIES)
VON ENGLAND UND WALES

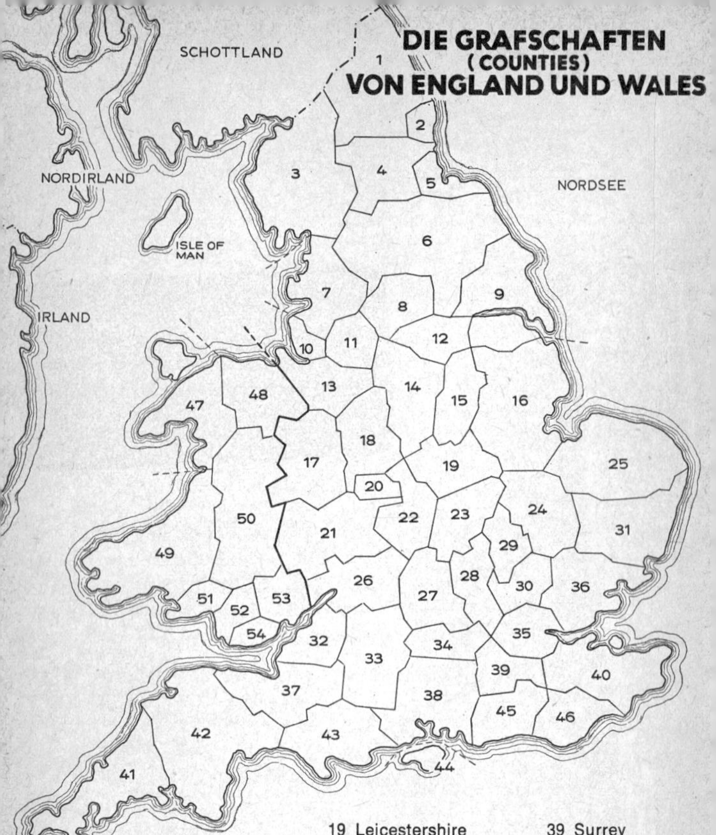

ENGLAND

1 Northumberland
2 Tyne and Wear
3 Cumbria
4 Durham
5 Cleveland
6 North Yorkshire
7 Lancashire
8 West Yorkshire
9 Humberside
10 Merseyside
11 Greater Manchester
12 South Yorkshire
13 Cheshire
14 Derbyshire
15 Nottinghamshire
16 Lincolnshire
17 Salop
18 Staffordshire
19 Leicestershire
20 West Midlands
21 Hereford and Worcester
22 Warwickshire
23 Northamptonshire
24 Cambridgeshire
25 Norfolk
26 Gloucestershire
27 Oxfordshire
28 Buckinghamshire
29 Bedfordshire
30 Hertfordshire
31 Suffolk
32 Avon
33 Wiltshire
34 Berkshire
35 Greater London
36 Essex
37 Somerset
38 Hampshire
39 Surrey
40 Kent
41 Cornwall
42 Devon
43 Dorset
44 Isle of Wight
45 West Sussex
46 East Sussex

WALES:

47 Gwynedd
48 Clwyd
49 Dyfed
50 Powys
51 West Glamorgan
52 Mid Glamorgan
53 Gwent
54 South Glamorgan

GRIEBEN-REISEFÜHRER

Band 243

ENGLAND
UND
WALES

LONDON
ist in einem eigenen Stadtführer (Band 244)
ausführlich beschrieben.

VERLAG KARL THIEMIG AG MÜNCHEN

Vorbemerkung

Diese Auflage wurde wiederum in Zusammenarbeit mit den Fremdenverkehrsbehörden des Reisegebiets vollständig überarbeitet und auf den neuesten Stand gebracht. Ihnen und ebenso allen GRIEBEN-Benutzern, welche diese Arbeit durch freundliche Mithilfe und Hinweise unterstützt haben, danken Verlag und Redaktion.

Die Informationen wurden von fachkundigen Mitarbeitern und der Redaktion sorgfältig zusammengestellt und überprüft. Für Irrtümer kann jedoch keine Verantwortung übernommen werden.

Falls Sie bisher noch nicht mit GRIEBEN gereist sind, ist sicher der Hinweis nützlich, daß die Bände der Serie nach einem einheitlichen Schema aufgebaut sind. Diese Anordnung erleichtert die Vorbereitung, zum andern den Gebrauch während der Reise, also an Ort und Stelle, und schließlich die Vertiefung der Eindrücke nach der Reise.

Wie lassen sich die vielfältigen Informationen dieses Reiseführers erschließen? Der Vorbereitung dient zunächst der ALLGEMEINE TEIL (siehe nebenstehendes Inhaltsverzeichnis). Die PRAKTISCHEN VORBEMERKUNGEN führen Informationsstellen, Campingplätze, Jugendherbergen auf und vermitteln Wissenswertes über Währung, Zollbestimmungen, Verkehrsverhältnisse, Unterkunft, Essen, Sportmöglichkeiten und anderes. Die STRECKENBESCHREIBUNGEN UND TOURENVORSCHLÄGE erleichtern die Ausarbeitung der individuellen Reiseroute. Hier finden sich auch Übersichtskarten über das Eisenbahnnetz oder Fährverbindungen. Den Hauptteil bilden die alphabetisch geordneten ORTS- UND LANDSCHAFTSBESCHREIBUNGEN, die die wichtigsten Reiseziele möglichst umfassend darstellen, dazu Spaziergänge, Wanderungen und Ausflüge in die Umgebung. Die Skizzen der GEBIETSÜBERSICHTEN heben Schwerpunkte des Reisegebiets hervor und stellen zugleich die Verbindung zwischen den Ortsbeschreibungen her. Stadtpläne und Lageskizzen erleichtern Besichtigungen und Rundgänge. Das ORTS- UND SACHVERZEICHNIS enthält alle im Hauptteil erwähnten Orte, Wander- und Ausflugsziele; schlagen Sie also stets auch hier nach. Die mehrfarbige EINSTECKKARTE soll lediglich einer Vor-Information dienen; ziehen Sie bitte die Kartenhinweise zu Rate.

Und schließlich: Waren Sie mit diesem GRIEBEN-Reiseführer zufrieden, freut uns Ihre Zustimmung. Haben Sie Verbesserungsvorschläge, lassen Sie sie uns wissen. So tragen auch Sie zur ständigen Aktualisierung bei, denn jeder Band wird alle zwei bis drei Jahre neu bearbeitet. Für Ihre Hilfe danken wir Ihnen.

Verlag Karl Thiemig AG
– GRIEBEN-Redaktion –
Postfach 90 07 40, 8 München 90

Inhaltsverzeichnis

Allgemeines

Praktische Vorbemerkungen

Streckenbeschreibungen und Tourenvorschläge

Sehenswürdigkeiten

Orts- und Landschaftsbeschreibungen

Titelbild: Kathedrale von Canterbury (Foto: Hans Gregor/Bavaria)
Pläne und Zeichnungen: B. und F. Lerche

Gesamtherstellung:
Karl Thiemig, Graphische Kunstanstalt und Buchdruckerei AG, München
Printed in Germany

ISBN 3-521-00216-0

Allgemeines

Landschaftsbild und geographische Gliederung

Die Britischen Inseln (British Isles) einschließlich Irland liegen mit ihren 59 000 000 Bewohnern an der Nordwestküste Europas. Sie umfassen eine Bodenfläche von rund 315 000 qkm. Das Gebiet wird vom Festland durch den Ärmelkanal (English Channel) getrennt. Trotz der verhältnismäßig geringen Ausdehnung (Straße von Dover 27 km) dieses Zwischenraumes hat er in geschichtlicher, kultureller und wirtschaftlicher Hinsicht eine Abgeschiedenheit der Inseln bewirkt, die erst in diesem Jahrhundert infolge der politisch-wirtschaftlichen Entwicklung, der Bestrebungen nach einem Europa-Zusammenschluß und des Flugverkehrs eine Annäherung an den Kontinent erkennen läßt. Britannien besteht aus zwei ausgedehnten sowie einer Gruppe von kleineren bewohnten und auch menschenleeren Inseln. Auf der größten Insel liegen England und Wales mit rund 49 000 000 und Schottland mit 5 000 000 Einwohnern. Die andere Hauptinsel teilt sich in Nordirland (Northern Ireland) mit 1 600 000 und in die Republik Irland (Republic of Ireland oder Eire) mit 3 000 000 Einwohnern. Vor der Südküste von England, gegenüber von Southampton, liegt die Insel Wight (Isle of Wight), vor der äußersten Südspitze befinden sich die Scilly-Inseln (Isles of Scilly). Vor Nordwales liegt die Insel Anglesey. Vor Schottland gruppieren sich 186 bewohnte Inseln. Die Insel Man (Isle of Man) in der Irischen See (Irish Sea) zwischen England und Irland und die Kanalinseln (Channel Islands) zwischen Britannien und Frankreich sind mit teils eigener Gesetzgebung nicht mit dem Vereinigten Königreich verbunden, unterstehen aber dem Schutz und der Macht der britischen Krone.

Die Britischen Inseln sind nur ein geographischer Begriff. Wenn man im allgemeinen von England spricht, meint man das Vereinigte Königreich von Großbritannien und Nordirland (United Kingdom of Great Britain and Northern Ireland) - abgekürzt: UK. Diesem Zusammenschluß gehören das Königreich England, das Fürstentum Wales sowie Schottland und Nordirland an.

Die Britischen Inseln liegen zwischen dem 50. und dem 60. nördlichen Breitengrad. Der Meridian 0° geht durch das frühere königliche Observatorium von Greenwich bei London. Die äußeren Grenzen bilden die Meere: im Osten die Nordsee (North Sea), im Süden der Ärmelkanal (English Channel), im Westen die Irische See und der Atlantische Ozean, im Norden ebenfalls der Atlantik. Von der Südküste bis zum äußersten Norden sind es etwa 1000 Kilometer. Die zahlreichen Buchten, Fjorde und Mündungsbecken bewirken, daß keine Stelle der Insel weiter als 100 Kilometer von den Ebbe- und Flutgewässern entfernt liegt. Der weiteste Weg von Küste zu Küste mißt 450

Kilometer. Das Wasser ist in Küstennähe nur 100 Meter tief. Es bietet günstige Bedingungen für Fischzucht und -fang. Nur im Nordwesten trifft man auf Tiefen von 200 bis zu 1000 Metern.

Dieser Band beschäftigt sich nur mit der südlichen Hälfte der größten Insel, mit England und Wales. England (131 750 Quadratkilometer) liegt zwischen 55°48′ und 49°57′ nördlicher Breite und zwischen 1°46′ östlicher und 5°42′ westlicher Breite und ist in 46 geographische (s. Übersicht auf Seite 2) und verwaltungstechnische Grafschaften (Counties) eingeteilt. Im Norden bilden die Höhen der Cheviot Hills eine natürliche Grenze zu Schottland. Das westlich an England grenzende Wales (20 750 Quadratkilometer) zählt seit der Verwaltungsreform von 1971 nur noch 8 (früher 13) Grafschaften, ist von Norden bis Süden etwa 200 Kilometer lang und meist gebirgig. Einer der höchsten Berge der Insel, der Snowdon, erhebt sich in Nordwales (1085 m).

Das geschlossenste Landschaftsgebiet der Insel stellt das *Bergland von Wales* dar, das auch in der englischen Geschichte immer eine besondere Rolle spielte. Im Südwesten von England erstreckt sich die lange, spitz zulaufende Halbinsel *Cornwall* mit ihren landschaftlich reizvollen Erhebungen und ihrer dunklen, von der Brandung zerrissenen Steilküste, der die weit ins Meer vorgeschobenen *Scilly-Inseln*, die »Zinninseln« des geschichtlichen Altertums, vorgelagert sind.

Vom breiten Bergrücken der *Pennines* im mittleren Teil Nordenglands schlagen die *Cheviot Hills* die Brücke zum schottischen Hochland. Beide Höhenzüge waren zur Eiszeit stark vergletschert. Der dürftige Boden trägt seither nur Heide und Moore, aber gerade die Einsamkeit der weiten, unbesiedelten Flächen lockt heute viele Besucher an. Westlich der Penninenkette erstreckt sich ein ausgeprägtes Erholungsgebiet, der *Lake District*, mit einer idyllischen Berglandschaft, von langgestreckten Seen und grünen Tälern.

Weit im Osten liegt an der trichterförmigen Themsemündung die Hauptstadt London. Sie breitet sich im geräumigen Tiefland des Londoner Beckens aus, das sich von der Ostküste nach Westen keilförmig verengt und im Norden von den *Chiltern Hills*, im Süden von den Terrassen der *North Downs* abgegrenzt wird. Von den Hügelketten im Südosten Englands brechen die *South Downs* in der Gegend von Brighton, die North Downs bei Dover mit eindrucksvoller heller Kliffküste zum Kanal hin ab. Im Nordwesten folgen auf diese Landstriche die sogenannten *Midlands*. Sie trugen bis zum Beginn des technischen Zeitalters ein dichtes Pflanzenkleid, meist in Gestalt von Wald; heute sind die Wälder der Midlands zum größten Teil gerodet und haben Äckern, Gärten, Wiesen, Parks und offenem Industrieland Platz gemacht.

Landstriche von besonderer Naturschönheit oder historischem Interesse stehen als »National Parks of England and Wales« unter staatlichem Schutz (s. Nationalparks).

Klima und Wetter

Die Britische Inselgruppe ist wie ein massives Bollwerk den Nordseeländern vorgelagert und steht klimatisch ganz unter dem Eindruck des Nordatlantik.

Die ozeanische Ausprägung des Klimas erfährt durch den Golfstrom eine weitere Verstärkung. Die warme Golfstromdrift – auf einem zwar weiten Weg aus tropischen Gewässern herkommend, aber doch überaus wirksam – bespült die gesamte Westküste der Inseln, reicht jedoch mit »einem schwachen Atemzug« durch den Kanal auch bis in die Nordsee. So entstehen in England klimatische Verhältnisse, die für Nordosteuropa im Vergleich mit Gebieten derselben Breitenlage einzigartig sind.

Die Kennzeichen sind bezüglich der Temperatur mäßig warme bis kühle Sommer und sehr milde Winter. Damit bleiben die Temperaturunterschiede zwischen dem wärmsten und dem kältesten Monat verhältnismäßig gering. Für den Juli als den wärmsten Monat (das Maximum verschiebt sich mehr auf den August) ist eine Durchschnittstemperatur von +16° C ermittelt worden. Etwa 1° C höhere Mitteltemperaturen herrschen in London und seiner Umgebung. Die mäßige Sommerwärme Englands ist der abkühlenden Wirkung des Ozeans zuzuschreiben. Ein entgegengesetztes Bild liefert der kälteste Monat des Jahres, der Februar. Seine durchschnittliche Temperatur beträgt im langjährigen Mittel +4° C.

Ein weiteres Charakteristikum des englischen Klimas sind die reichlichen Niederschläge zu allen Jahreszeiten. Dabei ist die Jahresmenge der Niederschläge nicht einmal besonders hoch, schwankt jedoch stark; so fielen beispielsweise im Trockenjahr 1887 nur 663 mm, im feuchten Jahr 1872 dagegen 1290 mm. Die Regenmenge ist vom Relief des Landes im hohen Grade abhängig, so daß vor allem im Gebirgsland des Westens erheblich mehr Niederschläge fallen als im Osten, da ja die regenbringenden Winde vom Atlantik bzw. Golfstrom hier bereits einen großen Teil ihrer Feuchtigkeit abgegeben haben.

Schneefälle sind im südlichen England selten; in den höheren Teilen des Gebirges bleibt der Schnee natürlich länger liegen.

Das Wetter ist in England ein unerschöpflicher Gesprächsstoff, und in wenigen europäischen Ländern wird wohl die Wettervorhersage so interessiert verfolgt wie hier.

Pflanzen- und Tierwelt

Wer in England umherreist, wird seine Freude an dem Pflanzenkleid des Landes haben, sei es an dem mit Wald oder Laubgehölz durchsetzten Hügelland, oder an den prächtigen Wiesen und Weiden der Niederungen, oder an den als Kulturland angebauten Landstrichen. Nicht zuletzt wird er immer wieder die dichten und überaus gepflegten Rasenflächen der Gärten und Parks bewundern.

Die Begünstigung durch ausgeglichene Jahreszeiten kommt besonders der Vegetation in Südwestengland zugute. Hier konnten sogar Planzen subtropischer Herkunft heimisch werden. An den Küsten Cornwalls zählt man mehrere hundert Arten von Bäumen und Büschen, darunter außerordentlich viele fremde, und nur knapp hundert davon tragen englische Namen.

Das mittlere und östliche England mit seinen flachen Höhenzügen und ausgedehnten Niederungen ist durch die Rodung der alten Wälder zum ertragreichen Kulturland geworden. Heckenzeilen zwischen Äckern und Wiesen zerlegen manche Landschaften wie ein Netzwerk. Die Hecken und breitästigen Einzelbäume täuschen in den Midlands einen größeren Waldbestand vor. Doch der Waldanteil Englands wird heute nur noch auf 8 % der Gesamtfläche geschätzt; besonders der Norden ist waldarm. Der alte Eichenwald wurde im Lauf des letzten Jahrtausends durch den Schiffbau und durch die Holzkohlenherstellung überaus stark gelichtet und besteht heute meist nur noch als Buschwald, in dem einzelne Eichen das dichte Unterholz aus Weißdorn, Hasel, Schlehe, Stechginster und anderem Strauchwerk überragen. Den schönsten Buchenwald tragen die Kalkhöhen der South Downs. Hier gibt es auch noch natürliche Eibenhaine. Früher wurde die Eibe auch als Schutz für Gehöfte und Wege angepflanzt; im Mittelalter lieferte sie begehrtes Holz für die Bögen der Armbrüste. Im regenreicheren Westen ist die Feuchtigkeit liebende Esche der wichtigste Baum. Ein anderes Bild bietet das Pflanzenkleid der Bergländer im mittleren und westlichen Norden und in Wales. Der Wald, soweit nicht gerodet, beschränkt sich hier auf die Täler und die niedrigen Lagen, in denen sich Eichen und etwas höher lichte Birkengehölze erhielten. Die hohen Berge und Bergrücken sind dem Angriff der feuchten und heftigen Westwinde ausgesetzt und daher baumlos; je nach der Bodenbeschaffenheit werden sie von Hochmooren und Bergheiden bedeckt, die nur stellenweise als uneingezäunte Schafweiden genutzt werden.

Wegen der Vermehrung der Bevölkerung, der zunehmenden Besiedelung und der starken Dezimierung der Waldflächen hat sich die Tierwelt Englands ständig verringert. So starben z. B. die Hirsche bereits im 16. Jahrhundert ganz aus (in Schottland konnten sie sich noch halten). Dagegen hat sich das Reh wieder vermehrt. Die großen Raubtiere sind schon lange ausgerottet, der Bär seit dem 11. Jahrhundert, der letzte Wolf wurde im Jahr 1680 erlegt. Häufig sind noch Wiesel und Fuchs. In manchen Revieren wird Damwild gehegt. Kaninchen und Hasen haben sich wieder stärker ausgebreitet.

Reich ist England an Singvögeln. Dagegen sind Raubvögel selten geworden. Der Steinadler ist so gut wie verschwunden, doch der Seeadler besucht noch die Westküste. In fast allen Teilen des Landes gibt es Fasane. In den einsamen Hochmooren leben Brachvögel, Kiebitze und Schnepfen. Das Heidehuhn gilt als charakteristischer Vogel der Callunaheiden.

Die Fischerei hat in England für die Volksernährung immer eine bedeutende Rolle gespielt. Nordsee und Irische See sind ausgezeichnete Fischgründe. Neben der Küstenfischerei wird das Angeln nach Forellen in den Flüssen und Bächen Nordenglands als Sport betrieben.

Bevölkerung und Brauchtum

Wie bei jedem anderen Volk der Erde findet man auch beim Engländer stark ausgeprägte regionale Unterschiede. Bevölkerung, Sprache und Brauchtum formten sich im Lauf der Geschichte unter dem mehr oder weniger starken

Einfluß fremder Einwanderer und Eroberer. Die *Midlands*, von den meisten dieser Eroberungswellen ausgespart, konnten die Tradition der britischen Urbevölkerung am besten bewahren, und einige ihrer Sagen und Bräuche gehen bis ins erste Jahrtausend v. Chr. zurück. Der *Südwesten* ist von den ursprünglichen keltischen Siedlern geprägt, deren Sprache bis vor nicht allzulanger Zeit noch lebendig war, und deren Brauchtum und vorchristliches Volksgut in neu erwachtem Interesse wiedererweckt und gepflegt wird. Dänischer und nordischer Einfluß tritt vor allem an den Küstenstrichen Nordenglands hervor, während sich im Südosten, unter dem weltstädtischen Einfluß Londons, in den letzten 150 Jahren ein eher kosmopolitischer Volksschlag entwickelt hat.

Diese regionalen Unterschiede treten auch in dem unterschiedlichen Verhalten fremden Besuchern gegenüber zutage: großstädtische Zurückhaltung und Reserviertheit im *Südosten* im Gegensatz zur warmherzigen Aufgeschlossenheit und Gastlichkeit Nordenglands; das typische Feriengebiet Südenglands, das alle Touristen und Fremden willkommen heißt, im Gegensatz zur Zurückgezogenheit und Insichgekehrtheit des unterbesiedelten und vom Rest des Landes mehr abgesonderten Ostens.

Wales ist in ähnlicher Weise in Nord und Süd gespalten: In dem rein ländlichen Gebiet im Norden von Zentralwales, und auf der Insel Anglesey im äußersten Nordwesten, konnten weder Zeit noch Geschichte die traditionelle Waliser Lebensweise und die einheimische Sprache auslöschen, und zahlreiche walisische folkloristische und kulturelle Veranstaltungen sorgen dafür, daß es so bleibt. Pembroke im Südwesten ist eine Enklave englischsprachiger Waliser, die hier im 16. und 17. Jahrhundert angesiedelt wurden. Südwales dagegen, mit seinen großen Hafenstädten und Industriezentren, unterscheidet sich nur wenig von seinen englischen Nachbarn, und die allgemeine Umgangssprache ist englisch.

In England wie in Wales gelten Kirchen und Pubs (Public Houses) als gesellschaftlicher Treffpunkt Nummer eins. Daran haben auch die neuen, in allen größeren Städten entstandenen Sport- und Kulturzentren nichts geändert. In beiden Institutionen wird man sich auch als Fremder willkommen fühlen und im Ideenaustausch und freundlichen Gespräch an den Freuden und Sorgen des Alltags teilhaben: das Wetter, der Garten, Haustiere, Sport und Politik, und was sonst noch die Gemüter bewegt.

Engländer und Waliser sind ein *musikalisches Volk*. In England drückt sich diese Musikalität in Form von formellen Musik- und Chorfestspielen aus, während spontaner Gesang ein Teil des Waliser Alltags ist. Beide Länder besitzen einen Reichtum an Volksliedern; traditioneller Volkstanz wird wieder aus 200jähriger Vergessenheit erweckt, in die er durch Industrialisierung und Verstädterung gesunken war.

Viele der traditionellen Kirchenfeste werden noch in alter Form begangen, so im Norden und Osten die alljährliche Segnung der Pfarreigrenzen und die großen Pfingstprozessionen in den Midlands und in Nordengland. Als eine Tradition jüngerer Zeit haben sich die Veranstaltungen der Wohltätigkeitsvereine eingebürgert, die für ihre gute Sache mit allen erdenklichen Darbietungen werben: Volksfest oder Bierwetttrinken, Karnevalsumzug oder Hundeschau, der Phantasie sind keine Grenzen gesetzt. Ein beliebter Höhepunkt des Jahres in ländlichen Gegenden von England und Wales ist die lokale Landwirtschaftsschau, in der die Landwirte ihre besten Züchtungen vorführen, mit einer Rahmenunterhaltung von Blasmusik, Schäferhunddressur und Springreiten.

Sprache

»Standard English« und die Umgangssprache des täglichen Gebrauchs unterscheiden sich wesentlich voneinander. Von Landstrich zu Landstrich ändern sich Aussprache und Satzbau, und in den verschiedenen regionalen Dialekten sind zahlreiche Ausdrücke keltischen, nordischen oder sächsischen Ursprungs erhalten. Das moderne Englisch des heutigen Sprachgebrauchs – die Muttersprache von ungefähr 400 Millionen Menschen – entstand verhältnismäßig spät. Erst gegen Ende des 15. Jahrhunderts, mit der Einführung des Buchdrucks, erhielt die Sprache eine feste grammatikalische Form, während eine einheitliche Rechtschreibung erst im 17. Jahrhundert festgelegt wurde – oft fehlerhaft in dem Bemühen der Sprachgelehrten dieser Zeit, Ableitungen von griechischen oder lateinischen Wortursprüngen nachzuweisen. In der Aussprache dagegen vollzogen sich ständige Umwandlungen, teils in regionalen Abweichungen, teils in unterschiedlicher Aussprache von Silben gleicher Schreibweise, die früher einheitlich gesprochen wurden (vgl. die Silbe »-ough«). Überbleibsel des mittelalterlichen Sprachgebrauchs blieben in den nördlichen Randgebieten Englands und im südlichen Schottland erhalten. Die Mundart der Midlands steht nach Aussprache und Tonfall der Sprache Shakespeares am nächsten. Im Südwesten, wo noch bis ins 19. Jahrhundert in den ländlichen Gegenden an der Westküste Cornish, ein eng dem Bretonischen verwandter keltischer Dialekt, gesprochen wurde, ist die Sprache mit zahlreichen keltischen Formen durchsetzt. Der Südosten wird durch London beherrscht, das mit seiner Fähigkeit, fremde Wörter und Ideen zu assimilieren, eine völlig abweichende Lautfolge hervorbrachte, ein typisches Merkmal auch der anderen Hafengegenden, wie Liverpool und Southampton. In Ostengland sind in Dialekt und Satzbau zahlreiche sächsische Einflüsse erhalten. In Wales wird sowohl englisch wie auch walisisch gesprochen, ersteres mit entsprechenden Abwandlungen der Aussprache, insbesondere der Anfangskonsonanten (s. unten). Auf den Channel Islands, die weitgehend unabhängig von England sind, gilt Französisch als halboffizielle Sprache; die Bevölkerung spricht neben Englisch einen normannisch-französischen Patois.

Im folgenden ist die Zusammenstellung einiger der landläufigen geographischen Begriffe und ihrer regionalen Abweichungen sowie einer Reihe englischer Ausdrücke und Abkürzungen, denen man in Stadt und Land häufig begegnet, deren Bedeutung oder Nebenbedeutung jedoch oft nicht ohne weiteres klar ist:

aisle	Seitenschiff einer Kirche
almshouse	Armenhaus, Spital
art gallery	Gemäldegalerie

bailey	Außenhof einer Burg
bar	auch: Sandbank am Hafeneingang; Schlagbaum
barbican	Außenwerk einer Burg
barn	Scheune, Scheuer
bastion	Bollwerk
bay	Bucht, Erker
B. C.	before Christ = v. Chr.
beach	Strand
beacon	Anhöhe mit weitem Ausblick, früher für Signalfeuer benutzt
beck	Bergbach (Nordengl.)
bill	spitz zulaufende Halbinsel (Südengl.)
B. R.	British Railways (staatliche Eisenbahn)
bridlepath	schmaler Reitweg
brook	Bach
B. S. T	British Summer Time = Sommerzeit von April bis Oktober, 1 Stunde später als Standardzeit und übereinstimmend mit der MEZ
burn	Bach (Nordengl.)
camp	auch: Bezeichnung römischer Festungen, Lager oder Siedlungen
causeway	erhöhter Weg durch einen See oder Sumpf, Damm
cave	Höhle
C.C.	County Council = Grafschaftsrat
channel	natürliche Wasserstraße zwischen zwei Seen
chase	ursprünglich nicht eingezäuntes Parkland für die Jagd
chemist	Apotheke, Drogerie, Parfümerie
chester	meistens eine römische Gründung
chine	enge bewaldete Schlucht (Südengl.)
cliff	Klippe
cloak-room	Garderobe
close	Hof um Kathedrale, Hausdurchgang zum Hof
clough	Schlucht (Nordengl.)
combe	Talmulde (Süd- und Westengl.)
common	Gemeindeland als Weide
convent	Nonnenkloster
coppice, copse	Unterholz, Gestrüpp, kleines Gehölz, das regelmäßig gelichtet und aufgeforstet wird
cottage	kleines Wohnhaus, Landhaus oder Sommerhaus
court	Vor-, Hinter- oder Innenhof, abgesteckter Spielplatz
cove	kleine Bucht (Süd- und Westengl.)
crag	Felsenspitze
croft	kleines Stück Feld beim Haus (Nordengl.)
cul-de-sac	Sackgasse
dale	Tal (Nordengl.)
dell	kleine bewaldete Talsenke

dene	enges bewaldetes Tal (Nordengl.)
dike, dyke	Deich, Damm, altertümliche Erdschanze
downs	waldloses, grasbewachsenes Hügelland (Südengl.)
edge	Grat (Nordengl.)
emergency	Notlage, Notfall, Not
environs	Umgebung
estuary	trichterförmige Flußmündung (im Bereich der Gezeiten), Ästuar
exchange	Geldwechsel, Fernsprechvermittlung
eyot	kleine Insel in einem Fluß oder Sumpf
fair	Fest, Messe, Jahrmarkt
fell	Berg (Nordengl.)
fens	niedrig gelegenes Marschland (Ostengl.)
ferry	Fähre
first aid	Erste Hilfe
folly	wörtl. Torheit, meist ein übertriebenes, verrücktes Bauwerk oder Monument
force	Kaskade (Nordengl.)
ford	Furt
foreshore	Land zwischen dem Tiefstand und Höchststand von Ebbe und Flut, Eigentum der Krone
forest	Wald, aber auch ehemaliges, längst abgeholztes Waldgebiet
fort	Festungswerk, meist vormittelalterlich
foss(e)	Graben
gable	Giebel
gap	Paß
gate	Straßenbezeichnung, meist der ursprüngliche Standort eines Stadttores und Hauptausfallstraße aus der Stadt
glade	Lichtung, Schneise
glebe	Pfarrland
glen	Schlucht oder Tal (Nordengl.)
G.M.T.	Greenwich Mean Time (MEZ – 1 Stunde)
gorge	Schlucht
G.P.O.	General Post Office (Hauptpostamt)
green	Dorfanger
greenhouse	Treib-, Gewächshaus
half-timbered	Fachwerk
hall	ursprünglich Herrenhaus
halt	Bedarfshaltestelle
hamlet	Weiler, Flecken, Dörfchen
harbour	Hafen, Bucht (Südengl.)
haven	Hafen, geschützte Bucht oder Meerenge als Ankerplatz bei Sturm
head	steiles Vorgebirge, Landspitze
heath	Heideland – hauptsächlich früher bewaldetes, dann verkarstetes und mit Gestrüpp überwuchertes Land
hundred	in Ortsnamen: normannische Verwaltungseinheit, ehem. Unterteilung der Grafschaft

inn	Gasthof, Wirtshaus
inn(s of court)	Rechtsschulen (in London)
I. of M.	Isle of Man
I. of W.	Isle of Wight
island, isle(t)	Insel
Jacobean	aus der Zeit James I. (1566–1625)
jetty	Landungssteg
J.P.	Justice of Peace (Friedensrichter)
junction	Siedlung um einen Eisenbahnknotenpunkt
keep	Burgfried, Hauptturm einer Burg
kirk	Kirche (Nordengl.)
knoll, knowl	einzeln stehender Hügel
lake	Binnensee
lane	schmale Landstraße, meistens zwischen Hecken
law, low	einzeln stehender Hügel (Nordengl.)
level	auch: Kanal, besonders Ablaufkanal
level crossing	Bahnübergang
library	Bibliothek
lodge	Portiersloge, Jagdhütte
lychgate	überdachtes Friedhofstor
mall	breite Allee
manor	kleinstes feudales Landgut, Herrenhaus des Lord of the Manor
mansion	herrschaftliches Wohnhaus
march	Mark, Grenzgebiet
marsh	Sumpfland
mart	Markt, Auktionsraum
mayor	Bürgermeister
maypole	Maibaum
maze	Irrgarten
meadow	Wiese, Au
mere	See (Nordengl.)
mews	Hintergasse, in der früher die Stallungen untergebracht waren
mill	Mühle, industrie-historisch: Weberei, Spinnerei
minster	Münster, Kathedrale
mire	Sumpf
moat	Burg-, Stadtgraben
monastery	Kloster
moor	hochgelegenes Brachland, sumpfig, mit Farn und Heidekraut (Nordengl.)
moss	Torfmoor
mound	Erdhügel
mount	Berg oder Hügel
M.P.	Member of Parliament (Abgeordneter des Unterhauses)
narrows	Meerenge
nave	Kirchenschiff

naze	Landspitze (Süd- und Ostengl.)
oast house	Turmhopfendarre
oratory	Bethaus
orchard	Obstgarten
paddock	Pferdekoppel
parish church	Pfarrkirche
peak	Spitze, in Nordengl. Hochebene
peninsula	Halbinsel
pit	Grube
plain	Flachland
plantation	Waldschonung
point	Landspitze
pond	Teich, Weiher, stehendes Wasser (künstlich)
pool	Tümpel, Teich, stehendes Wasser (natürlich), tiefe Stelle in einem Fluß
porch	überdachte Vorhalle
quarry	Steinbruch
quay	Kai
rampart	Brustwehr, Schutzwall
reach	Flußstrecke
roadstead	Reede
scarp	steile Böschung
scree	Geröll, Geröllhalde
shingle	Kiesstrand
Shrovetide	Fastnachtszeit (wird in England nicht gefeiert)
smallholding	Kleinbauernbesitz, Schrebergärten
sound	Meerenge
spire	Spitzturm
spit	spitz zulaufende Sandbank
spring	Quelle
stable	Pferdestall
steeple	Kirchturmspitze
steeplechase	Hindernisrennen (Pferde)
stepping-stones	Trittsteine im Wasserlauf
stile	Zauntritt, Steige
strait	Meerenge
stream	Bach
street	Bezeichnung der alten römischen Straßen
sward	Rasen
terrace	Häuserreihe
thatch	Strohdach
tithe barn	ursprünglich Scheune zur Aufbewahrung des Zehnt zum Unterhalt der Geistlichkeit
toll bridge	gebührenpflichtige Brücke
tor	Felsturm (Westengl.)
tower	Turm
town hall	Rathaus
transept	Querschiff

trough	breites Tal (Nordengl.)
turf	Rasen, Pferderennsport
turret	Türmchen
U.D.C.	Urban District Council (Landkreisrat)
vale	breites Tal
water	auch: Binnensee (Nordengl.), Meerenge (Südengl.)
way	auch: Bezeichnung prähistorischer Routen und Wege
well	Brunnen
Whitsuntide	Pfingsten
wold	waldloses, grasbewachsenes Hügelland (Nordengl.)
yard	Hof

Walisisch (Cymraeg) ging als einzige noch lebende Sprache aus dem ursprünglich in ganz England verbreiteten keltischen Dialekt hervor, der bis zur Ankunft der Römer die allgemeine Umgangssprache war. Im 6. Jahrhundert erhielt die Sprache ihre heutige Form. Sie ist verwandt mit den gälischen Dialekten der Bretagne, der Isle of Man (selten) und Cornwalls (die bereits erloschene Sprache wird gegenwärtig wieder belebt), hat aber mit dem Gälischen Schottlands oder Irlands keine Ähnlichkeit. Walisisch wird noch von einem Fünftel der Bevölkerung von Wales gesprochen, vor allem in Nord- und Westwales. Vor einigen Jahren mußte die Londoner Regierung auf starken Druck der walisischen Bevölkerung hin die »Gleichwertigkeit« der walisischen Sprache gegenüber der englischen im öffentlichen Leben von Wales anerkennen. Seither wurde der Gebrauch des Walisischen vor Gericht, in öffentlichen Verlautbarungen und Formularen, in Verwaltung und Politik mehr und mehr zugelassen; dies jedoch regional sehr unterschiedlich. Erste Umgangssprache ist Walisisch vor allem in den Grafschaften Gwynedd, Dyfed (außer South Pembrokeshire) und Clwyd (außer den Küstenorten und dem Gebiet östlich von Wrexham); rein englisch-sprachig dagegen sind die Grafschaften South Glamorgan und Gwent sowie die Distrikte Radnor in Powys und South Pembrokeshire. Einige Orte sind offiziell zu ihrer ursprünglichen walisischen Schreibweise zurückgekehrt. Wegweiser und Straßenschilder sind überall in Wales zweisprachig: englisch und walisisch (jedoch ist aus administrativen oder anderen Schwierigkeiten die Umbenennung bzw. Zweisprachigkeit noch nicht vollständig abgeschlossen).

In der Bildungspolitik hat sich die Lage für die walisische Sprache verbessert: In den meisten »Primary Schools« der walisisch-sprachigen Gebiete ist Walisisch Unterrichtssprache. Viele lernen Walisisch in Abendschulen und Sonderkursen, weil dies als Einstellungsvoraussetzung im öffentlichen Dienst mehr und mehr eine Rolle spielt. Die Anzahl der jährlich veröffentlichten Bücher und Schallplatten auf Walisisch stieg stetig in den letzten Jahren; daneben auch Sendungen in Rundfunk und Fernsehen; es gibt zwei Wochenzeitungen und eine Reihe von Monatsschriften.

Auf den ersten Blick erscheint geschriebenes Walisisch völlig unaussprechbar, die meisten Buchstaben stimmen jedoch mit den entsprechenden englischen Lauten überein. Häufig, aber nach festen Regeln, ändern sich die

Anfangsbuchstaben der walisischen Wörter und somit auch die Aussprache: z. B. wird **c** zu g, ch oder ngh; **p** zu b, mh oder ph; **t** zu d, th, ng; **g** zu ng oder enfällt; **b** zu f oder m; **d** zu dd oder n; **m** zu f; **ll** zu l; **rh** zu r.

Aussprache: Die Konsonanten b, ch, d, g, h, l, m, n, p, ph, t und die Vokale a, e, i, o werden wie im Deutschen gesprochen. Folgende Buchstaben werden wie angegeben ausgesprochen:

c = k (wie Kopf)
dd = weiches englisches »th« (this)
f = v (wie Vase)
ff = f
ng = wie »Hang« oder »hangar«
ll = hl (ein kehliges, gehauchtes l)
r = gerolltes r wie im Englischen
rh = rch
s = ß (immer scharf)
s = sch
th = scharfes englisches »th« (think)
u = i
w = u gedehnt (außer nach g; dann wie ein Konsonant, z. B. Gwent)
y = in der letzten Silbe oder in einsilbigen Wörtern wie i; in anderen Silben wie das deutsche a; der bestimmte Artikel y oder yr wie e im französischen le.

Diphtonge: **ae, ai, au, ei, eu, ey** = deutsches ei; **aw** = au (jeder Vokal gesprochen); **ew** = eu; **iw, yw** = ju; **wy** = ui; **oe, oi, ou** = eu.

J ist nur in anglisierten Wörtern vorhanden (wie Jan). Somit kommen folgende Buchstaben im Alphabet nicht vor: k, q, v, x, z.

Walisisches Glossar

aber	Flußmündung
aderyn	Vogel
afon	Fluß
amgueddfa	Museum
bach	klein
ban	Gipfel, Anhöhe
bard	Barde, Sänger
bedd	Grab
betws	Kapelle
braich	Arm
bras	reich
brenin	König
bryn	Hügel
bwlch	Paß
cadair	Stuhl
caer	Festungwerk
cain	vornehm
capel	Kapelle
ceffyl	Pferd
clas	Kreuzgang
clwyd	Tor
coch	rot
coed	Wald, Gehölz
croes	Kreuz
cwch	Boot
cymro	Waliser
da	gut
dafad	Schaf
dan	unter
dau	zwei
drum	Grat
du	schwarz
dwr	Wasser
dyn	Mann
ffordd	Straße
garth	Einfriedung

ger	nahe		
glan	sauber	oer	kalt
glas	grün	ogof	Höhle
gorsaf	Bahnstation	pentref	Dorf
gwastad	flach	pistyll	Wasserfall
gwely	Bett	plaid	Partei
gwig	Wald	pont	Brücke
heol	Straße	prifysgol	Universität
hir	lang	pump	fünf
llan	Kirche	pwll	Teich
lloer	Mond	rhiw	Hügel
llyn	See	rhyd	Furt
llythyrdy	Postamt	saesmeg	die englische Sprache
maen	Stein	sir	Grafschaft
mam	Mutter	sych	trocken
mawr	groß	tad	Vater
melyn	gelb	traeth	Strand
mor	Meer	tref	Heim, Haus
mur	Wand	tri	drei
mynydd	Berg	ty	Haus
nant	Bach	ynys	Insel
newydd	neu	yshyty	Krankenhaus
nos	Nacht	ysgol	Schule

Geschichtlicher Überblick

Vorgeschichte. Bereits vor etwa 20 000 Jahren, als die Britischen Inseln noch durch eine Landbrücke mit dem Festland verbunden waren, scheint es dort menschliche Siedlungen gegeben zu haben. Diese Landverbindung wurde um das 7. Jahrtausend durchbrochen, der »Kanal« trennt seitdem die Inseln vom Kontinent.

In der Jungsteinzeit kannten die Bewohner Südenglands schon den Ackerbau und die Fertigung keramischer Gefäße, deren älteste Spuren und Fundstücke aus dem Ende des 4. Jahrtausends stammen. Die Träger dieser bäuerlichen neolithischen Kultur legten Bergwerke an, in denen der für Geräte und Waffen benötigte Feuerstein systematisch abgebaut wurde, und ihnen ist wahrscheinlich auch die Errichtung der Megalith-Bauwerke Englands zuzuschreiben, von denen das berühmteste der mächtige *Stonehenge* bei Salisbury ist, der seine letzte Ausgestaltung auf sehr viel älteren Urspüngen in der ersten Hälfte des 2. Jahrtausends (1800–1500 v. Chr.) erfuhr.

Im Verlauf des 3. und 2. Jahrtausends wurde der Ackerbau intensiviert, Straßen wurden angelegt, Handelsbeziehungen reichten bis nach Irland und zum Kontinent. Diese Entwicklung steht vielleicht im Zusammenhang mit der Ausbreitung der sog. Trichterbecher-Kultur, die vom Kontinent über die Themsemündung auch die Insel beeinflußte. Die Themsemündung war auch in den folgenden Jahrhunderten Einfallstor für verschiedene Wellen vom Kontinent her einwandernder Völkerschaften. Gegen nachfolgende Bevölke-

rungsgruppen errichtete man auf Hügelkuppen befestigte Lager, oder man zog sich tiefer ins Land zurück. Auf diese Weise dehnte sich die Besiedelung der Britischen Inseln bis zu den Bergen von Wales im Westen und zu den Sumpfgebieten im Norden Englands aus. Auch brachten die Einwanderer neue Kenntnisse mit, die die kulturelle Entwicklung förderten, wie sich an verbesserten Geräten, dem Gebrauch des zweirädrigen Karrens, der Kenntnis von dem Abbau und der Bearbeitung von Metallen wie Kupfer und Zinn ablesen läßt.
Die verschiedenen, im Lauf der Jahrhunderte einwandernden Gruppen störten jedoch kaum die Kontinuität der bodenständigen Kultur, die dem westeuropäischen Kreis zuzuordnen ist und vom Neolithikum bis ins 5. Jahrhundert hinein fast ungestört erhalten blieb. Erst die Einwanderung der Kelten führte zu einer tiefgreifenden Veränderung der bis dahin auf den Britischen Inseln seßhaften vorindogermanischen Bevölkerung, deren Nachkommen möglicherweise die von antiken Schriftstellern genannten Pikten oder Skoten sind.

Kelten und Römer. Die indogermanischen Kelten breiteten sich seit etwa 400 v. Chr. in raschen und weitausgreifenden Wanderungen über große Teile Europas aus. Sie nahmen fast ganz Frankreich, aber auch Südengland, Süddeutschland, Oberitalien in Besitz und stießen in einzelnen Zügen weit nach Süden vor. Als sie 387 v. Chr. vor Rom erschienen, jagten sie den Römern einen gewaltigen Schrecken ein, der dank der kapitolinischen Gänse der Nachwelt unvergessen blieb. Später wendete sich das Blatt: Die Römer besiegten die Kelten in Oberitalien und bezogen die von ihnen besiedelte Poebene als Gallia cisalpina in ihren Herrschaftsbereich ein. Es folgte die Eroberung des heutigen Frankreich, die Gründung der Provinz Gallia transalpina, und des restlichen Galliens durch Caesar, der sich 55/54 v.Chr. veranlaßt sah, Strafexpeditionen über den Kanal zu unternehmen, weil die keltischen Bewohner Britanniens ihre Stammesvettern in Gallien im Kampf gegen die römischen Eroberer unterstützt hatten. Schließlich wurde im Jahr 43 n. Chr. auch Britannien römische Provinz und blieb fast 400 Jahre Teil des römischen Reiches. Die Geschichte der Kelten ist also eng mit Rom verknüpft. Die kriegerischen Zusammenstöße hinderten die Kelten nicht, Elemente der römischen Zivilisation sich anzueignen; Münzprägung und wohl auch schon die Kenntnis der Schrift, den Gebrauch der Töpferscheibe und einen sehr charakteristischen Dekorationsstil brachten sie auf die Britischen Inseln mit. Noch vor der römischen Eroberung bezeichnete sich der keltische Fürst Cymbeline auf seinen Münzen als *Rex Britonum* und ermutigte römische Händler und Handwerker, sich in seinem Herrschaftsgebiet, das sein Zentrum in Colchester hatte, niederzulassen. Die Römer trafen daher bei ihrer Eroberung im Süden und Osten des Landes auf keinen nennenswerten Widerstand. Zu blutigen Auseinandersetzungen führte dagegen der Widerstand der Druiden, der keltischen Priesterkaste, auf Anglesey im Norden von Wales und der Aufstand der Königin Boadicea, die die römischen Zentren in Colchester, Verulanum und London zerstörte. Doch dies blieben vereinzelte Erscheinungen, weil die keltische Clanverfassung die Organisation eines geschlossenen Abwehrkampfes verhinderte und wohl auch, weil die keltische

Oberschicht, wie das Beispiel Cymbelines zeigt, schon stark romanisiert war, also den Römern nicht ablehnend gegenüberstand. Die römische Herrschaft brachte Vorteile: Städte entstanden, Straßen wurden angelegt, die römische Zivilisation verbreitete sich im Land, ein weltweiter Handel blühte, vor allem aber lebte man im Schutz der römischen Grenzsicherungen nach Norden und Westen im Frieden und in einer gesicherten Rechtsordnung. Kastelle schützten die Grenze nach Wales; von den verschiedenen Grenzbefestigungen im Norden, die zeitweilig bis zum Firth of Clyde und Firth of Forth reichten, sind Teile bis heute im sog. *Hadrianswall* erhalten.

Die Verteidigung der Grenzen war Aufgabe der römischen Legionen. Als diese aber zwischen 402 und 407 aus Britannien abgezogen wurden, weil sie das von Germanen bedrängte Rom verteidigen sollten, blieb die während der römischen Herrschaft der Waffen entwöhnte Inselbevölkerung wehrlos zurück. Von Norden fielen die *Pikten* und *Skoten* in die reicheren und fruchtbareren Gebiete Mittel- und Südenglands ein, vom Kontinent her drängten die germanischen *Sachsen* und *Angeln* ins Land. Der Sage nach sollen die Sachsen unter ihren Herzögen Hengist und Horsa, von einem keltischen Fürsten zur Abwehr der räuberischen Pikten und Skoten gerufen, nach England gekommen sein. Historisch nachweisen läßt sich nur, daß vor ihrem Ansturm die römische Provinz Britannien und die römische Zivilisation zugrunde gingen, das Land verwüstet wurde, die romanisierte, teilweise christianisierte keltische Bevölkerung sich in die westlichen Bereiche der britischen Insel und nach Irland zurückzog. In der Überlieferung von König Arthur und seiner Tafelrunde bewahrte die nach Westen zurückgedrängte keltische Bevölkerung die Erinnerung an die Kämpfe mit den Eindringlingen.

Angelsachsen (etwa 400/450–1066). Die beiden ersten Jahrhunderte nach dem Untergang des römisch-keltischen Britannien und der Landnahme der Angelsachsen liegen im Dunkeln. Nur zögernd begann nach Zerstörung und Kämpfen – auch der Einwanderer untereinander – die Konsolidierung zahlreicher angelsächsischer Königreiche. Erst mit dem Beginn der von Rom ausgehenden *Christianisierung* wird die geschichtliche Entwicklung in schriftlichen Berichten wieder greifbar.

Im Jahr 597 kam Augustin mit seinen Gefährten nach England, ausgesandt von Papst Gregor dem Großen, um den Angelsachsen das Christentum zu predigen. Er gründete das Bistum Canterbury, von dem die Christianisierung ausging. Seit dem 7. Jahrhundert, nach Überwindung der Feindseligkeiten zwischen Kelten und Angelsachsen, beteiligten sich auch iroschottische Mönche an der Verbreitung des Christentums in den angelsächsischen Königreichen.

Im Verlauf des 9. Jahrhunderts wurde der Osten Englands in immer stärkerem Maß von den Einfällen der *Dänen* und *Wikinger* heimgesucht, die zunächst nur Beutezüge unternahmen, sich aber dann im Land ansiedelten und feste Niederlassungen gründeten. Im Kampf gegen beide gelang es den Königen von Wessex, die angelsächsischen Königreiche zu vereinigen. Der erfolgreichste von ihnen, Alfred der Große (871–899), den man oft mit Karl dem Großen verglichen hat, war auch für die kulturelle Entwicklung des Landes bedeutsam.

Neue Dänenkriege brachten England in der ersten Hälfte des 11. Jahrhunderts (1017–1042) unter dänische Herrschaft. Der dänische Eroberer Knut, zu dessen Reich Dänemark und Norwegen gehörten, erwies sich als einer der fähigsten Herrscher des mittelalterlichen England, der Angelsachsen und Dänen miteinander zu versöhnen suchte.

Mit *Edward dem Bekenner* kam zwar wieder ein Nachkomme Alfreds auf den englischen Thron. Von Mutterseite her aber war Edward normannischer Herkunft und hatte während der Dänenherrschaft als Flüchtling in religiöser Kontemplation in einem Kloster in der Normandie gelebt. Seinen Neigungen folgend, gründete er die Westminster Abtei, die er von französischen Baumeistern planen und aufführen ließ. Mit der Besetzung englischer Bistümer durch normannische Geistliche und durch seine Verbindungen zum Herzogshof der Normandie bereitete er die normannische Herrschaft über England vor. Harold, von Edward kurz vor seinem Tod zum Nachfolger designiert, und vom Witan, dem angelsächsischen Kronrat, zum König ausgerufen, hatte bei den fast gleichzeitigen Angriffen der Norweger im Nordosten und der Normannen im Süden Englands kaum eine Chance, die Herrschaft zu behaupten. In der berühmten Schlacht von Hastings (1066) verlor er Thron und Leben.

Von der Normannenherrschaft zur Reformation. *Wilhelm der Eroberer* (1066–1087) gestaltete alle Rechts- und Herrschaftsverhältnisse im Lande um. Aus der Eroberung leitete er den Anspruch ab, über alle Besitzverhältnisse zu verfügen. Den Grundbesitz ordnete er in streng feudalem Sinn, zu diesem Zweck ließ er das berühmte *»Domesday Book«* anlegen. Eine straff geführte Zentralregierung nach normannischem Vorbild trat an die Stelle der locker verbundenen angelsächsischen Grafschaftsverwaltung. Wo sich Widerstand regte, antwortete er mit grausamer Härte. Die Burgen, die Wilhelm und seine Vasallen überall im Lande errichteten, bekundeten sichtbar seine Macht und seinen Herrschaftswillen. Die Berufung der Bischöfe und Äbte behielt er sich vor, während er in der Kirche durch den von ihm ernannten Bischof Lafranc von Canterbury eine streng hierarchische Ordnung im Sinne der römischen Reformpartei einführen ließ. Das Französische wurde für Jahrhunderte die Sprache der Rechtsprechung, der Verwaltung und des Hofes. Von seinen Nachfolgern führte sein dritter Sohn Heinrich I. (1100–1135) mit Gesetzgebung und durchorganisiertem Steuersystem sein Werk am besten fort. Privilegien für Kaufleute sorgten für die Ausdohnung der Handelsbeziehungen zum Kontinent und für wachsenden Wohlstand, was sich auch aus der Tatsache ablesen läßt, daß in der Regierungszeit Heinrichs I. der Grundstein für fünfzehn der größten Kathedralen Englands gelegt wurde.

Nach fast zwanzigjährigem Streit um die Thronfolge kam mit *Heinrich II.* aus dem Haus Anjou-Plantagenet (1154–1189) einer der mächtigsten Fürsten der Zeit auf den englischen Thron. In seine Regierungszeit fällt die Eroberung von Wales und das Ausgreifen der englischen Macht nach Irland und Schottland. Auf dem Kontinent umfaßte sein Herrschaftsgebiet die Normandie, den gesamten Westen und große Teile des Südwestens von Frankreich. Die Verdienste dieses Herrschers, der sich kaum menschliche Sympathien zu

gewinnen wußte, liegen im Ausbau der Verwaltung und Gerichtsbarkeit. Er schuf die Geschworenengerichte und die Einrichtung der das Land bereisenden Richter, die zur Vereinheitlichung der Rechtsprechung beitrugen. In Konflikt geriet er mit der Kirche, deren Repräsentant Thomas Becket, der ehemalige Kanzler des Königs, den er selbst zum Erzbischof von Canterbury berufen hatte, auf ein unbedachtes zorniges Wort Heinrichs hin von übereifrigen Gefolgsleuten in der Kathedrale ermordet wurde. Der Ort des Verbrechens und der Schrein des heiliggesprochenen Märtyrers zogen jahrhundertelang Pilgerscharen aus ganz England an.
Heinrichs Söhne gingen aus ganz unterschiedlichen Gründen in die Geschichte ein:

Richard I. Löwenherz (1189–1199), der fahrende Ritter und Minnesänger, der mit Barbarossa und König Philipp II. August, der ihm seine französischen Besitzungen streitig machte, zum dritten Kreuzzug ausgezogen war, auf dem Heimweg von dem Babenberger, dem Herzog von Österreich, an der Donau gefangengesetzt und durch ein hohes Lösegeld ausgelöst worden war; und *Johann Ohneland* (1199–1216), der nach des Bruders frühem Tod das Erbe antrat, das er vorher intrigierend an sich bringen wollte, und 1215 von den Baronen gezwungen wurde, in einem Schutzbrief die alten Freiheitsrechte von Adel und Klerus anzuerkennen. Dieser Schutzbrief, die *Magna Charta*, wurde zur Grundlage der englischen Verfassung.

In das 13. Jahrhundert fällt ein zweites, für die Entwicklung der englischen Verfassung wichtiges Ereignis: die Berufung des *»Model Parliament«* im Jahr 1265. Die Kriege, welche die Plantagenets zur Verteidigung ihrer Besitzungen auf dem Kontinent führten, und ihre Verwicklung in päpstliche Politik, veranlaßten sie zu überzogenen Geldforderungen, die den Widerstand der Barone unter der Führung von Simon de Montfort auslösten. Ergebnis dieser Auseinandersetzungen war die Einsetzung eines Beratergremiums, das sich aus weltlichen und geistlichen Lords, Repräsentanten der Grafschaften und der Städte zusammensetzte, das sog. Musterparlament, das zwar alles andere war als ein Parlament im modernen Sinn, aber für die künftige Entwicklung Englands außerordentliche Bedeutung gewann. *Edward I.* (1272–1307), der fähigste der Könige aus dem Haus Plantagenet, wußte dieses Instrument, dem er Ansehen und Geltung verschaffte, zur Durchsetzung seiner Politik zu nutzen. Neben der Förderung des Parlaments hat Edward sich als Gesetzgeber einen Namen gemacht; er eroberte Wales und ernannte seinen auf dem Feldzug geborenen Sohn zum Prinzen von Wales, so die Forderung der Waliser nach einem einheimischen Fürsten beantwortend. Seitdem trägt der Erbe des englischen Throns den Titel *Prince of Wales*.

Der Kampf der Plantagenets mit den französischen Königen brach 1337 von neuem aus, als Edward III. (1327–1377) Anspruch auf die französische Krone erhob. Damit begann der *Hundertjährige Krieg* zwischen England und Frankreich. Viel einschneidender als dieser Krieg, der den Engländern zunächst nicht nur militärischen Gewinn brachte, wirkte sich die *Pest* aus, die 1348/49 auch die Britischen Inseln heimsuchte. Fast die Hälfte der (auf vier Millionen geschätzten) Bevölkerung fiel dem Schwarzen Tod zum Opfer. Soziale und kulturelle Veränderungen wurden durch den Krieg und die

Seuche eingeleitet. Die englische Sprache verdrängte das Französische am Hof und im Recht. Jahn Wycliffe (1325–1384) übersetzte die Bibel ins Englische und forderte die Loslösung der englischen Kirche von Rom; Geoffrey Chaucer (1340–1400) schuf mit seinen »Canterbury Tales« das erste Meisterwerk der englischen Literatur.

Die Absetzung des letzten Plantagenet, Richards II., durch das Parlament, 1399, leitete ein Jahrhundert blutiger Auseinandersetzungen ein. Die Erfolge im Krieg gegen den französischen König, die Heinrich V. (1413–1422) aus dem Hause Lancaster beinahe zum unbestrittenen Herren Frankreichs gemacht hatten, gingen nach seinem frühen Tod schnell verloren. Das Auftreten der Jungfrau von Orléans führte sehr rasch das Ende der englischen Macht auf französischem Boden herbei, obwohl sie ihr selbst noch zum Opfer fiel.

Kaum war der Hundertjährige Krieg zu Ende, begann der blutige Kampf der Häuser Lancaster und York um den englischen Thron, der *Krieg der roten und weißen Rose* genannt. In anarchischen Kämpfen mit schändlichen Verbrechen zerstörte der englische Adel sich selbst. Das Bild der finsteren Gestalt dieser Zeit, Richards III. (1383–1485), der die legitimen Erben im Tower ermorden ließ und den Thron usurpierte, hat Shakespeare dem Gedächtnis der Nachwelt aufbewahrt. Mit Richards Tod in der Schlacht von Bosworth 1485 ging der Rosenkrieg zu Ende. Der Sieger, Heinrich Tudor, Earl of Richmond, wurde König Heinrich VII.

Haus Tudor (1485–1603). Drei bedeutsame Herrscher, aber völlig verschiedenartige Charaktere, kamen aus dem Haus Tudor: Heinrich VII. (1485–1509) füllte in vierundzwanzigjähriger Herrschaft die Staatskassen durch kaufmännisch genaue Buchführung, Sparsamkeit und hohe Geldstrafen bei Nichtbeachtung seiner Gesetze; er sorgte für Rechtssicherheit vor allem durch das königliche Gericht, das in der Sternkammer in Westminster Palace tagte und dem Mittelstand und den kleineren Leuten Schutz vor den Übergriffen des in den Rosenkriegen verwilderten Adels gewährte; und er suchte seine Herrschaft lieber durch dynastische Verbindungen (mit Spanien, mit Schottland) als durch Kriege zu sichern.

Sein Sohn, *Heinrich VIII.* (1509–1547), war ein selbstherrlicher Renaissancefürst, mächtig auch seiner äußeren Erscheinung nach (die u.a. Holbein überliefert hat), dessen launenhaftes Vertrauen nicht nur den Frauen, mit denen er sich verband, sondern auch seinen Kanzlern, wie gewaltig sie in ihrem Amt auch gewesen sein mochten, den Tod brachte. So ließ er Kardinal Wolsey, Thomas More und Thomas Cromwell hinrichten. Er löste aus dynastischen Gründen die englische Kirche von Rom, das ihm für eine gegen Luther gerichtete Schrift den Titel »defensor fidei« verliehen hatte; er hob die Klöster auf, deren Besitz er einzog; er widersetzte sich aber reformatorischen Veränderungen der kirchlichen Lehre. Nur eine der sechs Ehen, die er nacheinander schloß, brachte ihm den ersehnten männlichen Erben, und dieser war ein schwächliches Kind, das den Vater nur um wenige Jahre überlebte (Edward VI., 1547–1553). Nach seinem Tod beanspruchte *Maria,* die Tochter aus Heinrichs erster Ehe mit der spanischen Katharina von Aragon, als einzig legitime Erbin, den Thron. Unterstützt von der katholischen Partei und von ihrem Gemahl, Philipp II. von Spanien, versuchte sie vergeblich, das

Land zum Katholizismus zurückzuführen. Die Härte, die dabei angewandt wurde, trug ihr den Namen Maria die Blutige ein (1553–1558). Sie starb kinderlos. *Elisabeth,* die illegitim geborene Tochter Anne Boleyns, verließ den Tower, in dem sie seit 1554 gefangengehalten worden war, und bestieg den englischen Thron, der ihr von Maria Stuart ernstlich nicht streitig gemacht werden konnte, obwohl die unglückliche schottische Königin von der katholischen Partei in England, dem Papst und Frankreich unterstützt wurde. Sie starb 1587 auf dem Schafott.

Elisabeth I. (1558–1603). In die lange Regierungszeit Elisabeths fällt eine der bedeutendsten Blütezeiten der englischen Geschichte. Der Auseinandersetzung zwischen Katholiken und Protestanten wurde durch die Etablierung der anglikanischen Kirche ein Riegel vorgeschoben, ehe es zu so blutigen Glaubenskämpfen wie auf dem Kontinent kam. Die anglikanische Kirche war ein Kompromiß; eine auf der Grundlage des *Common Prayer Book* beruhende protestantische Nationalkirche in katholischen Formen, deren Oberhaupt der *König* ist.

Der inneren Sicherung der Herrschaft mit der Abwehr der Ansprüche Maria Stuarts folgte die äußere durch den berühmten Sieg über die spanische Armada im Jahr 1588. Dieser Sieg öffnete englischen Seefahrern und Kaufleuten den Zugang zu den Weltmeeren. Francis Drake und die Ostindische Kompagnie machten England zum Mittelpunkt eines weitreichenden Handelsnetzes. Dem wirtschaftlichen Aufschwung folgte eine bis dahin unerreichte kulturelle Blüte. Die Königin förderte Wissenschaft, Kunst, Literatur und Musik. Diese spielten aber nicht nur am Hof eine Rolle. Das »merry old England« der elisabethanischen Zeit manifestiert sich in der Liebe zum Theater, das Shakespeare und seine Zeitgenossen mit hunderten, uns zum Teil nur namentlich bekannten Texten versorgten, und in der Liebe zur Musik, die alle Schichten verband.

Die *Tudor-Könige* ließen die Rechte des Parlaments unangetastet, wußten es aber geschickt für ihre Pläne einzusetzen oder zu umgehen. Die Stützen ihrer Macht waren der aufblühende Mittelstand (die Kaufleute und Tuchmacher) und die Landedelleute, deren Interessen stark miteinander verflochten waren. Rechtsgelehrte und Humanisten, meist mit jenen eng verbunden, lösten nach der Reformation die Geistlichen im königlichen Rat ab. Wachsender Wohlstand, politische Erfolge, aber auch Elisabeths persönliche Neigungen, ihre Freude an Jagd, Tanz und Theater, an prunkvollen Aufzügen in der Öffentlichkeit, machten sie volkstümlich. Dadurch trug auch das Königtum zur Integration der Nation bei.

Von den Stuarts zur »Glorious Revolution« (1603–1688). Jakob I. (1603–1625), der Sohn Maria Stuarts, war der Erbe des englischen Throns. Von nun an war England mit Schottland in Personalunion verbunden.

Jakob I. versuchte, das Parlament, das sich seinen Geldforderungen widersetzte, auszuschalten, weil er dessen Privilegien als königliche Gnadenakte ansah. Sein Sohn Karl I. (1625–1649) zeigte noch deutlicher absolutistische Tendenzen und Sympathien für den Katholizismus, was zum Kampf zwischen Krone und Parlament führte. Den Bürgerkrieg entschied *Oliver Cromwell*

1645 mit seinen »Roundheads«, wie seine Truppen wegen ihrer kurzgeschnittenen Haare hießen, mit dem Sieg von Naseby über die königlichen »Cavaliers« und mit der Gefangennahme des Königs. Das sog. Rumpfparlament, abhängig von Cromwell und seinen Anhängern, stellte den König vor ein Gericht, das ihn verurteilte und hinrichten ließ. Cromwell zerschlug mit seinem Heer die Reste des Parlaments und machte sich zum »Lord Protector« des »Commonwealth«. Der puritanische Eifer, mit dem er ein diktatorisches Regiment führte, verscherzte ihm schnell alle Sympathien. Ein Jahr nach seinem Tod rief ein neues Parlament den nach Frankreich geflohenen Sohn des hingerichteten Königs aus dem Exil zurück.

Karl II. (1660–1685) erneuerte nach wenigen Jahren einer klugen, versöhnlichen Politik die absolutistischen und katholizierenden Tendenzen seines Vaters. Mit Mißtrauen beobachtete man auch die glanzvolle und aufwendige Hofhaltung nach dem Vorbild Ludwigs XIV. Als sein Bruder Jakob II. (1685–1688) sich offen für den Katholizismus einsetzte, erhob sich Widerstand. Der König floh nach Frankreich, das Parlament trug *Wilhelm von Oranien,* der mit Maria, einer Tochter Jakobs, vermählt war, die englische Krone an, unter der Bedingung, daß er die *»Declaration of Rights«* unterzeichnete, mit der er die »alten und unbezweifelbaren Rechte des Volkes« anerkannte. Mit der »Glorious Revolution«, die ohne Blutvergießen vonstatten ging, wurde England 1688 zur konstitutionellen Monarchie.

Auf dem Weg zur Parlamentsherrschaft. Das Interesse des Oraniers galt der Verteidigung der Niederlande, die von Ludwig XIV. bedroht waren. Das *Parlament* baute indessen auf der Grundlage der Declaration of Rights seine Rechte aus. Regelmäßige Parlamentswahlen wurden vorgeschrieben; ein Toleranzgesetz befreite die Protestanten vom Zwang, den anglikanischen Gottesdienst zu besuchen; vor allem aber nahm das Parlament nach den Vorgängen von 1688 in Anspruch, die künftige Thronfolge zu regeln, da Königin Maria und auch Königin Anna, die ihr 1702 folgte, ohne direkte Erben waren. Auf Grund des Thronfolgegesetzes von 1701 kamen 1714 die Hannoveraner als Nachkommen Jakobs I. auf den englischen Thron. Der Kurfürst Georg von Hannover wurde König Georg I. (1714–1727). Wichtiger als die Throninhaber waren aber von nun an die *Minister,* die die Regierungsgeschäfte führten. Der erste in der langen Reihe englischer Premiers (auch wenn er diesen Titel noch nicht führte) war *Sir Robert Walpole,* der 22 Jahre lang die englische Politik bestimmte.

In diese Zeit fällt der Ausbau des britischen Kolonialreiches. Im Spanischen Erbfolgekrieg (1701–1713) hatte England Gibraltar, Neufundland, Neuschottland und die Hudson Bay erworben; der *ältere Pitt* (Premier, 1756–1761) förderte die britische Expansion. Durch den britisch-französischen Kolonialkrieg erwarb Großbritannien 1763 die französischen Besitzungen in Nordamerika, in Kanada und Indien. Der Unabhängigkeitskrieg der nordamerikanischen Kolonien 1776/77 brachte einen starken Rückschlag.

Kritik und Protest in England veranlaßten König Georg III., 1784 den jungen *William Pitt d. J.* zum Premierminister zu ernennen (1784–1801, 1804–1806). Dieser traf eine Verwaltung an, die mit der rapiden Entwicklung des Landes nicht Schritt gehalten hatte. Die Landwirtschaft hatte in den vergangenen

Jahrzehnten eine revolutionäre Entfaltung erfahren, Englands Nahrungsmittel-Erzeugung überstieg den Eigenbedarf um das Fünffache. Auch die Bevölkerungszahlen waren stark angestiegen, Landflucht trieb viele Arbeitsuchende in die aufblühenden Industriestädte. Die *industrielle Revolution* wurde zugleich zu einer sozialen. Nur wenige der neuen Städte waren im Parlament vertreten, dünnbesiedelte ländliche Gebiete dagegen stellten die größere Zahl der Abgeordneten. 1782 hatte die Forderung nach einer Reform revolutionäre Gestalt angenommen.

Infolge der Unfähigkeit des Königs hatte Pitt freie Hand zur Durchführung der geplanten Reformen, die die Verwaltung der Finanzen und den Handel betrafen. Die englischen Kaufleute errichteten in der ganzen Welt Absatzmärkte für die billigen Erzeugnisse der Industrie.

Der Ausbruch der Französischen Revolution setzte dem allgemeinen Fortschritt ein Ende. Napoleon bedrohte England mit einer Invasion, die durch den englischen Seesieg von Trafalgar 1805 verhindert werden konnte, doch sperrte Napoleon alle europäischen Häfen für britische Waren (Kontinentalsperre), im Gegenzug verhinderte England alle Importe aus Übersee nach Europa. Die Ausweitung des englischen Kolonialhandels war die Folge.

Pitts Nachfolger *Lord Castlereagh* gelang es, die letzte und größte europäische Koalition zustande zu bringen, durch die Napoleon 1814 zurückgedrängt und ein Jahr später in der Schlacht bei Waterloo (unter dem Duke of Wellington und Marschall Blücher) endgültig besiegt wurde.

Nun aber brach in England der *soziale Gegensatz* erst richtig auf. Der Reichtum des Landes lag in den Händen der großen Fabrikbesitzer und Kaufleute, während das Industrieproletariat recht- und schutzlos war. Robert Peel und Lord Grey setzten erste Reformen durch. Um die schlimmen Auswüchse der Ausbeutung der arbeitenden Schichten zu beseitigen, wurde der Sklavenhandel in den Kolonien verboten, die Kinder- und Frauenarbeit in den Fabriken durch Gesetze eingeschränkt. Der König anerkannte Gewerkschaften, richtete Volkshochschulen ein. Mit dem Reformgesetz von 1832 begann die Ausdehnung des Wahlrechts auf die unteren Schichten.

Im Jahr 1837 wurde *Victoria,* Nichte Wilhelms IV., mit 18 Jahren Königin des Vereinigten Königreichs von Großbritannien und Irland (1837–1901) und im Jahr 1877 Kaiserin von Indien. Drei Jahre nach ihrer Thronbesteigung heiratete sie den Prinzen Albert von Sachsen-Coburg-Gotha, der ihr als Prinzgemahl bis zu seinem Tod (1861) zur Seite stand. Dieses Herrscherpaar gewann mit der Wahrnehmung öffentlicher Pflichten der Krone wieder Sympathien.

Im Jahr 1848, zu einer Zeit, als eine Welle von Revolutionen über Europa hinwegging, mußte Karl Marx nach einer England-Reise den Schluß ziehen, daß die Unzufriedenheit im Land nicht groß genug sei, um eine allgemeine Volkserhebung zu rechtfertigen!

Im *»viktorianischen Zeitalter«* baute die britische Nation ihr Kolonialreich in Südafrika aus und verhinderte durch die Abschaffung der Einfuhrzölle auf Korn den Hungertod der Ärmsten in Irland. In leidenschaftlichen innerpolitischen Kämpfen und Krisen entwickelte sich das *parlamentarische System* zur heutigen Form. Als Victoria zu Beginn des 20. Jahrhunderts starb, hinterließ sie ihrem Sohn Edward VII. (1901–1910) das mächtigste Imperium der Neuzeit.

Vom Ersten Weltkrieg bis zur Gegenwart. Die ersten Anzeichen des Zerwürfnisses mit dem nach Kolonien und Seemacht strebenden deutschen Kaiserreich wurden in der lebenslustigen »Eduardinischen Ära« nicht allzu ernst genommen, die Rivalität der Großmächte führte aber dann doch zum Ersten Weltkrieg. Aus Abneigung gegen alles Deutsche benannte sich das englische Königshaus Sachsen-Coburg in *Haus Windsor* um. Auf dem Höhepunkt des Krieges, 1916, brach die Revolution in Irland aus und weitete sich zu einem Bürgerkrieg. Der Krieg vernichtete auch die letzte Spur der Konventionen des viktorianischen Zeitalters. Ein neues Sozialbewußtsein war erwacht und veranlaßte eine Reihe politischer Reformen. Das allgemeine Wahlrecht und die allgemeine Schulpflicht wurden eingeführt, Irland wurde (mit Ausnahme der nordirischen Grafschaften von Ulster) unabhängig. Diese Maßnahmen fielen in eine Zeit wirtschaftlichen Niedergangs. England hatte im Krieg einen großen Teil seiner überseeischen Absatzmärkte verloren, und in einer Reihe von Ländern war ihm eine starke Konkurrenz für seine Industrieproduktion erwachsen.

Nach dem Ersten Weltkrieg erhielten einige Länder des Britischen Weltreichs das Recht, ein eigenes Parlament zu wählen und eine eigene Regierung zu bilden (Dominions), eine Entwicklung, die sich in den letzten Jahrzehnten auch in den Kolonien fortsetzte. Die britische Völkerfamilie mit den mehr oder weniger selbständigen Teilen bezeichnete man nun als das *»Commonwealth of Nations«*. Nach der Thronkrise und dem Verzicht Eduards VII. bestieg 1936 sein Bruder Georg VI. (1936–1952) den Thron in einer Zeit schwerer außenpolitischer Belastungen. Von 1937 bis 1939 versuchte England, eine Verwicklung in die europäischen Vorgänge zu vermeiden und eine Politik des Ausgleichs zu betreiben. Daß die englische Regierung das Vorgehen totalitärer Regime in Europa ignorierte, stieß im Lande auf heftige Kritik. Deshalb wurde die 1939 an Polen gegebene Garantie des Beistands im Kriegsfall von der ganzen National gebilligt. Der Zweite Weltkrieg begann mit einer Reihe von Katastrophen für England und die Alliierten. Nach der Niederlage Frankreichs im Mai 1940 stand England allein, und obgleich es beträchtliche Unterstützung durch die Vereinigten Staaten erhielt, konnte es keinen Einfluß auf die Geschehnisse in Europa nehmen. Dagegen kämpften englische Truppen in Nordafrika gegen Italien, das von einem deutschen Korps unterstützt wurde. 1942 weitete sich der Konflikt in den Fernen Osten aus, und die britische Armee wurde in den Kampf gegen Japan verwickelt. Bedroht von der Invasionsgefahr und getroffen durch die deutschen Bombardements, erlebte England selbst den europäischen Krieg.

Hatte der Erste Weltkrieg den Übergang zu politischer Gleichberechtigung beschleunigt, so war das Ende des Zweiten Weltkriegs der Anstoß für eine ähnliche Entwicklung auf sozialem Gebiet. Englands Industrie und Finanzwirtschaft büßten ihre führende Rolle ein, die überseeischen Absatzmärkte und Rohstoffquellen gingen größtenteils verloren. Eine sozialistische Regierung, die kurz nach Kriegsende gewählt wurde, konzentrierte sich auf die

Verbesserung der sozialen Bedingungen im Land. Nach Georgs VI. Tod bestieg 1952 die junge Königin Elisabeth II. den Thron. Es folgten Jahre wirtschaftlichen Aufschwungs. In den sechziger Jahren führten Arbeiter-Unruhen zur Wahl einer zweiten bedeutenden sozialistischen Regierung, die es sich zum Ziel setzte, die bereits von ihren Vorgängern angestrebte wirtschaftliche Gleichheit zu verwirklichen. Das Wirtschaftsleben wurde weitgehend der Kontrolle der Regierung unterworfen. Dennoch ist die dritte der angestrebten Gleichheiten – nach der politischen und sozialen die *wirtschaftliche* – noch lange nicht verwirklicht. Die Enttäuschung hierüber beeinträchtigt den Kontakt zwischen Regierung und Wählerschaft, die befürchtet, ein Zeitalter politischer Reformen könnte vorzeitig zu Ende gegangen sein.

In den siebziger Jahren verstärkte sich in England die Einsicht, daß eine Bewältigung politischer und wirtschaftlicher Probleme Europas nur zusammen mit den europäischen Partnern zu erreichen sei. So erfolgte 1972 der allerdings immer noch im Lande umstrittene Beitritt Großbritanniens zur Europäischen Gemeinschaft, der wie die militärische Koordinierung Großbritanniens mit den europäischen Staaten und den Vereinigten Staaten in der NATO zu einer geschichlichen Notwendigkeit wurde.

Zur Geschichte von Wales

Bis zur Invasion und Eroberung Englands durch die Römer unterscheidet sich die Geschichte von Wales kaum von der der anderen Bereiche der Britischen Inseln.

Die römische Provinz war im Westen durch die Waliser Berge begrenzt, in die die Römer nur vereinzelte Vorstöße unternahmen auf der Suche nach Erz- und Goldlagern.

Im 4. Jahrhundert, nachdem die Römer die Insel verlassen hatten, zogen sich die Kelten vor den angelsächsischen Eindringlingen aus dem Süden und Osten Britanniens nach Cornwall, in die Berge von Wales, nach Cumberland und Westschottland zurück. Sie nannten sich *Waelisc* oder *Weales,* woraus das englische Welsh wurde; Waliser bezeichneten sich auch als Cmry (Kameraden) und ihr Land als Cymru, latinisiert zu *Cambria*.

Noch unter römischer Besetzung war die christliche Religion nach Britannien gekommen. Obwohl die Archäologen in den römisch-keltischen Siedlungen bisher nur geringe Spuren des Christentums aufdecken konnten, muß es doch verbreitet gewesen sein, denn es lebte unter den keltischen Flüchtlingen in Wales und Irland weiter. Alle anderen Errungenschaften gingen in wenigen Generationen verloren; altkeltische Stammeskämpfe lebten wieder auf und erschwerten die Verteidigung gegen die nachdrängenden Angelsachsen. Im Jahr 577 stießen diese von Wessex bis zum Severn vor, im Norden von Wales erreichten die angelsächsischen Eroberer die irische See, nach einem Sieg des northumbrischen Königs bei Chester im Jahr 613. Dadurch wurden die keltischen Stämme in drei voneinander isolierte Bereiche aufgeteilt: Strathclyde oder Cumbria im Norden, Wales in der Mitte, Devon und Cornwall im Südtn. Ein weiterer Sieg der Northumbrier 634 südlich des Flusses Tyne über einen keltischen König beschränkte die Waliser auf das gebirgige Landesinnere. Ständige Grenzkämpfe führten im 8. Jahrhundert zur Errichtung einer Befestigung, *Offa's Dike* genannt, die vom Dee im Norden von Wales bis zum Wye im Süden reichte. Im 9. Jahrhundert überfielen die Wikinger auch die Küsten von Wales, sie beschränkten sich jedoch auf die Meeresbuchten und drangen nicht weiter ins Landesinnere vor. Sie wurden schließlich von Rhodri Mawr vertrieben, der fast ganz Wales, den äußersten Südosten und Südwesten ausgenommen, unter seine Herrschaft brachte.

Kurz vor der normannischen Eroberung war es einem Llewelyn gelungen, einen Teil der Waliser zu vereinen. Er wurde während der Regierung Edwards des Bekenners von Harold besiegt, den er vorher über Offa's Dike zurückgedrängt hatte. Dieser Sieg Harolds bahnte dem Vordringen der Normannen nach Wales den Weg.

Zur Zeit der normannischen Eroberung war Wales in vier deutlich voneinander abgegrenzte Fürstentümer unterteilt; es gab keine Städte, kaum Dörfer, die Bewohner waren mehr Hirten als Bauern. Den Normannen gelang es, den Süden des Landes unter Kontrolle zu bringen; sie bauten Burgen, schlossen Ehen mit einflußreichen Waliser Familien und riefen flämische Siedler ins Land. Aus permanenten Machtkämpfen der walisischen Großen untereinander hob sich um 1200 das Adelsgeschlecht der *Llewelyn* heraus. Llewelyn der Große einigte seit 1194 Wales und führte eine kurze Blütezeit herauf. Als geschickter Diplomat nutzte er die Auseinandersetzung der englischen Barone mit Johann Ohneland, um den Walisern in der Magna Charta von 1215 Rechte zu sichern. Bei seinem Tod 1240 war er unbestrittener Herrscher über die Waliser. Sein Enkel wollte die Engländer ganz aus Wales verdrängen. Er forderte Edward I. von England zum Kampf heraus, der zum Ende der walisischen Freiheit führte. Edward war entschlossen, das ungezähmte Nachbarvolk zu unterwerfen. Im Jahr 1277 begann er mit dem Bau einer Reihe von Festungen, z. B. Conway, Carnarvon, Harlech, die von einer hierfür eigens geschaffenen Flotte versorgt wurden. Die Llewelyn wurden in das unzugängliche Gebirgsland um den Snowdon zurückgeworfen und ihre Macht gebrochen. Die feudalen Grundherren des Grenzlandes, die Marcher Lords, bezog Edward in sein System der Herrschaftssicherung ein. 1284 unterstellte er das Fürstentum Wales der englischen Krone, 1301 setzte er seinen in Carnarvon geborenen Sohn mit einem Dekret als *Prince of Wales* ein (diesen Titel tragen seitdem alle englischen Thronfolger). Beide Maßnahmen konnten nicht verhindern, daß Grenzkämpfe und Stammesfehden anhielten. Um 1400, als England in den Hundertjährigen Krieg verstrickt war, versuchte Owen Glendower die Unabhängigkeit von Wales wiederherzustellen. Dies führte zu Kämpfen, die bis 1415 andauerten und Nordwales mit seinen Grenzgebieten verwüsteten. Nach der Niederwerfung des Aufstands konnte der »Friede des Königs« auch mit harten Strafmaßnahmen nur mühsam aufrechterhalten werden.

Der dreißigjährige Krieg zwischen den Häusern Lancaster und York brachte neue Unruhen nach Wales und in seine Grenzgebiete. Das Haus Lancaster hatte einflußreiche Anhänger in Nordwales; Heinrich Tudor, der 1485 als Heinrich VII. den englischen Thron bestieg, war ein walisischer Edelmann. Er entstammte dem Haus Tudor auf Anglesey und war während der Regierungszeit Richards III. in die Bretagne geflohen. Dort im Exil wurde ihm die Krone angetragen; von Milford Haven in Südwales begann er den Kampf, der ihm in der Schlacht von Bosworth den Sieg über Richard III. und die Krone brachte (Ende der Rosenkriege). Unter Heinrichs Herrschaft verabschiedete das englische Parlament die Unionsakte, die dem Waliser Volk alle Rechte wiedergab. Zahlreiche Waliser traten nun in den Dienst der Kirche oder in akademische Berufe ein und gelangten in einflußreiche Positionen am Hof.

In Wales selbst dagegen veränderte sich wenig. Die Kluft zwischen dem Landvolk und einer vorwiegend unter englischem Einfluß stehenden Oberschicht war unüberbrückbar.

Mit der Tudor-Dynastie verschwand auch der Einfluß der Waliser aus dem öffentlichen Leben Englands. Doch die unter den Tudors entstandene Loyalität gegenüber dem englischen Thron blieb bestehen und wurde auf die Stuart-Könige übertragen. Wales stellte sich mit seinen Festungen im Bürgerkrieg auf die Seite des Königs. Andererseits spielten walisische Puritaner in Cromwells Commonwealth eine führende Rolle.

Die Mißachtung aller walisischen Probleme durch Könige und Parlament nach der Restauration veranlaßte führende Persönlichkeiten der Waliser Kirche, eine Bewegung zur Erhaltung der walisischen Sprache und Kultur zu gründen. Dies führte im 18. Jahrhundert einen Bruch zwischen der walisischen und der anglikanischen Kirche herbei, der sich 1811 durch die Gründung der unabhängigen Vereinigung der Calvinistischen Methodisten von Wales noch vertiefte.

Im 19. Jahrhundert war auch Wales von den durch die industrielle Revolution verursachten wirtschaftlichen und sozialen Umwälzungen betroffen. In den großen Kohlerevieren in Südwales entstanden metallverarbeitende Fabriken, stille Landstädtchen wuchsen in kurzer Zeit zu großstädtischen Industriezentren heran. Die mit der raschen Industrialisierung entstandenen sozialen Mißstände verursachten Unruhen, die zum Teil in gewalttätigen Protesten Ausdruck fanden. Die Herrschaft der grundbesitzenden Schicht ging mit der Industrialisierung zu Ende; die aufsteigende Mittelschicht, deren Reichtum auf den neuen Wirtschaftsformen beruhte, artikulierte sich in der Liberalen Partei. Einer der bedeutendsten Repräsentanten dieser Partei war der aus Wales stammende Politiker *Lloyd George* (1863–1945), der 55 Jahre lang dem Parlament angehörte, seine politische Laufbahn als walisischer Nationalist und Sozialreformer begann und während des Ersten Weltkrieges Premierminister war.

Die Bewegung zur Erhaltung und Förderung walisischer Sprache und Kultur und walisischer Lebensweise ist auch im 20. Jahrhundert lebendig. 1955 wurde Cardiff zur Hauptstadt von Wales, und seit 1977 werden im englischen Parlament Vorschläge debattiert, die die Einrichtung der Selbstverwaltung von Wales zum Ziel haben.

Staat und Verwaltung

England und Wales, zusammen mit Schottland und Nordirland, bilden das Vereinigte Königreich von Großbritannien und Nordirland. Der Monarch ist

Staatsoberhaupt von England, Wales und Schottland und ist in Nordirland durch einen Generalgouverneur vertreten. Die Rolle des Monarchen ist rein formell, die Regierungsgewalt liegt in den Händen des Parlaments, das sich aus dem Oberhaus, *House of Lords,* und dem Unterhaus, *House of Commons,* zusammensetzt. Von den 1130 Mitgliedern des House of Lords sind etwa 300 auf Lebenszeit vom Premierminister ernannt, außerdem gehören ihm auf Grund ihres Ranges Bischöfe und führende Persönlichkeiten der Justiz an; die übrigen Sitze sind erblich. Im House of Commons sind insgesamt 635 Abgeordnete aus allen vier Ländern des Vereinigten Königreiches vertreten; aus diesen werden die Kabinettsmitglieder ernannt und aus der Mehrheitspartei der letzteren der Premierminister im Parlament gewählt. Die Mehrzahl der Gesetzesvorlagen werden vom House of Commons beantragt; sie bedürfen der Zustimmung des Houses of Lords, das die vom Unterhaus vorgelegte Gesetzgebung nur verzögern, nicht jedoch abschaffen kann.

England ist in 46, Wales in 8 *Grafschaften* unterteilt (siehe Übersichtskarte S. 2). Die Grafschaftsverwaltung ist für alle lokalen Belange und Entwicklungen zuständig, mit weitgehender finanzieller Unterstützung durch die Zentralregierung. Auf lokaler Ebene ist die Regierung durch die Distrikte vertreten, die örtlichen Verwaltungsstellen, die für die Grafschaftsbehörden arbeiten. 44 Städte in England und drei in Wales tragen den Titel *»City«,* eine historische Stadtwürde, die vorwiegend eine Stadt als Bischofssitz auswies. Seit der Verwaltungsreform von 1971 hat diese Bezeichnung verwaltungsmäßig keine Bedeutung mehr. Nach dem Zweiten Weltkrieg entstanden in England 19 und in Wales zwei neue Stadtgründungen, deren Verwaltung den lokalen Distrikt-Behörden untersteht, deren Entwicklung jedoch durch eine zentrale Regierungskommission geleitet wird.

Die *Isle of Man* ist Schutzgebiet der englischen Krone, der Monarch ist durch einen Vize-Gouverneur vertreten. Die Insel besitzt ihre eigene Legislative, den *Tynwald,* der für alle lokalen Finanz- und Verwaltungsfragen zuständig ist. Die *Channel Islands,* ebenfalls Schutzgebiet der englischen Krone, sind in zwei Verwaltungsbezirke eingeteilt, den *State of Jersey* und den *State of Guernsey.* Der englische Monarch ist in beiden Staaten durch einen Vize-Gouverneur vertreten; beide wählen ihre eigene Legislative für lokale Belange. Die *Isles of Scilly* werden zum Teil durch die Grafschaft Cornwall, zum Teil durch einen lokal gewählten Rat verwaltet.

Aus der Kunstgeschichte

Baukunst

Vorgeschichte. Eindrucksvollstes Denkmal der an vorgeschichtlichen Funden überreichen Britischen Inseln sind die Megalithbauten von *Stonehenge* (s. Salisbury). Bei diesem rätselhaften, nach der Sonne ausgerichteten kreisförmigen Steinmal aus gewaltigen Blöcken handelt es sich höchstwahrscheinlich um eine Kultstätte, die vom Ende der Jungsteinzeit bis zur Bronzezeit in mehreren Bauphasen entstand. Die heute noch durch ihre Größe imponierende Anlage ist der Rest der letzten Bauperiode zwischen 1800 und 1500, in der Bronzezeit. Ein weiteres Steinkreis-Monument der

Jungsteinzeit befindet sich in Avebury (s. Swindon). Auch bei Dorchester und in seiner Umgebung sind mehrere prähistorische Denkmäler erhalten.

Römerzeit. Überreste aus der Römerzeit sind an verschiedenen Stellen, u. a. in Bath, Colchester, Chester (nicht oberirdisch sichtbar) und Dorchester erhalten; bewundernswert ist der Roman Wall oder *Hadrianswall* (s. Hexham) aus dem 2. Jahrhundert, eine 120 km lange Grenzbefestigung zwischen Carlisle und Newcastle, von dem ein besonders gut erhaltenes Teilstück im Bereich des Nationalparks in Northumberland liegt.

Kelten und Angelsachsen. Von der Kunst der Kelten können Steinkreuze einen Eindruck vermitteln, die sich in Irland und Wales erhalten haben und allseitig mit Ornamenten und Symbolen geschmückt sind. Ein Beispiel des angelsächsischen Stils (*Saxon Style,* etwa 400 bis 1050), den Schlichtheit und einfache Rundbögen kennzeichnen, ist die noch vollständig erhaltene St. Adhelm's oder St. Lawrence's Church in Bradford-on-Avon (s. Bath).

Normannen. Der normannische (= romanische) Stil (*Norman Style,* 1066 bis 1200), genannt nach den normannischen Eroberern, ist durch schwere Mauern und Halbkreisbögen über Türen und Fenstern charakterisiert. Der Tower in London, die Kathedralen von Durham, Peterborough, Norwich, St. Albans und Gloucester sind repräsentative Bauten dieser Stilepoche. Die reiche Bautätigkeit, die in der normannischen Zeit entfaltet wurde, läßt sich daran erkennen, daß die älteren Teile vieler Kathedralen und Kirchen des Landes aus dieser Zeit stammen, wie zum Beispiel in Christchurch (s. Bournemouth) und Barfrestone (s. Dover). Ebenso spielt der Profanbau eine große Rolle, da die neuen Herren das ganze Land mit einem Netz von Burgen überzogen. Beispiele hierfür sind das Castle von Rochester und das von Colchester.

Gotik. In der gotischen Stilepoche unterscheidet man drei Phasen, die sich zeitlich teilweise überschneiden: Frühgotisch oder *Early English* (etwa 1190 bis 1290), Hochgotisch oder *Decorated* (etwa 1250 bis 1350) und Spätgotisch oder *Perpendicular* (etwa 1340 bis 1550). Den frühgotischen Stil kennzeichnen Spitzbögen, Kreuzrippengewölbe und lange, schmale, unverzierte Fenster, wie man sie an der Kathedrale von Salisbury sehen kann. Klassische Beispiele für die Hochgotik sind der Engelchor in Lincoln, die Kathedralen von Exeter und York. Fenster und Bogenöffnungen sind nun breiter, das Meßwerk vielgestaltiger, die Wände reich gegliedert. Pfeiler, Arkaden, Gewölbe sind mit Diensten, Profilen, Rippen überzogen, es finden sich Schmuckformen an Kapitellen, Konsolen und Friesen. Beispiele sind die Abteikirche von Sherborne in Dorset (s. Yeovil) sowie Chor und Kreuzgang der Kathedrale von Gloucester.

Tudor – Renaissance – Barock. In der Kunstentwicklung Englands gibt es nicht wie auf dem Kontinent Renaissance und Barock als streng ausgebildete und deutlich sich unterscheidende Kunststile. Das 16. Jahrhundert wird bestimmt vom *Tudorstil,* einer eigentümlichen Mischung von Perpendicular-Gotik (die nach wie vor in der Architektur dominiert) und den neuen, vom Kontinent herübergekommenen Formelementen der Renaissance, welche vor allem die dekorative Ausgestaltung der Bauten bestimmen. Paläste und viele über das ganze Land verstreute Adelssitze dokumentieren diesen Stil, ebenso die in vielen Städten erhaltenen *Fachwerkbauten*, an denen sich auch der zunehmende Wohlstand dieser Zeit ablesen läßt. Als Beispiele sind zu nennen der Palast von Hampton Court, westlich von London an der Themse gelegen, der von Kardinal Wolsey 1515 begonnen und nach dessen Enteignung von Heinrich VIII. weitergeführt wurde (s. GRIEBEN-Band 244 »London«); von den Landsitzen u. a. Haddon Hall (s. Bakewell) und Hardwick Hall (s. Chesterfield) in Derbyshire, Longlent House in Wiltshire, Montacute House in Somerset, Wollaton Hall in Nottinghamshire.

Eine Besonderheit Englands sind die reichen, offenen Gebälkkonstruktionen der großen Aulen, der Fest- und Versammlungsräume, wie sie Paläste (Westminster Hall, Hampton Court Hall), Zunftgebäude (Guildhall in London) und auch die Colleges in Oxford und Cambridge (so Christ Church in Oxford, St. John's College in Cambridge als Speisesäle) besitzen.

Reiche, phantasievoll geschmückte Fachwerkbauten, nach der Entstehungszeit meist Elizabethan Houses genannt, finden sich z. B. in Canterbury, Chester, Shrewsbury, Stratford-upon-Avon, York und vielen anderen Städten.

Im 17. Jahrhundert gewann die *Renaissance* durch den weitgereisten und an Palladio geschulten Inigo Jones (1573–1651) und seine Schüler stärkeren Einfluß in der englischen Architektur, ohne jedoch die Gotik ganz zu verdrängen.

Von den strengen, den Klassizismus vorwegnehmenden Bauten des Inigo Jones sind in London das Banqueting House von Whitehall (1619–1622), Old St. Paul's Church in Covent Garden (1631–1638) und sein frühes Meisterwerk, Queen's House in Greenwich (1616), erhalten.

Das letzte Drittel des Jahrhunderts wird bestimmt von dem großen englischen Architekten *Christopher Wren* (1632–1723), in dessen Bauten sich die Tradition der englischen Gotik und klassizistische und barocke Elemente zu einer einzigartigen Einheit verbinden.

Wren's Hauptwerk ist St. Paul's Cathedral in der City von London, die von 1675 bis 1710 an der Stelle der alten, 1666 zerstörten Kirche erbaut wurde. Er leitete den Wiederaufbau Londons nach dem großen Brand von 1666, und seine Handschrift ist in der eigentümlichen Verbindung von klassizistischen und barocken Elementen (trotz der Zerstörungen des Zweiten Weltkrieges) noch an vielen Kirchen der Londoner Innenstadt zu erkennen. Christopher Wren entfaltete darüber hinaus eine reiche Bautätigkeit; so entstand nach 1688 der große Südosttrakt des Palast von Hampton Court, er errichtete u. a. in Cambridge die Bibliothek von Trinity College sowie das Sheldonian Theatre, die Trinity Chapel und Tom Tower, den gotisierenden Turm von Christ Church College in Oxford.

Von seinen Nachfolgern sind Nicholas Hawksmore, der vor allem in London tätig war, und John Vanbrugh (Erbauer des monumentalen Blenheim Palace nördlich von Oxford, wo Churchill geboren wurde) die wichtigsten.

Klassizismus. In der Regierungszeit der Königin Anna (1702–1714) und der Hannoveraner (von 1714 bis 1837) orientierten sich die englischen Baumeister an klassischen Stilfomen; sie knüpften vor allen an den durch Inigo Jones auf der Insel bekanntgewordenen Palladio an. Gemeinsam ist allen Bauwerken der *Queen Anne's-*, der *Georgean* oder *Regency period* (nach der Jahrhundertwende) die Vorliebe für schlichte, klare Linienführung. Lord Burlington, Aristokrat, Mäzen und Architekt, ist der Begründer und Förderer des sogenannten Palladianismus, dem die bedeutendsten Architekten um die Mitte des 18. Jahrhunderts, wie Gibbs, Kent, Chambers, zuzurechnen sind.

In die 2. Hälfte des 18. Jahrhunderts gehören die feinen Bauten von Robert Adam, die vor allem wegen ihrer eleganten, kultivierten Innenräume berühmt sind und die man sich ausgestattet mit dem leichten Mobiliar von Thomas Chippendale vorzustellen hat. Neben komfortablen Landsitzen wie Syon House in Middlesex und Kedleston Hall in Derbyshire erbaute er in London Apsley House (1777/78), das später Wellingtons Wohnsitz war, und Kenwood House am Rande von Hampstead Heath im Norden Londons.

Der berühmteste Londoner Architekt der Regency period, d. h. der Regentschaft des späteren George IV. seit 1811, ist *John Nash*, dessen Bauten bis heute das elegante Stadtviertel Londons zwischen Buckingham Palace und Trafalgar Square bestimmen; Beispiele sind Carlton House Terrace, Cumberland Terrace u. a. Sachlich schmucklose, aber elegante Wohnhäuser dieser Zeit haben sich auch in Hastings, Brighton, Cheltenham und anderswo erhalten.

Viktorianische Epoche. Seit der Mitte des 18. Jahrhunderts wurde der nie ganz aufgegebene gotische Baustil neu belebt. Die *Neugotik*, die von England aus auch auf den Kontinent ausstrahlte, brachte eine unübersehbare Zahl von Bauten hervor, von denen als die berühmteste das Londoner Parlamentsgebäude von Charles Barry (zwischen 1840 und 1860) und die Tower Bridge (1866–1894) zu nennen sind.

Aber ebenso wie von einer Wiederbelebung gotischer Formen *(Gothic revival)* kann man von einer Erneuerung klassisch-griechischer *(Greek revival)* sprechen. Vor allem für den griechischen Säulenportikus entwickelten die Engländer eine große Vorliebe, und zwar nicht nur bei neoklassizistischen Großbauten wie beispielsweise der National Gallery (1832–1838) oder dem von Robert Smirke erbauten Britischen Museum (zwischen 1823 und 1847), sondern auch bei Wohnhäusern. Es gibt ganze Straßenzeilen mit viktorianischen Häusern, deren Eingänge mit einem weißgestrichenen, klassizistischen Portikus, also Säulen beiderseits des Eingangs und einem kleinen Dreiecksgiebel darüber, geschmückt sind, der sich von den dunklen Hausfassaden abhebt.

20. Jahrhundert. Die traditionellen Bauformen blieben auch im ersten Drittel dieses Jahrhunderts bestimmend. Der Erste Weltkrieg brachte zwar ungeheure Menschenverluste und wirtschaftliche Schwierigkeiten, die materiellen Verluste an der Bausubstanz jedoch blieben gering. Erst seit dem Ende des Zweiten Weltkrieges setzten sich auch *moderne Architekturformen* in England durch. Die modernen Bauformen wurden nun, wie auf dem Kontinent, von den Prinzipien der Materialgerechtigkeit und von strenger Sachlichkeit geprägt. Neue Raumbedürfnisse sowie die Kriegszerstörungen in der City von London, Coventry und anderer Städte ließen Hochhäuser entstehen, die das Stadtbild entscheidend verändern. Repräsentativ für den zeitgenössischen Bauwillen ist, neben Geschäftshäusern in der City, das neue Kulturzentrum Londons auf dem Südufer der Themse, wo u. a. die neue Royal Festival Hall und ein neues National Theatre entstanden sind. Auch bei dem Neubau der Kathedrale von Coventry hat man bewußt die Gelegenheit wahrgenommen, »mit den vorzüglichen Mitteln, die das 20. Jahrhundert besitzt«, einen der Zeit und ihrem religiösen Empfinden angemessenen Raumkörper zu schaffen. Der sich in dieser Weise manifestierende Bauwille verhindert aber nicht, daß dort, wo sie wertvoll erhalten ist, die Bausubstanz vergangener Jahrhunderte bewahrt und sorgfältig gepflegt wird.

Malerei

Die *Buchmalerei*, die in den zahlreichen Klöstern Englands gepflegt wurde, erreichte bereits im 8. Jahrhundert ein hohes Niveau; die berühmteste dieser illuminierten Handschriften, neben den anglokeltischen in Dublin, ist das Evangeliar von Lindisfarne, das im 8. Jahrhundert in einem Kloster in Nordengland entstand. Es befindet sich heute im Britischen Museum in London. In der normannischen Epoche hatte die Buchmalerei ein Zentrum in Winchester. Von der *Wandmalerei* dieser Zeit haben sich nur ganz spärliche Reste erhalten, so in der Krypta und der St.-Anselm-Kapelle der Kathedrale von Canterbury aus der Zeit um 1174, das Fresko stellt den hl. Paulus mit Schlange auf der Insel Malta dar. Die Kathedrale von Canterbury besitzt auch die ältesten bemalten *Glasfenster:* das Becket-Fenster in der Thomas-Kapelle, die Fenster im nördlichen Seitenschiff und Fenster im südwestlichen Querschiff aus dem 13. Jahrhundert, welche gleichzeitigen Glasmalereien in französischen Kathedralen nicht nachstehen.

Auch von gotischer *Wand- und Tafelmalerei* ist wenig erhalten. Aus dem letzten Jahrzehnt des 14. Jahrhunderts stammt das Wilton-Diptychon mit dem Bildnis des letzten Plantagenet, Richard II., in der National Gallery, das aber möglicherweise von einem französischen Maler stammt.

Im 16. und 17. Jahrhundert waren kontinentale Maler in England tätig. Hans Holbein d. J. hat eine ganze Reihe von eindrucksvollen *Porträts* von Heinrich VIII., seinen Räten und Kanzlern geschaffen. Antonys van Dyck prägte mit seinen Porträts aus der Zeit und der Umgebung Karls I. ein Schönheitsideal von lässig-eleganter, distanzierter Kühle.

Der Ruhm der englischen Malerei begann im 18. Jahrhundert mit den Werken des unbestechlichen und satirischen Gesellschaftskritikers William Hogarth (1697–1764). Es folgten geniale Künstler wie Sir Joshua Reynolds (1723–1792), Thomas Gainsborough (1727–1788), George Romney (1734–1802), die die Gesellschaft ihrer Zeit darstellten. In der »Society of Painters in Water Colours« vereinten sich *Landschaftsmaler* wie John Robert Cozens (1752–1797) und Thomas Girtin (1775–1802); sie pflegten das Aquarell als selbständige Gattung. John Crome (1768–1821), der Begründer der Norwich School, und der Landschaftsmaler John Constable (1776–1837) schufen sich Weltruhm. In seinen Naturstudien ist Constable ein Vorläufer des *Impressionismus*, der eine nachhaltige Wirkung auf die französischen Maler der nächsten Generation (die Schule von Barbizon) und auf den jungen

Menzel ausübte. William Turner (1775–1851) war ein Zeitgenosse von Constable, aber in mancher Hinsicht, zum Beispiel in seinem Verhältnis zur kontinentalen Malerei, sein Gegenpol. Er hinterließ ein immens umfangreiches Werk, das er der britischen Nation vermachte und das zu einem großen Teil in der Londoner Tate Gallery ausgestellt ist. Er war ein Meister grandioser, visionärer, die Realität auflösender Farbszenen. In der Mitte des 19. Jahrhunderts erneuerten die *Präraffaeliten* Holmen, Hunt, Rossetti, Milais den Stil der italienischen Schule vor Raffael. Der *Allegorien*-Maler George Frederik Watts (1817–1904) kam dem Geschmack des viktorianischen Zeitalters am nächsten, James Whistler (1834–1903) leitete den *Impressionismus* ein. Sein Schüler Walter Sickert (1860–1942) und Augustus John (1876–1962) folgten. – Zu den Repräsentanten *moderner Malkunst* gehören Stanley Spencer (1891–1961), der auch als Bildhauer weltbekannte Henry Moore (geb. 1898) und als eine der stärksten und phantasievollsten Begabungen Graham Sutherland (geb. 1903).

Bildhauerei

Zahlreiche Museen bewahren Skulpturen aus keltischer und römischer Zeit, so in Newcastle-upon-Tyne und Winchester, sowie aus angelsächsischer Zeit (Elfenbeinschnitzereien vom Einband eines Evangeliars in Winchester). Zur Zeit der Normannen wurden Portale, Taufbecken und Säulenkapitelle reich mit figürlichem und ornamentalem Schmuck versehen (Portal der Kirche von Barystone bei Dover, Kapitelle der Krypta der Kathedrale von Canterbury). Der reichste dekorative Schmuck ist aber in vielen Fällen eher ornamental als plastisch empfunden, worin sich sowohl keltisches als auch angelsächsisches Erbe manifestieren mag (z. B. Pforte am südlichen Seitenschiff von Ely). Der plastische Schmuck der Kathedralen der hochgotischen Zeit befindet sich im Gegensatz zur französischen Portalplastik an den Fassaden in den Innenräumen der Kathedralen. Statuen von Heiligen und Königen sowie Madonnen schmücken seit dem 14. Jahrhundert Fassaden (Kathedrale in Wells) und Wände der Gotteshäuser. Beispiele dafür sind der berühmte Chor von Lincoln mit seinen dreißig Engeln in den Zwickeln der Arkaden oder die Westfassade von Exeter. Ein Jahrhundert später entstanden Grabmonumente mit meisterhaft gegossenen Bronzestatuen, Marmorskulpturen oder Reliefs. Die Schöpfungen der folgenden Generation waren zumeist von holländischen, italienischen oder französischen Einflüssen bestimmt. Edward Pierce (1595–1630) hat als Mitarbeiter des genialen Kirchen- und Städtebauers Sir Christopher Wren eine stattliche Anzahl von Büsten seiner Zeitgenossen geschaffen. Englands berühmtester Bildhauer der Neuzeit war Sir Jakob Eppstein (1880–1961). Seit dessen Tod ist Henry Moore (geb. 1898) prominentester Repräsentant dieser Form, der als einer der wesentlichsten Vertreter und Anreger der Gegenwartsplastik international anerkannt ist.

Literatur

Englands berühmteste literarische Leistungen, die in aller Welt anerkannt sind, sind die Dramen von William Shakespeare (1564–1616), Christopher Marlowe (1564–1593) und Bernard Shaw (1856–1950), die lyrische Dichtung von William Wordsworth (1770–1850), Percy B. Shelley (1792–1822), Lord

Byron (1788–1824), John Keats (1795–1821) und Lord Tennyson (1809–1892) sowie die großen Romane von Henry Fielding (1707–1754), Charles Dickens (1812–1870) und John Galsworthy (1867–1933).

Man unterscheidet drei Abschnitte der englischen Literatur: die *altenglische Periode* (bis 1300), die *mittelenglische Zeit* (bis 1500) und die *moderne Epoche*. Aus dem ersten ist der »Beowulf« (9. Jahrhundert) erhalten, einzigartiges und eindrucksvolles Beispiel der alten germanischen Heldendichtung; aus dem zweiten die »Canterbury Tales« von Geoffrey Chaucer (1340–1400), in denen mit scharfer Beobachtung eine Fülle von Gestalten der Zeit eingebettet und die Geschichte einer Pilgerfahrt zum Grabe des hl. Thomas von Canterbury gezeichnet werden. John Wicliff (1324–1384) übersetzte die Bibel ins Englische.

Die großen Meisterwerke der englischen Literatur der folgenden Jahrhunderte sind oben genannt.

Die bedeutendsten Repräsentanten der neuzeitlichen Dramatik sind T. S. Eliot (geb. 1888), Christopher Fry (geb. 1907), Graham Greene (geb. 1904). Unter den Roman-Autoren stehen James Joyce (1882 Dublin–1941), Virginia Woolf (1882–1941), William Somerset Maugham (1874–1965), Evelyn Waugh (geb. 1903), George Orwell (1903–1950) und Liam O'Flaherty (geb. 1897 in Irland) an erster Stelle. John Osborne (geb. 1929) ist der bekannteste der jüngsten Schriftsteller-Generation, die seit den fünfziger Jahren als die »zornigen jungen Männer« Englands auf sich aufmerksam gemacht haben und deren Einfluß inzwischen auch auf dem Kontinent nachzuweisen ist.

Musik

Von der Liebe der Kelten zum Gesang wurde seit alten Zeiten immer wieder berichtet, bis heute lebt diese Tradition in Wales fort, und auch die Freude der Engländer an vokaler Musik scheint keltisches Erbteil zu sein. In der Frühzeit der Christianisierung kam der gregorianische Choral nach England und wurde dort sorgfältig gepflegt.

Im 14. Jahrhundert schon wurde in England die Mehrstimmigkeit entwickelt, die vor allem mit dem Namen von John Dunstable (um 1370 bis 1453) verbunden ist, dessen Motetten-Messen auch die kontinentale Musikentwicklung beeinflußten.

An Elisabeths Hof wurde das aus Italien stammende Madrigal gepflegt. Bis heute bekannt sind Orlando Gibbons (1583–1625), John Dowland (1563–1626) und William Byrd (1543–1623), gelegentlich der »englische Palestrina« genannt. Laute, Hornpipe und Klavier (Virginal) sind die am häufigsten gespielten Instrumente. Die beim Tod Heinrichs VIII. aufgestellte Liste seiner Musikinstrumente ging in die Hunderte. Die Aufführungen der Shakespeareschen Dramen waren immer mit Musik verbunden. Diese war ein wesentliches Element des »merry old England« vor der puritanischen Revolution. John Dowland und Henry Purcell (1659–1695) waren die Meister der englischen Musik bis zum Eintreffen von Georg Friedrich Händel (1685–1759). Dessen Hauptaufgabe sollte die Pflege der italienischen Oper für die Hofgesellschaft sein, seine Oratorien aber fanden Zustimmung und

Anhänger vor allem in den Kreisen des Bürgertums und sind in der englischen Bevölkerung bis heute volkstümlich geblieben.

Lange nach Händels Tod erwarben sich Komponisten wie Sir Edward Elgar (1857–1934), Vaughn Williams (1872–1958), John Ireland (1879–1962) und Sir William Walton (geb. 1902) Weltruf. Eine Sonderstellung nimmt Sir Arthur Sullivan (1842–1900) mit seinen Operetten ein. In der Gegenwart hat England mit Benjamin Britten (1913–1976) wieder einen Komponisten von europäischem Rang hervorgebracht. Seine Opern und Kompositionen ernster Musik haben die Veranstaltungen von Aldeburgh einem breiteren Publikum bekanntgemacht. Andere Musikfestspiele, wie Glyndbourne, sind der Oper, die in Haslemere in Surrey der alten Musik gewidmet. Erstrangige Orchester und die Pflege der Musiktradition in den Schulen sind in England eine Selbstverständlichkeit.

Wirtschaft

Die industrielle Revolution in England und Wales begann Ende des 18. Jahrhunderts und fand ihren Höhepunkt Mitte des 19. Jahrhunderts, als England zur führenden Industrie- und Handelsmacht der Welt wurde. Praktisch autark in allen lebenswichtigen Produkten, konnte es seine Industrieerzeugnisse in aller Welt absetzen. Diese Vorrangstellung wurde im folgenden Jahrhundert durch industriellen Fortschritt in anderen Ländern, und durch die Nachwirkungen zweier Weltkriege, weitgehend untergraben, doch nach wie vor rangiert England unter den führenden Industrienationen der Welt. In der Erzeugung von Kohle, Erdölprodukten, Elektrizität und Stahl zählt es zu den zehn größten Produzenten der Welt. Zwar sind seine traditionellen Schlüsselindustrien – Eisenerz, Baumwolle und Wolle, auf die sich die industrielle Revolution und Englands Wohlstand im 19. Jahrhundert gegründet hatten – stark zurückgegangen, doch sicherte es sich in der modernen industriellen Entwicklung des 20. Jahrhunderts eine Stelle unter den führenden Erzeugern der Welt für chemische Produkte, Erdgas, Aluminium, Fahrzeuge, Schiffs- und Flugzeugbau. Ein bedeutender Aspekt der britischen Wirtschaft ist der Export von Dienstleistungen, vor allem im Transport-, Versicherungs- und Bankwesen; in dieser Kategorie steht das Vereinigte Königreich an zweiter Stelle nach den Vereinigten Staaten. Als Exportland nimmt England die fünfte Stelle nach den USA, der Bundesrepublik, Japan und Frankreich ein, als Importland die vierte vor Frankreich. Tourismus ist ein bedeutender Wirtschaftsfaktor des Landes, und nach der Zahl seiner jährlichen Besucher steht es als Touristenland an zehnter Stelle der Weltstatistik.

46 % der Gesamtbevölkerung sind berufstätig, eine Zahl, die in Europa nur von Schweden übertroffen wird. 33 % der arbeitenden Bevölkerung sind in der Industrie beschäftigt, deren wichtigste Exportgüter Fertigprodukte, Chemikalien und Motorfahrzeuge sind, die die Hälfte des Gesamtausfuhrvolumens ausmachen. Die britische Industriewirtschaft basiert zum großen Teil auf dem Import von Rohmaterialien und deren Weiterverarbeitung und Wiederausfuhr als Fertigprodukte. So stellt zum Beispiel die Verarbeitung von Rohdiamanten und Edelmetallen einen bedeutenden Industriezweig und

wichtigen Exportfaktor dar. Haupthandelspartner sind die USA und die Bundesrepublik.

Die britische Landwirtschaft ist stark industrialisiert und außerordentlich produktiv. Obgleich nur 3 % der arbeitenden Bevölkerung in der Landwirtschaft beschäftigt sind, deckt das Land zu 50 % den Eigenbedarf an landwirtschaftlichen Erzeugnissen. Hauptsächliche Anbauprodukte sind Kartoffeln, Gerste, Weizen und Hafer. Zuckerrüben werden ebenfalls in großem Ausmaß angebaut. Spezialisierung in den vergangenen Jahren führte zum industriemäßigen Anbau und der Weiterverarbeitung von Gartengemüse und entwickelte sich zu einem bedeutenden Industriezweig für den Export. Ausgezeichnetes Weideland in dem milden Klima mit reichlichem Niederschlag begünstigt eine bedeutende Molkereiindustrie. Nur 8 % der Gesamtfläche des Landes sind bewaldet, im Gegensatz zu 29 % in der Bundesrepublik. Umfangreiche Aufforstungsmaßnahmen haben zum Ziel, in Zukunft den Eigenbedarf des Landes an Holz für die Papierindustrie zu decken.

Fischerei spielt eine bedeutende Rolle in der Volkswirtschaft. England unterhält große Fischereiflotten in der Arktik und in der Nordsee; der Fang ist zum großen Teil für den Export bestimmt.

Praktische Vorbemerkungen

Auskunftstellen

Informationsbüros

In England.

British Tourist Authority, Tourist Information Centre, 64 St. James's Street, London SW1A 1NF, Tel. 01-6 29 91 91.

English Tourist Board, 4 Grosvenor Gardens, London SW1W ODU (nur schriftliche und telefonische Auskunft).

Tourist Board (Auskunftstelle der Regionen): **Cumbria** (Grafschaft Cumbria), Ellerthaite, Windermere, Cumbria, LA23 2AQ. – **East Anglia** (Grafsch.: Cambridgeshire, Essex, Norfolk, Suffolk), 14 Museum Street, Ipswich, Suffolk, IP1 1HU, Tel. 21 42 11. – **East Midlands** (Grafsch.: Derbyshire, Leicestershire, Lincolnshire, Northamptonshire, Nottinghamshire, South Humberside), Bailgate, Lincoln, LN1 3AR, Tel. 3 15 21. – **Heart of England** (Grafsch.: Gloucestershire, Hereford and Worcester, Salop, Staffordshire, Warwickshire, West Midlands), PO Box 15, Worcester WR1 2JT, Tel. 2 95 11. – **Northumbria** (Grafsch.: Cleveland, Durham, Northumberland, Tyne and Wear), Prudential Building, 140–150 Pilgrim Street, Newcastle upon Tyne NE1 6TQ, Tel. 2 87 95. – **North West** (Grafsch.: Cheshire, Derbyshire, Greater Manchester, Lanceshire, Merseyside), Bromley Cross, Bolton BL7 9PZ, Tel. 59 15 11. – **South East England** (Grafsch.: East Sussex, Kent, Surrey, West Sussex), 4–6 Monson Road, Tunbridge Wells, Kent TN1 1NH, Tel. 3 30 66. – **Southern** (Grafsch.: Hampshire, Isle of Wight, Dorset teilweise), Canute Road, Southampton SO1 1FH, Tel. 2 04 38. – **Thames and Chilterns** (Grafsch.: Bedfordshire, Berkshire, Buckinghamshire, Hertfordshire, Oxfordshire), 8 The Market Place, Abingdon, Oxfordshire OX14 3HG, Tel. 2 27 11. – **West Country** (Grafsch.: Avon, Cornwall, Devon, Dorset teilweise, Somerset, Wiltshire, Isles of Scilly), Trinity Court, 37 Southernhay East, Exeter, Devon EX1 1QS, Tel. 7 63 51. – **Yorkshire and Humberside** (Grafsch.: Humberside, North, South and West Yorkshire), 312 Tadcaster Road, York YO2 2HF, Tel. 6 79 61. (Fast alle der genannten Büros erteilen nur schriftlich oder telefonisch Auskunft.)

In Wales:

Wales Tourist Board, Welcome House, High Street, Llandaff, Cardiff CF5 2YZ und 3 C; 3 Castle Street, Tel. 2 72 81.

Tourism Council (Auskunftstellen der Regionen): **Mid Wales** (Grafsch.: Dyfed teilweise, Gwynedd, Powys), Maengwyn Street, Machynlleth, Powys, Tel. 24 01. – **North Wales** (Grafsch.: Clwyd, Gwynedd teilweise), Civic Centre, Colwyn Bay, Clwyd, Tel. 5 68 81. – **South Wales** (Grafsch.: Dyfed und Powys teilweise, Gwent, Mid, South and West Glamorgan), Darkgate, Carmarthen, Dyfed, Tel. 7557.

In der Bundesrepublik Deutschland:
Britische Zentrale für Fremdenverkehr, Neue Mainzer Str. 22, 6000 Frankfurt/Main, Tel. 0611/252022.

In der Schweiz:
Britische Fremdenverkehrswerbung, Limmatquai 78/V, 8001 Zürich, Tel. 01/474297.

Automobilclubs

In England und Wales:
AA (Automobile Association), Fanum House, Basing View, Basingstoke, Hampshire, Tel. 0256/20123 (Postanschrift: Basingstoke, Hants, RG21 2EA, POB 52); Informationsdienst und Pannenhilfe, Fanum House, Leicester Square, London WC2H 7LY, Tel. 01/9547373.

RAC (Royal Automobile Club), 83–86 Pall Mall, London SW1Y 5HW, Tel. 01/9304343.

Geschäftsstellen der beiden Clubs befinden sich in Birmingham, Bournemouth, Brighton, Bristol, Cambridge, Cardiff, Carlisle, Colwyn Bay, Douglas/Isle of Man, Dover, Exeter, Fischguard, Folkestone, Harwich, Hull, Jersey/Kanalinsel, Leicester, Liverpool, Maidstone, Manchester, Newcastle-upon-Tyne, Newhaven, Norwich, Nottingham, Oxford, Pegwell Bay/bei Ramsgate, Plymouth, Reading, Sheffield, Southampton, Southend-on-Sea, Stoke-on-Trent, Swansea/Wales, Truro, Weymouth.

Diplomatische Vertretungen

In England und Wales:
Botschaft der Bundesrepublik Deutschland, 23 Belgrave Square, London SW1 X8PZ, Tel. 00441/2355033; Paßstelle: 6 Rutland Gate, London SW7, Tel. 5841271.

Generalkonsulat der Bundesrepublik Deutschland, 8–12 Water Street, Liverpool L2 8TA, Tel. 004451/2360294.

Honorarkonsulate der Bundesrepublik Deutschland: 20 Waterloo Street, Birmingham B2 5TB, Tel. 004421/6435570; 13 St. Thomas Street, Bristol BS1 6JS, Tel. 0044272/294791; c/o ACTAIR, Penarth Road, Cardiff CF1 7UG, Tel. 0044222/387871; Limekiln Street, Dover, Tel. 0044304/201201; 19 Blythswood Square, Glasgow G2 4AP, Tel. 004441/2486024; 1 Coller Road, Parkeston, Harwich, Tel. 00442555/4794; 71 High Street, Hull, Tel. 00444482/25781; 11 New Conduit Street, King's Lyon/Norfolk, Tel. 5181; Dundas House, Middlesbrough-Teesside, Yorkshire, Tel. 00444642/45141; 16 Parade, Plymouth, Tel. 00444751/63444; c/o Hunting & Son Ltd., Milburn House, Newcastle-upon-Tyne, NE99 1TA, Tel. 00444632/610171; Bowling Green House, 1 Orchard Place, Southampton SO1 1BR, Tel. 00444703/23671; 19 Commercial Buildings, St. Helier/Jersey C1, Tel. 32351.

Österreichische Botschaft, 18 Belgrave Square, London SW1, Tel. 01/2353731.

Österreichische Honorarkonsulate: 24 Harborne Road, Edgbaston, Birmingham B15 3AD, Tel. 0 21/4 54 51 31; Dennis House, Marsden Street, Manchester M2 JD, Tel. 0 61/8 32 59 94.

Schweizerische Botschaft, 16 Montagu Place, London W1 H2BQ, Tel. 01/7 23 07 01.

Schweizerisches Generalkonsulat, Sunley Building, Piccadilly Plaza, Manchester M1 4BH, Tel. 0 61/2 36 29 33.

In der Bundesrepublik Deutschland:
Königlich Britische Botschaft, Friedrich-Ebert-Allee 77, 5300 Bonn, Tel. 0 22 21/23 40 61.

Britische Generalkonsulate: Uhlandstr. 7/8, 1000 Berlin 12, Tel. 0 30/3 09 52 93; Georg-Glock-Str. 14, 4000 Düsseldorf 30, Tel. 02 11/43 42 81; Bockenheimer Landstr. 51–53, 6000 Frankfurt/Main, Tel. 06 11/72 04 06; Harvestehuder Weg 8 a, 2000 Hamburg 13, Tel. 0 40/44 60 71; Uhlemeyerstr. 9, 3000 Hannover, Tel. 05 11/32 76 41; Amalienstr. 62, 8000 München 40, Tel. 0 89/39 40 15; Kriegsbergstr. 28, 7000 Stuggart 1, Tel. 07 11/29 32 16.

In Österreich:
Königlich Britische Botschaft, Reisnerstr. 40, 1010 Wien 3, Tel. 02 22/73 15 75; Konsularabteilung, Wallnerstr. 8, 1010 Wien 1, Tel. 02 22/63 75 02.

Britisches Konsulat, Erler Str. 17, 6010 Innsbruck, Tel. 0 52 22/2 83 20.

In der Schweiz:
Königlich Britische Botschaft, Thunstr. 50, 3005 Bern, Tel. 0 31/44 50 21.

Britisches Generalkonsulat, Rue de Vermont 37, 1201 Genève, Tel. 0 22/34 38 00.

Britisches Konsulat, Rittergasse 35, 4001 Basel, Tel. 0 61/23 58 43.

Reisezeit und Reiseziele

Die klimatisch angenehmste Reisezeit für England und Wales sind die Monate von Mai bis Oktober. Das Winterhalbjahr kann, wenn auch die Temperaturen nie besonders tief sinken, doch außerordentlich regnerisch und stürmisch sein; außerdem sind eine Reihe von Sehenswürdigkeiten und Touristenattraktionen in dieser Zeit geschlossen. Theaterferien gibt es in England und Wales nicht; lediglich am Karfreitag und am 25. Dezember sind die Theater und sonstigen Vergnügungsstätten geschlossen.

In die Hochsaison und Hauptreisezeit auf den Britischen Inseln von Juni bis September fallen die großen Ferien, so daß die Unterkünfte während dieser Zeit knapp sind. Der Juni ist der wärmste und trockenste Monat, aber auch der Oktober kann noch außerordentlich milde und klare Tage bringen, wodurch die Herbstfärbung besonders zur Geltung kommt. Die Sommertage sind ungewöhnlich lang; besonders in Nordengland kann es bis 10 Uhr abends noch hell sein. Im Gegensatz dazu sind die Tageslichtstunden im Winter weitaus geringer als dies auf dem europäischen Festland der Fall ist. Eine Wintersportsaison gibt es in England nicht; in Wales entstehen zur Zeit Wintersportzentren im Snowdon-Gebiet.

Heilbäder

Bath
Harrogate
Leamington Spa
Llandrindod Wells
Tunbridge Wells

Seebäder

Abergele
Aberystwyth
Amlwch
Barmouth
Barry
Beaumaris
Bexhill
Blackpool
Bognor Regis
Bournemouth
Bridlington
Bude
Clacton-on-Sea
Colwyn Bay
Cromer
Deal
Douglas
Eastbourne
Exmouth
Filey
Folkestone
Frinton-on-Sea
Hastings
Herne Bay
Hoylake
Ilfracombe
Littlehampton
Llandudno
Lyme Regis
Lytham St. Annes
Margate
Minehead
Morecambe
Newquay
Paignton
Penzance
Prestatyn
Pwllheli
Ramsgate
Rhyl
Ryde
St. Ives
Salcombe
Scarborough
Shanklin
Sidmouth
Skegness
Southend-on-Sea
Southport
Southsea
Swanage
Teignmouth
Tenby
Torquay
Wallasey
Walton-on-the-Naze
Weston-super-Mare
Weymouth
Whitby
Whitley Bay
Worthing

Touristenorte

Avergavenny
Betwys-y-Coed
Bristol
Cambridge
Canterbury
Durham
Exeter
Gloucester
Kendal
Oxford
Pembroke
Salisbury
Shrewsbury
York

Touristengebiete

Channel Islands
Cornwall
Isle of Man
Lake District
Pembroke
Snowdonia

Grenzverkehr

Deutsche können mit einem gültigen Reisepaß oder Personalausweis (Kinder unter 16 Jahren Kinderausweis oder Eintrag im Elternpaß) nach Großbritannien einreisen.

Bei Benutzung eines Kraftfahrzeugs sind Führerschein und Fahrzeugschein erforderlich. Da die Haftplichtversicherung in Großbritannien nur für Personenschäden, nicht aber für Sachschäden gesetzlich vorgeschrieben ist, empfiehlt sich für die Dauer des Aufenthalts der Abschluß einer Kurzkaskoversicherung. Obwohl bei Reisenden mit deutschem, österreichischem oder Schweizer Kennzeichen auf die Vorlage der Internationalen Grünen Versicherungskarte verzichtet wird, ist es ratsam, sie mitzuführen, da bei eventuellen Schadensfällen ihr Besitz die Abwicklung der Kostenregelung wesenlich vereinfacht. Bei Benutzung eines Fahrzeugs, das nicht auf den Namen des Fahrers zugelassen ist, wird eine Vollmacht des Eigentümers verlangt (Formulare beim ADAC). Es ist grundsätzlich verboten, das Fahrzeug im Ausland einer dort ansässigen Person zur Benutzung zu überlassen.

Haustiere (Hunde und Katzen) dürfen nur mit Genehmigung des Ministeriums für Landwirtschaft in Großbritannien eingeführt werden und haben sofort nach der Landung 6 Monate in Quarantäne zu bleiben (auf Kosten des Besitzers).

Zollbestimmungen

Zollfrei bei der Einreise bleibt der Reisebedarf sowie Gegenstände für den persönlichen Gebrauch, wenn sie wieder ausgeführt werden; dazu gehören auch Autoersatzteile in angemessener Menge und ein Autotelefon. Abgabenfrei bleiben außerdem (Freimengen aus Nicht-EG-Ländern in Klammern): 300 (200) Zigaretten oder 150 (100) Zigarillos oder 75 (50) Zigarren oder 400 (250) g Tabak; 1,5 (1) Liter Spirituosen mit mehr als 22° Alkoholgehalt oder 3 (2) Liter Spirituosen mit weniger Alkoholgehalt oder 3 (2) Liter Schaumwein und 3 (2) Liter sonstiger Wein; 75 (50) g Parfüm oder 0,375 (0,25) Liter Toilettenwasser; Kaffee und Tee ohne Beschränkungen; andere Waren im Wert bis zu 50 (10) £. Tabak und Alkohol sind nur für Personen über 17 Jahre abgabenfrei.

Für *Waffen* ist eine Einfuhrgenehmigung erforderlich; ausgenommen sind Flinten und Büchsen mit glattem Lauf (Länge des Laufs mindestens 24 Zoll) sowie Luftgewehre und Luftpistolen nebst 50 Patronen. Gaspistolen sind verboten.

Bei der Wiedereinreise in die Bundesrepublik Deutschland sind zollfrei: Reisebedarf für den persönlichen Gebrauch sowie Reisemitbringsel und Reiseproviant bis zu einem Wert von insgesamt 460,– DM, wenn die Waren aus dem freien Verkehr eines EG-Landes stammen, 100,– DM bei Waren aus anderen Ländern; bei gleichzeitiger Einfuhr aus EG- und Drittländern darf der Gesamtwert 460,– DM nicht übersteigen.

Folgende Waren sind nur bis zur genannten Menge abgabenfrei (Einfuhrmengen aus Nicht-EG-Ländern in Klammern): 300 (200) Zigaretten oder 150 (100) Zigarillos oder 75 (50) Zigarren oder 400 (250) g Tabak; 1½ (1) Liter Spirituosen über 22° oder 3 (2) Liter Spirituosen unter 22° Alkoholgehalt oder 3 (2) Liter Schaumwein und 3 (2) Liter sonstiger Wein; 75 (50) g Parfüm und 0,375 (0,25) Liter Toilettenwasser; 750 (250) g Kaffee oder 300 (100) g Kaffeeauszüge, 150 (100) g Tee oder 60 (40) g Teeauszüge. Tabakwaren,

Alkohol und Kaffee sind nur für Personen über 15 Jahre zollfrei. Die Zollfreiheit der Waren hängt davon ab, daß sie im persönlichen Gepäck des Reisenden mitgeführt werden.

Devisenbestimmungen

Die Einfuhr von Landeswährung und Devisen (auch in Form von Reiseschecks, Kreditbriefen usw.) ist unbeschränkt erlaubt. Die Ausfuhr von Landeswährung ist auf 25 Pfund Sterling beschränkt; Fremdwährung bis zum Gegenwert von 300 Pfund Sterling oder bis zur Höhe der deklarierten Einfuhr.

Währung

Die englische Währungseinheit ist das Pound Sterling (£) ≙ 100 Pennies (p). Wechselkurs (Stand Winter 1977/78):

1 £ = ca. 4,07 DM	1 £ = ca. 28,87 öS	1 £ = ca. 3,88 sfrs
100 DM = ca. 24,57 £	100 öS = ca. 3,46 £	100 sfrs = ca. 25,77 £

Im Umlauf befinden sich Banknoten zu 1, 5, 10 und 20 £, Silbermünzen zu 5, 10 und 50 p und Kupfermünzen zu ½, 1 und 2 p.

Spezielle Hinweise

Uhrzeit

In England gilt die Westeuropäische Zeit (WEZ) oder auch *»Greenwich Mean Time«* (GMT); die Uhren gehen gegenüber der Mitteleuropäischen Zeit (MEZ) um eine Stunde nach. Zwischen April und Oktober werden die Uhren um eine Stunde vorgestelllt auf *»British Summer Time«* (BST), entsprechend der Mitteleuropäischen Zeit.

Öffnungszeiten

Banken 9.30 bis 15.30 Uhr, samstags geschlossen; Post- und Telegrafenämter 9 bis 17.30 Uhr, samstags bis 16.30 Uhr; Ladengeschäfte 9 bis 18 Uhr. Alle Läden schließen an sogenannten *Early Closing Days*, abgekürzt »E.C.«, bereits um 13 Uhr; sie sind von Ort zu Ort verschieden. Museen sind im allgemeinen von 10 bis 17 Uhr, sonntags von 14 bis 17 Uhr geöffnet. Alkoholausschankzeiten *(Licensing Hours)* sind von Ort zu Ort verschieden. Im allgemeinen gelten die folgenden Zeiten: wochentags von 11 bis 14 oder 15 Uhr und 17 oder 18 bis 22 oder 23 Uhr, sonntags von 12 bis 15 und 19 bis 22 oder 23 Uhr. Aufgrund einer Volksbefragung in Wales entschieden sich nur 6 Distrikte (Isle of Anglesey, Arfon, Dwyfor, Meirionnydd, Ceredigion und Carmarthen) an Sonntagen weiterhin »trocken« zu bleiben. Trotzdem wird der Reisende auch in anderen ländlichen Gebieten weiterhin viele Lokale sonntags geschlossen finden.

Feiertage

1. Januar, Neujahrstag (New Years Day); 1. Montag im Januar (Bank Holiday); Karfreitag (Good Friday); Ostersonntag (Easter Sunday); 1. Montag im Juni

(Bank Holiday); letzter Montag im August (Bank Holiday); 25. Dezember (Christmas Day); 26. Dezember (Boxing Day).

Reiseandenken

Preiwert und schön sind Porzellan, Lederwaren, Tweeds, alle Woll- und Strickwaren und Glas. Ganz allgemein sind die Preise in England und Wales niedriger als auf dem Festland, und die Mehrwertsteuer beträgt nur 8 %.

Museumsausweis

Die OPEN TO VIEW-Karte ermöglicht einen Monat lang den mühelosen Besuch von mehr als 900 Museen, Schlössern und Landhäusern. Die Karte ist (Erwachsene 25 DM, Kinder 5–15 Jahre 12,50 DM) bei den Geschäftsstellen des ADAC zu erwerben.

Trinkgeld

Hotels: Wenn kein Bedienungszuschlag auf der Rechnung steht, verteilt man einen angemessenen Betrag – etwa in Höhe von 10 % der Hotelrechnung – unter die Angestellten, von denen man bedient wurde. Auch wenn das Bedienungsgeld bereits aufgeschlagen ist, erwarten Träger und Restaurantpersonal zumindest eine kleine Anerkennung in Form eines Trinkgeldes. *Gepäckträger:* 5 p. pro Koffer. *Taxis:* 20 % des Fahrpreises, das absolute Minimum ist 10 p. *Restaurants* und *Bars:* bei aufgerechnetem Bedienungszuschlag 5 % zusätzlich, sonst immer 10 % bis 15 %. Das Barpersonal erwartet kein Trinkgeld in barer Münze, vielmehr offeriert man ihm einen kleinen Drink, den es, wie dem Gast versichert wird, gern später zu sich nehmen will; das Geld dafür ist für die eigene Tasche. (Übrigens, in England und Wales bezahlt man für jeden Drink sofort.)

Maße und Gewichte

Das metrische Maß- und Gewichtssystem wurde zwar vor einigen Jahren eingeführt, doch sind sie alten britischen Maßeinheiten noch weit verbreitet. Diese sind:

Längenmaße:	1 inch (1'')	= 2,54 cm
	1 foot (1') = 12 inches	= 30,48 cm
	1 yard (1^{x}) = 3 feet	= 91,44 cm
	1 mile (M)	= 1,61 km
Flächenmaße:	1 square yard (sq.yd.)	= 0,84 qm
	1 acre	= 0,40 ha
	1 square mile (sq.M.)	= 2,59 qkm
Hohlmaße:	1 pint	= 0,57 Liter
	1 gallon = 8 pints	= 4,54 Liter
Gewichte:	1 ounce (oz)	= 28 g
	1 pound (lb) = 16 ounces	= 453 g

Thermometer

Seit Einführung des Dezimalsystems werden Temperaturen in °C (Centigrades = Celsius) angegeben. Die alte Fahrenheitskala ist jedoch noch allgemein gebräuchlich. Hier einige nützliche Umrechnungswerte:

°C		°F	°F		°C
10	=	50	0	=	−18
20	=	68	20	=	−7
30	=	86	40	=	4
37	=	98,6	60	=	16
40	=	104	80	=	27
0° C	=	32° F	100° C	=	212° F

Umrechnung: Temperatur-Fahrenheit = $^9/_5$ Temperatur-Celsius + 32
Temperatur-Celsius = $^5/_9$ Temperatur-Fahrenheit − 32

Portokosten und Telefon

First class – Briefe innerhalb Großbritanniens		9 p
Briefe ins Ausland	bis 20 g	$10^1/_2$ p
	bis 50 g	19 p
Postkarten ins Ausland		8 p

Telefon: Öffentliche Sprechstellen findet man in jedem Postamt; außerdem gibt es überall öffentliche Fernsprechzellen (rot gestrichen). Die meisten Orte in England und Wales können direkt mit der entsprechenden Telefon-Vorwählnummer angewählt werden. Verbilligte Telefongespräche können an Sonn- und Feiertagen und wochentags zwischen 20 Uhr und 8 Uhr geführt werden. – *Notruf* für Polizei, Feuerwehr und Sanitätswagen: 9 99 (gebührenfrei).

Elektrische Geräte

England und Wales haben 220 V Wechselstrom, allerdings unterschiedliche Steckdosen. In modernen Hotels sind meist Anschlüsse für Rasierapparate vorhanden, wenn nicht, kann man sich Zwischenstecker besorgen, die mit Bajonettverschluß in Glühlampenfassungen eingesetzt werden können (vom Elektrofachgeschäft oder Warenhaus).

In England ist manches anders

Alkohol: Man kann zwar während der üblichen Geschäftsstunden Alkohol in den konzessionierten Handlungen kaufen, bekommt aber als Gast in einem lizenzierten Restaurant oder in einer Wein- oder Bierstube alkoholische Getränke nur während der von Ort zu Ort verschiedenen Alkoholausschankzeiten, etwa zwischen 11 und 15 Uhr (sonntags 12 bis 15 Uhr) und zwischen 17 und 22 bzw. 23 Uhr (sonntags ab 19 Uhr). In Speisehäusern, die keinen Alkohol servieren dürfen, kann man sich innerhalb dieser Zeiten seine Flasche mitbringen oder sie sich von einem Kellner gegen Trinkgeld aus einer nahen Bier- oder Weinhandlung holen lassen. Während der Alkoholsperrzeiten dürfen nur Clubs an Mitglieder, Hotels an ihre Zimmergäste, das Parlamentsrestaurant an Abgeordnete und Flughafenbars nach der Zollabfertigung ausschenken.

Begrüßen: Herrren lüften auf der Straße den Hut vor einer Dame. Männer begrüßen sich untereinander mit Kopfnicken. Man schüttelt sich nur vor und nach Weltreisen die Hand. Formelle Begrüßung: »How do you do?« Alleinige Antwort: »How do you do«. Herzlicher: »Good morning!«, »Good afternoon!«,

»Good evening!« Burschikoser: »Hello!« und beim Abschied: »Goodbye!«, »Good night!« Formloser: »Bye, Bye!«, »Cheerio«, »So long!«.

Cat: Die Katze, das innigst geliebte Haustier. Wer sich die Sympathien eines Hauses nicht verscherzen will, behandle das Idol mit stets aufmerksamer Zärtlichkeit und Verehrung.

Danke: Man sagt bei jeder Gelegenheit immer wieder und wieder »Thank you«. Man kann es nicht oft genug sagen. Falls man Angebotenes ablehnt, sagt man nicht wie im Deutschen »Danke«, sondern: »No, thank you«. Wenn man es annimmt: »Yes, please« oder »Yes, thank you«. Man sagt auch so oft wie nur möglich »Please«, vor allem immer, wenn man etwas im Laden, im Restaurant, am Schalter oder sonstwo wünscht oder bestellt.

Eingeladen: Man kommt pünktlich. Das »akademische Viertel« ist nicht bekannt. Beim ersten Besuch bringt man nichts mit. Trinkgelder an Hausangestellte gibt man nur, wenn man längere Zeit Gast gewesen ist.

Fußgänger (Pedestrians) sollten stets vor dem Betreten einer Fahrbahn nach rechts sehen, da man auf der Insel links fährt. Sie haben auf Zebrastreifen das Vorrecht. Im allgemeinen beachten die Autofahrer diese Bestimmung, gegen deren Verstoß peinliche Strafen folgen können. Ein Verbot, bei Rot die Straßen zu überqueren, gibt es auf der Britischen Insel nicht.

Garderobe: In einem englischen Theater schiebt man seinen Mantel unter den Sessel. Wer ihn in der Garderobe abgeben will, muß ihn – Herren und Damen gesondert – meist dem Angestellten im Waschraum anvertrauen. In Restaurants nähert sich eine Garderobenfrau den eintretenden Gästen, holt sich die Mäntel und bringt sie wieder.

Hut: Herren behalten die Kopfbedeckung im Laden, in der Bank, der Bar und, wenn keine Dame anwesend ist, auch im Fahrstuhl auf. Ein Spaßvogel behauptete, daß der Engländer seinen Hut – wenn er überhaupt einen trägt – nur zum Haarschneiden abnimmt.

Ich: Obwohl man »I« im Englischen groß schreibt, vermeidet man in Gesprächen mit nicht allzu intimen Freunden über sein liebes Ich zu sprechen. Dagegen kennt man die Höflichkeitsregel des Festlands nicht, nach der man keinen Brief mit »Ich« beginnen soll.

Leise: Die Engländer und auch die Waliser sind ein sehr stilles Volk. Sie hassen jeden Lärm und bemühen sich, zumindest in der Öffentlichkeit, durch so wenig Lärmerzeugung wie möglich ihren Nachbarn nicht auf die Nerven zu gehen. Die Freunde, die in der Bar miteinander flüstern, tauschen keinerlei Geheimnisse aus. Erhobene Stimmen werden als ungehörig betrachtet.

No: Der Engländer sagt nie »No«, er haßt das Nein und umschreibt es, erwartet aber, daß der Fremde die Ablehnung erkennt und respektiert. »Ich glaube nicht, daß...« bedeutet: »No«.

Omnibus: Jede Stadt in England und Wales hat, was die Busse anbetrifft, ihre eigenen Regeln, weil die Gesellschaften, die sie betreiben, nicht immer städtisch sind. Man lasse sich daher jedesmal von »Eingeborenen« über die Geheimsprache der Schilder, die Preispolitik und die Gesetze des Abklingelns vor dem Ziel einweihen.

Prosit: Man sagt beim Trinken: »Cheers!« (sprich: tschiers) oder »Bottoms up!« Angestoßen wird nicht.

Schlangestehen: Auf der Britischen Insel wird nicht gedrängelt. Man stellt sich geduldig an – vor dem überfüllten Restaurant, vor der Theater- und Kinokasse, vor der Taxihaltestelle, vor dem Laden, vor dem Waschraum und wartet in »Queues« (Schlangen), bis man an der Reihe ist. Auch Autofahrer hupen nicht, wenn sie nicht vorwärts kommen.

Restaurant: Man ruft nicht »Ober«. Der Kellner kommt, wenn man ihm winkt. Von einem Fremden, der sich ohne Fragen und Gruß an den Tisch gesetzt hat, nimmt man keine Notiz. Das Trinkgeld drückt man dem Ober nicht in die Hand, sondern schiebt die 10 bis 15 Prozent unter den Teller.

Sie: Es gibt keinen Unterschied zwischen du und Sie. Sobald man miteinander näher bekannt geworden ist, sagt der Ältere oder Wichtigere: »Meine Freunde nennen mich Bob.« Danach spricht man sich mit Vornamen an – ein Brauch, der nicht die gleiche verbindliche Bedeutung hat wie unter Freunden auf dem Festland.

Tischmanieren: Suppe von der Seite des Löffels »trinken«, Kartoffeln getrost mit dem Messer schneiden, Gemüse auf den Rücken der Gabelzinken häufen (viel Spaß!), Brötchen nicht aufschneiden, sondern Stückchen abbrechen und mit Butter bestreichen, Teelöffel nicht mit dem Mund berühren, linke Hand auf dem Schoß behalten, wenn man nur mit der Rechten ißt.

U: Die Schriftstellerin Nancy Mitford unterscheidet »U« und »Nicht-U«, d. h. Upper Class (Obere Klasse) und den Rest.

Vorstellen: Es ist unüblich, sich selbst vorzustellen. Man sucht jemanden, der die Zeremonie übernimmt und beide Namen klar verständlich nennt. Im Zweifel darf man getrost fragen: »Wie buchstabieren Sie Ihren Namen?«.

Waffen: Für jede Art ist ein Waffenschein notwendig. Selbst die Polizei patroulliert unbewaffnet. Schwere Strafen bei Nichtbefolgung.

Xmas (Weihnachten): Man kennt keine Feier am Heiligabend. Der 25. ist der einzige Feiertag mit Kirchgang, Familienessen mit Truthahn und (meist völliger) Verkehrsstille. Restaurants, Theater, Kinos und andere Vergnügungsstätten sind geschlossen. Der 26. Dezember gilt nicht als Weihnachtstag. Er ist der »Boxing Day«, an dem man Geschenke austauscht und in ausgelassener Feuchtfröhlichkeit eine Art Ersatz für die fehlende Silvesterfeierlichkeit feiert.

Yes: Eine Vokabel, die nur selten und ungern allein benutzt wird. Man sagt: »Yes, I think so« oder »Yes, please« oder »Yes, Sir« oder »Yes, Madam«.

Zahlen: Die Ziffer 1 wird nur mit einem einfachen senkrechten Strich, also ohne den kurzen Anstrich geschrieben. Die Zahl 7 hat einen geraden, also nicht wellenförmigen Anstrich und wird nicht durchkreuzt. Man beachte diese Unterschiede vor allem bei Adressen.

Anreden, Titel und Ränge

Eine fremde Dame nennt man »Madam«, einen unbekannten Herrn »Sir«. Schüler sprechen ihre Lehrer ebenfalls mit »Sir« an. Kennt man eine Frau, so spricht man sie mit »Mrs.« (sprich Misses, die Abkürzung für das nicht mehr so gebräuchliche »Mistress«) und ihrem Namen an – also »Mrs. Smith«. Ein Fräulein ist eine »Miss«, aber nur in Verbindung mit dem Namen. Ein Herr, den man kennt, ist ein »Mister« (Mr.) mit Namen. Es gibt keine Anrede für Unbekannte, wie Laden-, Gasthof- und Hotelbedienung-, Bus- und Bahnangestellte. Man sagt nie nur »Mister«, »Missis« oder »Miss«. Ein Junge bis zu 15 Jahren ist in der Anschrift »Master« – mit Namen, sonst ruft man ihn beim Vornamen. Ein Arzt ist »Doctor« (abgekürzt Dr.) – aber ohne Mister, doch ein Chirurg ist ein gewöhnlicher Mr. mit dem Namen. Universitätsgrade sind Abkürzungen, die nur mit Adressen hinter dem Namen anzufügen sind, wie B. D. (Bachelor of Divinity = Theologe) oder D. Lit. (Doctor of Literature). Esquire (abgekürzt Esq.) war einst ein Insulaner, der einen Schild (escudero; spanisch) tragen durfte, und ist allmählich zur unverbindlichen Phrase à la Hochwohlgeboren geworden. »Esq.« folgt nur dem bloßen vollen Namen eines Gentleman – also ohne Mr., ist aber heute nicht mehr gebräuchlich.

»Sir« ist auch ein gewöhnlicher englischer Adelstitel, den der Monarch auf Lebenszeit durch Ritterschlag vergibt. Anrede nur mit Vornamen: Sir Robert. Briefadresse: Sir Robert Steel. Die anderen Grade des englischen Adels: Duke (Herzog), Marquis, Earl (Graf), Viscount (Viscomte), Baron (Freiherr) und Baronet. Mit Ausnahme des Baronet gelten sie als Edelleute, sind Peers (Pairs) mit dem erblichen Recht, im House of Lords zu sitzen. Sie können jetzt aber auch auf ihren Lord-Titel verzichten und sich unter ihrem bürgerlichen Namen ins Unterhaus wählen lassen. Neuerdings gibt es auch Life Peers, deren Titel nur auf Lebenszeit verliehen wird, und weibliche Lords, Peeresses. Baronets haben das Recht, ihren Sir-Titel auf den ältesten Sohn zu vererben.

Für die Erben der höheren Adelstitel sind Höflichkeitstitel (courtesy titles) verliehen. Der Marquess of Blandford ist z. B. der Älteste des Herzogtums von Marlborough. Lord of the Manor ist eine aus dem Mittelalter stammende Bezeichnung für den Besitzer bestimmter Ländereien, der keine Privilege bietet.

Anreden:

Königin: Madam (ausgesprochen: Mä'm).
Königliche Prinzen und *Herzöge:* Sir.
Prinzessinnen und *Herzoginnen:* Madam.
Andere *Herzöge:* My Lord Duke.
Herzoginnen: Madam.
Lords: My Lord oder Your Lordship (Briefadresse: Lord Holton, ohne Vornamen).
Countess, Viscountess und *Baroness:* My Lady (Briefadresse: The Countess of –) usw.

Unterkunft und Verpflegung

Hotels: In den größeren Städten stehen Hotelbetriebe internationalen Standards mit dem entsprechenden Service, Restaurants, Bars, Einkaufsmöglichkeiten, Informations- und Reisedienst zur Verfügung. Außerdem Hotels und Gasthöfe, die dem allgemeinen Standard angepaßt, über Restaurants und Bars verfügen, die auch für das allgemeine Publikum geöffnet sind; alle bieten Frühstück, Mittag- und Abendessen. Hotels sind in vier Preiskategorien (A, B, C, D; entsprechend der Hälfte des niedrigsten Preises für ein Doppelzimmer) eingeteilt. Im Übernachtungspreis inbegriffen sind Frühstück, Bedienungsgeld (wo dies zutrifft) und Mehrwertsteuer. In den größeren Ferienorten, vor allem in den Seebädern, sind die Hotels auf einen längeren Aufenthalt von mindestens einer Woche, üblicherweise mit Vollpension, eingerichtet. In solchen Hotels wird meistens ein Saisonzuschlag berechnet.

Private Hotels sind ruhige Familienhotels ohne Bars und meist auch nur mit begrenztem Restaurantbetrieb. Die Zimmer werden allgemein wochenweise vermietet.

Gasthäuser: Der britische Landgasthof *»Inn«*, ist meist eine sehr gediegene Unterkunftsmöglichkeit. Um deutlich zu machen, daß sie nicht nur Mahlzeiten und Getränke servieren, sondern auch Zimmer vermieten, nennen die Wirte ihr Haus heute oft auch Hotel.

Privatpensionen: Mit dem Schild *»Bed and Breakfast«* wird Unterkunft in Privathäusern oder kleinen Pensionen angeboten, mit einem meist bequemen Bett und ausgiebigem Frühstück. Bei längerem Aufenthalt wird oft auch Vollpension geboten.

Ferienwohnungen und Ferienhäuser: Diese Art Unterkunft wird heute in den meisten Ferienorten in großer Auswahl angeboten, sowohl als Appartements, als auch als kleine Ferienbungalows oder Villen. Der Gast versorgt seinen Haushalt selbst. In manchen Fällen kann jedoch Hilfe von auswärts engagiert werden.

Unterkunftsverzeichnisse. Die British Tourist Organisation veröffentlicht jedes Jahr das auch sonst sehr informative Verzeichnis »Hotels and Restaurants in Britain«. Außerdem geben die Automobilclubs ein Verzeichnis ihrer Unterkunftsempfehlungen heraus (z. B. AA Guide to Guest Houses, Farms and Inns). Als jährliche Publikation erscheint ein Führer der British Hotels and Restaurants Association, 88 Brook Street, London W1. – Speziell für Wales erscheint ein detailliertes Unterkunftsverzeichnis (Where to Stay in Wales) des Welsh Tourist Board. – Im Notfall ist die örtliche Polizeistation behilflich, Unterkunft in einem kleineren Gasthaus oder in einem Privathaus zu finden.

Mahlzeiten *Breakfast*, das bekanntlich sehr reichhaltige Frühstück, wird im allgemeinen zwischen 8 und 10 serviert, *Lunch* (gewöhnlich drei Gänge, Suppe, Hauptgericht und Nachtisch) zwischen 12 und 14 Uhr, *Tea*, in Südengland ein leichter Nachmittagstee, in Nordengland oft eine komplette Mahlzeit, zwischen 16 und 18 Uhr, und *Dinner*, nicht selten ein Menü von fünf Gängen, zwischen 19 und 22 Uhr. Neuerdings bieten auch *Public Houses*, entweder an der Theke oder in einem getrennten Speisesaal, einen warmen Imbiß von oft ausgezeichneter Qualität. Für Picknicks und für unterwegs bieten Bäckereien und Konditoreien oder Lebensmittelgeschäfte praktischen Proviant jeder Art. Als Restaurantführer empfehlen sich der jährlich erscheinende »Good Food Guide« und »Egon Ronay's Good Food Guide«.

Die englische Küche

Das Prinzip der englischen Küche beruht auf der Auswahl frischer Zutaten bester Qualität, in einer Weise zubereitet, die den natürlichen Eigengeschmack möglichst unverändert erhält. Daß sich dieses Ideal zwangsläufig nur in der privaten Küche und in den erstklassigen à-la-carte-Restaurants verwirklichen läßt, hat der englischen Küche allgemein einen schlechten Ruf eingetragen.

Eine Spezialität des Landes sind natürlich Fisch und Schalentiere aller Art, und »Fish'n Chips«, frisch, billig und herzhaft, zum sofort Essen oder zum Mitnehmen, ist fast schon ein Nationalgericht. Besonders geschätzt sind die geräucherten Kippers der Isle of Man, Austern von Colchester und Garnelen von Morcambe Bay.

Fleisch ist von vorzüglicher Qualität, meist als Braten oder Grilladen serviert. Am bekanntesten sind wohl die Kombinationen von Roast Beef und Yorkshire Pudding, Schweinekotelettes mit Apfelmus und Lammbraten mit Pfefferminzsauce, was weitaus besser schmeckt als es für unsere Ohren klingt. Beliebt sind alle Arten von »Pies«, Fleischpasteten heiß serviert oder kalt als praktischer Picknickproviant. Jeder Landstrich hat darin seine eigene Spezialität entwickelt: Pork Pies von Melton Mowbray, Cornish Pasties mit Lammfleischfüllung aus Cornwall, Steak and Kidney Pie oder Pudding aus Nordengland. Lancashires schmackhafter Beitrag zur englischen Küche ist Lancashire Hot Pot, ein Eintopf aus Lamm, Nierchen, Zwiebeln und Kartoffeln. Yorkshire ist bekannt für seinen Schinken, und aus der Gegend von Aylesbury kommen die besten Enten. Zur entsprechenden Jahreszeit gibt es alle Arten von Wildgeflügel.

Englische Gewürzsaucen, in Flaschen abgefüllt auch international geschätzt, sind der Beitrag der exotischen Gewürzländer der ehemaligen Kolonien.

Peas and Chips (Erbsen und Pommes Frites) sind die häufigste Standardbeilage zum Hauptgericht. Allgemein wird Gemüse nur schlicht in Salzwasser gekocht und auch Salat ohne Salatsauce gereicht.

Käse wird im Restaurant nach dem Dessert gereicht. Stilton, ein Schimmelkäse, und würziger alter Cheddar gehören zweifellos zu den großen Käsesorten Europas. Andere Käse, wie Wensleydale oder Lancashire, sind ausgezeichnet, vor allem frisch an Ort und Stelle genossen.

Süßspeisen in Form von Puddings, Pies und Tarts in allen erdenklichen Variationen und alle sehr süß, gehören praktisch zu jeder kompletten Mahlzeit, natürlich mit dem schweren Früchtebrot des berühmten Christmas Pudding als Krönung des Jahres.

Getränke

Landesübliche Biersorten sind das starke, fast schwarze *Stout; Mild,* ein dunkles und ziemlich süßes Bier; das hellere und herbere *Bitter;* ein helles *Lager* und *Light Ale,* ein sehr herbes, helles Bier, das eigentlich nur als Flaschenbier vorkommt. *Cider,* ein einfacher oder auch moussierender Apfelmost, ist überall sehr beliebt, besonders frisch vom Faß, wie es ihn in Südwestengland gibt. *Wein* wird fast ausschließlich importiert, vorwiegend aus Frankreich, daneben auch aus Australien und Südafrika. Die landeseigene Weinproduktion ist nur gering und über das unmittelbare Anbaugebiet hinaus kaum verbreitet. Von jahrhundertelanger Tradition ist der Import von *Sherry* und *Port* aus Spanien und Portugal. Diese Weinindustrie wurde von Engländern in diesen Ländern begründet und wird weiterhin von den Nachfahren der Gründerfamilien betrieben. Sherry ist ein Favorit als Aperitif, während Portwein zum Käse als Abschluß der Mahlzeit gereicht wird.

Camping

Campingplätze im gewohnten Sinn gibt es selten in England und Wales. Der größte Teil besteht aus Dauercampingplätzen, teils als ausschließliche Zeltplätze, teils als reine Wohnwagenplätze, die auch durch Mietwohnwagen belegt sind (Camping Site = für Zelte; Caravan Site = für Wohnwagen). In den größeren Ferienorten wird für Zelte und Wohnwagen eine Gebühr erhoben. Ansonsten kann man überall im Land sein Zelt aufschlagen, vorausgesetzt, man holt vorher die Erlaubnis des Grundbesitzers ein.
Zahlreiche, sehr gute private Campingplätze unterstehen dem *Camping Club of Great Britain and Ireland Ltd* (11 Lower Grosvenor Place, London SW1 OEY, Tel. 01/8 28 10 12); sie stehen den Mitgliedern des Deutschen Camping-Club e. V. und der Automobil-Clubs, die im Besitz eines FICC-AIT-FIA-Carnets sind, zur Verfügung. Nichtmitglieder können eine befristete Mitgliedschaft des Camping Club of Great Britain and Ireland Ltd. erwerben (Wartezeit 4 bis 5 Wochen) und somit die Clubplätze benutzen. Der britische Campingclub gibt jährlich einen Campingführer heraus, der gegen Gebühr (7,90 DM) durch *The British Bookshop*, Börsenstr. 17, 6000 Frankfurt/Main, zu beziehen ist (Besitzer eines Internationalen Camping-Carnets erhalten diesen Führer vom britischen Campingclub gegen eine Gebühr von 75 p per Order-Scheck und drei internationale Postcoupons unter Angabe des nationalen Clubs, dem sie als Mitglied angehören). Auskunft über die Einfuhrbestimmungen und -formalitäten für den eigenen Wohnwagen (Pkw-Wohnanhänger können in England gemietet werden; Verzeichnis) erteilt der *Caravan Club*, 46 Broo *Street, London W1.*

Auskünfte in Deutschland erteilen der Deutsche Camping-Club (DCC), 8 München 40, Mandlstr. 28, Tel. 0 89/33 40 21, sowie die Geschäftsstellen des ADAC; beide Clubs bringen jährlich ein Camping-Verzeichnis heraus. Nachfolgend die vom DCC empfohlenen Campingplätze in England und Wales:

Martin Mill bei Dover/Kent
Birchington on Sea/Kent
London (2 Plätze)
Chigwell bei London/Essex
Waldringfield/Suffolk
Great Yarmouth/Norfolk
Hunstanton/Norfolk
Wootton/Isle of Wight
Holton Heath/Dorset
Freshwater/Borset
West-Looe/Cornwall
Hayle/Cornwall
Widemonth/Cornwall
Lynton/Devon
Stratford-upon-Avon/Warchshire
Whatstandwell/Derbyshire
Wetherby/Yorkshire
Ripon/Yorkshire
Scarborough/Yorkshire
Tenby/Pembrokshire

Fishguard/Pembrokshire
Tal-y-Bont/Merionetshire
Rhoscolyn, Holy Island/Anglesey
Blackpool/Lancaihire
St. Bees/Cumberland
South Shields/Durham

Jugendherbergen

In England und Wales gibt es ungefähr 250 Jugendherbergen (Youth Hostels), die in der üblichen Weise eingerichtet und unterhalten werden. Ihre Benutzung setzt den Besitz des internationalen Jugendherbergsausweises voraus; maximale Aufenthaltsdauer drei Übernachtungen (in London vier). Mit Ausnahme der Hochsaisonwochen sind die meisten Jugendherbergen einmal wöchentlich geschlossen; viele auch während des ganzen Winters. Es ist auf jeden Fall ratsam, rechtzeitig einen Platz zu reservieren. Einzelheiten können der jährlichen Veröffentlichung der International Youth Hostel Association entnommen werden. Nähere Auskünfte erteilt in England die *Youth Hostels Association,* Trevelyan House, 8 St. Stephen's Hill, St. Albans, AL1 2OY, Hertfordshire (Tel. 5 52 15; Besuchszeiten: werktags 8.30 bis 17.15 Uhr, samstags 9 bis 12 Uhr), in Deutschland das *Deutsche Jugendherbergswerk,* Bülowstr. 26, 493 Detmold.

Die im International Youth Hostel Handbook für England und Wales genannten Herbergen werden am Ende der jeweiligen Ortsbeschreibungen bzw. bei den nächstgelegenen Orten genannt.

Verkehrshinweise

Straßenverkehr

Straßennetz: Das britische Straßennetz ist in Klassen eingeteilt. *Autobahnen* (motorways) werden mit dem Buchstaben M und einer Nummer bezeichnet; *Straßen erster Ordnung* tragen den Kennbuchstaben A in Verbindung mit einer ein- bis dreistelligen Zahl. Die erste Ziffer dieser Zahl ist in einem bestimmten Gebiet immer gleich (z. B. A 338 liegt im Bereich der A 3); *Straßen zweiter Ordnung* sind mit dem Buchstaben B bezeichnet. – In entlegenen Gebieten von WALES sind zahlreiche *Nebenstraßen* nur einspurig befahrbar, jedoch mit Ausweich- und Überholstellen. Zu beachten sind außerdem Steinmauern am Rande der Straßen und das unvorherzusehende Auftauchen von Schafen; Gatter sollten nach der Durchfahrt wieder geschlossen werden, auch wenn sie vorher geöffnet waren. Grüne Wegweiser an Straßen oder Wegen mit der Aufschrift »Llwybr Cyhoeddar« weisen darauf hin, daß es sich um einen öffentlichen Fußpfad handelt.

Verkehrsregeln (sämtliche Verkehrszeichen und -regeln, Parkbestimmungen, Geschwindigkeitsbeschränkungen sind im »Highway Code« enthalten; die Broschüre wird an allen Zeitungsständen verkauft): Als Besonderheiten gelten: *links fahren,* rechts überholen. *Vorfahrt* hat allgemein der Verkehr auf Hauptstraßen. Straßen zweiter Ordnung sind vielfach durch Schilder (STOP oder GIVE WAY) oder Straßenmarkierungen gekennzeichnet. Kreisverkehr hat Vorfahrt, sofern durch Schilder nicht anders geregelt. *Einordnen im Kreisverkehr* ist vorgeschrieben: Beim Verlassen an der nächsten Ausfahrt ganz links, an der zweiten Ausfahrt in die mittlere Spur und an der dritten

Ausfahrt ganz rechts. An Straßeneinmündungen mit doppelter Linie muß gestoppt werden, mit doppelter unterbrochener Linie muß langsam herangefahren werden, um notfalls rechtzeitig halten zu können. *Parkverbotszonen* sind mit gelben Strichen am Fahrbahnrand gekennzeichnet, die dicht am Bordstein entlangführen; Parkzeiteinschränkungen dazu auf Schildern.

Höchstbreite für Wohnanhänger ist 2,30 m.

Motorradfahrer und ihre Begleiter auf dem Sozius müssen nach einem Gesetz in Großbritannien einen Sturzhelm tragen. Die Nichtbeachtung dieses Gesetzes wird auch ausländischen Motorradtouristen gegenüber mit beachtlichen Bußgeldstrafen geahndet.

Im Bereich städtischer Straßenbeleuchtung wird in Großbritannien mit Standlicht, nicht mit Abblendlicht gefahren.

Fußgänger-Überwege sind durch auf Pfosten stehende, orangefarbige Kugeln am Straßenrand gekennzeichnet. Überall, wo der Verkehr nicht durch Ampeln oder Verkehrspolizei geregelt wird, haben Fußgänger Vortritt.

Straßenhilfsdienst: Notrufsäulen befinden sich an allen Autostraßen.

Höchstgeschwindigkeit innerhalb geschlossener Ortschaften 30 m.p.h. (48 km/h); außerhalb geschlossener Ortschaften: Pkws auf Landstraßen 60 m.p.h. (96 km/h), auf Landstraßen mit mindestens 2 Fahrstreifen in jeder Richtung und auf Autobahnen 70 m.p.h. (112 km/h). Pkws mit Anhänger auf allen Landstraßen 50 m.p.h. (80 km/h), auf Autobahnen 50 m.p.h. (80 km/h).

Pannenhilfe der AA und des RAC kommt Tag und Nacht auf telefonische Anforderung unter folgenden Rufnummern: London 01/9 54 73 73, Basingstoke 5 65 65, Birmingham 0 21/5 50 48 58, Bristol 02 72/29 85 31, Cambridge 6 31 01, Exeter 3 21 21, Hull 2 85 80, Liverpool 0 51/7 09 72 52, Newcastle 06 32/61 01 11, Norwich 2 94 01, Oxford 4 02 86, Plymouth 6 99 89, Southampton 07 03/3 68 11; die Hilfe ist für ADAC-Mitglieder kostenlos. Polizeinotruf und Unfallrettung im ganzen Land 9 99 (kein Münzeinwurf).

Bahnverkehr

British Rail, die Staatlichen Britischen Eisenbahnen, befahren ein gut ausgebautes, dichtes Schienennetz (s. Übersichtskarte S. 73). Inter-City-Expreßzüge verbinden alle wichtigen Städte in kürzester Zeit; Normalzüge verkehren täglich im ganzen Land. Rückfahrkarten kosten das Doppelte des einfachen Fahrpreises und gelten drei Monate. Oft bietet die Britische Eisenbahn vergünstigte Reisen an. Besonders preiswert ist der BRITRAIL PASS für denjenigen, der möglichst viel von Großbritannien kennenlernen möchte. Der Paß ist eine Art Netzkarte für das gesamte britische Eisenbahnnetz (England, Schottland, Wales) sowie für Dampferfahrten auf dem Windermere See und für die Fähren zur Insel Wight. Er ist für die erste oder zweite Klasse und für die Dauer von 8, 15 oder 22 Tagen zu erwerben; Jugendliche zwischen 14 und 22 Jahren erhalten eine zusätzliche Ermäßigung; Kinder von 4 bis 14 Jahren zahlen die Hälfte des entsprechenden Erwachsenen-Preises.

Auskünfte erteilen die Generalvertretungen der Britischen Eisenbahnen (Am Hof 28, 5000 Köln 1) sowie die amtlichen Reisebüros und die Auslandsfahrkartenausgabestellen der Deutschen Bundesbahn. Der Paß kann nur im Heimatland erworben werden.

Busverkehr

Komfortabel und sehr preiswert (etwa 40 % des entsprechenden Preises der Bahnfahrkarte) sind die Überland-Reisebusse der Verkehrsgesellschaft *National Travel;* das Streckennetz erfaßt England und Wales (das Reisebusnetz Schottlands und Nordirlands wird von anderen Gesellschaften vertreten). National Travel verkauft einen COACH MASTER PASS, der zu unbegrenzten Reisen innerhalb des Busnetzes von National Travel an 8, 15, 22 oder 29 Tagen berechtigt; im Preis inbegriffen sind auch Besichtigungstouren von bestimmten Zentren aus. Dieser Paß kann sowohl beim Reisebüro in der Heimat als auch bei den örtlichen Busstationen in Großbritannien sowie bei National Travel (National Bus Company) Ltd., Victoria Coach Station, Buckingham Palace Road, London SW1 9TP, erstanden werden. Sehr nützlich ist der jährlich zweimal erscheinende Fahrplan »ABC Coach and Bus Guide«.

Flugverkehr

Die britische Luftfahrtgesellschaft *British Airways* (BEA) unterhält in Zusammenarbeit mit den internationalen Fluggesellschaften regelmäßige Flugverbindungen mit allen europäischen Hauptstädten. Dabei werden im Raum England und Wales folgende internationale Flughäfen angeflogen: *London* (Heathrow; Air Terminal Cromwell Road, West London), *Birmingham* (Air Terminal Station Street), *Manchester* (Air Terminal Victoria Station) und *Newcastle.* Charterflüge benutzen überwiegend den nördlich von London gelegenen Luton Airport; einige Linienmaschinen fliegen auch den dritten Londoner Flughafen, Gatwick, an. Inlandflüge bestehen hauptsächlich von und nach London. Darüber hinaus bestehen auch regelmäßige Flugverbindungen zur Isle of Man und zu den Channel Islands. Ein Hubschrauberdienst besteht zwischen Penzance (Südwestspitze Englands) und den Scilly-Inseln.

Auskünfte erteilen alle Reisebüros sowie British Airways, Dorland Hall, Regent Street, London SW1.

Schiffsverkehr

Die meisten der Britischen Inseln sind untereinander und auch mit der 8000 km langen Küste der Hauptinsel durch Schiffe oder Fähren verbunden. Auf allen Hauptstrecken besteht die Möglichkeit, das Auto mitzunehmen, wenn nicht spezielle Autofähren verkehren. Binnenschiffahrt wird auf den Hauptflüssen und zahlreichen Seen betrieben. Viele Seebäder unterhalten während der Saison einen Schiffsausflugsverkehr zu nahen und fernen Sehenswürdigkeiten und Meeresidyllen. Auskünfte über den ständig wechselnden Fahrplan in der lokalen Presse oder an den Anlegestellen.

Autofährverbindungen s. Seite 61.

Sportmöglichkeiten

Sportzentren: In letzter Zeit entstanden in vielen Städten moderne öffentliche Sportzentren, die gegen eine entsprechende Gebühr auch von Touristen benutzt werden können. Es stehen Schwimmbäder, Sporthallen, Turngeräte, Rakettplätze, Sauna, Cafés und Restaurants zur Verfügung. Geschultes Personal überwacht die Anlage und gibt auf Wunsch Anleitung. Ausrüstung kann weitgehend gemietet werden. Die meisten Sportzentren sind bis 21 Uhr geöffnet. Über Einzelheiten informieren die örtlichen Auskunftbüros.

Angeln (Angling oder Fishing) ist eine der populärsten Sportarten in Großbritannien. Geangelt wird in Bächen, Flüssen, Seen, Kanälen und an den Küsten nach Lachs (Salmon), Forelle (Trout), Plötze (Roach), Rotauge (Rudd), Barsch (Perch), Karpfen (Carp), Hecht (Pike), Schlei (Tench) und Barbe (Barbel). Dem abenteuerlichen Haifischfang (Shark fishing) kann man sich an den Küsten von Devon und Cornwall widmen; führender Ort ist Looe in Cornwall.

Für Süßwasserangeln benötigt man eine Erlaubnis, die gegen eine Gebühr pro Tag, Woche, Monat oder Saison vom Besitzer, Club, Hotel oder der jeweiligen amtlichen Verwaltung (Sport- oder Angelgeschäfte, die auch Auskünfte über besondere Ausrüstungen, Bootsmieten und Fischereikarten geben), zu erwerben ist. Angelsaison: 1. Januar bis 15. Oktober. Forellen erst ab 15. Februar.

Bergsteigen (Mountaineering): Bergtouren sind möglich im nordwalisischen Snowdonia National Park, im nordenglischen Lake District und im Gebiet des Derbyshire High Peak in Mittelengland – auch im Winter bei Schnee und Eis. Auskunft erteilen die lokalen Clubs, deren Adressen die Mountaineering Association, London W. 2, Westbourne Grove 102 a, vermittelt.

Golf: Praktisch jede englische Stadt besitzt einen Golfplatz. In Wales ist dieser Sport weniger verbreitet. Die meisten Golfclubs lassen an Wochentagen gegen eine Gebühr auch Gäste zu, nicht aber an Wochenenden und Tourniertagen. Ausrüstung kann meistens gemietet werden, und fast alle bieten Umkleideräume und Erfrischungen. Einzelheiten über die Golfclubs der Umgebung und ihre Gastgebühren können von den Tourist Information Büros eingeholt werden.

Jagd: Wenn man im Englischen von *Hunting* spricht, meint man zumeist die Fuchsjagd zu Pferde mit einer dressierten Hundemeute (Zentren sind die Grafschaften Leicester und Nottingham), aber auch die Hirschjagd in Dorset und Somerset, die Hasenjagd – entweder zu Fuß mit Spürhunden oder zu Pferd mit Hasenhunden – und die Otterjagd an den Flußufern. Wer an solch einer Jagd teilnehmen will, wendet sich entweder an sein Hotel, an einen Club oder an Mitglieder.

Shooting ist die Jagd auf Wildvögel. Die zahlreichen Clubs, die der Wildfowling Association of Great Britain angeschlossen sind, oder die von Jägern bevorzugten Hotels nahe den Revieren erteilen Auskünfte und vermitteln auch Genehmigungen für Waffenbesitz und Betreten der (meist privaten) Gebiete.

Radfahren (Cycling): Fahrräder können ohne Papiere und Gebühren nach Großbritannien eingeführt werden; dem Zollbeamten genügt das Versprechen, bei der Ausreise das Fahrrad wieder mitzunehmen. Empfehlenswert ist es, gegen eine kleine Gebühr die Mitgliedschaft der Cyclists' Touring Club,

Godalming, Surrey, Meadrow 69, Cotterell House, oder der British Cycling Federation, Park Crescent 26/29, London W. 1, zu erwerben. Man erhält dann Auskunft in allen einschlägigen Fragen, Hotellisten, Reiserouten und Karten, Versicherungsschutz sowie einen Preisnachlaß bei der Beförderung des Fahrrads mit der Bahn.

Reiten: *Horse Riding* ist ein beliebter Sport für jung und alt aller Stände. Leihpferde können in vielen Stallungen zu mäßigen Preisen für Stunden oder auf längere Zeit gemietet werden. Anzeigen von Reitschulen und Leihstellen veröffentlicht die Monatszeitschrift »Riding«.

Pony trecking, als reizvolle Art auch die unzugänglicheren Naturschönheiten abseits der Hauptstraßen kennenzulernen, ist in den letzten Jahren außerordentlich populär geworden. Viele Ausflugszentren, vor allem in den Nationalparks, organisieren Gruppentouren unter qualifizierter Führung.

Rennsport:
Autorennen: Schauplatz der wichtigsten Veranstaltungen ist Liverpool in Lancashire, Silverstone in Northamptonshire, Brand's Hatch in Kent und Oulton Park in Cheshire.

Motorradrennen: Bedeutendstes Jahresereignis ist die Tourist Trophy Competition auf der Isle of Man. Außerdem finden an Wochentagen überall im Land zahllose kleinere Berg- und Geländerennen statt.

Pferderennen: Irgendwo in England findet praktisch an jedem Wochenende ein Pferderennen statt, entweder als Flachrennen in der Zeit von März bis November, oder als Hindernisrennen im Winter. Rennbahnen gibt es in den meisten Städten; Wetten ist legal. Wetten werden entweder am Rennplatz vom Buchmacher, oder in der Stadt von den konzessionierten Wettbüros entgegengenommen.

Windhundrennen: Spezielle Rennplätze gibt es in vielen der größeren Städte. Veranstaltungen finden meistens am Abend statt, Wettbestimmungen wie für Pferderennen.

Tennis: Öffentliche Tennisplätze findet man praktisch in jedem Stadtpark. Für die Benutzung wird eine kleine Gebühr erhoben. Kleidung ist zwanglos, nur Tennisschuhe sind Bedingung. Ausrüstung kann nicht gemietet werden.

Wanderungen: Auf einer Reihe erst vor kurzem eröffneter und durchgehend markierter Fernwanderwege kann man sich England und Wales erwandern. Übernachtungsmöglichkeit wird überall entlang die Strecke oder in der Nähe geboten. *Auskunft,* Wanderführer und Karten sind von den County Offices oder von der Countryside Commission, Cambridge Gate, Regent's Park, London NW 1 erhältlich (siehe auch Nationalparks).

Wassersport:

Kanu: Gelegenheit für Kanufahrten bieten viele der englischen und walisischen Flüsse, am beliebtesten sind das Wye-Tal, der Oberlauf der Themse und der Lake District. *Auskunft* erteilt die British Canoe Union, 3 The Drive, Rutlett, Hertford.

Kreuzfahrten: Ideal dafür sind die verzweigten Inlandlagunen der »Broads« in Norfolk, aber auch das ausgedehnte Netz der ehemaligen Schiffskanäle. Motorboote mit Schlafgelegenheit können gemietet werden.

Segeln: Entlang der Küste von England und Wales gibt es über 500 Segelclubs. Die bedeutendsten Segelsportzentren sind die Isle of Wight, Chichester, die Menai Strait in Nordwales, Devon, Cornwall und die Küste East Anglias. Kleine Segelboote können fast überall auf Stundenbasis gemietet werden. Einzelheiten veröffentlicht die Monatszeitschrift »Yachting World«.

Veranstaltungen

Aldeburgh: Musikfestspiel (Juni)
Bath: Bath Festival (Mai; Oper, Schauspiel)
Brighton: Brighton Festival (Mai; Oper, Schauspiel)
Cambridge: Festival of Nine Lessons and Carols, King's College Chapel (am Hl. Abend); Ruderwettkämpfe auf dem Fluß Cam (Juni); Cambridge Festival (Mai; Konzerte, Schauspiel, Volkstänze).
Cheltenham: Festival of Music (Juli)
Colchester: Oyster Festival (Oktober)
Durham: Antiquitätenmesse (Juni); Musikfestspiele (Oktober)
Glyndebourne: Summer Opera Festival
Gloucester, Hereford, Worcester: Three Choirs Festival (August; Chorfestspiele, jährlich abwechselnd in einer der drei Städte)
Helston: Blumentanz (Mai)
Isle of Man: Tynwald Ceremony (Juli); Viking Festival (Juli oder August)
Kendal: Lake District Music Festival (alle zwei Jahre, zuletzt 1976).
King's Lynn: Arts Festival (Juli)
Llangollen: International Eisteddfod (Juli; Musik, Chorgesang und Volkstänze)
Nottingham: Goose Fair (Oktober)
Shrewsbury: Musical and Floral Fête (August)
Stratford-upon-Avon: Shakespeare-Aufführungen (April bis November).

Kartenhinweise

Als besonders geeignet für Anreise und Aufenthalt im Bereich dieses Bandes empfiehlt die GRIEBEN-Redaktion:

Bartholomew Touring Map (12 miles to 1 inch; bzw. 1:760320), England und Wales, 1 Blatt, herausgegeben von John Bartholomew & Son Ltd., Edinburgh.

Bartholomew Half-Inch Maps (1:126.720), herausgegeben von John Bartholomew & Son Ltd., Edinburgh. Dieses Kartenwerk umfaßt 62 Blätter und wird gegenwärtig durch eine neue Serie im Maßstab 1:100000 ersetzt. (Über den deutschen Buchhandel zu beziehen).

Ordnance Survey One-Inch Maps (1:63.360), amtliches Kartenwerk; besonders für Wanderer und Zeltler von Nutzen. Eine neue Serie im Maßstab 1:50000 ist in Vorbereitung. Auch als Touristenausgabe mit Einzelheiten über das jeweilige Touristengebiet (in Großbritannien) erhältlich.

Streckenbeschreibungen und Tourenvorschläge

Für den Autoreisenden

Anfahrt

Zwangsläufig beginnt eine Reise nach Großbritannien mit der Überquerung des Ärmelkanals. Zahlreiche Fährverbindungen ab deutschen, niederländischen, belgischen und französischen Häfen stehen zur Wahl. Alternativ dazu erfreut sich der Luftkissenfährdienst, der ebenfalls Passagiere und Autos befördert, immer größerer Beliebtheit; die Strecke Calais – Ramsgate z. B. legt die Hoverlloyd-Luftkissenfähre (Fassungsvermögen 280 Passagiere, 37 Kraftwagen) bei 130 km/h in 40 Minuten Flugzeit zurück. – Es wird empfohlen, Reservierungen, vor allem für die Monate Juli und August, so früh wie möglich vorzunehmen. *Buchungen* nehmen sowohl Reisebüros als auch die Geschäftsstellen des ADAC entgegen.

Nachfolgend die wichtigsten Fährverbindungen, wie sie auch auf der Übersichtskarte Seite 63 dargestellt sind:

1 **Esbjerg – Newcastle,** DFDS SEAWAYS, Frühjahr bis Herbst 2 x wöchentlich in jede Richtung, Fahrzeit 18 Stunden.

2 **Esbjerg – Harwich,** DFDS SEAWAYS, Januar bis Oktober; in der Hauptreisezeit täglich in jede Richtung, Fahrzeit 18 Stunden.

3 **Hamburg – Harwich,** Prinzenlinien, ganzjährig jeden zweiten Tag in jede Richtung, Fahrzeit 20 Stunden.

4 **Bremerhaven – Harwich,** Prinzenlinien, ganzjährig jeden zweiten Tag in jede Richtung, Fahrzeit 16 Stunden.

5 **Rotterdam/Europoort – Hull,** North Sea Ferries, ganzjährig täglich in jede Richtung, Fahrzeit 14 Stunden.

6 **Rotterdam – Felixstowe,** The Transport Ferry Service, ganzjährig, täglich bis zu 4 Abfahrten (für Pkws und Passagiere begrenzt, vorwiegend Frachtdienst), Fahrzeit 6–7 Stunden.

7 **Scheveningen – Great Yarmouth,** Norfolk Line B. V., ganzjährig, täglich bis 3 Abfahrten, Fahrzeit 8 Stunden.

8 **Hoek van Holland – Harwich,** Sealink: Britische Eisenbahnen/Niederländische Reederei Zeeland, ganzjährig, täglich bis zu 3 Abfahrten, Fahrzeit $6^1/_4$ bis $8^1/_4$ Stunden.

9 **Zeebrügge – Dover,** Townsend Thoresen European Ferries, ganzjährig, täglich bis zu 7 Abfahrten, Fahrzeit 4 Stunden.

10 **Zeebrügge – Felixstowe,** Townsend Thoresen European Ferries, ganzjährig, täglich bis zu 3 Abfahrten, Fahrzeit 5 bzw. 8 Stunden (bei Nacht).

11 Zeebrügge – Hull, North Sea Ferries, ganzjährig täglich, Fahrzeit 15 Stunden.

12 Vlissingen – Sheerness, Olau Line, ganzjährig täglich, Fahrzeit 7 Stunden.

13 Ostende – Dover, Sealink: Belgische Seetransport Verw./Britische Eisenbahnen, ganzjährig, täglich bis 11 Abfahrten, Fahrzeit ca. 4 Stunden.

14 Ostende – Folkestone, Sealink: Britische Eisenbahnen, ganzjährig, täglich bis zu 2 Abfahrten, Fahrzeit ca. 4 Stunden.

15 Dünkirchen (Dunkerque) – **Dover,** Sealink: Britische Eisenbahnen/Franz. Eisenbahnen, ganzjährig, täglich bis zu 7 Abfahrten, Fahrzeit 2½ Stunden.

16 Calais – Ramsgate, Hoverlloyd Ltd./Luftkissenfährdienst, ganzjährig, täglich bis zu 27 Flügen, Flugzeit 40 Minuten.

17 Calais – Dover, Townsend Thoresen European Ferries, ganzjährig, täglich bis zu 14 Abfahrten, Fahrzeit 1½ Stunden. – Sealink: Britische Eisenbahnen/Franz. Eisenbahnen, täglich bis 11 Abfahrten, Fahrzeit 1¾ Stunden – Seaspeed Hovercraft/Britische Eisenbahnen Luftkissenfahrzeug, täglich bis zu 5 Flügen, Flugzeit 35 Minuten.

18 Calais – Folkestone, Sealink: Britische Eisenbahnen/Franz. Eisenbahnen, ganzjährig, täglich bis zu 2 Abfahrten, Fahrzeit 1¾ Stunden.

19 Boulogne – Dover, Sealink: Britische Eisenbahnen/Franz. Eisenbahnen, ganzjährig, täglich bis zu 7 Abfahrten, Fahrzeit 1¾ Stunden. – Seaspeed Hovercraft/Britische Eisenbahnen Luftkissenfahrzeug, täglich bis zu 9 Flügen, Flugzeit 35 Minuten. – Normandy Ferries, täglich bis zu 4 Abfahrten, Fahrzeit 1¾ Stunden.

20 Boulogne – Folkestone, Sealink: Britische Eisenbahnen/Franz. Eisenbahnen, ganzjährig, täglich bis zu 3 Abfahrten, Fahrzeit 1¾ Stunden.

21 Dieppe – Newhaven. Sealink: Britische Eisenbahnen/Franz. Eisenbahnen, ganzjährig, täglich bis zu 6 Abfahrten, Fahrzeit 3¾ Stunden.

22 Le Havre – Portsmouth, Townsend Thoresen European Ferries, ganzjährig, 1 bis 2x wöchentlich, Fahrzeit 5½ Stunden.

23 Le Havre – Southampton, Townsend Thoresen European Ferries, ganzjährig, Täglich bis zu 3 Abfahrten, Fahrzeit 7 Stunden. – Normandy Ferries, ganzjährig, täglich 2x, Fahrzeit 7 Stunden.

24 Le Havre – Rosslare, Irish Continental Line Car Ferry, ganzjährig, in der Hauptsaison jeden 2. Tag, Fahrzeit 20 Stunden.

25 Cherbourg – Portsmouth, Townsend Thoresen European Ferries, im Sommer täglich bis zu 2 Abfahrten, Fahrzeit 5 Stunden.

26 Cherbourg – Weymouth, Sealink: Britische Eisenbahnen, Frühjahr bis Herbst, täglich bis zu 2 Abfahrten, Fahrzeit 4 Stunden.

27 St. Malo – Portsmouth, Brittany Ferries, ganzjährig, täglich bis zu 2 Abfahrten, Fahrzeit 8½ Stunden.

28 St. Malo – Kanalinseln (Jersey, Guernsey, Sark, Alderney), Morvan Fils, im Sommer 1 bis 3x wöchentlich mit Frachtschiff; Personenbeförderung durch Condor Ltd., täglich bis 7 Abfahrten.

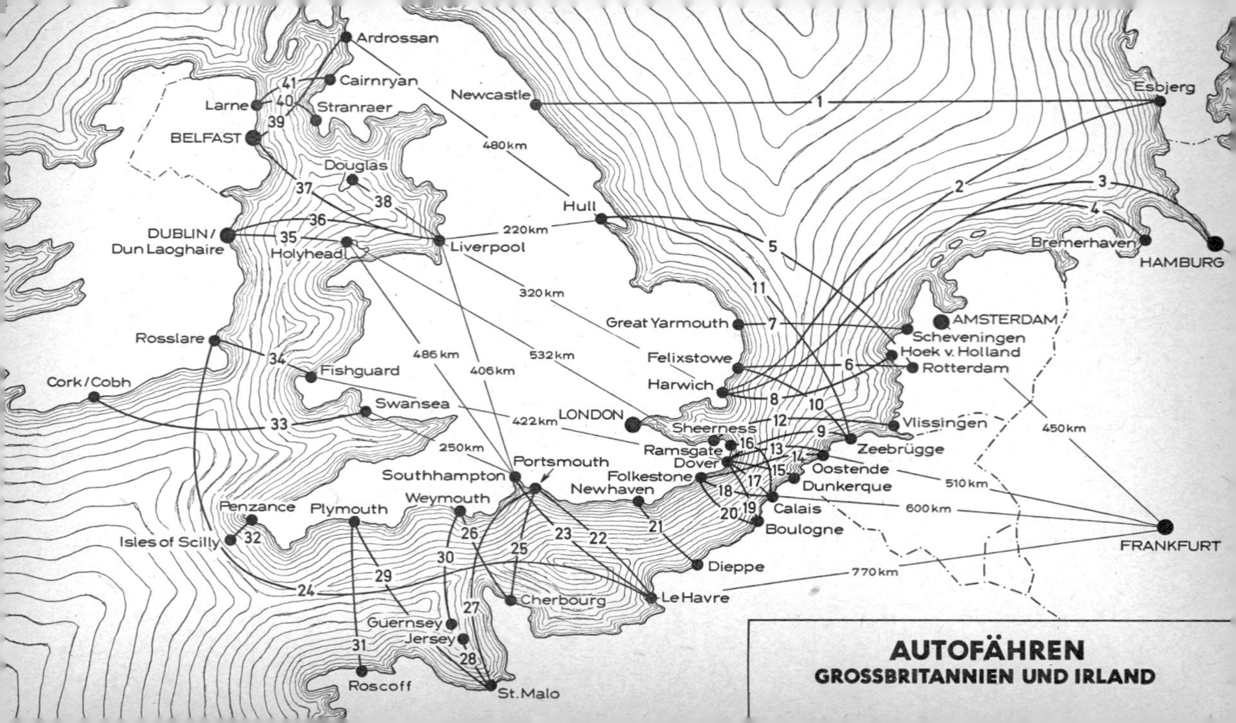

AUTOFÄHREN
GROSSBRITANNIEN UND IRLAND

29 **St. Malo – Plymouth,** Brittany Ferries, ganzjährig, im Sommer 2 x wöchentlich in jede Richtung, Fahrzeit 7½ Stunden.

30 **Weymouth – Kanalinseln** (Guernsey und Jersey), Sealink, ganzjährig, im Sommer täglich 2 Abfahrten (z. Teil nur Personenbeförderung).

31 **Roscoff – Plymouth,** Brittany Ferries, ganzjährig, im Sommer täglich bis zu 3 Abfahrten, Fahrzeit 6¾ Stunden.

32 **Penzance – Scilly-Inseln**

33 **Swansea – Cork,** B + I Line, ganzjährig, im Sommer 4 x wöchentlich, Fahrzeit 7 Stunden.

34 **Fishguard – Rosslare,** Sealink: Britische Eisenbahnen, ganzjährig, täglich bis zu 2 Abfahrten, Fahrzeit 3¼ Stunden.

35 **Holyhead – Dun Laoghaire/Dublin,** Sealink: Britische Eisenbahnen, ganzjährig, täglich bis zu 4 Abfahrten, Fahrzeit 3½ Stunden.

36 **Liverpool – Dublin,** B + I Line, ganzjährig, täglich (zusätzliche Fahrten), Fahrzeit 7 Stunden.

37 **Liverpool – Belfast,** Belfast Steamship Co. Ltd., ganzjährig, im Sommer täglich, Fahrzeit 9¾ Stunden.

38 **Liverpool – Douglas/Isle of Man**

39 **Ardrossan – Belfast**

40 **Stranraer – Larne,** Sealink: Britische Eisenbahnen, ganzjährig, täglich bis zu 6 Abfahrten, Fahrzeit 2¼ Stunden.

41 **Cairnryan – Larne,** Townsend Thoresen European Ferries, ganzjährig, täglich bis zu 4 Abfahrten, Fahrzeit 2 Stunden.

Streckenbeschreibungen

Das englische Straßennetz hat in London seinen natürlichen Mittelpunkt. Strahlenförmig laufen hier die Hauptverbindungen aus allen Landesteilen zusammen oder führen – umgekehrt gesehen – von hier in alle Himmelsrichtungen. Aus diesem Grund beginnen die nachfolgend beschriebenen Strekken jeweils in London; drei davon beginnen von Fährhäfen und führen nach London.

DOVER – CANTERBURY – ROCHESTER – LONDON, 71 M (115 km)

Ausfahrt von **Dover** auf der A 2 nordwestlich nach

Lydden (4 M) mit populärer Autorennbahn;

Bridge (13 M), links die Patrixbourne Church aus dem 12. Jh.,

Canterbury (16 M) mit sehenswerten historischen Bauten und seiner berühmten Kathedrale aus dem 11.–16. Jh. ist Zentrum der Anglikanischen Kirche und Sitz des Erzbischofs.

Harbledown (18 M), Aussichtspunkt; im Hospital of St. Nicholas eine Kapelle aus dem 11. Jh.

Ospringe (26 M) mit mittelalterlichen Häusern. 1 M links die Ortschaft **Faversham** mit Grammar School und Hauptstraße aus dem 16. Jh.

Sittingbourne (32 M) mit Kirche aus dem 14. Jh. und Segelbarkassen-Museum.

Chatham (42 M), historische Flottenstation; Festungsanlagen und Marinewerften aus dem 19. Jh.
Rochester (43 M), Burg aus dem 14. Jh., Kathedrale aus dem 12. Jh.
Dartford (55 M) mit altem Gasthaus aus dem 18. Jh.,
Ende der A 2 (71 M) an der Kreuzung *New Kent Road* und *Tower Bridge Road* in **Südost-London.**

NEWHAVEN – LEWES – EAST GRINSTEAD – LONDON, 59 M (95 km)

Ausfahrt von **Newhaven** auf der A 275 nördlich nach
Lewes (7 M), mit einer Normannenburg und vielen Bauten aus dem 16. bis 18. Jh.,
Sheffield Park (17 M), kunstvolle Gartenanlagen, für Besucher geöffnet.
East Grinstead (28 M), mit schönen Fachwerkhäusern und einem Armenhaus aus dem 17 Jh.,
Godstone (38 M), mit einem Gasthof aus dem 16. Jh.;
Ende der Route (59 M) am *Kennington Oval* (Cricketplatz) in **Süd-London.**

SOUTHAMPTON – WINCHESTER – FARNHAM – GUILDFORD – LONDON, 77 M (124 km)

Ausfahrt von **Southampton** auf der A 33 nördlich nach
Winchester (12 M), ehemalige Hauptstadt Englands mit vielen Sehenswürdigkeiten; Kathedrale aus dem 12. Jh. und berühmte, im 14. Jh. gegründete Public School.
Chawton (28 M), Heimatstadt der Schriftstellerin Jane Austen.
Alton (29 M), mit Kirche aus dem 13. Jh. Bauern- und Handwerksmuseum.
Farnham (38 M), mit Burgruine aus dem 12. Jh.
Guildford (46 M), schöne Fassaden aus dem 16. und 17. Jh. in der Hauptstraße, Normannenburg aus dem 12. Jh. und moderne, 1936 vollendete Kathedrale.
Wisely (55 M), Garten der Royal Horticultural Society.
Esher (61 M), mit dem Pförtnerhaus eines großen Herrenhauses des 15. Jh.,
Ende der Route (77 M) am *Elephant & Castle* in **Süd-London.**

LONDON – CHELMSFORD – COLCHESTER – IPSWICH – LOWESTOFT – GREAT YARMOUTH 124 M (200 km)

Ausfahrt von **London** auf der A 11 nordöstlich; bei
Wanstead (5 M) Abzweigung auf die A 12 und weiter nach
Brentwood (20 M), alte Postkutschenstation und die für Essex typischen holzverschalten Häuser.
Chelmsford (31 M), Kathedrale aus dem 15. Jh., im 19. weitgehend renoviert.
Witham (39 M), mit Kirche aus dem 13. Jh.,
Kelvedon (43 M), an der Hauptstraße, Häuser aus dem 17. Jh.
Copford (48 M), Windmühle aus dem 15. Jh. und normannische Kirche aus dem 12.
Cholchester (53 M), von den Römern als eine ihrer Hauptgarnisonen gegründet; viele römische Überreste, komplett erhaltene mittelalterliche Stadtmauer und Ruinen einer aus römischen Bausteinen errichteten Normannenburg.

Ipswich (70 M), bedeutende Hafenstadt und Landwirtschaftszentrum, interessante Innenstadt mit Kirchen und Häusern aus dem 15. und 16. Jh.
Woodbridge (78 M), Segelsportzentrum mit interessantem Altstadtviertel.
Blythburgh (100 M), früher wichtiger Hafen. Die Stadt besitzt eine schöne Kirche aus dem 15. Jh.
Lowestoft (114 M), östlichste Stadt Englands, Seebad, Fischereihafen und Schiffsbauzentrum.
Great Yarmouth (124 M), populäres Seebad; große Teile der mittelalterlichen Altstadt sind noch erhalten.

LONDON – CAMBRIDGE – ELY – KING'S LYNN, 99 M (160 km)

Ausfahrt von **London** auf der A 10 von *Liverpool Street Station* in nördliche Richtung nach

Hoddesdon (20 M), mit georgianischer Hauptstraße und vielen Postgasthöfen aus dem 17. Jh.
Ware (24 M) kleine Ortschaft mit den Ruinen einer Franziskanerpriorei aus dem 15. Jh.
Buntingford (34 M), mit reizvollem altem Straßenzug, vorwiegend aus dem 17. Jh.
Cambridge (54 M), eine der größten und ältesten Universitätsstädte des Landes. Viele der alten Kolleggebäude, im 14. und 15. Jh. gegründet, sind noch zum Teil erhalten.
Waterbeach (59 M), mit Abschnitten eines Kanals aus der Römerzeit.
Ely (70 M), auf einer kleinen Anhöhe im flachen Marschland der *Fens* gelegene alte Stadt mit einer der größten Kathedralen Englands aus dem 12. Jh.
Downham Market (88 M), mit frühgotischer Kirche;
King's Lynn (99 M), historische Hafenstadt nahe der weiten Meeresbucht der *Wash*. Vielseitige bürgerliche und industrielle Architektur aus fünf Jahrhunderten.

LONDON – PETERBOROUGH – LINCOLN – HULL – NEWCASTLE – BERWICK-UPON-TWEED, 348 M (618 km)

Ausfahrt von **London** auf der A 1 von *St. Paul's Cathedral* in nördliche Richtung nach

Hatfield (21 M), alte Marktstadt mit sehenswertem Herrensitz *Hatfield House* aus dem 17. Jh.
Welwyn Garden City (24 M), 1920 gegründete Stadt;
Stevenage (31 M), ebenfalls eine neue Stadtgründung, mit interessanter moderner Architektur.
Buckden (62 M), mit den Ruinen eines Bischofspalastes.
Stilton (76 M), ursprünglich Sammelplatz für den berühmten Käse zum Transport nach London; Postgasthof aus dem 17. Jh.
Norman Cross (78 M), Abzweigung rechts auf die A 15;
Peterborough (84 M), Industrie- und Eisenbahnbauzentrum; Kathedrale aus dem 13. Jh.

Market Deeping (92 M), unter den vielen alten noch erhaltenen Häusern der Stadt befindet sich Englands ältester Pfarrhof aus dem 13. Jh.
Bourne (99 M), mit Herrenhaus aus der Tudorzeit und Klosterruine aus dem 14. Jh.
Folkingham (108 M), mit altem Postgasthof;
Sleaford (116 M), alte Marktstadt mit historischen Bauten aus dem 15. bis 17. Jh.
Lincoln (132 M), historische Stadt mit großer Kathedrale aus dem 12. Jh., normannischer Burgruine und vielen Bürgerhäusern und Bauten aus dem 12. bis 15. Jh. – Ausfahrt von Lincoln auf der A 46 in nordöstliche Richtung.
Market Rasen (148 M), mit vielen Spuren römischer und vorrömischer Besiedelung.
Caistor (156 M), über einem ehemaligen Römerlager erbaut;
Grimsby (169 M), bedeutendster Fischereihafen Großbritanniens; großer und interessanter Fischmarkt. Unmittelbar südlich angrenzend das populäre Seebad **Cleethorpes.** – Von Grimsby auf der A 18 und A 1077 westlich, nach
New Holland (169 M), Autofähre über das 2 M breite Humber-Ästuar nach
Kingston-upon-Hull (171 M), einem der führenden Seehäfen Englands mit Pfarrkirche aus dem 13. Jh., alte Kaufmannshäuser aus dem 16. und 17. Jh. Ausfahrt von Hull auf der A 1079 nördlich nach
Beverley (179 M), alte Marktstadt mit mittelalterlichem Stadttor und großem Münster aus dem 13.–16. Jh. – Weiter auf der A 164 nördlich nach
Great Driffield (192 M), alte Marktstadt mit ausgezeichnetem lokal-archäologischem Museum. Von hier auf der A 166 nordwestlich nach
Bridlington (204 M), beliebte Sommerfrische mit reizvollem kleinem Hafen. Weiter auf der A 65 nordwestlich nach
Filey (215 M), Seebad und Golfzentrum;
Scarborough (222 M), populäres Seebad mit schönen Stränden und eindrucksvoller Klippenlandschaft, Burgruine aus dem 12. Jh.
Whitby (242 M), kleines Seebad und Fischereihafen; eng mit dem Leben Captain Cooks, des Entdeckers Australiens, verknüpft. – Weiter auf der A 174 westlich nach
Staithes (252 M), mit den höchsten Meeresklippen Englands;
Saltburn-by-the-Sea (262 M), vielbesuchtes Seebad;
Middlesbrough (274 M), Industriestadt am Tees-Ästuar.
Stockton (278 M), Stadt, in der die erste Eisenbahn der Welt gebaut wurde. – Weiter auf der A 19 nach
Sunderland (302 M), Industriestadt und Kohleexporthafen;
Newcastle-upon-Tyne (313 M), großes Industriezentrum und bedeutender Hafen. Kathedrale aus dem 15. Jh., Burgruine aus dem 13., drei eindrucksvolle Brückenkonstruktionen aus dem 19. Jh. über den *Tyne River.* – Weiter auf der A 1 nördlich nach
Morpeth (328 M), mit Kirche aus dem 14. Jh., Rathaus aus dem 18. Jh.
Alnwick (347 M), mächtige Burg aus dem 14. Jh., Bürgerhäuser aus dem 15. und 16. Jh. – Weiter auf der B 1340 nordöstlich nach
Seahouses (362 m), populäres Seebad und Fährhafen zum Vogelschutzgebiet auf den **Farne Islands.**
Bamburgh (364 M), große Burg aus dem 12. Jh.

Belford (370 M), Wiedereinmündung in die A 1.
Beal (376 M), Ausgangspunkt für Ausflüge zum **Holy Island,** bei Ebbe auch über einen Damm zu erreichen. Auf der Insel die Überreste einer Priorei aus dem 11. Jh. und Wirtschaftsbauten aus dem 13. und 14. Jh.
Berwick-upon-Tweed (384 M), historische Grenzstadt und Seehafen, von einem mächtigen Festungswerk aus dem 16. Jh. umgeben.

LONDON – ST. ALBANS – NUNEATON – STAFFORD – MANCHESTER – PRESTON – LANCASTER – CARLISLE, 303 M (490 km)

Ausfahrt von **London** auf der A 5 von *Marble Arch* in nordwestlicher Richtung nach
St.Albans (21 M), mittelalterliche Stadt, über einer bedeutenden Römersiedlung erbaut;
Dunstable (34 M), mit interessanter normannischer Kirche. 3 M südlich der Tierpark **Whipsnade**
Fenny Stratford (48 M), am *Grand Union Canal,* beliebtes Ruder- und Segelsportzentrum.
Stony Stratford (53 M), alte Postgasthöfe;
Towcester (61 M), altertümliche Stadt und bedeutendes Pferderennzentrum;
Buckby Locks (73 M), hier wurde 1971 eine Römersiedlung entdeckt. – Abzweigung links nach
Rugby (74 M), Industriestadt, vorwiegend Maschinen- und Lokomotivenbau; berühmte Public School.
Nuneaton (95 M), mit Ziegelwerken und Hutfabriken, eng mit dem Leben der Schriftstellerin George Eliot verknüpft.
Atherstone (101 M), alte Marktstadt mit Postgasthäusern und den Ruinen einer Zisterzienserabtei aus dem 13. Jh.
Tamworth (110 M), einst Residenz der Sachsenkönige, Kirche aus dem 14. Jh., Burg aus dem 16. Jh. – Von hier Abzweigung rechts auf die A 51
Lichfield (116 M), mit einer bemerkenswerten Kathedrale; Assoziationen mit Dr. Johnson.
Wolseley Hall (125 M), seit 800 Jahren Familiensitz der Wolseleys. – Von hier Abzweigung links auf die A 513.
Stafford (132 M), Sitz großer Schuhfabriken. – Abzweigung rechts auf die A 34.
Stone (140 M), Töpfereistadt;
Trentham (145 M), mit großen Parkanlagen eines längst verschwundenen Herrensitzes (Restaurant und Schwimmbad).
Newcastle-under-Lyme (148 M), alte Industriestadt mit vielen interessanten Gebäuden aus dem 18. und 19. Jh. Östlich davon die *»Potteries«,* bedeutende Porzellanmanufakturen seit Anfang des 18. Jh.; Hauptort des Fünfstädtekonglomerats ist **Stoke-on-Trent.**
Little Moreton Hall (156 M), elisabethanisches Herrenhaus in schwarzweißem Fachwerk (Zutritt);
Congleton (160 M), Textilstadt mit vielen alten Gasthäusern;
Alderley Old Mill (169 M), alte Mühle aus dem 15. Jh.,
Alderley Edge (171 M), Wohndistrikt mit steiler, bewaldeter Felswand im Osten (Aussichtspunkt).

Manchester (185 M), bedeutende Industrie- und Handelsstadt, Zentrum der Baumwollindustrie Südlancashires.
Chorley (207 M), Zentrum für Baumwollwebereien und Maschinenbau; großes elisabethanisches Herrenhaus (Zutritt).
Preston (216 M), Industriestadt mit großem Flußhafen, Baumwollwebereien und Maschinenfabriken. Im 16. und 17. Jh. Schauplatz heftiger Kämpfe gegen die einfallenden Schotten.
Lancaster (238 M), historische Stadt, von den Römern gegründet; gut erhaltene Burg aus dem 11. Jh.
Beetham (251 M), mit interessanter alter Brücke.
Levensbridge (254 M), mit elisabethanischem Herrenhaus *Levens Hall*.
Kendal (259 M), bekannt für Wollwebereien und Schnupftabakherstellung, Tor zum englischen *Lake District*.
Shap (275 M), schöne Aussicht auf das Gebirgspanorama des *Lake District*.
Penrith (285 M), alte Marktstadt mit Burgruine.
Carlisle (303 M), Grenzstadt, heißumkämpft in den schottisch-englischen Kriegen, Kathedrale aus dem 12., Burg aus dem 11. Jh.

LONDON – AYLESBURY – WARWICK – BIRMINGHAM – WOLVERHAMPTON – CHESTER – CONWY – BANGOR – HOLYHEAD/WALES, 272 M (440 km)

Ausfahrt von **London** auf der A 41 von *Regents Park* in nordwestliche Richtung nach
King's Langley (20 M); in der Kirche Königsgräber aus dem 14. Jh.
Hemel Hempstead (22 M), moderne Stadt, um ein altes normannisches Dorf entstanden; die alte Dorfkirche ist noch erhalten.
Berkhamstead (27 M), mit einer berühmten, im 16. Jh. gegründeten Public School, Burgruine aus dem 11. Jh.
Aylesbury (39 M), Industriestadt, doch immer noch berühmt für ihre Entenzucht.
Waddesdon Manor (45 M), Landsitz der Rothschilds, mit einer der größten privaten Kunstsammlungen der Welt (Zutritt).
Bicester (56 M), Fuchsjagdzentrum; Ruinen einer Augustinerpriorei.
Adderbury (68 M), mit schöner Kirche aus dem 14. Jh.
Banbury (71 M), alte Marktstadt mit Bürgerhäusern aus dem 16. und 17. Jh.
Warwick (91 M), im 10. Jh. gegründete Stadt mit mächtiger Burg aus dem 14. Jh.
Birmingham (112 M), zweigrößte Stadt des Landes, bedeutendster Sitz der Metallindustrie. Architektonisch interessante Neugestaltung der Innenstadt.
Dudley (121 M), Zentrum der Eisenverhüttung, Burgruine aus dem 14. Jh.
Wolverhampton (127 M), Industriestadt, seit der Tudorzeit für ihr Schlosserhandwerk berühmt; große Pfarrkirche aus dem 15. Jh.
Newport (145 M), mit Kosterruine aus dem 12. Jh.
Whitchurch (166 M), altertümliche Stadt; in der Kirche Grabmäler aus dem 14. Jh.
Chester (186 M), Gründung der Römer, von einer fast intakten Stadtmauer umgeben; schöne mittelalterliche Fachwerkhäuser in der Altstadt; Kathedrale aus dem 11. bis 15. Jh. – Von hier auf A 55 westlich zur Grenze (188 M) zwischen England und Wales.

Hawarden (193 M), Burgruine aus dem 15. Jh.
Ewloe (194 M), mit den Ruinen einer walisischen Festung aus dem 12. Jh.
Holywell (204 M), Industriestadt; St Winifried's Well ist noch heute vielbesuchter Wallfahrtsort.
St.Asaph (214 M), Bergdorf und beliebtes Anglerzentrum; Kathedrale aus dem 14. Jh., eine der kleinsten des Landes.
Abergele (220 M), kleiner Ferienort vor bewaldeten Hügeln;
Colwyn Bay (227 M), populäres Seebad;
Conwy (232 M), von mittelalterlicher Stadtmauer umgeben; Burg aus dem 13. Jh., eine der Zwingburgen Edwards I.
Penmaenmawr (237 M) und
Llanfairfechan (240 M), beides kleine Seebäder.
Aber (243 M), landeinwärts gelegenes, ausgezeichnetes Tourenzentrum;
Bangor (247 M), Universitätsstadt, ideal als Ausflugszentrum; Kathedrale aus dem 15. Jh. – Von Bangor auf der A 5 auf einer 1819 errichteten Hängebrücke über die *Menai Strait* zur Insel **Anglesey.** Südlich davon verläuft die Mitte des 19. Jh. von Robert Stephenson konstruierte Eisenbahnrohrbrücke. Nach 4 M wird eine 30 m hohe Säule (Aussichtspunkt) erreicht.
Llanfair (252 M), dessen voller Name einer der längsten Ortsnamen der Britischen Inseln ist.
Llangristiolus (257 M), mit Kirche aus dem 14. Jh.
Valley (268 M), Ausgangspunkt für Ausflüge zur Felsküste von Nordanglesey.
Holyhead (272 M), über einen 1200 m langen Damm zu erreichen; Fährhafen nach *Dublin,* die Hafenanlagen wurden 1880 erbaut.

LONDON – OXFORD – GLOUCESTER – MONMOUTH – BRECON – CARMARTHEN – PEMBROKE/WALES, 246 M (396 km)

Ausfahrt von **London** auf der A 40 vom Bahnhof *Paddington* in nordwestliche Richtung nach
Beaconsfield (25 M), mit breiter georgianischer Hauptstraße;
High Wycombe (29 M), Stadt mit großen Möbelfabriken, Pfarrkirche aus dem 13. Jh., öffentliche Gebäude aus dem 18. Jh.
West Wycombe (32 M), Ortschaft mit Gebäuden aus dem 16. bis 18. Jh. Die Fahrt führt über den Kamm der *Chiltern Hills* (Aussichtspunkt; 37 M).
Oxford (55 M), historische Universitätsstadt mit attraktivem und interessantem Stadtbild; Sitz großer Automobilwerke.
Witney (66 M), mit Wolldeckenfabriken aus dem 18. Jh.
Burford (72 M), Stadt in den *Cotswold Hills;* Kirche normannischen Ursprungs.
Cheltenham (94 M), Sommerfrische und bedeutendes Zentrum für zeitgenössische Kunst; schöne Beispiele der Architektur des 18. und 19. Jh.
Gloucester (103 M), Flußhafen am *Severn,* durch einen Kanal mit dem Meer verbunden; Sitz bedeutender Flugzeugwerke, Kathedrale aus dem 12. bis 14. Jh.
Huntley (110 M), am Rand des *Forest of Dean,* großes Waldgebiet, dessen Bodenschätze schon von den Römern ausgebeutet wurden.
Ross-on-Wye (119 M), hübsche Landstadt und ausgezeichnetes Ausflugszentrum.

Goodrich Castle (123 M), mit Burgruine aus dem 12. Jh.
Monmouth (130 M), an der Grenze zu *Wales;* Überreste einer Burg aus dem 12. Jh.
Raglan (137 M), mit Ruinen einer von den Normannen gegründeten Festung.
Abergavenny (146 M), kleine Marktstadt am Rand des *Brecon Beacons Nationalparks,* beliebtes Anglerzentrum; Kirche aus dem 13. Jh.
Crickhowell (152 M), beliebtes Tourenzentrum in landschaftlich schöner Umgebung;
Brecon (166 M), kleine Marktstadt in landschaftlich reizvollem Tal; Kirche aus dem 14. Jh.
Llandovery (187 M), am Zusammenfluß von zwei Flüssen; Burgruine aus der Normannenzeit.
Llandeilo (199 M), beliebtes Ausflugszentrum in geologisch interessanter Umgebung;
Carmarthen (214 M), früher ein bedeutender Hafen und seit jeher ein Zentrum Waliser Kultur;
St.Clears (223 M), stilles Dorf, im 19. Jh. Schauplatz industriellen Aufruhrs. – Von hier Abzweigung links auf die A 477;
Tenby (236 M), hübsches kleines Seebad;
Pembroke (246 M), am *Milford Haven,* heute ein bedeutendes Zentrum der Erdölindustrie, aus einer historischen Stadt hervorgegangen; Burg aus dem frühen 13. Jh. Ausgezeichnetes Tourenzentrum zur großartigen Küstenlandschaft der Pembroke Halbinsel.

LONDON – WINDSOR – READING – NEWBURY – BATH – BRISTOL – TAUNTON – EXETER – TORQUAY – DARTMOUTH – PLYMOUTH – TRURO – PENZANCE, 344 M (544 km)

Ausfahrt von **London** auf der A 4 von *Hyde Park Corner* in westliche Richtung nach
Windsor (19 M), seit 800 Jahren Hauptresidenz der englischen Monarchen; die Burg geht auf das 15. Jh. zurück; in der Nähe die berühmte Schulstadt **Eton.**
Maidenhead (26 M), an einer schönen Teilstrecke der Themse.
Reading (38 M), als bedeutendes Zentrum des mittelalterlichen Tuchwebergewerbes entstanden, heute große Industriestadt; Überreste einer Priorei aus dem 12. Jh.
Theale (42 M), mit Kirche im 19. Jh. als Nachbildung der Salisbury Cathedral erbaut.
Newbury (56 M), früher Tuchweberstadt; jakobinisches Herrenhaus (Museum).
Avington (62 M), mit Normannenkirche;
Hungerford (64 M), Anglerzentrum am *Kennet River;*
Marlborough (74 M), mit breiter Hauptstraße im georgianischen Stil; Sitz einer der führenden, im 19. Jh. gegründeten Public Schools. – Bei
West Kennet (80 M), rechts Abzweigung nach **Avebury** mit sehenswertem Steinkreis-Monument der Jungsteinzeit.
Silbury Hill (81 M), im 3. Jahrtausend v. Chr. angelegter Erdhügel (40 m hoch, 180 m Durchmesser), vermutlich ein Hügelgrab.

Calne (87 M), berühmte Schweinezucht; Kirche aus dem 12. Jh.
Chippenham (93 M), rührige Landstadt am *Avon River.*
Corsham Court (97 M), elisabethanisches Herrenhaus (Besichtigung).
Box (100 M), das 1837 erbaute Eisenbahntunnel war damals das längste der Welt. Unterirdische Kalksteinbrüche dienten im Krieg zur Aufbewahrung der Kunstschätze aus den Staatsmuseen.
Bath (106 M), elegante Kurstadt seit der Römerzeit, mit sehenswerten Baudenkmälern aus dem 18. Jh.
Bristol (118 M), berühmte historische Handels- und Hafenstadt, Sitz moderner Flugzeugwerke; Kathedrale aus dem 13. Jh.
Brent Knoll (141 M), vereinzelt stehender Hügel im Flachland, Aussichtspunkt.
Bridgwater (141 M), mit großen Ziegelwerken;
Taunton (144 M), in einem reizvollen Tal gelegen, bekannt für seinen Apfelmost; schöne georgianische Architektur.
Wellington (169 M), Wollweberstadt;
Cullompton (181 M), mit schöner spätgotischer Kirche;
Beare (186 M), bewaldeter Park mit Landhaus aus dem 18. Jh. (Besichtigung).
Exeter (194 M), historische Stadt, eine Gründung der Römer, zum Teil noch von der mittelalterlichen Stadtmauer umgeben; Kathedrale aus dem 11. bis 15. Jh. – Von hier südlich auf der A 379 zum
Wildpark **Powderham Castle** (202 M), (Besichtigung);
Starcross (203 M), Fähre nach Exmouth, dem populären Seebad von Exeter
Dawlish (207 M), kleiner Badeort;
Teignmouth (210 M), seit dem 18. Jh. als Seebad beliebt.
Torquay (218 M), einer der populärsten Ferienorte Englands, mit außerordentlich mildem Klima und üppiger subtropischer Vegetation; bedeutendes Segelsportzentrum.
Paignton (221 M), ruhiges kleines Seebad;
Churston Ferrers (225 M), Golfsportzentrum. – Östlich davon der reizvolle kleine Fischereihafen **Brixham.** Nach 3 M mit der Fähre über den *Dart* nach
Dartmouth (228 M), historischer Hafen und Sitz des *Royal Navy College.*
Kingsbridge (243 M), kleine Marktstadt mit einigen Häusern aus dem 16. Jh.
Plymouth (265 M), Hauptmarinehafen Englands, an der Mündung von zwei Flüssen; Burg aus dem 17. Jh. – Von hier westlich auf der A 38 und auf der Hängebrücke über den *Tamar River* (Maut).
Liskeard (281 M), Marktstadt mit großer spätgotischer Kirche. – Abzweigung auf die A 390 südwestlich.
Lostwithiel (293 M), im 13. Jh. Hauptstadt Cornwalls; die Burg wurde im 14. Jh. wieder aufgebaut.
St. Blazey (297 M) und
St. Austell (300 M), beides bedeutende Zentren für die Gewinnung von Porzellanerde. Südlich davon das kleine Seebad **Duporth Bay.**
Truro (314 M), kleine Marktstadt mit georgianischer Architektur; Kathedrale aus dem 19. Jh. – Weiter auf der A 394 südwestlich.
Penryn (322 M), bekannt für seine Granitbrüche. – Links Abzweigung zu dem bekannten Seebad **Falmouth** in geschützter Lage mit kleinem *Hafen;* Burg im 17. Jh. von Heinrich VIII. erbaut.

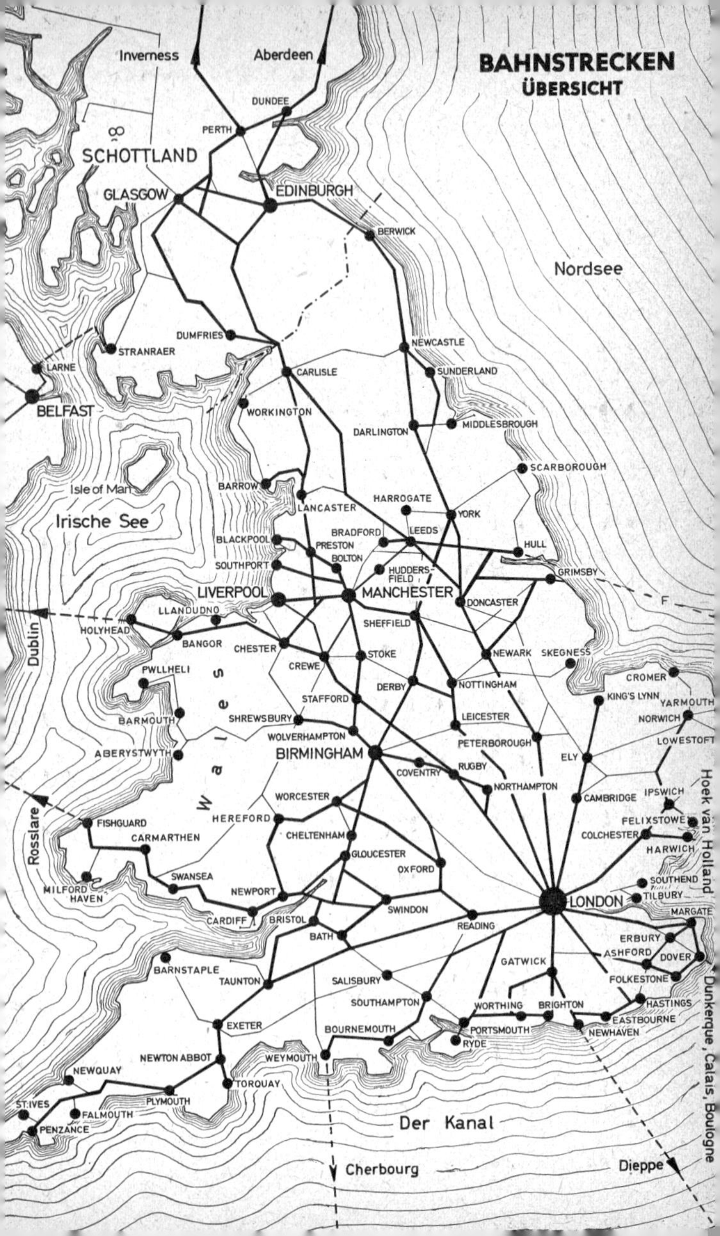
BAHNSTRECKEN
ÜBERSICHT
Inverness
Aberdeen
DUNDEE
PERTH
SCHOTTLAND
GLASGOW
EDINBURGH
BERWICK
Nordsee
DUMFRIES
STRANRAER
NEWCASTLE
LARNE
CARLISLE
SUNDERLAND
BELFAST
WORKINGTON
DARLINGTON
MIDDLESBROUGH
SCARBOROUGH
Isle of Man
BARROW
HARROGATE
Irische See
LANCASTER
YORK
BRADFORD
LEEDS
BLACKPOOL
PRESTON
HULL
BOLTON
SOUTHPORT
HUDDERS-FIELD
GRIMSBY
LIVERPOOL
MANCHESTER
DONCASTER
F
LLANDUDNO
Dublin
HOLYHEAD
SHEFFIELD
BANGOR
CHESTER
NEWARK
SKEGNESS
STOKE
CREWE
PWLLHELI
Wales
CROMER
DERBY
NOTTINGHAM
KING'S LYNN
YARMOUTH
STAFFORD
BARMOUTH
SHREWSBURY
LEICESTER
NORWICH
WOLVERHAMPTON
PETERBOROUGH
LOWESTOFT
ABERYSTWYTH
BIRMINGHAM
ELY
COVENTRY
RUGBY
Hoek van Holland
NORTHAMPTON
WORCESTER
CAMBRIDGE
IPSWICH
Rosslare
FISHGUARD
HEREFORD
FELIXSTOWE
CHELTENHAM
COLCHESTER
CARMARTHEN
HARWICH
GLOUCESTER
OXFORD
SWANSEA
SOUTHEND
MILFORD HAVEN
NEWPORT
TILBURY
LONDON
SWINDON
CARDIFF
BRISTOL
MARGATE
READING
BATH
ERBURY
ASHFORD
DOVER
GATWICK
BARNSTAPLE
TAUNTON
SALISBURY
FOLKESTONE
Dunkerque, Calais, Boulogne
SOUTHAMPTON
HASTINGS
WORTHING
BRIGHTON
EASTBOURNE
EXETER
PORTSMOUTH
NEWHAVEN
BOURNEMOUTH
RYDE
NEWTON ABBOT
WEYMOUTH
NEWQUAY
TORQUAY
PLYMOUTH
ST. IVES
FALMOUTH
PENZANCE
Der Kanal
Cherbourg
Dieppe

Helston (327 M), bekannt für seine alljährlichen Aufführungen cornischer Volkstänze, die zum Teil noch aus heidnischer Zeit stammen sollen.
Breage (334 M), in der Kirche Fresken aus dem 15. Jh.
Marazion (340 M), Ausgangspunkt für Ausflüge zum **St Michael's Mount,** ein der Küste vorgelagertes Granit- und Schiefermassiv, ähnlich dem Mont-St-Michel vor der Küste der Normandie; bei Ebbe über einen 500 m langen Damm zugänglich.
Penzance (344 M), Hafenstadt und beliebter Ferienort, bekannt für sein mildes Klima; Tourenzentrum zur Halbinsel **Land's End** und Fährhafen zu den **Isles of Scilly.**

British Tourist Authority veröffentlicht in der jährlich erscheinenden Autokarte »Britain« Vorschläge für Rundfahrten durch England und Wales.

Für den Bahnreisenden

Das Netz der Britischen Eisenbahnen ist, wie ein Blick auf die Übersichtskarte (Seite 73) zeigt, ziemlich dicht. 5 Linien der »British Rail«, Western, Southern, London, Midland, Eastern und North Eastern, befahren die in diesem Band beschriebenen englischen und walisischen Strecken. Ausgangspunkt bzw. Endpunkt aller Linien ist London. So enden hier auch die internationalen Fernzüge aus Frankreich und den Niederlanden. Der Bahnreisende aus der Bundesrepublik Deutschland wird als Anfahrt die Strecke Köln – Rotterdam – Hoek van Holland – Harwich – London oder Köln – Brüssel – Oostende – Dover – London wählen, wenn er nicht die Strecke Paris – London bevorzugt.

Sehenswürdigkeiten

Altertümliche Orte

Abingdon	**Conwy**	**Newark-on-Trent**
Alnwick	**Dartmouth**	**Newbury**
Bakewell	**Dover**	**Norwich**
Barnstaple	**Exeter**	**Oxford**
Bath	**Hereford**	**Pembroke**
Berwick-upon-Tweed	**Kendal**	**Plymouth**
Bideford	**King's Lynn**	**Rochester**
Bridgnorth	**Lancaster**	**Rye**
Bridport	**Leominster**	**St. Ives**
Canterbury	**Lewes**	**Shrewsbury**
Chepstow	**Lincoln**	**Stow-on-the-Wold**
Chester	**Ludlow**	**West Wycombe**
Chichester	**Marlborough**	**Winchester**
Colchester	**Monmouth**	**York**

Kirchen und Klöster

Abergavenny: Llanthony Priory, 11. Jh.

Bath: Spätgotische Abtei mit normannischen Resten und interessantem Fächergewölbe.

Battle bei Hastings: Ruinen der von Wilhelm dem Eroberer gegründeten Abtei auf dem Schauplatz der Schlacht von Hastings (1066).

Berwick-upon-Tweed: Benediktinerabtei Lindisfarne aus dem 11. Jh. auf Holy Island.

Beverley (s. Hull): Gotisches Münster mit Details aus zahlreichen Stilepochen.

Birmingham: St. Philips Cathedral; schlichter Innenraum mit wirkungsvollen Fensterbildern.

Boston: »Boston Stump« der St. Botolph's Church, 14. Jh.

Bristol: St. Mary Redcliffe Church aus dem 13. Jh.

Bury St. Edmunds: Ruinen der historischen Abtei.

Canterbury: Berühmte Kathedrale, Zentrum der Landeskirche.

Cardiff: Llandaff Cathedral, 13.–14. Jh.

Carlisle: Kathedrale, 12. Jh.

Chichester: Kathedrale mit freistehendem Glockenturm aus dem 15. Jh.

Coventry: Moderne Kathedrale.

Derby: Kathedrale aus dem 16. Jh. mit dem zweithöchsten Kirchturm Englands.

Durham: Normannische Kathedrale, 11.–13. Jh.

Ely: Kathedrale aus dem 11.–15. Jh.

Gloucester: Normannische Kathedrale mit schönen Fächergewölben.

Hereford: Kathedrale, die eine interessante Stilmischung zeigt. Innen die um 1300 zusammengestellte Mappa Mundi (Weltkarte). Bibliothek mit 1500 aneinandergeketteten Büchern.

Hexham: Priory Church mit Fragmenten einer Kirche von 678.

Isles of Scilly: Tresco Abbey, 10. Jh.

Lincoln: Dreitürmige Kathedrale, hauptsächlich aus dem 13. Jh., schöne Fensterrosen.

Liverpool: Cathedral of Christ the Kind, moderner Bau von 1967.

Middlesborough: Rieveaulx Abbey, große Klosterruine aus dem 12. Jh.

Newcastle-upon-Tyne: St. Nicholas Cathedral aus dem 14. Jh. mit Turm »Scottish Crown«.

Norwich: Normannische Kathedrale, 1096 gegründet; schöner Kreuzgang.

Ripon: Fountains Abbey, Ruinen eines der größten Klöster Englands aus dem 12.–15. Jh.

St. Albans: Kathedrale, eine der ältesten Normannenkirchen auf der Insel.

St. David's im Pembrokeshire Coast National Park (s. Nationalparks): St. David's Cathedral, größte in Wales.

Salisbury: Gotische Kathedrale, 1220–58 erbaut.

Wells: Kathedrale aus dem 13. Jh. mit berühmter statuengeschmückter Fassade.

Winchester: Normannisch-gotische Kathedrale, Grabstätte vieler Herrscher

Worcester: Kathedrale aus dem 11.–13. Jh.

York: Münster aus dem 13.–15. Jh.; berühmte Glasmalereien.

Burgen, Schlösser, Ruinen

Abergavenny: Raglan Castle, 15. Jh.

Alnwick: Kastell, 14. Jh.; Festungsruine Dunstanburgh aus dem 14. Jh., auf einem Felsenriff; Warksworth Castle, 13. Jh.

Bath: Longleat House, 16. Jh.

Bedford: Woburn Abbey, Herrenhaus aus dem 18. Jh. mit bedeutender Kunstsammlung.

Bournemouth: Corfe Castle, normannische Burgruine.

Buxton: Chatsworth House und Haddon Hall, zwei berühmte Herrensitze bei Bakewell.

Bury St. Edmunds: Ickworth House, Rundbau mit Seitenflügeln, stilvolle Einrichtung.

Caernarfon: Mächtige mittelalterliche Burganlage aus dem 13. Jh., Schauplatz der Investitur des »Prince of Wales«.

Cardiff: Cardiff Castle mit römischen und mittelalterlichen Bauteilen; prächtige Innenausstattung. Caerphilly Castle, imposante Burgruine aus dem 13. Jh.

Chichester: Arundel Castle, ursprünglich aus dem 12. Jh., restauriert. In *Goodwood:* Goodwood House, 18. Jh.

Colwyn Bay: Conwy Castle aus dem 13. Jh.

Dover: Burg aus dem 12. Jh. mit normannischem Turm, auf einer 120 m hohen Klippe gelegen.

Lancaster: Castle mit Burgtor aus dem 15. Jh.

Leeds: Harewood House, Herrenhaus aus dem 18. Jh.

Lincoln: Burg aus dem 11. Jh.

Lindisfarne auf Holy Island (s. Berwick-upon-Tweed) mit Schloß aus dem 16. Jh.

Lostwitheal (s. Bodmin): Restormel Castle, 13. Jh.

Ludlow: Normannische Burg, 11. Jh.

Norwich: Burg aus dem 12. Jh. mit Museum.

Oxford: Broughton Castle, Herrenhaus aus dem 14.–16. Jh.

Pembroke: Burg aus dem 11. Jh.

Plymouth: Citadel, im 17. Jh. erbaute Festung.

Ramsgate: Richborough Castle, ehem. Römerfestung.

Rochester: Normannische Burg, 11.–14. Jh., mit massivem Turm.

Shrewsbury: Burg aus dem 13. Jh.

Tintagel: Burgruine in schöner Lage am Meer (sagenhafte Residenz des Königs Arthur).

Tunbridge Wells: Penshurst Place, Herrensitz aus dem 14.–16. Jh., Knole, einer der größten Herrensitze aus dem 17. Jh.

Warwick (s. Statford-upon-Avon): Burg aus dem 14.–17 Jh. mit stilvoller Einrichtung.

Windsor: Königliches Schloß, Residenz der englischen Könige seit über 850 Jahren

Profanbauten

Bangor (s. Caernarfon): Straßen- und Eisenbahnbrücken am Nordeingang zur Menai Strait.

Bath: Royal Crescent, Circus und Queen Square, Gebäude im Stil Palladios.

Berwick-upon-Tweed: Berwick Bridge, Bogenbrücke aus dem 17. Jh.

Blackpool: Tower, 159 m hoch, 1895 nach dem Vorbild des Eiffelturms erbaut.

Brighton: Royal Pavilion, im Stil eines indischen Mogul-Palastes.

Bristol: Clifton Suspension Bridge, Hängebrücke über die Avon-Schlucht; »S. S. Great Britain«, erster Hochseeschraubendampfer der Welt.

Buxton: Bakewell Bridge, 13. Jh.

Cambridge: University Colleges.

Chester: The Rows, mittelalterliche Ladenarkaden.

Eton (s. Windsor): Berühmtes College.

Isle of Wight: Osborne House in Cowes, Lieblingsaufenthalt von Königin Victoria.

Newcastle-upon-Tyne: Causey Arch, älteste Eisenbahnbrücke der Welt.

Nottingham: Trip to Jerusalem Inn und Salutation Inn, Gasthäuser aus dem 12. und 15. Jh.

Oxford: University Colleges.

Sheffield: Cutler's Hall, altes Zunftgebäude der Messerschmiede von 1832.

Stratford-upon-Avon: Shakespeares Geburtshaus; Anne Hathaway's Cottage.

Museen und Sammlungen

Aberystwyth: Nanteos Mansion, georgianisches Herrenhaus.

Aylesbury: Waddesdon Manor, Herrenhaus der Rothschilds mit großer privater Kunstsammlung.

Bakewell: Chatsworth House, Renaissanceschloß.

Bath: Museum of Costume, umfangreiche Sammlung alter Gewänder; American Museum in Claverton Manor.

Beaulieu (s. Southampton): National Motor Museum mit alten Autos, Fahr- und Motorrädern.

Bedford: Shuttleworth Collection, Sammlung historischer Flugzeuge.

Birmingham: Art Gallery, alte und moderne Meister, Präraffaeliten; Central Reference Library, größte Shakespeare-Sammlung.

Brighton: Im Royal Pavilion Staatsgemächer mit orientalischem Mobiliar; alljährlich Regency Exhibition.

Canterbury: West Gate, Waffensammlung.

Cardiff: National Museum of Wales; Welsh Folk Museum in St. Fagan's Castle.

Durham: Gulbenkian Museum, orientalische Kunst, archäologische Sammlung.

Isle of Man: Manx Museum in Douglas (Archäologie, Geschichte, Brauchtum) in Douglas; Hexenmuseum in Castletown.

Liverpool: Walker Art Gallery, Gemäldesammlung.

Portsmouth: Dickens Museum im Geburtshaus des Dichters; Nelsons Flaggschiff »H. M. S. Victory« (Museum) aus der Schlacht bei Trafalgar.

St. Helens (s. Liverpool): Glass Museum zur Geschichte und Entwicklung der Glasherstellung.

Shrewsbury: Museum mit römischen Ausgrabungsfunden im Rowley's Mansion.

Stoke-on-Trent: Museum and Art Gallery, Porzellan und Keramik aus aller Welt sowie Skulpturen und Gemälde.

Stratford-upon-Avon: Shakespeare-Museum im Geburtshaus des Dichters; Shakespeare-Centre, öffentliche Bibliothek.

Swindon: Eisenbahnmuseum der Great Western Railway.

York: Castle Folk Museum, Volkskundemuseum.

Archäologische Stätten

Avebury (s. Swindon): Eine der größten prähistorischen Kultstätten Englands.

Bath: Roman Baths (römische Bäder).

Caerleon (s. Chepstow): Reste der römischen Stadtmauer und Amphitheater.

Dorchester: Maumbury Rings, ursprünglich prähistorische Kultstätte, von den Römern in ein Amphitheater verwandelt. Maiden Castle, prähistorische Hügelfestung. »The Cerne Giant«, eine 60 m lange prähistorische Figur in den Felsen geschnitten.

Brighton: »Wilmington Long Man«, prähistorische Felszeichnung.

Hadrianswall oder **Roman Wall** (s. Hexham): Überreste des römischen Grenzwalls, der im 2. Jh. unter Kaiser Hadrian zwischen Newcastle-upon-Tyne und Carlisle angelegt wurde und die Insel an der Schmalseite nach Norden abriegelte. Ein gut erhaltenes Teilstück des ehemals 120 km langen Walls liegt innerhalb des Northumberland National Park, zwischen der Grafschaftsgrenze von Cumbria Northumberland und dem Ufer des North Tyne River.

St. Albans: Verulamium, Ausgrabungsstätte einer ehem. Römerstadt.

Silchester: Vorrömische Siedlungsstätte und römische Zivilniederlassung.

Silbury Hill (s. Swindon): Prähistorischer Erdhügel.

Stonehenge (s. Salisbury): Englands berühmtestes prähistorisches Steinmal.

Landschaftliche Sehenswürdigkeiten

Brecon Beacons National Park (s. Nationalparks), Gebirgslandschaft mit Moor- und Heideland, reißenden Flüssen und Kalksteinhöhlen, in Mittelwales.

Caernarfon: Aberglaslyn-Paß (malerische Schlucht), Gwynant-Tal und Snowdon-Massiv.

Cotswold Hills (s. Cheltenham; Stow-on-the-Wold), reizvolle Hügellandschaft mit typischen alten Städtchen und Dörfern.

Dartmoor National Park (s. Nationalparks), weites Moorgebiet im Südwesten Englands.

Dover: Markante weiße Kreidefelsen im Meer.

Ely: Wicken and Burwell Fens, unberührtes Fenland, mit seltenen Pflanzen- und Vogelarten.

Exmoor National Park (s. Nationalparks), bergiges Moor- und Heideland sowie dramatische Küstenlandschaft im Südwesten Englands, am Bristol Channel.

Flamborough Head (s. Bridlington), Vorgebirge mit schroffen Kreideklippen und Vogelschutzgebiet Bempton Cliffs.

Lake District National Park (s. Nationalparks), seenreiche Berglandschaft mit botanischen und geologischen Besonderheiten, eine der schönsten Landschaften Englands, im äußersten Nordwesten.

Lynton (s. Bideford), herrliche Klippenlandschaft.

New Forest National Park (s. Nationalparks), großflächiges Wald- und Weideland mit vielfältiger Flora und Fauna, in Südengland.

Northumberland National Park (s. Nationalparks), einsame Berglandschaft mit schönen Tälern und hochmoorbedeckten Hügeln, in Nordengland, an der schottischen Grenze.

North York Moors National Park (s. Nationalparks), Hügel- und Moorland mit reizvollen Tälern und schönem Küstenabschnitt, im äußersten Nordosten Englands.

Peak District National Park (s. Nationalparks); Moor- und Heideland im Norden, Wiesen und Kalksteinhügel im Süden kennzeichnen die Landschaft mit prähistorischen Stätten zwischen den Industriestädten Manchester und Sheffield in Mittelengland.

Prembrokeshire Coast National Park (s. Nationalparks), zerklüftete und wildromantische Küstenlandschaft mit sandigen Buchten, im Südwesten von Wales.

Snowdonia National Park (s. Nationalparks), im Norden von Wales, wird vom höchsten Gebirgsmassiv von England und Wales, dem Snowdon, 1035 m beherrscht; hügeliges Weideland und mächtige Schieferbrücke charakterisieren den Süden der Landschaft.

Skipton: Malham Cove, felsiges Amphitheater mit 100 m hohen Wänden.

Wells: Cheddar Gorge, 3 km lange Schlucht mit Karsthöhlen.

Yorkshire Dales National Park (s. Nationalparks), unwirtliche Hochmoorlandschaft, von ursprünglichen Flußtälern durchzogen, im Norden Englands.

Aussichtspunkte

Barmouth: Panorama Walk, Spazierweg auf den 120–150 m hohen Klippen über der Mündungsbucht.

Bath: Prospect Stile, Blick auf Bath und Bristol.

Birmingham: Lickey Hills.

Brighton: Clasbury Ring, 185 m hohe vorrömische Erdschanze.

Brent Knoll (s. Weston-super-Mare), 137 m hoher, einzelner Hügel im Tiefland von Somerset.

Burnley: Pendle Hill.

Cambridge: Gogmagog Hills.

Holy Island (s. Anglesey), 220 m hoher Aussichtspunkt, höchster in Anglesey.

Isle of Man: Sneafell, 630 m hoher Aussichtsberg mit Blick über die Insel, bei klarem Wetter bis England, Irland, Schottland und Wales.

Leith Hill (s. Guildford), 294 m hoher Aussichtsberg in Südengland.

Llandudno (s. Colwyn Bay): Great Orme's Head, 210 m hohe, steil aus dem Meer aufragende Klippe.

Penzance: Land's End, westlichster Punkt des englischen Festlands.

Plymouth: The Hoe.

Snowdon (s. Nationalparks): höchster Berg von England und Wales, 1085 m.

Orts- und Landschaftsbeschreibungen

Die Orientierungsbezeichnungen hinter den Ortsnamen,

z. B. ABERGAVENNY **(C 5)**
oder ABERYSTWYTH **(B 4)**

stellen die Verbindung zwischen Ortsbeschreibung und der hinten im Band eingesteckten Übersichtskarte dar. Die Orte sind auf der Rückseite der Karte in den mit diesen Buchstaben und Zahlen gekennzeichneten Feldern zu finden. Die schwarz eingezeichneten Kästchen auf der Rückseite der Einsteckkarte bezeichnen die Ausschnitte der Übersichtskarten innerhalb der Orts- und Landschaftsbeschreibungen.

ABERGAVENNY (C 5), Grafsch. Gwent (WALES), 80 m, 10 000 Einw. Alte Marktstadt, zwischen Hügel eingebettet, am Zusammenfluß des *Usk* und *Gavenny River,* am Rand des *Brecon Beacon National Parks* (s. Nationalparks). Beliebtes Ausflugs- und Anglerzentrum.

Auskunft: Tourist Information Bureau, Lower Monk Street, Tel. 32 54.
Tel.-Vorwahl: 8 73
Verkehr: A 40 Monmouth – Brecon. – Bahnstation.

Sehenswert: **St. Mary's Church,** mit den Grabmälern der »Barons of the Marches« (in etwa »Markbarone«, 14.–15. Jh.). – **Burg,** teilweise 11. Jh. (täglich ab 9 Uhr bis Einbruch der Dunkelheit; Museum täglich Juni bis Sept. 14–17 Uhr; Eintrittsgebühr).

Sport: Angeln, Golf, Rudern, Ponytrekking.

Spaziergänge: Zum Gipfel des **Sugar Loaf** (Zuckerhut, 590 m), 1 Std. nordwestlich. Aussichtspunkt.

Ausflüge: Nach **Llanthony Priory** (10 M nördlich, A 465/B 4423), im 11. Jh. gegründet. Die Westfassade, Teile des Kirchenschiffs und Chor im strengen normannischen Baustil sind noch erhalten. Teile des ehemaligen **Prior's House** sind in ein Hotel einbezogen. – Nach **Crickhowell** (6 M nordwestlich, A 40), an der Straße Abergavenny – Brecon, eine der landschaftlich schönsten Routen in Wales (Brecon, 20 M, s. dort). Hübsches Städtchen mit efeuumsponnener Burgruine und Spuren einer prähistorischen Hügelfestung am Stadtrand. Eine mittelalterliche Brücke überspannt den *Usk River.* 3 M nördlich **Tretower Court,** ein Herrenhaus aus dem 14.–15. Jh. (täglich 10–16 Uhr, sonntags ab 14 Uhr, Eintrittsgebühr). – Nach **Raglan** (8 M östlich, A 40), mit der mächtigen Burgruine von *Raglan Castle,* vorwiegend 15. Jh. (täglich 10–16 Uhr, sonntags ab 14 Uhr, Eintrittsgebühr). – Nach **Llanvetherine** (5 M nordöstlich, B 4521), 1 M östlich der Ortschaft die Burgruine *White Castle* (13. Jh.), ein interessantes Beispiel der Entwicklung vom einfachen frühnormannischen zum späteren kunstvollen Festungsbau (täglich 10–16 Uhr, sonntags ab 14 Uhr, Eintrittsgebühr).

Unterkunft in Abergavenny:

Hotels:	Tel.	Zimmer
Angel	26 13	41
Llansantffraed	Gobion, 2 68	18
Abergavenny	38 02	10

In der Umgebung:

Hotels:	Tel.	Zimmer
Gwernvale Manor, Crickhowell	81 02 10	32
Gliffaes, Crickhowell	Bwlch, 3 71	28
Beaufort Arms, Raglan	4 12	10
Priory Motel, Raglan	2 10	10

Jugendherbergen: Ivy Towers, Tower Street, Crickhowell, Tel. 08 73/81 02 95, 48 B. – The Rectory, Welsh Bicknor, Ross-on-Wye, Tel. Lydbrook 0 59 46/3 00, 62 B.

ABERYSTWYTH (B 4), Grafsch. Dyfed (WALES), 6–128 m, 10 700 Einw. Seebad und Marktstadt an der *Cardigan Bay,* an der Mündung der beiden Flüsse *Rheidol* und *Ystwyth.* Aberystwyth besitzt die älteste Universität von Wales (1872) und die wertvollen Sammlungen der Waliser Nationalbibliothek.

Auskunft: Council Offices, Park Avenue, Tel. 79 11.
Tel.-Vorwahl: 9 70
Verkehr: Einmündung der A 44 (von Worcester) in die A 487. – Bahnstation.

Sehenswert: **Burgruine** auf einer Anhöhe überm Meer, 1277 erbaut, vielumkämpft, mehrfach zerstört.

Baden: Main Beach und South Beach.

Sport: Wassersport, Angeln, Golf, Tennis, Bowling, Minigolf.

Ausflüge: **Nanteos Mansion** (3 M südöstlich, A 4120), georgianisches Herrenhaus mit alter walisischer Küche, besitzt den berühmten *Healing Cup,* einen heilkräftigen Pokal. (April bis Sept. mittwochs 14.30–17.30 Uhr, Eintrittsgebühr.) – Mit der *Narrow Gauge Railway* (Schmalspurbahn; Juni–Sept.) durch das Tal des *Rheidol* zur **Devil's Bridge** (Teufelsbrücke, 11 M östlich), die über eine enge, von einem Bach durchflossene Felsschlucht führt. – Nach **Llanidloes** (29 M östlich, A 44/A 492), am *Severn River;* Market Hall aus der Tudorzeit, Kirche 13. und 14. Jh., restauriert im 19. Jh.

Unterkunft in Aberystwyth:

Hotels:	Tel.	Zimmer
Belle Vue Royal	75 58	50
Conrah Country	79 41	38
Seabank	76 17	26
Cambrian	25 62	17
Talbot	25 75	15

Jugendherbergen: Blaencaron, Tregaron, Tel. Tregaron 4 41, 16 B. – Morlais, Borth, Tel. 09 70 81/4 98, 60 B. – The Glyn, Church Street, New Quay, Tel. 3 37, 48 B. – Penrhiw, Ystumtuen, Tel. Ponterwyd 09 70 85/2 36, 24 B.

ALNWICK (spr. ANNICK; E 1), Grafsch. Northumberland, 105 m, 7500 Einw. Historische Marktstadt am idyllischen *Aln River,* Sitz der Herzöge von Northumberland. Günstiges Ausflugszentrum in eine der am spärlichsten besiedelten Gegenden Englands, in den Northumberland National Park (s. Nationalparks).

Auskunft: The Shambles, Tel. 31 20.
Tel.-Vorwahl: 6 65
Verkehr: A 1 Morpeth – Berwick-upon-Tweed.

Sehenswert: **Hotspur Tower,** einziges erhaltenes Stadttor (um 1450). – **Percy Tenantry Column** oder *»Farmers' Folly«,* 1816, Gedenksäule, dem 2. Herzog von Northumberland von seinen dankbaren Pächtern gestiftet. – **Market Place,** kaum verändert seit seiner Entstehung im 17. Jh. – **Alnwick Castle,** Familiensitz der Percys, Herzöge von Northumberland, im 14. Jh. errichtet und oft renoviert, beherrscht die Burg den Flußübergang über den *Aln.* Im Inneren (heute Lehrerseminar) elegante Räume, mit bedeutenden Gemälden (Tizian, Tintoretto), Porzellan, Waffensammlung und wertvolle Bibliothek (Mai bis Sept., Eintrittsgebühr).

Sport: Angeln, Golf.

Spaziergänge: Durch **Hulne Park** (Genehmigung erteilt Estate Office, Alnwick Castle; Fahrzeuge und Hunde nicht zugelassen). Im Park die Klosterruine der Karmelitergründung **Hulne Priory** (13. Jh.) und **Brizlee Tower** (1781), Aussichtspunkt.

Ausflüge: Nach **Morpeth** (19 M südlich, A 1), kleine Marktstadt und Zentrum eines Kohlebergbaugebiets. Interessante *St. Mary's Church* und Burgruine von **Morpeth Castle,** beide 14. Jh. – Nach **Alnmouth** (6 M östlich, A 1068/B 1336), alte Hafenstadt und seit neuem beliebtes Seebad. Nördlich davon, die Küstenstraße entlang, liegen **Howick** (4 M; Schloßpark *Howick Hall,* Besichtigung im Sommer, Eintrittsgebühr) und **Craster** (6 M), mit hübschem kleinem Hafen und mittelalterlichem Turm. 1 M nördlich von *Craster* führt ein Fußweg zur imposanten Festungsruine (14. Jh.) von **Dunstanburgh** auf einem Felsriff (täglich 10–16 Uhr, sonntags ab 14 Uhr, Eintrittsgebühr). – Nach **Warkworth** (6 M südöstlich, A 1068); die Burg, hoch über dem *Croquet River,* stammt größtenteils aus dem 13. Jh. und spielt in Shakespeares Dramen eine Rolle (täglich ab 14 Uhr, Eintrittsgebühr). – Nach **Seahouses** (15 M nordöstlich, B 1340), kleines Seebad, Ausgangshafen zu den **Farne Islands** 5 km vor der Küste; die etwa 30 Inseln, ein Paradies für Seevögel und Seehunde, unterstehen dem National Trust (tägliche Bootsverbindungen im Sommer, Landegebühr). 2 M nördlich von *Seahouses,* auf einer Felshöhe, **Bamburgh Castle** mit normannischem Burgfried (Mitte 12. Jh.) und Burgmauer (13. Jh.), im 19. Jh. weitgehend renoviert (April bis Sept. täglich 14–20 Uhr, Eintrittsgebühr). – **Rothbury** (15 M südwestlich, A 6341), hübsch gelegenes Marktstädtchen und Ferienort im *Northumberland National Park* (s. Nationalparks). 20 M südwestlich davon liegt **Otterburn,** ein weiterer Touristenort des Nationalparks und Ausgangspunkt für Ausflüge in die *Cheviot Hills.*

Unterkunft in Alnwick:

Hotels:	Tel.	Zimmer
Hotspur	29 24	21
White Swan	21 09	21
Hope Rise Guest House	29 30	9
Eradell Guest House	26 19	8

In Morpeth:

Hotels:	Tel.	Zimmer
Queens Head	20 83	14
Waterford Lodge	20 04	10

In Alnmouth:

Hotels:	Tel.	Zimmer
Schooner	2 16	22

In Seahouses:

Hotels:	Tel.	Zimmer
Dunes	3 78	30
Beach Houses	3 37	16

In Belford, 14 M nordwestlich, A 1:

Hotels:	Tel.	Zimmer
Black Swan Inn	2 03	9

Jugendherbergen: Rock Hall, Rock Alnwick, Tel. Charlton Mires 06 65 79/ 2 81, 80 B.

ANGLESEY (walisisch **Môn;** B 3), Teil der Grafsch. Gwynedd, 715 qkm, 50 000 Einw. (WALES). Große Insel vor der walisischen Küste, durch die *Menai Strait* (10 km lang, 200–1500 m breit) vom Festland getrennt. Zwei interessante Brückenkonstruktionen aus dem 19. Jh. überqueren die Meerenge zur Insel, eine Straßenbrücke (A 5), die 1940 verstärkt wurde, und eine Eisenbahnbrücke, bestehend aus zwei parallel verlaufenden rechteckigen Stahlträgern. Kleine Dörfer, weiße Bauernhöfe und Windmühlen sind über die ganze Insel verstreut, und überall trifft man auf Spuren prähistorischer Besiedelung. Auf der der Westküste vorgelagerten Insel **Holy Island** (= heilige Insel; walisisch Ynys Gybi = Insel des hl. Cybi) befindet sich der höchste Punkt von Anglesey mit 220 m (Aussichtspunkt).

Auskunft: Municipal Buildings, Beaumaris, Tel. 17.
Tel.-Vorwahl: 6 46 84
Verkehr: A 5 von Bangor. – Eisenbahn nach Holyhead.

Holyhead (walisisch Caergybi; 10 000 Einw.) auf *Holy Island,* mit schönem Hafen und romantischer Klippenlandschaft, die größte Stadt der Insel und Fährhafen nach *Dublin* (3½ Std.). – **Beaumaris,** (walisisch Biwmares), Ferienzentrum an der *Menai Strait,* mit Burgruine aus dem 13. Jh. – **Amlwch,** kleiner Seehafen an der Nordküste. Sein Hafenbecken wurde aus dem Fels gehauen, um die Verschiffung der Kupfererze aus dem *Parys Mountain* (4 km südlich) zu ermöglichen. 2 M landeinwärts von der Hängebrücke über die *Menai Straits* liegt die Ortschaft mit dem längsten Ortsnamen der Britischen Inseln, **Llanfairpwllgwyngyllgogerychwarndrobwllllantysiliogogogoch,** kurz *Llanfair P. G.;* seine Übersetzung bedeutet »St. Mary's Kirche in der Mulde beim weißen Haselstrauch in der Nähe des schnellen Wirbels bei der roten Höhle des hl. Tysilio«.

Unterkunft in Holyhead:

Hotels:	Tel.	Zimmer
Holborn	27 74	12

In Beaumaris:

Hotels:	Tel.	Zimmer
Bulkeley Arms	4 15	42
Henllys Hall	4 12	17
Ye Olde Bull's Head	3 29	16

In Amlwch:

Hotels:	Tel.	Zimmer
Dinorben Arms	3 58	19

AVON (D 5), 1350 qkm, 915 000 Einw. Grafschaft im Südwesten Englands, mit der Hauptstadt **Bristol** (s. dort) an der Südküste des langgezogenen Mündungstrichters des *Severn.* Weitere bedeutende Zentren sind **Bath** (s. dort), **Clevedon, Westonsuper-Mare** (s. dort) und **Chipping Sodbury.** Entlang der Küste des Severn-Ästuars reihen sich zahlreiche Strände und kleine Seebäder.

AYLESBURY (F 5), Grafsch. Buckinghamshire, 50 m, 42 000 Einw. Hauptstadt der Grafschaft, früher für ihre Entenzucht berühmt, heute ein florierendes Industriezentrum (Papier, Möbel, Druckereien) im *Vale of Aylesbury,* einer sanfthügeligen Wiesenlandschaft mit kleinen verstreuten Dörfern und uralten Kirchen; im Süden liegen die mit Buchenwäldern bedeckten Kreidehügel der *Chiltern Hills.*

Auskunft: Tourist Information Centre, Exchange Street, Tel. 8 53 73.
Tel.-Vorwahl: 2 96
Verkehr: A 473, Uxbridge – Buckingham. – Bahnstation.
Sehenswert: **Marktplatz,** mit *County*

Hall aus dem 18. Jh. und *Bull's Head Inn,* ein altes Gasthaus mit Inneneinrichtung aus dem 15. Jh. – **Temple Street,** mit schönen Fassaden aus dem 17. und 18. Jh. – Schloß **Hartwell House** (2 M südwestlich, Besichtigung Mai–Juli).

Ausflüge: Nach **Buckingham** (18 M nördlich, A 413), früher die Grafschaftshauptstadt (5000 Einw.); schönes georgianisches Rathaus, Stadtgefängnis aus dem 18. Jh., *Chantry Chapel* aus dem 15. Jh. Eine ununterbrochene Ulmenallee führt 3 M weiter nördlich nach **Stowe,** dem früheren Sitz der Herzöge von Buckingham, heute als Schulgebäude benützt. Der Schloßpark, im Stil des 18. Jh. angelegt, ist während der Schulferien für Besucher geöffnet. – Nach **Tring** (7 M östlich, A 41) altes Städtchen (9000 Einw.) am Fuß der *Chiltern Hills.* Im Tring Park ein zoologisches Museum (täglich 14–17 Uhr). – **Waddesdon Manor** (6 M nordwestlich, A 41), Herrenhaus und Park der Rothschilds, 19. Jh., mit einer der größten privaten Kunstsammlungen der Welt (mittwochs bis sonntags April–Okt., 11–18 Uhr, Eintrittsgebühr). – Nach **West Wycombe** (16 M südlich, A 4010), einem Dorf vorwiegend aus dem 16. und 18. Jh., unter dem Schutz des National Trust erhalten; über **Princes Risborough** (9 M; Herrenhaus aus dem 17. Jh., Besichtigung dienstags und mittwochs). – Nach **Amersham** (14 M südöstlich, A 413), alte Stadt in den *Chiltern Hills* (68 000 Einw.); *Market Hall* und Armenhäuser aus dem 17. Jh., reizvolle alte Hauptstraße mit Fassaden aus dem 16.–18. Jh.

Unterkunft in Aylesbury:

Hotels:	Tel.	Zimmer
Bell	89 35	19
King's Head	51 58	15

In Buckingham:

Hotels:	Tel.	Zimmer
White Hart	21 31	27
Swan and Castle	30 82	6

In Tring:

Hotels:	Tel.	Zimmer
Rose & Crown	40 71	16

In Amersham:

Hotels:	Tel.	Zimmer
Crown	2 15 41	21

In Thame, 8 M südwestlich, A 418:

Hotels:	Tel.	Zimmer
Spread Eagle	36 61	29

Jugendherbergen: Village Hall, Bradenham, High Wycombe, Tel. Naphill 02 40 24/23 99, 20 B. – Swan Bottom, The Lee Great Missenden Bucks, Tel. High Wycombe 04 94/82 03 95, 34 B.

BARMOUTH (walisisch **Y Bermo;** B 4), Grafsch. Gwynedd (WALES), 5 m, 2500 Einw. Badeort an der *Cardigan Bay,* an der Mündung des *Maeddach,* mit zwei Häfen, in einer landschaftlich besonders reizvollen Umgebung gelegen. Spaziergänge und Ausflüge erschließen die einzigartigen Naturschönheiten des *Snowdonia National Parks.* (s. Nationalparks).

Auskunft: Tourist Information Centre, The Promenade, Tel. 28 07 87.

Tel.-Vorwahl: 3 41

Verkehr: A 496 von der A 470 Llandudno – Aberystwyth.

Sehenswert: Vielgerühmter Blick von der 800 m langen Eisenbahnbrücke mit Fußgängersteig über die Mündungsbucht. – **Panorama Walk,** Spazierweg auf den 120 bis 150 m hohen Klippen am Südufer der Mündung entlang.

Baden: Sandstrand.

Ausflüge: **Llanaber** (2 M nordwestlich, A 496) mit kleiner Pfarrkirche aus dem 13. Jh. in reiner englischer Frühgotik; auch innen sehenswert. – Nach **Harlech** (11 M nördlich, A 496), eine der ersten englischen Ansiedlungen auf walisischem Boden. Die Burg, fast ausschließlich aus dem 13. Jh. stammend, steht auf einem Felsen 60 m hoch über den Salzmarschen. Aussicht von den Zinnen (montags bis samstags 9.30–17.30 Uhr, sonntags ab 14 Uhr, Eintrittsgebühr). – Nach **Bala** (28 M nordöstlich, A 494), auf landschaftlich sehr schöner Route quer durch den *Snowdonia National Park. Bala Lake* ist der größte natürliche See in Wales (4 qkm; Angeln).

Unterkunft in Barmouth:

Hotels:	Tel.	Zimmer
Min-y-Mor	28 05 55	56
Marine	28 04 11	35
Cors-y-Gedol	28 04 02	30
Royal	28 03 83	17

In Harlech:

Hotels:	Tel.	Zimmer
St. David's	3 66	86
Noddfa	3 39	8

In Bala:

Hotels:	Tel.	Zimmer
White Lion Royal	3 14	25
Bala Lakeside Motel	3 44	14
Plas Coch	3 09	12

In Dolgellau, 10 M, nordöstlich, A 496:

Hotels:	Tel.	Zimmer
Golden Lion Royal	42 25 79	30
Royal Ship	42 22 09	26
Gwernan Lake	4 88	11

Jugendherbergen: Plas Rhiwaedog, Rhos-y-Gwaliau, Bala, Tel. 0 67 82/2 15, 60 B. – 3 Frondeg Corris, Machynlleth, Tel. 06 54 73/6 53, 34 B. – Kings, Arthog Road, Dolgellau, Tel. 42 23 92, 76 B. – Caerblaidd, Ffestiniog, Tel. 07 66 76/7 65, 60 B. – Pen-y-Garth, Harlech, Tel. 07 66 73/2 85, 36 B. – Plas Newydd, Llanbedr, Tel. 2 87, 40 B.

BATH (D 5), Grafsch. Avon, 43 m, 84 500 Einw. Historische Stadt am Fluß *Avon* und führendes Heilbad Englands mit den heißesten natürlichen Thermalquellen (49 °C) des Landes, vor 2000 Jahren unter dem Namen »Aquae Sulis« schon den Römern bekannt. Das Stadtbild ist durch zahlreiche Bauten aus dem 18. Jh. im Stil des italienischen Baumeisters Palladio geprägt. In Bath lebten zahlreiche berühmte Persönlichkeiten, u. a. David Livingstone, Thomas Gainsborough, Jane Austen und Lord Nelson.

Auskunft: Tourist Information Centre, Abbey Churchyard 8, Tel. 6 28 31.

Tel.-Vorwahl: 02 25

Verkehr: A 4 Bristol – London. – Bahnstation.

Sehenswert: **Roman Baths** (Römische Bäder) und andere bedeutende Ausgrabungsfunde aus der Römerzeit im anschließenden Museum. – **Pump Room,** Trinkhalle im Stil des 18. Jh. (beide täglich 9–18 Uhr, im Winter bis 17 Uhr, Eintrittsgebühr). – Spätgotische **Abbey** mit normannischen Resten, schönem Fächergewölbe. – **Royal Crescent,** 1767–1775, halbkreisförmiger Gebäudekomplex im Palladiostil, aus 30 Häusern mit 114 Frontsäulen. – **Circus,** 18. Jh., Gebäudering im Palladiostil; am unteren Stockwerk dorische, am mittleren ionische, am oberen korinthische Säulen. Wohnung vieler historischer Berühmtheiten (Schilder). – **Queen Square,** weiteres Musterbeispiel des Palladiostils. – **Assembly Rooms,** 1771, noch heute repräsentativer Schauplatz gesellschaftlicher Ereignisse. Im gleichen Gebäude das faszinierende **Museum of Costume,** eine der größten Sammlungen prächtiger alter Gewänder, die an lebensechten und lebendig gruppierten Puppen ausgestellt sind (10–18 Uhr, im Winter bis 17 Uhr, Eintrittsgebühr). – **Putney Bridge,** 1774, überdeckte Brücke im florentinischen Stil, mit beidseitigen Ladenreihen. – **Banqueting Room** in der *Guild Hall* (montags bis freitags 9–17 Uhr). – **Holbourne Museum** mit Gemälden, Silber, Porzellan und Keramik (montags bis samstags 11–17 Uhr, sonntags ab 14.30 Uhr, Eintrittsgebühr). – Blick auf die Stadt vom südlich gelegenen *Beechen Cliff,* 110 m.

Baden: Beau Street Baths und Royal Baths, Bath Street (Thermalquellen-Hallenschwimmbäder); Cleveland (Freibad).

Sport: Angeln, Tennis, Golf, Bowling, Rollschuhlauf.

Veranstaltungen: Bath Festival im Mai (Konzerte, Ballett).

Ausflüge: **Prior Park** (2 M südlich), Renaissance-Schloß (Palladiostil, 1743), jetzt Schule (Besichtigung Mai bis Sept., Eintrittsgebühr). – **Sham Castle** (2 M östlich); ein Bürger von Bath ließ um 1762 diese Burgimitation errichten, um die Aussicht von seinem Fenster zu verschönen. – **Bradford-on-Avon** (10 M südöstlich, A 363); in der *Tithe Barn* (Zehentscheune) aus dem 17. Jh. ein bäuerliches Museum; *St. Adhelm's Church,* auch St. Lawrence's Church genannt, im 8. Jh. entstanden, um das Jahr 1000 aufgestockt, einzige vollständig erhaltene angelsächsische Kirche Englands; ein schlichter einschiffiger Raum mit rechteckigem Chor. – **American Museum** von *Claverton Manor* (3 M östlich, A 36), dokumentiert das Leben in der Neuen Welt vom 17. bis 19. Jh.; typisch eingerichtete Zimmer. Original-Ausstellungsstücke und u. a. eine Nachbildung von George Washingtons Garten. – **Corsham** (10 M nordöstlich, A 4), das elisabethanische Herrenhaus *Corsham Court* ist heute die Kunstakademie von Bath; sehenswerte Gemäldegalerie (sonntags 14–16.30 Uhr, Eintrittsgebühr). – **Lacock Abbey** (18 M östlich, A 365/A 350); bei dem hübschen alten Dorf *Lacock,* aus dem 15. bis 16. Jh., Kloster und Wirtschaftsgebäude einer Augustinerabtei aus dem 13. Jh. (täglich außer freitags, April bis Okt., 14–18 Uhr, Eintrittsgebühr). – **Castle Combe** (18 M nordöstlich, A 4/B 4039), mit Marktkreuz aus dem 13. Jh. und der Ruine einer Sachsenburg. – **Longleat House** (30 M südlich, A 36/A 362), Sitz des Marquis of Bath. Wildgehege, Restaurants (täglich 10 bis 18 Uhr, im Winter bis 16 Uhr, Eintrittsgebühr). – **Prospect Stile,** 218 m (3 M nordwestlich; öffentlicher Fußweg ab der A 431); Blick auf Bath und Bristol. – **Rode Manor** (10 M südlich, A 36), Sammlung exotischer Vögel in natürlicher Umgebung (täglich, Eintrittsgebühr).

Unterkunft in Bath:

Hotels:	Tel.	Zimmer
Beaufort, Walcot Street	2 03 11	100
Francis, Queen Square	2 42 57	66
Royal York, George Street	6 15 41	56
Fernley, 1 North Parade	6 16 03	54
Pratt's, South Parade	6 04 41	48
Lansdown Grove, Lansdown Road	58 91	42
Redcar, 27 Henrietta Street	6 54 32	35
Royal Crescent, 12 Royal Crescent	2 48 03	33
St. Monica's, 53 Gt., Pulteney Street	40 92	23
Christopher, High Street	6 00 29	22

Hotels:	Tel.	Zimmer
County, Pulteney Road	6 64 93	19
Berni Royal, Manvers St.	6 15 17	18
Priory, Weston Road	2 18 87	15
Farrells, 2 South Parade	6 49 23	14

In Bradford-on-Avon:

Hotels:	Tel.	Zimmer
Swan	22 24	15

In Chippenham, 13 M nordöstlich, A 4:

Hotels:	Tel.	Zimmer
Angel Motel	26 15	41

Jugendherbergen: Bathwick Hill, Bath, Tel. 02 25/6 56 74, 100 B.

BEDFORD (F 4), Grafsch. Bedfordshire, 25 m, 74 000 Einw. Hauptstadt der Grafschaft am gemächlich mäandernden *Ouse River,* der auf seinem Weg durch die Stadt mit Auen, Parks und Gärten gesäumt ist. Eine historische Stadt, die erst lange nach den Umwälzungen der industriellen Revolution ins Industriezeitalter trat, heute ein bedeutendes Zentrum für Maschinenbau. Sie ist eng mit dem Leben des Religionsreformators John Bunyan (1628–1688) verknüpft, der seiner unabhängigen Doktrinen wegen oft im Gefängnis saß und der Verfasser einiger der bedeutendsten religiösen Schriften Englands im 17. Jh. ist.

Auskunft: Town Hall, Tel. 6 74 22.
Tel.-Vorwahl: 02 34
Verkehr: A 6 Luton – Leicester. – Bahnstation.
Sehenswert: **St. Peter's Church,** 13. bis 15. Jh. – **Bedford Museum** und *Cecil Higgin's Art Gallery* (11 bis 17 Uhr, sonntags ab 14 Uhr). – **Bunyan Museum** (dienstags bis freitags 10 bis 16 Uhr). – Mittelalterliche **Moot Hall** in *Elstow* (1 M südlich; täglich außer montags 11 bis 17 Uhr, Eintrittsgebühr).
Baden: Hallen- und Freibad.
Sport: Angeln, Rudern, Golf, Tennis.
Ausflüge: Nach **Biggleswade** (12 M südöstlich, A 603/A 1); die kleine Marktstadt entstand an einer römischen Furt durch den *Ivel River.* Am Marktplatz Häuser aus dem 17. bis 18. Jh. 2 M westlich die **Shuttleworth Collection,** eine Sammlung historischer, noch betriebsfähiger Flugzeuge, die bis auf das Jahr 1909 zurückgehen und auf einem ehemaligen Flugfeld ausgestellt sind. An jedem letzten Sonntag des Monats von April bis September werden Schauflüge veranstaltet (täglich 10 bis 17 Uhr, Eintrittsgebühr). – **Grafham Water** (14 M nordöstlich, A 428/A 1), ein Naturschutzgebiet und Segelzentrum. – **Stevington** (5 M nordwestlich, Abzweigung von der A 428), mit einer restaurierten Wassermühle aus dem 18. Jh. (Schlüssel im Royal George Inn). – **Woburn Abbey** (10 M südwestlich, A 418), Herrenhaus aus dem 18. Jh., Sitz des Herzogs von Bedfort; bedeutende Kunstsammlung. Im Schloßpark ein Safaripark (täglich 10 bis 18 Uhr, Eintrittsgebühr). – **Stagsden** (5 M westlich, A 422) mit tropischem Vogelpark (täglich 10 Uhr bis Dunkelheit; Eintrittsgebühr). – Nach **Ampthill** (7 M südlich, A 418), kleine Marktstadt (5000 Einw.) mit einem im 17. Jh. angelegten öffentlichen Park, Kirche aus dem 14. Jh., daneben Armenhäuser aus dem 17. Jh. 1 M nördlich die riesige, düstere Ruine des im 18. Jh. durch Feuer zerstörten **Houghton House** (1601; täglich 10 bis 16 Uhr, sonntags ab 14 Uhr, Eintrittsgebühr).

Unterkunft in Bedford:

Hotels:	Tel.	Zimmer
Country	5 51 31	122

Hotels:	Tel.	Zimmer
Bedford Swan	46565	99
Embankment	61322	19

In Ampthill:

Hotels:	Tel.	Zimmer
White Hart	402158	6

In St. Neots, 14 M nordöstlich A 428:

Hotels:	Tel.	Zimmer
Cross Keys	72368	10

BEDFORDSHIRE (Abk. Beds.; F 4), 1230 qkm, 487000 Einw. Grafschaft im Norden Londons, Hauptstadt **Bedford.** Ein flacher Landstrich, nur im Süden von dem Höhenzug der *Chiltern Hills* begrenzt, mit bedeutender Landwirtschaft und Ziegelindustrie. Weitere Städte von Bedeutung sind **Luton** und **Dunstable.** An der südlichen Grenze der Grafschaft der große Tierpark **Whipsnade** (s. Luton).

BERKSHIRE (spr. Baak-; Abk. Berks.; E 5), 1256 qkm, 658000 Einw. Grafschaft westlich von London, Hauptstadt **Reading.** Dicht besiedelt in ihrem östlichen Bereich, bietet sie als Kontrast Landstriche von unberührter ländlicher Schönheit, wie das *»Vale of the White Horse«* und die *Berkshire Downs.* Ihre nördliche Grenze bildet das liebliche Tal der Themse. Weitere Städte von Bedeutung sind **Newbury** (s. dort), **Wokingham, Ascot, Maidenhead** und **Windsor** (s. dort).

BERWICK-UPON-TWEED (spr. Berrick; D/E 1), Grafsch. Northumberland, 25 m, 12000 Einw. See- und Fischereihafen (Lachsfang) an der *Tweedmündung.* Die mächtigen Bollwerke dieser alten Grenzstadt zwischen England und Schottland zeugen von ihrer stürmischen Geschichte, in deren Verlauf sie mehrmals den Besitzer wechselte. Am gegenüberliegenden Südufer, mit drei Brücken verbunden, **Tweedmouth** und das Seebad **Spittal.**

Auskunft: Tourist Information Centre, Castlegate Car Park, Tel. 7187.

Tel.-Vorwahl: 341

Verkehr: A 1 Edinburgh – Newcastle. – Bahnstation.

Sehenswert: Die **Ramparts,** die mächtigen Festungsanlagen mit fünf Bastionen, wurden 1555 begonnen und sind fast unversehrt. Sie liegen innerhalb eines älteren Mauergürtels aus dem 13. Jh., von dem noch Teile erhalten sind. Die Burg aus dem 11. Jh. mußte dem Bahnhofsgebäude weichen, es sind nur noch Fragmente zu sehen. – **Berwick Bridge,** Bogenbrücke aus dem 17. Jh., mit 15 Bögen; sie wurde 1928 durch die neue Straßenbrücke ersetzt. Die Eisenbahnbrücke, *Royal Border Railway Bridge,* ist ein Werk Stephensons von 1847.

Baden: Strand mit Swimming-pool hinter den Magdalen Fields; Sandstrand am Pier und in Spittal.

Sport: Wassersport, Angeln, Tennis, Golf, Reiten.

Ausflüge: Zur Insel **Holy Island** oder **Lindisfarne** (15 M südöstlich, A 1). Ein Damm, der nur bei Ebbe passierbar ist, verbindet die Insel mit dem Festland (siehe Gezeitentafel am Ausgangspunkt; eine überhöhte Ausweichstelle in der Mitte bietet notfalls Zuflucht vor der Flut). **Lindisfarne,** eine Klostergründung aus dem 7. Jh., gilt als die »Wiege des Christentums« in England. Der hl. Cuthbert wurde hier 684 zum Bischof geweiht; seine sterblichen Überreste nahmen die Mönche mit auf die Flucht vor den Wikingern; in Durham entstand über dem Grab des Heiligen eine Kathedrale (s. Durham). Die Klosterruine auf der Insel stammt von einer Benediktinerabtei (11. Jh.), ein Tochterhaus von Durham Cathedral (täglich ab 9.30 Uhr bis 16, 17.30 oder 19 Uhr, je nach Jahreszeit, sonntags ab 14 Uhr, Eintrittsgebühr). Daneben die vorwiegend aus dem 12. und 13. Jh. stammende Pfarrkirche. Das **Castle** aus dem 16. Jh. war Garnison bis 1820 (täglich außer dienstags, April bis September, 13 bis 17 Uhr, im Winter auch mittwochs geschlossen; Eintrittsgebühr). – Nach **Norham** (7 M südwestlich, A 698 und B 6350), Grenzfestung, mit Burgruine aus dem 12. Jh. (geöffnet wie oben); Dorfkirche zum Teil normannisch. – Nach **Horncliffe** (4 M nördlich, A 698) am Tweed, den hier Englands erste Hängebrücke überspannt. – Nach **Etal** (8 M südwestlich, B 6354). In der Ortschaft eine restaurierte mittelalterliche Getreidemühle (Eintrittsgebühr). – 5 km westlich, im *Branxton Moor*, das Schlachtfeld *Flodden Fields;* ein Denkmal erinnert an einen Sieg von 1513 über die Schotten.

Unterkunft in Berwick-upon-Tweed:

Hotels:	Tel.	Zimmer
King's Arms	74 54	24
Castle	64 71	15
Turret House	73 44	12

Auf *Holy Island* keine Hotels.

BETWS-Y-COED (C 3), Grafsch. Gwynedd (WALES), 780 Einw. Reizvoll gelegenes Dorf, umgeben von Hügeln, Schluchten und Wäldern. Idealer Standort für Ausflüge in den *Snowdonia National Park* (s. Nationalparks).

Auskunft: Wales Tourist Board, Information Centre, Y Maes 23, Caernarfon, Tel. 24 93.

Tel.-Vorwahl: 69 02

Verkehr: A 5 Bangor – Llangollen. – Bahnstation.

Sehenswert: **Pont-y-Pair,** malerische Brücke aus dem 15. Jh.

Sport: Angeln.

Ausflüge: Nach **Llanrwst** (5 M nördlich, A 496), kleine Marktstadt. Burg *Gwyndir,* 16. Jh., mit späteren An- und Umbauten, mit Stileinrichtung und schönem Park (täglich 10.30 Uhr bis Einbruch der Dämmerung, Eintrittsgebühr). – Nach **Portmadoc** (25 M südwestlich, A 496), durch das romantische *Lledr*-Tal, über **Dolwyddelan** (6 M; Schieferbrüche, Burg im 12. Jh. von einem walisischen Stammesfürsten nach normannischem Muster erbaut), **Blaenau Ffestiniog** (12 M; riesige Schieferbrüche und Bergwerke), über die alte Ortschaft *Ffestiniog* in einem reizvollem Tal (15 M; Aussicht von der Kirche) und das malerisch gelegene Dorf **Maentwrog** (18 M). **Portmadoc,** im 19. Jh. als Hafen für die Verschiffung von Schiefer entstanden. Die schmalspurige Schienenbahn (60 cm) von Blaenau Ffestiniog ist noch in Betrieb und jetzt Touristenattraktion. 1 M nördlich **Tredmore,** ebenfalls im 19. Jh. entstanden und kaum verändert. Es ist der Geburtsort T. E. Lawrence (Lawrence of Arabia, 1888–1935). – Nach **Llanberis** (16 M westlich, A 5). Die Route führt an den Wasserfällen *»Swallow Falls«* im *Llugwy*-Tal (2 M) und *»Pont Cyfyng«* (4 M) vorbei nach **Capel Curig** (5 M), einem Ferienort, gleichermaßen attraktiv für Bergwanderer, Angler und Kunstmaler. Von hier Abzweigung südlich auf die A 4086 zum Hotel **Pen-y-Gwryd** (9 M), dem Zentrum für Bergsteiger und Kletterer, und zum Engpaß von Llanberis, zwischen **Snowdon** (1085 m) und **Glyder Fawr** (1000 m). Von der höchsten Stelle des Paßes (11 M, 360 m, Hotel) führt ein Fußweg (markiert vom Hotelparkplatz) zum Gipfel des Snowdon (2½ Std.). Nach dem Paß das alte Dorf **Nantperis** (14 M; Kirche 14. Jh.), dann am Südufer des *Llyn-Peris*-Sees entlang, große Schieferbrüche am Nordufer reichen fast bis zum Kamm der Bergwand. Am Südende des Sees **Dolbardarn Castle** (13. Jh., Eintrittsgebühr) und der beliebte Ausflugsort **Llanberis** (16 M), Ausgangspunkt der Zahnradbahn zum Gipfel des **Snowdon** (1 Std.).

Unterkunft in Betws-y-Coed:

Hotels:	Tel.	Zimmer
Royal Oak	219	28
Waterloo	411	30
Gwydyr	217	30
GlanAber	325	25
Craig-y-Dderwen	293	23

In Portmadoc:

Hotels:	Tel.	Zimmer
Royal Sportsman	2015	22
Tyddyn Llwyn	2205	12
Tan yr Onnen	12443	10

In Llanberis:

Hotels:	Tel.	Zimmer
Royal Victoria	253	110

In Corwen, 20 M südöstlich A 5:

Hotels:	Tel.	Zimmer
Owain Glyndwr	2115	16

Jugendherbergen: Plas Curig, Capel Curig, Betws-y-Coed, Tel. 06904/225, 62 B.

BIDEFORD (spr. Biddi-; B 5), Grafsch. Devon, 50 m, 12000 Einw. Alte Hafenstadt auf Zwillingshügeln über dem *Torridge River,* den eine mittelalterliche Brücke überspannt (15. Jh., 1925 verbreitert). Bürgerhäuser aus dem 17. Jh. und eine zerfallene Festung, jetzt in ein Kriegerdenkmal einbezogen, prägen das Stadtbild. Bidefords Industrien umfassen Leichtindustrie und Schiffsbau im malerischen alten Hafen **Appledore.**

Auskunft: Tourist Information Centre, Windmill Lane, Northam.

Verkehr: A 39 Bridgewater-Truro.

Baden: Sandstrand in Westward Ho (3 M nordwestlich).

Sport: Wassersport, Golf.

Ausflüge: Nach **Bude** (30 M südwestlich, A 39). Nach 10 M rechts Abzweigung der B 3237 nach **Clovelly,** einem der hübschesten Dörfer an diesem felsigen Küstenstrich (1 M; Fahrzeuge können nicht in die Ortschaft gebracht werden). Weiter über **Kilhampton** (20 M; romanisch-spätgotische Kirche) nach **Bude,** einem beliebten Seebad (Sandstrand) mit schöner Küstenlandschaft im Norden und Süden. – Nach **Barnstaple** (9 M nordöstlich, A 39), einer alten Hafenstadt am *Taw River,* mit zahlreichen Gebäuden aus dem 17. Jh. Nördlich führt die A 361 zum Seebad **Ilfracombe** am *Bristol Channel* (23 M), dessen Sandstrände durch Tunnels durch die Felsklippen zu erreichen sind. Nordöstlich führt die A 39 weiter zu den attraktiven Ferienorten **Lynmouth** (28 M) mit Badestränden und **Lynton,** das 160 m hoch auf den Klippen liegt und ein prächtiges Panorama über die von tiefeingeschnittenen, bewaldeten Tälern durchfurchte Klippenlandschaft bietet. Eine Bergbahn verbindet die beiden Ortschaften. – **Lundy Island** (im Sommer regelmäßige Überfahrten von Ilfracombe). Die Granitinsel, 20 km vor der Küste, 5 km lang und 500 m breit, war früher ein Piratennest. Sie steht heute als Vogelbrutstätte unter dem Schutz des National Trust. Am Hafen die Ruinen der alten Piratenfestung *Marasco Castle.*

Unterkunft in Bideford:

Hotels:	Tel.	Zimmer
Tanton's	3317	58
Royal	2005	36

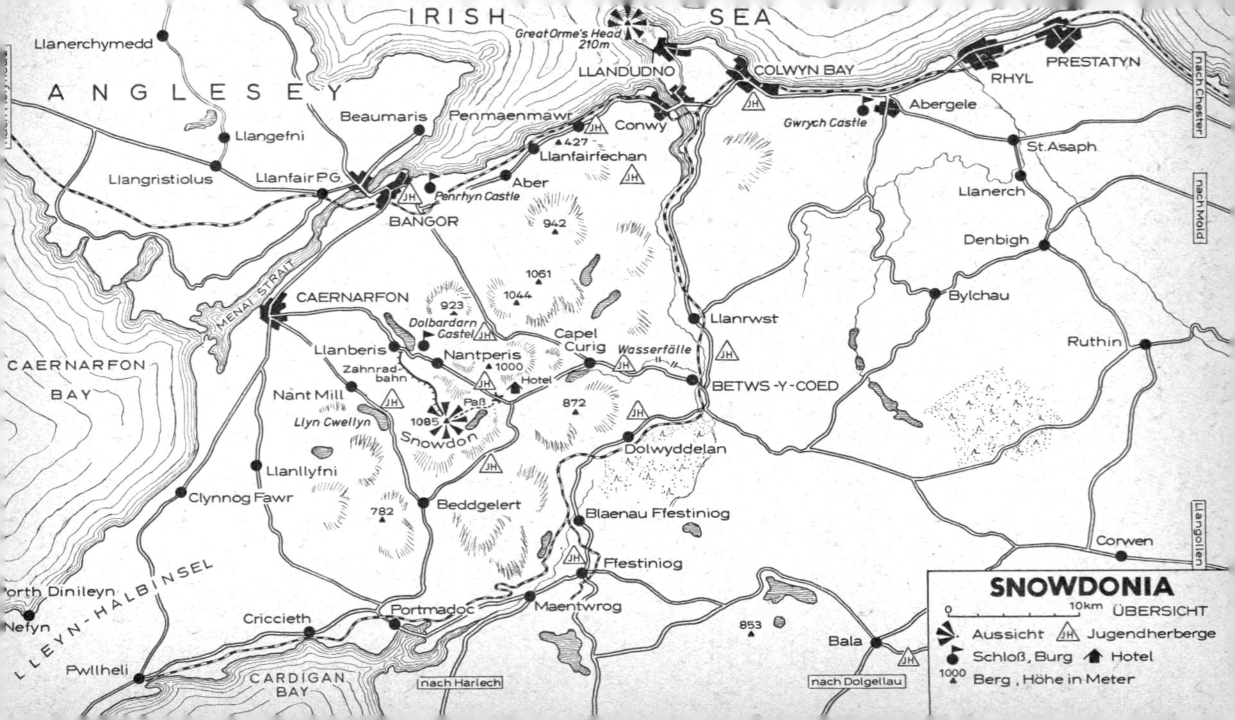
SNOWDONIA
ÜBERSICHT
0
10km
Aussicht
Jugendherberge
Schloß, Burg
Hotel
1000
Berg, Höhe in Meter
IRISH SEA
ANGLESEY
Great Orme's Head 210m
LLANDUDNO
COLWYN BAY
RHYL
PRESTATYN
nach Chester
nach Mold
Llangollen
nach Dolgellau
nach Harlech
Llanerchymedd
Llangefni
Llangristiolus
Llanfair P.G.
Beaumaris
Penmaenmawr
Conwy
Llanfairfechan
427
Aber
Penrhyn Castle
BANGOR
Abergele
Gwrych Castle
St. Asaph
Llanerch
Denbigh
Bylchau
Ruthin
Corwen
942
1061
1044
923
MENAI-STRAIT
CAERNARFON
Dolbardarn Castel
Capel Curig
Wasserfälle
Llanrwst
BETWS-Y-COED
Llanberis
Nantperis
1000
Hotel
Zahnradbahn
Nant Mill
Llyn Cwellyn
1085
Paß
Snowdon
872
Dolwyddelan
Llanllyfni
Clynnog Fawr
Beddgelert
782
Blaenau Ffestiniog
Ffestiniog
Maentwrog
Portmadoc
Criccieth
Pwllheli
853
Bala
CAERNARFON BAY
CARDIGAN BAY
LLEYN-HALBINSEL
Porth Dinileyn
Nefyn
JH

In der Umgebung:

In den Seebädern gibt es über 30 Hotels mit ca. 1200 Zimmern und zahlreiche Pensionen.

Unterkunft auf Lundy Island:

Frühzeitige schriftliche Anmeldung an Mr. Granger, Lundy, Bristol Channel, via Ilfracombe, North Devon.

Jugendherbergen: Elmscott, School House, Hartland, Tel. Hartland 02374/367, 30 B. – Worlington House, Instow, Tel. 027186/394, 60 B.

BIRMINGHAM (E 4), Grafsch. West-Midlands, 130 m, 1100000 Einw. Zweitgrößte Stadt Englands, berühmt als Hauptsitz der englischen Metallindustrie, die außer den üblichen Produkten der Schwerindustrie (Lokomotiven, Rüstung, Automobile) auch Schußwaffen und Schmuck herstellt. Da sie über einen größeren natürlichen Fluß nicht verfügt, wurden die erforderlichen Wasserwege für die beginnende Industrialisierung im 17. und 18. Jh. in Form eines weitverzweigten Kanalsystems geschaffen. Durch Luftangriffe im Zweiten Weltkrieg schwer beschädigt, erfolgte der Wiederaufbau nach modernsten architektonischen Gesichtspunkten (neue, komplexe Stadtbezirke, Stadtautobahnen, Tunnelstraßen, riesige Einkaufszentren und Supermärkte), so daß Birmingham heute als Prototyp der modernen Weltstadt gelten kann. An kulturellen Einrichtungen hat die Stadt außer zwei Universitäten, zahlreichen Schulen und einer berühmten Bibliothek viele Museen und Galerien sowie ein Jugend-Kunstzentrum (Midlands Arts Centre for Young People) und ein reges Konzert- und Theaterleben zu bieten. Mit dem 1976 eröffneten National Exhibition Centre kann Birmingham als modernstes Messe- und Ausstellungszentrum Europas konkurrieren. Attraktive Vororte lockern das Bild von ausgedehnten Fabriken und Werkhallen auf, und in der unmittelbaren Umgebung der Stadt breitet sich eine unberührte reizvolle Landschaft aus.

Auskunft: Tourist Information Department, Council House, Victoria Square, Tel. 235 – 3412.

Tel.-Vorwahl: 021.

Verkehr: M 1/M 6 London – Manchester, Endpunkt der M 5 von Bristol. – Bahnstation. – Flughafen.

Sehenswert: **St. Philip's Cathedral,** inmitten des schattigen Stadtparks im Stadtzentrum gelegener Prachtbau im Stil des Palladio, 1715 noch unvollendet geweiht. Der schlichte Innenraum wirkt vor allem durch seine vier Fensterbilder (Christi Geburt, Kreuzigung, Auferstehung, Letztes Gericht), die nach Entwürfen des Präraffaeliten E. Burne-Jones entstanden. – In nördliche Richtung, über *Colmore Circus,* am Hochhaus Birmingham Post and Mail vorbei und zur Tunnelausfahrt *St. Chad's Circus;* hier befindet sich die im Stil der Gotik 1841 erbaute römisch-katholische **St. Chad's Cathedral.** – Westlich, durch die *Lionel Street;* an der Kreuzung *Newhall Street* das interessante **Museum of Science and Industry,** mit Maschinen, technischen und wissenschaftlichen Instrumenten, Waffen und Eisenbahnmuseum. – Südlich zum *Victoria Square,* dem historischen Stadtzentrum mit der Bronze-Statue von Queen Victoria: an der Ostseite **Council House,** das im Stil der Renaissance 1881 erbaute Rathaus mit 50 m hohem Glockenturm (»Big Brum«); gegenüber die von einer Säulenreihe umgebene **Town Hall,** 1834 von Joseph

Hansom nach dem Vorbild des Castor-und-Pollux-Tempels in Rom erbaut; Konzertsaal der Stadt. Mendelssohn dirigierte hier 1846 die Uraufführung seines »Elias«. Im Kontrast dazu **City's New Library** (Central Library), der 1972 fertiggestellte Neubau der Stadtbibliothek mit über 1,5 Millionen Büchern, darunter eine Shakespeare-Sammlung mit 40 000 Bänden in etwa 80 Sprachen. Gegenüber **City Museum and Art Gallery,** mit archäologischen Sammlungen, naturgeschichtlicher Abteilung und einer der bedeutendsten Gemäldegalerien Englands mit Werken alter (Botticelli, Veronese, Gainsborough, Reynolds, Zoffany) und moderner Meister, vor allem der Präraffaeliten; angeschlossen eine Skulpturensammlung (Donatello, Rodin, Moore) sowie Münz- und Briefmarkensammlung (montags bis samstags 10 bis 18 Uhr, sonntags 14 bis 17.30 Uhr). – Jenseits des breiten *Circus Suffolk* der gewaltige Bau des **Baskerville House,** das städtische Verwaltungszentrum, sowie das Kriegerehrenmal **Hall of Memory;** außerdem mehrere bedeutende Neubauten (Exhibition Hall, Building Centre), so vor allem das **Repertory Theatre.** – Südöstlich durch die wichtigste Einkaufsstraße *New Street* zum **Bull Ring,** einem supermodernen Einkaufszentrum an der Stelle des mittelalterlichen Marktplatzes, charakterisiert durch die weithin sichtbare, 22 Stockwerke hohe *Rotunda.* Bull Ring ist außer mit riesigen Warenhäusern, Supermärkten, Marktständen, Restaurants, Banken, Parkgaragen auch mit Sportstätten ausgestattet. An ihm befindet sich auch die **St. Martin's Church** von 1873, an der Stelle einer Normannenkirche errichtet; im Inneren einige mittelalterliche Reste sowie ein Glasfenster (im südlichen Querschiff) nach Entwurf von Burne-Jones, dem der Westminster Hall in London nachgebildet. Am Bull Ring auch der *Bus-Bahnhof* und in unmittelbarer Nähe die beiden Bahnhöfe *New Street Station* (westlich, Eingang Ringway) und *Moor Street Station.* – Nordöstlich vom Stadtzentrum, *Aston Street,* der riesige Baukomplex der **University of Aston,** und weiter, **Aston Hall** (Frederick Street), ein prächtiger Herrensitz aus dem 17. Jh., unverändert erhalten; in den kunstvoll ausgestatteten Innenräumen Stilmöbel sowie Leihgaben der Art Gallery. – Im Vorort *Edgbaston,* südwestlich vom Stadtzentrum, **University of Birmingham,** mit dem *Barber Institute of Fine Arts,* einem sehenswerten Kunstmuseum (Gemälde von Rembrandt, Degas, Gainsborough) und dem *Geological Departmental Museum,* einem interessanten geologischen Museum mit vielen Fossilien sowie *Botanical Gardens;* hier befindet sich auch der besuchenswerte **Cannon Hill,** Birminghams weitläufigste Parkanlage mit Sportmöglichkeiten, dem Midland Arts Centre for Young People und zahlreichen Vergnügungsmöglichkeiten. – Im Vorort *Yardley,* östlich vom Stadtzentrum, **Blakesley Hall,** Herrenhaus aus dem 16. Jh. mit Fachwerk; im Inneren Heimatmuseum sowie archäologische Sammlung. – Viele der bekannten großen Firmen können besichtigt werden; besonders interessant die Bourneville-Schokoladenfabrik mit der vom Gründer geplanten Gartensiedlung.

Baden: Schwimmbäder in fast allen Stadtteilen.

Sport: Bowling, Golf, Tennis, Eislaufen, Rakett, Rudern, Kanu, Angeln, Hunderennen.

Unterhaltung: Konzerte des City of Birmingham Symphony Orchestra in der Town Hall; im Sommer Promenadenkonzerte. – Repertory Theatre, Broad Street (Schauspiel). – Alexandra Theatre, John Bright Street (Schauspiel, Oper, Ballett). – Hippodrome Theatre (Musical, Eisrevue und ähnliches). – Arts Centre for Young People, Cannon Hill Park (Jugendkunstzentrum).

Ausflüge: Rundfahrt um Birmingham und seine Vororte mit der Buslinie »Outer Circle«. – Zu den **Lickey Hills** (10 M südwestlich, A 38/B 4129), Hügellandschaft mit Naturlehrpfaden, öffentlichem Golfplatz (Ausrüstung kann gemietet werden); Aussichtspunkt *Beacon Hill,* 300 m. – Nach **Dudley** (7 M westlich, A 45), Industriestadt mit historischem Hintergrund. Über dem Stadtzentrum Burg- und Klosterruine aus dem 12. und 13. Jh. Am Hang des Burgbergs der moderne Zoologische Garten. Zoo und Burg sind durch einen Sessellift verbunden. Der *Canal Tunnel* (3 km) unter dem Stadtzentrum wurde im 18. Jh. zum Abbau der Kalksteinbrüche unter dem Burgberg angelegt (Besichtigung an Sonntagen, Auskunft erteilt der Dudley Canal Trust). – Nach **Tamworth** (14 M nordöstlich, A 453); im 8. Jh. eine Residenz der Sachsenkönige; Burg aus dem 17. Jh. über einer Erdschanze aus dem 9. Jh. (März bis Oktober, 10 Uhr bis Einbruch der Dunkelheit, Eintrittsgebühr); Rathaus von 1701; Pfarrkirche vorwiegend 14. Jh. – Nach **Lichfield** (16 M nördlich, A 461), stilles Marktstädtchen, schöne dreitürmige Kathedrale aus rotem Sandstein (13. und 14. Jh.). 7 M nordwestlich von Lichfield, in der Wald- und Heidelandschaft von **Cannock Chase,** der *deutsche Soldatenfriedhof* aus beiden Weltkriegen mit ungefähr 5000 Gräbern (A 51 nach Longdon, danach 2 M westlich auf Nebenstraße, markiert).

Unterkunft in Birmingham:

Hotels:	Tel.	Zimmer
Birmingham Metropole, National Exhibition Centre	7 80 42 42	498
Holiday Inn, Holiday Street	6 43 27 66	304
Albany, Smallbrook Queensway	6 43 81 71	264
Warwick, National Exhibition Centre	7 80 42 42	208
Post House, Chapel Lane	3 57 74 44	204
Birmingham Centre, New Street	6 34 27 47	200
Norfolk, 159/267 Hagley Road	4 54 80 71	198
Cobden, 166/172 Hagley Road	4 54 66 21	178
Grand, Colmore Row	2 36 79 51	174
Strathallan, 225 Hagley Road	4 55 97 77	171
Royal Angus, St. Chads	2 36 42 11	141
Midland, New Street	6 43 26 01	120
Imperial, Temple Street	6 43 67 51	101
Barr, Pear Tree Drive	3 57 11 41	90
Apollo Motor Hotel Motel, 243 Hagley Road	4 55 02 71	81
Plough & Harrow, Hagley Road	4 54 41 11	45

In Dudley:

Hotels:	Tel.	Zimmer
Station	5 34 18	28
Ward Arms	5 27 23	12

In Tamworth:

Hotels:	Tel.	Zimmer
Castle	6 20 45	21

In Lichfield:

Hotels:	Tel.	Zimmer
George	23061	40
Little Barrow	53311	26
Swan	24909	16
Angel Croft	23147	13

In Birmingham Airport, 5 M südöstlich:

Hotels:	Tel.	Zimmer
Excelsior	7438141	141
Wheatsheaf Motel	7432021	51

BLACKPOOL (C3), Grafsch. Lancashire, 150 000 Einw. An der *Irischen See* gelegene Stadt. Das größte und populärste Seebad Englands lebt fast ausschließlich von der Unterhaltung, Zerstreuung, Unterbringung und Bewirtung seiner jährlich etwa acht Millionen Feriengäste. In den Wintermonaten ist es beliebtes Kongreß- und Tagungszentrum. Dem 11 km langen Sandstrand entlang verläuft Englands letzte Straßenbahnlinie zu dem 15 km nördlich liegenden Fischereihafen **Fleetwood.**

Auskunft: Tourist Information Bureau, Promenade (beim North Pier), Tel. 21623.

Tel.-Vorwahl: 0253

Verkehr: Endpunkt der M 55 von Preston. – Bahnstation. – Flughafen: Flüge zur Isle of Man.

Sehenswert: Der **Tower,** das Wahrzeichen Blackpools, 159 m, 1895 nach dem Vorbild des Eiffelturms erbaut. Im Tower-Gebäude (Eintrittsgebühr) Menagerie, Aquarium, Restaurants, Vergnügungsarkaden und einer der größten Ballsäle Englands. Ein Lift führt zur obersten Aussichtsplattform des Turms (Aussichtspunkt). – **Stanley Park** im Osten der Stadt, mit Rosengarten, Tierpark, einem See und Golfplatz. – Die **»Illuminations«** von September bis Anfang Oktober, wenn Promenade, Häuserfronten und Tower in farbenfroher Festbeleuchtung erstrahlen.

Baden: Sandstrand (bei Ebbe bis zu 500 m breit); Frei- und Hallenbäder

Sport: Golf, Tennis, Angeln (von den Piers), Rudern.

Unterhaltung: Winter Gardens, Varieté und Musicals in der Feriensaison; größter Ballsaal Europas.

Ausflüge: Nach **Lytham St. Anne's** (5 M südlich, A 584), ruhiges und gediegenes Seebad; am Ostende der Stadt eine der letzten der früher so zahlreichen Windmühlen dieses Landstrichs. – Nach **Fleetwood** (8½ M nördlich, A 587, auch mit der Straßenbahn); nach 6 M links *Rossall School,* eine der bedeutendsten Internatsschulen Englands. **Fleetwood** (28 500 Einw.) an der Wyre-Mündung, vom Begründer dieser Schule, Sir Peter Fleetwood, 1840 als Haupthafen Lancashires geplant und gegründet, mußte diesen Rang bald an Liverpool abtreten; es erlangte einige Bedeutung als Zubringerbahnhof für den Schiffsverkehr nach Glasgow und ist heute ein führender Hafen der Hochseefischerei. Außerdem ist es ein beliebter Ferienort mit 6 km langem Sandstrand und häufigen Schiffsverbindungen im Sommer zur *Isle of Man.*

Unterkunft in Blackpool:

Hotels:	Tel.	Zimmer
Norbreck Castle	52341	351
Savoy	52561	201
Cliffs	52551	172
Imperial	23971	153
Fylde Castle Motel	29051	100
Clifton	21481	90
Queen's Hydro	42015	75
Calton	28966	56
Chequers	56431	55
Warwick	42192	54

Hotels:	Tel.	Zimmer
Headlands	41179	54
Revill's	25768	53
St. George	41514	31

In Lytham St. Anne's:

Hotels:	Tel.	Zimmer
Glendower	723241	64
Princes	725161	50
Chadwick	723826	46
Clifton Arms	739898	43
Grand	722155	37

In Fleetwood:

Hotels:	Tel.	Zimmer
North Euston	3375	70
Boston	4644	24

Baden: Hallenbad.

Sport: Angeln, Bowling, Tennis, Pony Trekking (im Bodmin-Moor).

Ausflüge: Nach **Tintagel** (25 M nördlich über *Camelford,* B 3266/B 3263), idyllisches Städtchen am Vorgebirge *Tintagel Head,* das durch einen schmalen Felssteg mit dem Festland verbunden und von einer Burgruine (13. Jh.) gekrönt ist (die sagenhafte Residenz des Königs Arthur; Aussichtspunkt). In der Ortschaft, in einem Haus aus dem 14. Jh., ist unter der Obhut des National Trust ein altes Postamt erhalten (täglich April bis Oktober). 4 M nordöstlich (Küstenweg oder B 3263) der attraktive Hafen von **Boscastle** und schöne Klippenlandschaft. Der Küstenweg *»South-West Peninsula Coast Path«* (markiert) führt weiter nördlich (1 M) zum Wasserfall in der romantischen Felsbucht von *Pentargon Bay.* – Nach **Wadebridge** (9 M nordwestlich, A 389), Marktstadt am Mündungstrichter des *Camel;* eine Brücke aus dem 15. Jh. überquert den Fluß. – Nach **Lostwithiel** (8 M südöstlich, B 3269), ehemalige Hauptstadt Cornwalls im 13. Jh., mit mittelalterlicher Brücke und Zunfthaus (Guildhall) aus dem 18. Jh.; über dem Fluß die Burgruine von **Restormel Castle** (13. Jh.; 1 M nördlich). Die B 3269 führt weiter 6 M südlich zum typisch cornischen Hafen **Fowey** (spr. Foy), in dem Porzellanerde verladen wird; schöne alte Häuser aus der Zeit, als Fowey einer der führenden Seehäfen Englands war. – Nach **St. Austell** (14 M südlich, A 391), dem Zentrum der cornischen Porzellanerde-Industrie, mit schöner alter Kirche. Ein Fußweg erschließt den romantischen Küstenstrich südlich zum kleinen Fischerhafen **Mevagissey** (1 Std.).

In *Bodmin* keine Hotels.

BODMIN (B 6), Grafsch. Cornwall, 150 m, 9200 Einw. Hauptstadt der Grafschaft und älteste Stadt Cornwalls, ein ausgezeichnetes Ausflugszentrum zur Nord- und Südküste der cornischen Halbinsel. Im Norden liegt das unwegsame *Bodmin-Moor* mit zahlreichen prähistorischen Überresten, im Südwesten reiche Porzellanerde-Vorkommen, die auch heute noch ausgebeutet werden; die zahlreichen schneeweißen konischen Schlackenhügel bilden ein charakteristisches Merkmal dieses Landstrichs.

Auskunft: Priory House.
Tel.-Vorwahl: 208
Verkehr: A 30 Exeter-Penzance.

Sehenswert: **Kirche** aus dem 15. Jh., restauriert, mit schönem Taufbecken aus dem 12. Jh.; im Kirchhof die Ruinen einer früheren Kapelle. – **Lanhydrock House** (17. Jh.) mit Stileinrichtung und ausgedehntem Schloßpark (täglich April bis Oktober 11 bis 12.30 Uhr und 14 bis 17.30 Uhr, Eintrittsgebühr).

Unterkunft in Tintagel:

Hotels:	Tel.	Zimmer
Bossiney House	240	20
Pengenna	223	10

In Boscastle:

Hotels:	Tel.	Zimmer
Tolcarne	252	14

In Lostwithiel:

Hotels:	Tel.	Zimmer
Trevone	528	9

In Fowey:

Hotels:	Tel.	Zimmer
Old Quay House	3302	24
Riverside	2275	19
Marina	3315	15
Penlee	3220	15

In Mevagissey:

Hotels:	Tel.	Zimmer
Tremarne	2213	16
Treloen	2406	13

Jugendherbergen: Palace Stables, Boscastle, Tel. 08405/287, 24 B. – Penquite House, Golant Fowey, Tel. Fowey 3507, 67 B. – Dunderhole Point, Tintagel, Tel. 08404/334, 27 B.

BOLTON (D 3), Grafsch. Greater Manchester, 159000 Einw. Drittgrößte Stadt Lancashires, bedeutende Industriestadt, vor allem Baumwollspinnereien; im Norden hügeliges Moor- und Heideland. Als Markt- und Einkaufszentrum für ein weites Gebiet besitzt die Stadt größere öffentliche Gebäude wie Rathaus und Bürgerzentrum, doch auch aus der Zeit vor der Industrialisierung sind noch einzelne Bauwerke erhalten. Bolton ist die Geburtsstadt des Erfinders Samuel Crompton (1753–1827), dessen Spinnmaschine der Textilindustrie Lancashires zu ihrer Vorrangstellung verhalf, und Lord Leverhulmes (1851 bis 1925), der den Unilever-Konzern begründete.

Auskunft: Town Hall, Tel. 22311.

Tel.-Vorwahl: 0204.

Verkehr: M 61 Manchester – Preston (Anschlußstelle Nr. 5). – Bahnstation.

Sehenswert: **Hall i'th'Wood** am Nordostrand der Stadt, ein altes Herrenhaus, teils Fachwerk aus dem späten 15. Jh., teils elisabethanisch. Samuel Crompton konstruierte hier sein *»Spinning-Mule«* (Museum; täglich 10 bis 17 Uhr, sonntags 13 bis 17 Uhr). – **Smithills Hall,** am Nordwestrand der Stadt, weitläufiger Gebäudekomplex aus verschiedenen Epochen in schönem Park. Der älteste Bauteil, das alte Herrenhaus, stammt aus der Mitte des 14. Jh. (geöffnet wie oben). Neuere Anbauten dienen heute als Altersheim.

Sport: Golf, Tennis.

Unterhaltung: Das moderne Octagon Theatre (Schauspiel).

Ausflüge: Nach **Bury** (A 58 östlich, 6 M) und **Rochdale** (13 M). **Bury,** Industrie- und Marktstadt (60000 Einw., Baumwolle, Maschinenbau) in reizvoller hügeliger Umgebung. Geburtsstadt Robert Peels (1788–1850), des Begründers der modernen englischen Polizei, die noch heute nach seinem Vornamen den Spitznamen »Bobbies« führt, und des Erfinders John Kay, der mit seinem mechanischen Webstuhl (1733, »Flying Shuttle«) eine neue Ära der Textilindustrie in Lancashire einleitete. **Rochdale** (80000 Einw.), Industriestadt mit attraktivem Stadtkern; 1844 wurde hier die erste Konsumgenossenschaft gegründet. In der Umgebung hügeliges Moor- und Heideland. – Nach **Rivington** (9 M nordwestlich, A 673) über **Horwich** (6 M), Sitz der ehemals größten Lokomotiven- und Waggonfabrik Englands; Abzweigung rechts zu dem hübschen kleinen Dorf **Rivington** (Kirche 16.–17. Jh., Kapelle von 1701) durch den großartigen *Lever Park* mit Stausee, künstlicher Burgruine, Rivington Hall und Barn (18. Jh.) und einem italienischen Terrassengarten am Abhang des *Rivington Peak* (Aussichtspunkt). – Nach **Chorley** (10 M nordwestlich, A673), kleine Industriestadt; elisabethanisches Herrenhaus **Astley Hall,** mit Bauteilen aus dem 17. Jh., wertvolle Kunst- und Stilmöbelsammlung (täglich April bis September 14 bis 18 Uhr, Oktober bis März 12 bis 17 Uhr, Eintrittsgebühr).

Unterkunft in Bolton:

Hotels:	Tel.	Zimmer
Bolton Crest Motel	65 14 11	100
Pack-Horse	2 72 61	90

In der Umgebung:

Hotels:	Tel.	Zimmer
TraveLodge,	Coppull	
Charnock Richard	79 17 46	108
Wellington, Rochdale	4 36 54	23
Hartwood Hall, Chorley	32 41	10

BOSTON (F 4), Grafsch. Lincolnshire, 3 m, 26 000 Einw. Hafen- und Marktstadt am *Witham River* in der Tiefebene des Fen-Gebiets, das die weite Meeresbucht der *»Wash«* umgibt. Umfangreiche Drainagearbeiten, zuerst von holländischen Ingenieuren begonnen daher die Bezeichnung »Holland« für das gesamte Gebiet), machten diesen Landstrich zu einem der fruchtbarsten Englands. Die alte Hafenstadt, einst führender Hafen des Königreiches mit ausgedehnten Handelsbeziehungen zu den Hansestädten, besitzt zahlreiche historische Bauten.

Auskunft: Tourist Information Bureau, West Street, Tel. 6 46 01

Tel.-Vorwahl: 2 05

Verkehr: A 52 Grantham (A 1) – Skegness.

Geschichte: Auf einer der wenigen Inseln festen Untergrunds im sumpfigen Marschland der Fens entstand 650 ein Kloster. Nach Einzug der normannischen Eroberer entwickelte sich eine Hafenstadt, die im 14. Jh. Englands Haupthafen für den Woll- und Tuchexport nach Europa wurde. Im 16. Jh. versandete der Fluß, und erst 300 Jahre später wurde eine neue Fahrtrinne ausgehoben und der Stadt ihre ursprüngliche Bedeutung als Hafen zurückgegeben. Anfang des 17. Jh. fand ein erster erfolgloser Versuch puritanischer Auswanderer statt, von Boston zum europäischen Kontinent zu fliehen; ein zweiter erfolgreicherer führte zur Gründung der Namensschwester Bostons in Amerika. Zahlreiche Überflutungen der Stadt im 18. Jh. gaben den Anstoß für die ersten Versuche zur Trockenlegung der Fens. Entwässerungsmaßnahmen in Verbindung mit Deichbau als Schutz gegen das Meer erreichten, daß Boston im 19. Jh. als Hafen für das neugewonnene fruchtbare Ackerbaugebiet seiner Umgebung zu erneutem Wohlstand gelangte.

Sehenswert: **St. Botolph's Church,** deren Turm, der berühmte *»Boston Stump«* (1460 vollendet, Unterbau von 1309; 88 m hoch, Aussichtspunkt), die Landschaft in weitem Umkreis beherrscht und früher als Leuchtturm den Reisenden den Weg durch die Fens wies. Im Inneren der Kirche reiche Grabmäler mittelalterlicher Kaufmannsfamilien (13. und 14. Jh.). Im 19. und 20. Jh. wurde die Kirche mit Spenden von Bürgern aus Boston/USA restauriert. – **Shodfriars Hall,** South Street, eine Rekonstruktion aus dem 16. Jh. mit Bauteilen des ehemaligen Ordensklosters aus dem 13. Jh., jetzt als Theater umgebaut. – **Fydell House,** South Square, unverändert aus dem 18. Jh. erhalten (täglich außer sonntags 9 bis 16.30 Uhr). – **Guildhall,** Backsteinbau von 1450 mit Stadtmuseum (täglich außer sonntags 9.30 bis 16.30 Uhr). – Fünfflügelige **Windmühle,** 17. Jh., an einem der Entwässerungshauptkanäle. – **St. Nicholas' Church,** mit Kanzel aus der Tudorzeit, Turm aus dem 15. Jh.

Baden: Freibad.

Sport: Angeln, Rudern, Golf, Tennis.

Ausflüge: Nach **Spalding** (16 M südwestlich, A 16), dem Zentrum des Fen-Gebietes, dessen Trockenlegung bereits von den Römern begonnen und erst im 19. Jh. vollendet wurde. Die zu Beginn des 19. Jh. installierten Pumpen und Motoren betreiben auch heute noch die Drainageanlagen in der Umgebung der Stadt. **Spalding** (17 000 Einw.), eine Stadt mit schönen georgianischen Fassaden, bekannt für ihre Blumenzwiebelzucht (am schönsten März bis April zur Zeit der Märzenbecher- und Tulpenblüte). Über **Kirton** (4 M; Kirche aus dem 14. Jh., deren ehemaliger Mittelturm im 19. Jh. abgetragen und an der Westseite neu aufgebaut wurde) nach **Sutterton** (6 M; runde strohgedeckte Häuser; normannische Kirche mit Fragmenten eines Sachsenbaus aus dem 9. Jh.). – Nach **Skegness** (22 M nordöstlich, A 62), beliebtes Seebad (14 000 Einw.) mit schönem Strand und langem Pier, bekannt für sein frisches Klima. Über **Freiston** (3 M, Abzweigung rechts; Kirche 12. bis 14. Jh.), **Benington** (5 M; Kirchenschiff 14. Jh.), **Old Leake** (8 M; Kirche mit achteckigem Turm, 15. Jh.), **Wrangle** (9 M; im Ostfenster der Kirche schöne Glasarbeit aus dem 14. Jh.) nach **Friskey** (12 M; normannische Kirche mit Fresken aus dem 14. Jh.) und **Wainfleet** (16 M; Schulhaus von 1484). – Nach **Sleaford** (17 M westlich, A 1121/A 17), betriebsames Marktstädtchen (8000 Einw.) mit altem Marktplatz. *The Maltings,* das über 300 m lange Gebäude einer ehemaligen Mälzerei, ist ein interessantes Beispiel industrieller Architektur des 19. Jh. Über **Swineshead** (6 M; interessante Kirche, mittelalterlicher Strafstock) nach **Heckington** (12 M; achtflügelige Windmühle; vollkommen erhaltene Kirche aus dem 14. Jh.).

Unterkunft in Boston:

Hotels:	Tel.	Zimmer
White Hart	6 48 77	30
New England	6 52 55	11

In Spalding:

Hotels:	Tel.	Zimmer
White Hart	56 68	28

In Skegness:

Hotels:	Tel.	Zimmer
Country	24 61	50
Crown	30 84	28
Links	36 05	20
Vine	30 18	18

In Sleaford:

Hotels:	Tel.	Zimmer
Lion	21 27	10

BOURNEMOUTH (D/E 6), Grafsch. Dorset, 50 m, 153 400 Einw. Eine der attraktivsten Küstenstädte Englands, eine Gründung des 19. Jh. Das elegante Seebad mit ausgedehnten Parks, gepflegten Anlagen und von Felsklippen geschützten Sandstränden besitzt das ganze Jahr hindurch ein außerordentlich mildes Klima. Im Nordosten die alten Laubwälder des *New Forest* Naturschutzparks (s. Nationalparks), landeinwärts, in reizvollländlichen Tälern, einige der ältesten Ansiedlungen Englands.

Auskunft: Tourist Information Bureau, Westover Road, Tel. 29 17 15.
Tel.-Vorwahl: 02 02
Verkehr: A 35 Dorchester – Southampton. – Bahnstation. – Flughafen.

Sehenswert: **Branksome Chine,** unberührteste einer Reihe bewaldeter Schluchten, die sich von den Klippen zum Strand ziehen. Das milde Klima, die geschützte Lage und die salzhaltige Luft lassen hier eine einzigartige üppige Flora gedeihen. – **Canford Cliffs** (Aussichtspunkt) und die Gärten von **Compton Acres** (täglich April bis Oktober, 10.30 bis 18.30 Uhr, Eintrittsgebühr).

Baden: 12 km Strand, Freibäder.

Sport: Wassersport, Angeln, Tennis, Bowling, Golf, Reiten, Eislauf.

Unterhaltung: Bournemouth Symphony Orchestra (ganzjährig). – Variété (nur im Sommer).

Ausflüge: Nach **Swanage** (23 M südwestlich, A 35/A 351), in einer weiten Bucht gelegenes kleines Seebad, dessen Geschichte in die Sachsenzeit zurückreicht. *Town Hall* mit Fassade (17. Jh.) von Christopher Wren; *Old Goal,* das alte Stadtgefängnis von 1803. 1 M südlich das Vorgebirge **Durlston Head** (Aussichtspunkt), von einem Erdglobus aus Portlandstein gekrönt (3 m Durchmesser und 40 Tonnen schwer). Unterhalb die Schmugglerhöhlen **Tilly Whim Caves.** Die Route führt über **Poole** (5 M), einen historischen Seehafen mit weitem natürlichem Hafenbecken; interessante alte Lagerhäuser, imposantes Zollhaus, Sitz einer alteingesessenen Porzellanmanufaktur. An der Einfahrt zur Hafenbucht die bewaldete Insel **Brownsea Island,** Eigentum des National Trust, Schauplatz des ersten Pfadfindertreffens der Welt (1907); das Schloß wurde für Henry VIII. erbaut. – **Wareham** (14 M), ein altes Städtchen, innerhalb einer massiven angelsächsischen Erdschanze erbaut; *St. Martin's Church,* zum Teil sächsisch mit Resten eines normannischen Freskos. – **Corfe Castle** (18 M), normannische Festungsruine an einer Schlucht durch die für ihren schönen Marmor berühmten *Purbeck Hills* (täglich 10 bis 18 Uhr, Eintrittsgebühr). – Zur **Isle of Wight** (s. dort) von der Fährstation am Pier (April bis Oktober, 3 Std.). – Nach **Blandford Forum** (25 M nordwestlich, A 341/B 3082), alte Marktstadt am *Stour River;* das attraktive Stadtbild mit schönem Rathaus und Kirche entstand vorwiegend im 18. Jh., nachdem die Altstadt durch eine Reihe schwerer Brände zerstört worden war. Über **Wimborne** (10 M), Marktstadt, Münster (oder Kollegiatskirche) aus dem 12. bis 14. Jh., daneben *Priest's House* (16. Jh., Museum werktags April bis Oktober, 10.30 bis 16.30 Uhr), nach **Badbury Rings** (14 M, 1 km rechts der B 3082), eisenzeitliches Festungswerk und wichtiger römischer Straßenknoten (Aussichtspunkt). – Nach **Christchurch** (5 M östlich, A 35), historische Stadt in attraktiver Hafenbucht, Aussicht vom Turm (15. Jh.) der *Priory Church* (11. Jh.). Nördlich der Kirche die normannische Burgruine und *Constable's House* (täglich 14 bis 18 Uhr). Ein Wanderpfad führt die Halbinsel entlang, die die Hafenbucht südlich umschließt, zum Vorgebirge **Hengistbury Head** (1 Std., Aussichtspunkt). – **Ringwood** (10 M nordöstlich, A 31), hübsches altes Marktstädtchen und Ausgangspunkt für Exkursionen in den *New Forest National Park* (s. Nationalparks).

Unterkunft in Bournemouth:

In Bournemouth und den Seebädern

gibt es etwa 50 Hotels mit über 3000 Zimmern und zahlreiche Pensionen.

Jugendherbergen: Cluny, Cluny Crescent, Swanage, Tel. 0 92 92/ 21 13, 93 B.

BRADFORD (E 3), Grafsch. West Yorkshire, 165 m, 294 000 Einw. Das Zentrum der englischen Woll- und Kammgarnindustrie am *Aire River;* im Westen der mit Moor und Heide bedeckte Höhenrücken der *Pennines.* Vor Beginn der industriellen Revolution eine ländliche Marktstadt, wird das Stadtbild heute von der strengen, massiven Architektur des frühen Industriezeitalters geprägt. In den sechziger Jahren siedelten sich viele neue Industriezweige an, oft in den Monumentalbauten der ehemaligen Spinnereien und Webereien des vergangenen Jahrhunderts. Bradford ist die Geburtsstadt des Komponisten Frederick Delius (1863–1934).

Auskunft: City Hall, Tel. 2 95 77.

Tel.-Vorwahl: 02 74

Verkehr: M 62 Manchester – Leeds. – Bahnstation. – Yeadon Airport.

Sehenswert: **Cathedral,** die ehemalige Pfarrkirche aus dem 14.–15. Jh., im 20. Jh. erweitert. – **Bolling Hall,** Wakefield Road, Herrensitz des 15.–18. Jh., jetzt Museum (täglich außer sonntags 10 bis 17 Uhr). Der massive Eingangsturm (15. Jh.) stammt noch aus einer Zeit, in der das Wohnhaus gleichzeitig Festung war. – **Industrial Museum,** Moorside Road; das technische Museum, in einer alten Textilfabrik untergebracht, ist der Entwicklung der Wollindustrie und des heimatlichen Stadtverkehrs gewidmet. Ein großer Teil der Ausstellungsstücke ist noch betriebsfähig (geöffnet wie oben). – **Tong Hall,** georgianisches Haus, jetzt Museum (wie oben). – **Apperley Bridge** (an der A 658), Straßenbrücke aus dem 16. Jh.

Sport: Golf, Tennis, Bowling.

Unterhaltung: Alhambra Theatre (Schauspiel).

Ausflüge: Nach **Ilkley** (12 M nordwestlich, A 6038/A 65), im *Wharfedale,* einem engen Tal zwischen Heidemooren; Kleinstadt über einer römischen Niederlassung, elisabethanisches Herrenhaus (jetzt Museum); Wanderzentrum. – Nach **Halifax** (8 M) und **Huddersfield** (15 M südlich, A 647/A 629). **Halifax,** eine Textilstadt auf steilem Höhenrücken über dem Hebbletal. Alter Tuchmarkt *Piece Hall* (18. Jh.), *St. John's Church,* vorwiegend 15. Jh., *Shibden Hall* (15. bis 17. Jh.) mit Stilmobiliar, Volkskundemuseum im Hof und in den Nebengebäuden (April – September 11 bis 19 Uhr, sonntags 14 bis 17 Uhr). **Huddersfield** (131 000 Einw.) ist die dritte der drei großen Wollstädte Yorkshires, schön gelegen am Fuß eines hohen Hügellands. Lokalgeschichtliche Sammlung aus der Römerzeit in *Ravensknowle Park.* – Nach **Haworth** (12 M westlich, A 650/A 620); das rauhe Bergdorf ist die Heimat der Brontë-Familie. Im Museum Manuskripte und Andenken an die Schriftstellerschwestern (täglich 11 bis 16.30 Uhr, sonntags 14 bis 16.30 Uhr, Eintrittsgebühr). Eine private Dampfeisenbahn verbindet **Keighley** über Haworth (Lokomotivenmuseum) mit dem 1 M talaufwärts liegenden **Oxenhope** (nur im Sommer). Die Route nach Haworth führt über die kleine Weberstadt **Shipley** (3 M); am westlichen Stadtrand liegt **Saltaire,** eine Industriesiedlung aus dem 19. Jh., die komplett mit Fabriken, Läden, Kirche und Arbeiterhäusern vom patriarchalischen Gründer im italienischen Stil entworfen und erbaut wurde. Eine ehemalige Grubenbahn führt durch das bewaldete Tal *Shipley Glen* im

Norden (sonntags). Weiter über **Bingley** (6 M) mit seiner *Old Main Street* aus dem 18. Jh. und **Keighley** (spr. Keethly, 12 M), ebenfalls eine Weberstadt, in schöner Lage über dem jetzt ländlichen Aire-Tal. Am gegenüber liegenden Flußufer **East Riddlesden Hall** (17. Jh., Museum) und **Cliffe Castle,** ein viktorianischer Schloßbau (Heimatmuseum; beide täglich außer sonntags 10 bis 17 Uhr).

Unterkunft in Bradford:

Hotels:	Tel.	Zimmer
Novotel Bradford	68 36 83	134
Norfolk Gardens	3 47 33	125
Midland	2 56 63	79
Baron	61 19 14	63
Victoria	2 87 06	57

In Halifax:

Hotels:	Tel.	Zimmer
White Swan	5 42 27	50
Cavalier Country Club	4 42 70	20

In Huddersfield:

Hotels:	Tel.	Zimmer
Saxon Inn Motor Hotel	Elland, 54 31	120
George	2 54 44	62

In Ilkley:

Hotels:	Tel.	Zimmer
Craiglands	Cross Hills, 21 81	76
Crescent	35 34	21
Crescent House	31 98	20
Lister's Arms	32 84	19

In Haworth:

Hotels:	Tel.	Zimmer
Old White Lion	4 23 13	15

Jugendherbergen: Longlands Hall, Lees Lane, Haworth, Tel. 05 35/4 22 34, 90 B. – The Old Co-op, 1 Binn Road, Marsden, Tel. Huddersfield 04 84/84 30 53, 32 B.

BRECON (auch **Brecknock,** walisisch **Aberhonddu;** C 5), Grafsch. Powys (WALES), 200 m, 6000 Einw. Marktstadt und Ausflugszentrum am *Usk River,* am Nordrand des *Brecon Beacons National Park;* im Süden die beiden Gipfel der *Brecon Beacons* (höchster 890 m), im Osten die *Black Mountains* (815 m). Beliebtes Zentrum für Angler und Bergwanderer.

Auskunft: Wales Tourist Board, Car Park, Tel. 24 85; National Park Information Centre, Glamorgan Street, Tel. 27 63.

Tel.-Vorwahl: 08 74

Verkehr: A 40 Monmouth – Carmarthen.

Sehenswert: Die **Burg** (teilweise im Grundstück des Castle Hotels), Anfang 13. Jh. – Die **Cathedral,** roter Sandsteinbau, im 13. Jh. als Stiftskirche St. John begonnen, später restauriert; interessante Seitenkapellen. – **Christ College,** eine Schulgründung Henry VIII.; das Schulgebäude enthält große Teile eines Klosters aus dem 13. Jh. (Besichtigung nach Anmeldung).

Sport: Golf, Tennis, Pony Trekking, Angeln, Rudern.

Ausflüge: Nach **Merthyr Tydfil** (19 M südlich, A 470), auf landschaftlich schöner Route durch den Nationalpark (s. dort). Die Stadt entwickelte sich als erstes großes Zentrum der englischen Stahl- und Eisenindustrie und war lange Zeit die größte Stadt in Wales. In den dreißiger Jahren wurde diese Industrie nach Cardiff verlegt. Das Heim eines der großen »Ironmasters«, **Cyfartha Castle,** ist jetzt Museum (werktags 10 bis 17 Uhr). Auf einer Anhöhe nördlich der Stadt die Burgruine (13. Jh.) von **Morlais Castle** (Aussichtspunkt). – Nach **Llandovery** (20 M westlich, A 40), Kleinstadt (19 000 Einw.) am Zusammenfluß dreier Täler, in ländlich-lieblicher Gegend; Ruine einer Normannenburg aus dem 11. Jh. Die Route führt das schöne Usk-Tal flußaufwärts, über **Llanspyddid** (3 M; Kirche aus dem 14. Jh., alte Eiben), **Sennybridge** (9 M; Granitbrüche, Anglerzentrum) und **Trecastle** (12 M; Reste eines frühnormannischen »Motte and Bailey«). – Nach **Hay-on-Wye** (18 M nordöstlich, A 438/B 4550) über **Bronllys** (8 M), im Tal Burgruine aus dem 12. Jh., auf der gegenüberliegenden Talseite das Dorf **Talgarth,** am Fuß der *Black Mountains* (Kirche aus dem 14. Jh., Wehrturm 13. Jh.). **Hay-on-Wye,** Marktstadt an der Grenze zu England, am Austritt des Wye-Tales aus den walisischen Bergen. Über einer Burgruine aus dem 12. Jh. ein Haus aus dem 17. Jh., frühnormannischer »Motte and Bailey«.

Unterkunft in Brecon:

Hotels:	Tel.	Zimmer
Bishops Meadow Motel	35 43	26
Penoy e House	25 23	26
Castle of Brecon	29 42	18
Nythfa House	28 43	14
George	34 22	12

In der Umgebung:

Hotels:	Tel.	Zimmer
Castle, Merthyr Tydfil	54 56	46
Broadway, Llandovery	5 47	10

Jugendherbergen: Hafod-y-Pant, Cynghordy, Llandovery, Tel. Cynghordy 0 55 05/2 35, 16 B. – Blaendoethie, Tyncornel, Llanddewi-Brefi, 18 B. – Ty'n-y-Caeu, Groesffordd, Brecon, Tel. Llanfrynach 08 74 86/2 70, 57 B.

BRECON BEACONS NATIONAL PARK s. Nationalparks

BRIDLINGTON (F/G 2), Grafsch. Humberside, 7 m, 27 000 Einw. Beliebter Badeort an der Nordseeküste, an einer durch den Landvorsprung *Flamborough Head* geschützten Bucht; im Westen das Hügelland der *Yorkshire Wolds.* Der malerische kleine Hafen und die Altstadt teilen den Strand in einen nördlichen und südlichen Abschnitt.

Auskunft: Tourist Information Bureau, Garrison Street, Tel. 34 73.

Tel.-Vorwahl: 02 62

Verkehr: A 165 Scarborough – Hull. – Bahnstation.

Sehenswert: **Parish Church of St. Mary,** ehemalige Klosterkirche eines 1113 gegründeten Klosters. – **Bayle Gate,** 12. Jh., mit Museum. – **Sewerby Park** und **Hall** am nordöstlichen Stadtrand, georgianisches Herrenhaus mit Heimatmuseum (nur im Sommer, Eintrittsgebühr).

Baden: North und South Beach, Sandstrand.

Sport: Angeln (Sea Angling Festival, September), Rudern, Tennis, Golf.

Ausflüge: **Flamborough Head** (6 M nordöstlich, B 1255/B 1259) über den sogenannten *»Dane's Dyke«,* die größte in England erhaltene neolithische Erdschanze (3 M; Naturlehrpfad), und durch die Ortschaft **Flamborough** (4 M, frühgotische Kirche). **Flamborough Head,** Vorgebirge mit schroffen Kreideklippen (120 m, Aussichtspunkt) und einem Leuchtturm aus dem 17. Jh. Die *Bempton Cliffs* an der Nordseite sind Vogelschutzgebiete. – Nach **Great Driffield** (12 M südwestlich, A 166) über **Burton Agnes** (6 M, elisabethanisches Herrenhaus; täglich außer samstags, Mai bis Oktober 14 bis 17 Uhr, Eintrittsgebühr). Die kleine Marktstadt **Great Driffield** besitzt eine frühnormannische Kirche; in einem Gasthaus aus dem 18. Jh. eine Ausstellung der archäologischen Funde der Umgebung. – Nach **Sledmere** (18 M westlich, B 1253), eine Ortschaft in den sanfthügeligen *Yorkshire Wolds*, ein erstrangiges Schafzuchtgebiet; Herrenhaus aus dem 18. Jh. mit kunstvollem Park (täglich außer montags und freitags, Mai bis September, 14 bis 17 Uhr, Eintrittsgebühr).

Unterkunft in Bridlington:

Hotels:	Tel.	Zimmer
Expanse	5347	45
Monarch	4447	41
Shirley	2539	29

BRIGHTON und HOVE (F 6), Grafsch. East Sussex, 50 m, 233 000 Einw. Zwillingsstadt an der Südküste, umrahmt von der sanften Hügellandschaft der *South Downs*. Die Entwicklung von zwei kleinen Fischerhäfen zum beliebtesten Seebad Englands begann im 18. Jh. Ihre Regency-Architektur verdankt die Stadt dem Patronat des Prinzregenten (später George IV.), Ende des 18. Jh., und ihren heutigen Wohlstand in gleichem Maße ihren zahlreichen Feriengästen wie ihren prominenten Wahlbürgern.

Auskunft: Tourist Information Bureau, Marlborough House, 54 Old Steine, Tel. 2 37 55.

Tel.-Vorwahl: 02 73

Verkehr: Endpunkt der A 23 von London; A 259 Chichester – Eastbourne. – Bahnstation. – Hurn Airport. – Autofähre nach Dieppe von Newhaven (10 M östlich).

Sehenswert: **Royal Pavilion,** Old Steine, 1786 für den Prinzregenten begonnen und 1822 von John Nash im Stil eines indischen Mogul-Palastes umgebaut. Ein großer Teil des ursprünglichen »orientalischen« Mobiliars ist in den Staatsgemächern zu besichtigen (täglich 10 bis 17 Uhr, Eintrittsgebühr). Von Juli bis September findet im Royal Pavilion alljährlich eine Regency-Ausstellung statt (täglich 10 bis 20 Uhr). Der ehemalige königliche Marstall wurde als Theatersaal ausgebaut. In der Nähe heimatkundliches Museum (täglich 10 bis 17 Uhr). – Die **Piers,** im 19. Jh. erbaut, ursprünglich für Promenaden in der frischen Seeluft gedacht, entwickelten sich zu Vergnügungsstraßen. – **Preston Manor,** Preston Road, 18. Jh., Stilmöbel- und Silbersammlung (täglich 10 bis 17 Uhr, sonntags 14 bis 17 Uhr). – **The Lanes,** nördlich der *Town Hall*, das alte Fischerviertel mit engen, winkeligen Gassen und alten Fischerhäusern, heute das Viertel der Souvenir- und Antiquitätenhändler. – **Aquarium und Delphinarium,** Marine Parade. – **Dolls Museum** (Puppenmuseum), The Grange, Rottingdean.

Baden: Breiter Sandstrand. – Black Rock, Saltdean Lido und Rottingdean open-air pools (Freibäder); Hallenbäder North Road und King Alfred.

Sport: Rudern, Segeln, Angeln, Tennis, Golf, Minigolf, Bowling, Pferderennen.

Unterhaltung: Dome Theatre (Konzerte). Theatre Royal (Schauspiel, Variété). Gardner Arts Centre (University, Lewes Road).

Veranstaltungen: Brighton Festival (Mai; Oper, Ballett, Schauspiel).

Ausflüge: Nach **Lewes** (spr. Lu-ess, 10 M nordöstlich, A 27), Hauptstadt von *East Sussex* (14 000 Einw.) am *Ouse River*. Eine historische Stadt, von den Normannen befestigt zur Verteidigung eines Taleinschnittes durch die *South Downs*. Die Burg, auf einer Anhöhe inmitten der Stadt, stammt aus dem 13. Jh. (Aussichtspunkt). Das Barbican House Museum bei der Burg enthält die lokale archäologische Sammlung (täglich 10 bis 17 Uhr, Eintrittsgebühr). In der High Street einige alte Häuser, darunter White Hart (heute Hotel) und Bull House, beide mit dem Namen Thomas Paine (Kämpfer für die Amerikanische Unabhängigkeit sowie für die Menschenrechte) verknüpft; daneben (Buchhandlung) ein Haus aus dem 15. Jh.; Anne of Cleve's House (Anna von Kleve, 4. Frau Heinrichs VIII. wohnte jedoch nie hier) ist Heimatmuseum, schöne Stileinrichtung (Februar bis November täglich 11 bis 17 Uhr, Eintrittsgebühr). Große Teile der Stadtmauer sind noch erhalten. Im Süden der Stadt die Ruinen der Priory of St. Pancras, 1077 von William de Warenne (1. Earl of Surrey) gegründet. 3 M östlich von Lewes liegt **Glyndebourne,** das durch seine exklusiven, allsommerlichen Opernfestspiele Weltruf erlangt hat. Im wenig südlich gelegenen **Glynde Place** ein Landhaus-Museum mit Rubens-Entwürfen für Whitehall. Südlich der Straße A 27, **Firle Place,** Landhaus aus dem 16.–18. Jh. mit erlesenen Möbeln und Porzellan sowie einer Sammlung alter Meister. Etwa 8 M östlich davon, in den South Downs (östlich von Alfriston), an einem Hügel die prähistorische Felszeichnung **»The Long Man of Wilmington«,** die 70 m große Darstellung eines Mannes mit Stab in jeder Hand. – Zum **Devil's Dyke** (5 M nordwestlich, auch mit Bus), einer tiefen Senke in den Downs unterhalb eines Hügelkamms; Aussichtspunkt und günstiger Ausgangspunkt für eine Gratwanderung. – Nach **Clayton,** (6 M nördlich, A 23/A 273); in der Kirche guterhaltene Fresken aus dem 12. Jh. – Nach **Horsham** (26 M nordwestlich, A 23/A 281) über **Cowfold** (19 M, hübsche Ortschaft mit spätgotischer Kirche). **Horsham** ist eine Marktstadt mit vielen altertümlichen Häusern. Museum in einem Gebäude aus dem 16. Jh., frühgotische Kirche. – Nach **Worthing** (10 M westlich, A 259) über **Shoreham-by-Sea** (5 M; Seehafen, frühgotische Kirche, Museum 12. bis 14. Jh.). **Worthing** ist ein beliebtes Seebad (90 000 Einw.) mit schönen Anlagen; im Vorort *West Tarring* Fischerhütten aus dem 15. Jh. (April bis Oktober, dienstags bis samstags 14 bis 17 Uhr, Eintrittsgebühr). 2 M nordöstlich die Ortschaft **Sompting;** Kirche mit Turm aus der Sachsenzeit. 3 M nördlich **Cissbury Ring,** größte vorrömische Erdschanze dieser Gegend (185 m, Aussichtspunkt). – **Bramber** (10 M nordwestlich, A 283), Dorf im Norden der South Downs, dessen Pfeifen-Museum (Pipe House) neben den Ruinen der Festung sehenswert ist. Im benachbarten **Steyning,** mit alten Häusern in der Church Street und Kirche aus dem Jahr 1703, der alte Herrensitz Wilston House, heute internationales Konferenzzentrum; St. Mary's House mit interessantem Interieur. 5 M westlich, nahe der A 283, **Parham House,** 1577 erbautes Herrenhaus inmitten eines großen Parks; im Inneren Kunstsammlung (Ostern bis Okt., mittwochs, donnerstags, sonntags 14–17.30 Uhr).

Unterkunft in Brighton und Hove:

In Brighton und Hove und den Seebädern Lewes, Horsham, Worthing und Newhaven gibt es ca. 25 Hotels mit über 2100 Betten und zahlreiche Pensionen.

Jugendherbergen: Frog Firle, Alfriston, Polegate, Tel. 4 23, 60 B. – Patcham Place, Brighton, Tel. 02 73/ 55 61 96, 80 B. – Tottington Barn, Truleigh Hill, Shoreham-by-Sea, Tel. Steyning 81 34 19, 60 B.

BRISTOL (D 5), Grafsch. Avon, 60 m, 418 000 Einw. Hauptstadt der Grafschaft am *Avon River,* 10 km landeinwärts vom Severn-Ästuar. Früher einer der bedeutendsten Häfen Englands, löste nunmehr das an der Flußmündung liegende **Avonmouth** Bristol in dieser Rolle ab. Die historische Bedeutung der Stadt, die vom 14. Jh. an von der Grafschaft unabhängig direkt der Krone unterstand, spiegelt sich in ihrem Reichtum an historischen Bauten und geschichtlichen Assoziationen wider. Das heutige Bristol ist Universitätsstadt mit angesehenem Druckereigewerbe, Tabakwarenfabriken und Flugzeugindustrie. Die englisch-französische Concorde wird im Vorort **Filton** gebaut. Im Süden und Westen die landschaftlich schönen Erholungsgebiete der *Mendip Hills* und der *Cotswolds.*

Auskunft: City Information Centre, Colston House, Tel. 29 38 91; Council House, College Green, Tel. 2 60 31.

Tel.-Vorwahl: 02 72

Verkehr: M 4 London – Newport; M 5 Birmingham – Exeter. – Bahnstation. – Flughafen Lulsgate Airport.

Geschichte: Bereits im frühen Mittelalter ein blühender Welthafen, dessen Reichtum sich auf Tuchhandel und Weinimport aus Portugal und Spanien gründete, wurde Bristol später zum Haupthafen für den Handel, vor allem auch Sklavenhandel, mit Amerika. Seine Beziehung zu Amerika begann bereits vor Columbus, im Jahre 1497, als John Cabot von Bristol aus mit seinem Schiff die Nordküste des amerikanischen Festlandes als erster Europäer erreichte. 1848 stach hier der erste seefähige Schraubendampfer der Welt, die »Great Britain«, in See.

Sehenswert: **Cathedral,** ursprünglich die Klosterkirche einer Abtei aus dem 12. Jh. In der Nähe das normannische *Abbey Gateway.* – **Lord Mayor's Chapel** (St. Mark's, 13. bis 15. Jh.; wochentags außer freitags 11 bis 16 Uhr), ein Meisterwerk der Gotik, mit wertvollen französischen und flämischen Glasmalereien (16. bis 17. Jh.). – **Theatre Royal,** 1766 eröffnet, bewahrt zum großen Teil seine Originalausstattung. – **Georgian House,** Great George Street, aus dem späten 18. Jh., im Stil der Zeit eingerichtet, mit Küche, Waschküche und »Tiefbad« (täglich außer sonntags, 11 bis 17 Uhr, Eintrittsgebühr). – **Cabot Tower,** Brandon Hill Park, 1897 zum 400. Jahrestag der Entdeckung Nordamerikas erbaut; schöner Rundblick. – **Red Lodge,** Park Row, 16. Jh., Treppenhaus 18. Jh., schöne Stuckdekken, Kamine, Eichentäfelung (täglich außer sonntags 13 bis 17 Uhr). – **Bristol Nails** vor der *Börse*(Exchange), Corn Street, vier Bronzepfeiler, auf denen die Kaufleute ihre Transaktionen vollzogen. – Hafengasthaus **Llandoger Trow** (17. Jh.), King Street, früher Schlupfwinkel der Seeräuber, mit dem »Spyglass« aus Stevensons »Schatzinsel« identifiziert. Mit dem Theatre Royal auf der gegenüberliegenden Seite durch einen unterirdischen Gang verbunden. – **Temple Church,** Victoria Street, mit schiefem Turm. – **St. Mary Redcliffe Church,** Redcliffe Way, 13. Jh., Elizabeth I. nannte sie die »schönste, beste und rühmlichste Pfarrkirche Englands«. – **»S. S. Great Britain«,** Cumberland Road, erster Hochseeschraubendampfer der Welt, 1843 von Stapel gelassen und 1970 vor den Falklandinseln geborgen (täglich 10 bis 17 Uhr, Eintrittsgebühr). – Im Nordwesten der Stadt **Clifton Suspension Bridge,** Hängebrücke über die Avon-Schlucht sowie **Tierpark,** Clifton Down, einer der ältesten Tiergärten

BRISTOL
0 100m
Information
1 Cathedral
2 Lord Mayor's Chapel
3 Theatre Royal
4 Georgian House
5 Cabot Tower
6 Red Lodge
7 Bristol Nails
8 Llandoger Trow
9 Temple Church
10 St. Mary Redcliffe Church
zur Clifton Suspension Bridge, und Tierpark
University
City Art Gallery
nach Gloucester
nach Cirencester
nach Clevedon
nach Exeter
nach Bath
R.C. Church
Queen Elizabeth Hospital
Brandon Hill
St. George's
Entertainment Centre
New Council House
College Green
Deanery
Library
School
Centre
Statue
Cooper's Hall
Custom House
Guildhall
GPO
All Sains
St. John's Gate
Tower
Bristol Bridge
St. Thomas's
Redcliffe Bridge
Princes St. Bridge
Coach Park
S.S. Great Britain
Temple Meads Station
PARK ROW
PERRY ROAD
COLSTON STREET
RUPERT ST.
QUAY ST.
BROAD ST.
WINE STREET
COLSTON AVE
ST. STEPHEN ST.
SMALL ST.
CORN STREET
HIGH ST.
CLARE ST.
PARK STREET
GREAT GEORGE ST.
FROGMORE ST.
ST. AUGUSTINES PA.
BROAD QUAY
MARSH ST.
BALDWIN STREET
QUEEN CHARLOTTE
KING STREET
QUEEN SQUARE
REDCLIFFE WAY
WELSH BACK
NARROW QUAY
PRINCE STREET
THE GROVE
JACOBS WELLS ROAD
ST. GEORGE'S ROAD
DEANERY ROAD
THE BUTTS
HOT WELL ROAD
ANCHOR ROAD
BUTTS ROAD
CANNONS ROAD
FLOATING HARBOUR
CUMBERLAND ROAD
RIVER AVON
REDCLIFF STREET
ST. THOMAS ST.
VICTORIA STREET
TEMPLE WAY
PORTWALL LANE
REDCLIFFE WAY
REDCLIFF HILL
REDCLIFFE MEAD LANE
TEMPLE GATE

der Welt (täglich 9 Uhr bis Einbruch der Dunkelheit, Eintrittsgebühr). – **Wildlife Park,** Westbury-on-Trym (geöffnet wie oben), 3 M nördlich.

Baden: Hallen- und Freibäder.

Sport: Golf, Tennis, Reiten, Sportzentrum.

Unterhaltung: Theatre Royal, *King Street* (Bristol Old Vic); The Little Theatre, *Colston Street* (Schauspiel); Colston Hall, *Colston Street* (Konzerte, Sportveranstaltungen); The Hippodrome, *St. Augustine's Parade.*

Ausflüge: Nach **Lawrence Weston** (5 M nordwestlich); in der Ortschaft Wände und Mosaikfußböden einer römischen Villa (Schlüssel von Hopwell Gardens Nr. 17), und **Blaise Castle,** Volkskundemuseum (März bis November täglich 15 bis 17 Uhr, Eintrittsgebühr); Fundamente der römischen Hafenanlagen in *Sea Mills.* – Zum **Badminton House** (16 M nordöstlich, A 432/B 4040) über **Chipping Sodbury** (12 M; alte Marktstadt mit ungewöhnlich breiter Hauptstraße) und **Old Sodbury** (14 M; eine Siedlung seit prähistorischen Zeiten auf dem Kamm der Cotswolds). **Badminton House** (mittwochs Juni bis August, 14.30 bis 17 Uhr, Eintrittsgebühr), Renaissanceschloß (1682), Sitz des Herzogs von Beaufort.

Unterkunft in Bristol:

Hotels:	Tel.	Zimmer
Holiday Inn, Lower Castle Street	29 42 81	300
Ramada Dragonara, Redcliffe Way	2 00 44	210
Unicorn, Prince Street	29 48 11	196
Grand, Broad Street	29 16 45	179
Hawthorns, Woodland Road	3 84 32	163
Esso, Filton Road	56 42 42	156
Royal, College Green	2 35 91	107
Bristol Motel, Longashton, Bedminster Down	21 09	80
St. Vincent Rocks, Sion Hill	3 92 15	53

In Chipping Sodbury:

Hotels:	Tel.	Zimmer
Grapes	31 21 45	8

BUCKINGHAMSHIRE (Abk. Bucks.; F 5), 1933 qkm, 498 000 Einw. Grafschaft nordwestlich von London. Hauptstadt **Aylesbury** (s. dort). Vom bewaldeten Höhenrücken der *Chiltern Hills* durchzogen. Das Gebiet südlich der Chilterns wird mehr und mehr von Londons Vororten aufgesogen. Im Norden ist Ackerbau- und Weideland, insbesondere das ländlich-stille *»Vale of Aylesbury«.* Die vorherrschenden Industriezweige sind Möbelbau, Buchdruck, Papierherstellung. Weitere bedeutende Städte sind **Buckingham, Beaconsfield, High Wycombe** und die neue Stadtgründung **Milton Keynes.**

BURNLEY (D 3), Grafsch. Lancashire, 200 m, 93 600 Einw. Industriestadt (Baumwolle, Maschinenbau) in einer hügeligen Landschaft von Heidemooren. Auf den östlichen Hügelrükken, vor dem Hintergrund der *Pennines,* zahlreiche Erdschanzen, Tumuli und andere Spuren einer prähistorischen Besiedelung; im Norden der markante **Pendle Hill,** von altersher mit Hexenkult in Verbindung gebracht (557 m, günstigster Anstieg von der Ostseite von *Barley* aus). Burnley, ein Produkt der industriellen Revolution, erfuhr in den sechziger Jahren umfangreiche Stadtsanierungsmaßnahmen. Es ist ein ausgezeichnetes Ausflugszentrum für Wanderungen in der einsamen, unberührten Landschaft der Umgebung.

Auskunft: Town Hall, Tel. 25011.
Tel.-Vorwahl: 0282
Verkehr: A56 Manchester – Skipton. – Bahnstation.

Sehenswert: **Towneley Hall,** in einem Park am Südostrand der Stadt, mit Heimatmuseum (täglich 10 bis 17.30 Uhr, sonntags 13 bis 17 Uhr).

Sport: Golf, Angeln, Sportzentrum.

Ausflüge: Nach **Clitheroe** (11 M westlich, A671) über **Padiham** (3 M; rechts Abzweigung zum Schloß **Gawthorpe Hall,** 1 M, 18. Jh., Eigentum des National Trust, April bis September montags, mittwochs und samstags 14 bis 18 Uhr, Eintrittsgebühr) und **Whalley** (7½ M), Klosterruine aus dem 13. Jh. (täglich ab 10 Uhr bis Einbruch der Dunkelheit) unter dem 49bogigen Eisenbahnviadukt von 1850; interessante gotische Pfarrkirche. **Clitheroe** (12000 Einw., Baumwolle, Papier, Zement, Kalk) in landschaftlich reizvoller Umgebung am *Ribble River.* Auf einem Hügel im Herzen der Stadt eine normannische Burgruine mit Kriegerdenkmal und Park (dienstags, donnerstags, samstags, sonntags 14 bis 17 Uhr, Eintrittsgebühr).

Unterkunft in Burnley:

Hotels:	Tel.	Zimmer
Keirby	27611	48
Sparrowhawk	21551	33

In Clitheroe:

Hotels:	Tel.	Zimmer
Roefield	22010	21

In *Whalley* keine Hotels.

Jugendherbergen: Birch Hall Lane, Earby, Tel. 02 82 82/23 49, 26 B. – Mankinholes, Todmorden, Tel. Todmorden 07 06 81/23 40, 40 B. – King's House, Slaidburn, Tel. 656, 43 B.

BURY ST. EDMUNDS (Abk. Bury; G 4), Grafsch. Suffolk, 26800 Einw. Hauptstadt West-Suffolks und Bischofssitz, bedeutendes Landwirtschaftszentrum mit vielbesuchten Märkten. Als Begräbnisstätte des hl. Edmund, des letzten Königs von *East-Anglia,* war die Stadt im Mittelalter eine der bedeutendsten Pilgerstädte des Landes und erlangte historische Bedeutung, als 1214 hier die Grundlage zur »Magna Charta« gelegt wurde. Die Stadt besitzt eine Reihe schöner Beispiele der Architektur des 17. und 18. Jh.

Auskunft: Tourist Information, Northgate Street, Tel. 63233.
Tel.-Vorwahl: 0284
Verkehr: A45 Cambridge – Ipswich, A11 London – Norwich. – Bahnstation.

Sehenswert: In den **Abbey Gardens** die wenigen Überreste des zu Beginn des 11. Jh. vom Dänenkönig Canute gegründeten Benediktinerklosters und der späteren Wallfahrtskirche. – **Abbey Gate** aus dem 14. Jh. – **Norman Tower,** 1121–1148, ebenfalls als Eingang zur Abtei erbaut, heute Glokkenturm der Kathedrale. – **Cathedral Church of St. James,** im 15. Jh. begonnen. – **St. Mary's Church,** 15. Jh., schönes Tonnengewölbe. – **Moyses Hall,** Cornhill, Wohnhaus aus dem 12. Jh., Museum (montags bis samstags 10 bis 16 oder 17 Uhr). – **Angel Corner,** Angel Hill, Uhrenmuseum (wie oben). – **Athenaeum** mit schönem Eingang und elegantem Ballsaal (1789). – **Cupola House,** 17. Jh., bemerkenswerter Balkon, Treppenhaus, getäfelte Räume. – **Theatre Royal,** kleines intimes Regency-Theater. – **Art Gallery** (1771), ursprünglich als Theater erbaut.

Baden: Freibäder im Sport- und Freizeitzentrum.

Sport: Angeln, Tennis, Golf, Bowling, Sportzentrum.
Unterhaltung: Theatre Royal, Westgate Street (Schauspiel).
Ausflüge: **Ickworth House** (3 M südwestlich, A 143), Rundbau mit zwei niedrigen, geschwungenen Seitenflügeln, innen wertvolle französische Möbel, Gemälde und Silber (April bis Oktober mittwochs, donnerstags, samstags, sonntags 14 bis 18 Uhr, Eintrittsgebühr). – Nach **Sudbury** (16 M südlich, A 134) über **Long Melford** (12 M; spätgotische Kirche mit Glasmalerei aus dem 15. Jh., Herrensitz Melford Hall, 16. Jh.). Die kleine Marktstadt **Sudbury** (8200 Einw.) besitzt zahlreiche Fachwerkhäuser und drei spätgotische Kirchen. Es ist die Geburtsstadt des Porträtmalers Thomas Gainsborough (1727–1788). – Nach **Hadleigh** (22 M südöstlich, A 134/B 1070) über **Lavenham** (12 M; Fachwerkhäuser, Kirche 15. Jh., *Guildhall* 16. Jh.). **Hadleigh** (5000 Einw.) war früher ein Zentrum des mittelalterlichen Wollgewerbes; große Kirche aus dem 14. Jh., *Guildhall* 15. Jh. Nordwestlich (2 M) liegt die Ortschaft **Kersey,** ein altes Wollweberdorf, spezialisiert auf die Herstellung des besonders feinen »Kerseymere«, eine Bezeichnung, die sich im Lauf der Zeit zu »Cashmere« abwandelte. Im Dorf eine alte Kirche und Reste eines Augustinerklosters aus dem 13. Jh. – Nach **Stowmarket** (13 M östlich, A 45) über **Beyton** (5 M; Kirche mit normannischem Rundturm) und **Haughley Park** (9 M; Tudor-Schloß und Park, Mai bis September dienstags 14 bis 18 Uhr, Eintrittsgebühr). **Stowmarket** (8700 Einw.) ist ein Zentrum für die Herstellung landwirtschaftlicher Geräte; ungewöhnlich der Holzturm der Dorfkirche; Heimatmuseum in *Abbot's Hall* (April bis Oktober täglich 14 bis 17 Uhr, Eintrittsgebühr). – Nach **Diss** (20 M nordöstlich, A 143) über **Ixworth** (6 M; Abbey mit Teilen eines Klosters vom 12. Jh.; Juni bis August dienstags 14.30 bis 16.30 Uhr, Eintrittsgebühr). Die Ortschaft **Diss** liegt um einen kleinen See; Gasthäuser mit schönen Fachwerkfassaden aus dem 17. Jh. 2 M östlich, am *Waveney River,* liegt **Scole,** eine wichtige Poststation für die Römer wie für die späteren Postkutschen; altes Kutschergasthaus (1655). 4 M südlich von Scole die Ortschaft **Eye** (B 1017); *Guildhall* in Fachwerk, 16. Jh., Kirchturm aus Flint gebaut. – Nach **Mildenhall** (16 M nordwestlich, A 1101), Marktstadt (26 000 Einw.), georgianische Hauptstraße, Marktkreuz aus dem 15. Jh., mittelalterliche Stichbalkendecke in der Kirche. – Nach **Newmarket** (14 M westlich, A 45), seit dem 17. Jh. Pferderennzentrum und bedeutendstes Gestüt Englands. In der High Street Teile eines Palais von Charles II. Galoppübungen der hier gezüchteten Vollblüter können am frühen Morgen auf dem *Heath* (1 M südwestlich) beobachtet werden. – Nach **Thetford** (12 M nördlich, A 134), einer historischen Hauptstadt East Anglias (14 000 Einw.), mit den Ruinen von zwei Prioreien aus dem 12. Jh. (täglich, Eintrittsgebühr) und eines Mönchklosters aus dem 13. Jh. *Castle Hill* ist einer der großartigsten normannischen »Mottes« oder Burghügel in England (25 m hoch, mit 300 m Umfang) und liegt innerhalb einer früheren Erdschanze aus der Eisenzeit.

Unterkunft in Bury St. Edmunds:

Hotels:	Tel.	Zimmer
Angel	39 26	41
Suffolk	39 95	41
Everards	53 84	18
Square House	53 37	13

In Thetford:

Hotels:	Tel.	Zimmer
Bell	44 55	42
Central	22 59	20

In Newmarket:

Hotels:	Tel.	Zimmer
Rutland Arms	42 51	49
White Hart	30 51	23
Bedford Lodge	31 75	12

In Sudbury:

Hotels:	Tel.	Zimmer
Mill	7 55 44	34

In Diss:

Hotels:	Tel.	Zimmer
King's Head	20 16	10

In Mildenhall:

Hotels:	Tel.	Zimmer
Bell	71 21 34	14

BUXTON (E 3), 300–350 m, Grafsch. Derbyshire, 20 000 Einw. Eine der höchstgelegenen Städte Englands im *Peak District National Park* (s. Nationalparks), beliebter Ferienort in reizvoller Hügellandschaft und ehemaliges Heilbad, dessen Thermalquellen (28° C) bereits den Römern bekannt waren. Südlich, auf einem Hügel, die Altstadt *Higher Buxton,* während das elegante und architektonisch interessante *Lower Buxton,* das eigentliche Kur- und Bäderviertel, nördlich in einem flachen Tal liegt.

Auskunft: Tourist Information Office, The Crescent, Tel. 51 06.

Tel.-Vorwahl: 02 98

Verkehr: A 6 Derby – Manchester – Bahnstation.

Sehenswert: **The Crescent,** 18. Jh., halbkreisförmiger Gebäudekomplex im Renaissancestil (Palladio). Am Nordostende die Thermalbäder (geschlossen). – **Devonshire Hospital,** mit großer Flachkuppel, im 18. Jh. ursprünglich als Reitschule erbaut. – **Public Library** mit heimatkundlichem Museum (wochentags 10 bis 19 Uhr). – **Pooles Cavern,** Kalksteinhöhle (täglich April bis Oktober, Eintrittsgebühr).

Baden: Freibad im Pavilion Gardens.

Sport: Tennis, Golf, Bowling.

Veranstaltungen: Theater und Konzerte im Pavilion Gardens (Sommer); Buxton Wells Dressing Carnival (Juli).

Ausflüge: Nach **Matlock** (21 M südöstlich, A 6), ein ehemaliges Heilbad (19 600 Einw.) im tiefeingeschnittenen Wye-Tal. Die Thermalquellen speisen jetzt das städtische Schwimmbad. **Riber Castle,** auf einer Anhöhe im Osten, ist eine Festungsimitation, der dazugehörige Park steht unter Naturschutz. 2 M südlich (A 6) **Matlock Bath,** an der engsten Stelle der Wye-Schlucht, eingezwängt zwischen steilen Felswänden, die zu den höchsten Englands zählen. Natürliche Höhlen, künstlich erweitert durch Bleiabbau in der Römerzeit, können besichtigt werden (Eintrittsgebühr). Die Route nach Matlock führt über **Bakewell** (12 M), eine hübsch gelegene kleine Stadt im Wye-Tal, mit Brücke aus dem 13. Jh. Unmittelbar südlich, **Haddon Hall,** ein Herrenhaus aus dem 12. Jh. (täglich außer sonntags und montags 11 bis 18 Uhr, Eintrittsgebühr). 4 M nordöstlich davon das Renaissanceschloß (Palladio) **Chatsworth House** (täglich außer montags und dienstags, April bis September 13 bis 17 Uhr, Eintrittsgebühr). – Nach **Ashbourne** (20 M südlich, A 515) über **Newhaven** (10 M; altes Postgasthaus). **Ashbourne** (5600 Einw.), altes Straßenbild in der Main Street, Kirche aus dem 13. Jh. mit 65 m hohem Turm; einige Gebäude der Grammar School stammen aus der Tudorzeit. Am Faschingsdienstag findet alljährlich auf den Straßen der Stadt ein traditionell-fröhliches Fußballspiel statt. Nördlich von Ashbourne das romantische Tal *Dove Valley*. – Nach **Leek** (12 M südwestlich, A 53) über den Kamm von *Axe Edge* (550 m, Aussichtspunkt). Leek ist ein Zentrum der Seidenspinnereien und -webereien (19 400 Einw.). Im Kirchhof (Aussichtspunkt) ein sächsisches Kreuz vom 10. Jh. 1 M nördlich die Klosterruine **Dieulacress Abbey** (13. Jh.). – Nach **Castleton** (12 M nordöstlich, A 6/A 625) über das altertümliche Städtchen **Chapel-en-le-Frith** (6 M; Marktkreuz, mittelalterlicher Strafstock). **Castleton** liegt im Herzen des *Peak*-Höhlengebietes. Über der Ortschaft die Burgruine **Peveril Castle**, 12. Jh., darunter der riesige Eingang zur *Peak-Cavern*-Höhle (täglich 10 bis 21 Uhr, Eintrittsgebühr). 1 M westlich die *Speedwell Mine*, teils natürliche Höhle, teils als Bleibergwerk ausgehauen (April bis Oktober 10 bis 19 Uhr, Eintrittsgebühr), die 3 km lange *Blue John Mine* und die *Treak Cliff Cavern* (beide Höhlen täglich 10 bis 18 Uhr, Eintrittsgebühr).

Unterkunft in Buxton:

Hotels:	Tel.	Zimmer
Palace	20 01	140
St. Ann's	27 88	81
Buckingham	34 39	40
Lee Wood	30 02	40
Old Hall	28 41	37

In der Umgebung:

Hotels:	Tel.	Zimmer
New Bath, Matlock	32 75	57
Rutland Arms, Bakewell	28 12	28
Temple, Matlock	39 11	14
Green Man, Ashbourne	20 17	11
Kings Arms, Chapel-en-le-Frith	21 05	11
Ye Olde Nag's Head, Hope Valley, Castleton	2 02 48	10

Jugendherbergen: Fly Hill, Bakewell, Tel. 06 29 81/23 13, 40 B. – Sherbrook Lodge, Harpur Hill Road, Buxton, Tel. 02 98/22 87, 60 B. – Elton Old Hall, Main Street, Elton, Tel. 06 29 88/3 94, 26 B. – Brunswood Road, Matlock Bath, Tel. 06 29/29 83, 40 B.

CAERNARFON (B 3), Grafsch. Gwynedd (WALES), 20 m, 9000 Einw. Hauptstadt der Grafschaft, historische Festungsstadt und Hafen am südlichen Eingang zur *Menai Strait*, der engen Meeresstraße zwischen **Anglesey** und dem Festland. Gegründet im 13. Jh. als eine der sechs großen Festungen, die Edward I. zur Unterwerfung von Wales anlegen ließ. Die Burg ist der traditionelle Rahmen für die Investitur des englischen Thronfolgers, des Prince of Wales. Im Osten der Stadt liegt das *Snowdon-Massiv*, nach Südwesten erstreckt sich die ländlich-unberührte Halbinsel **Lleyn.** – Übersichtskarte »Snowdonia« siehe unter Betws-y-Coed.

Auskunft: Information Bureau, Tel. 24 93.

Tel.-Vorwahl: 2 86

Verkehr: A 487 Bangor – Portmadoc.

Sehenswert: **Caernarfon Castle**, imposanteste der mittelalterlichen Festungen Englands, in vierzigjähriger Bauzeit errichtet. Die Innenanlagen sind weitgehend restauriert, die mächtigen Außenmauern sind jedoch unverändert erhalten. Älteste Bauteile sind Wall und Wehrtürme (1283–1292) an der Südseite über dem *Seiont River*, der früher den Fuß der Mauern umspülte; die Nordmau-

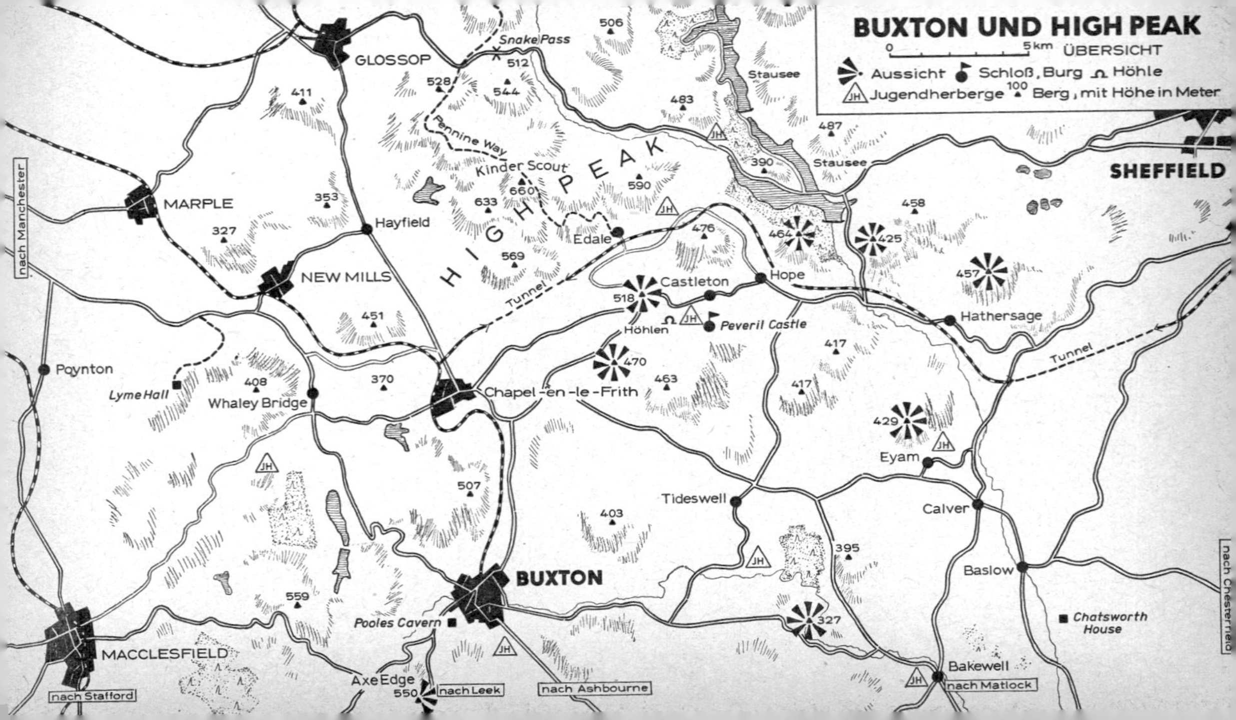

BUXTON UND HIGH PEAK
0
5km
ÜBERSICHT
Aussicht
Schloß, Burg
Höhle
JH
Jugendherberge
100
Berg, mit Höhe in Meter
SHEFFIELD
GLOSSOP
Snake Pass
512
528
544
506
411
483
Stausee
487
Stausee
390
Pennine Way
Kinder Scout
HIGH PEAK
660
633
590
353
MARPLE
327
Hayfield
Edale
476
464
425
458
457
569
NEW MILLS
Tunnel
Castleton
Hope
518
Hathersage
451
Höhlen
Peveril Castle
417
Tunnel
470
Poynton
Lyme Hall
408
370
Whaley Bridge
Chapel-en-le-Frith
463
417
429
Eyam
507
Tideswell
403
Calver
395
Baslow
BUXTON
559
Chatsworth House
Pooles Cavern
327
MACCLESFIELD
Bakewell
Axe Edge
550
nach Stafford
nach Leek
nach Ashbourne
nach Matlock
nach Manchester
nach Chesterfield

ern wurden 1296 begonnen (täglich 10 bis 17 Uhr, sonntags bis 14 Uhr, Eintrittsgebühr). – Die **Stadtmauer,** 13. Jh., nördlich der Burg, über 1 km lang und noch völlig intakt, mit Wehrtürmen und einer Kirche an der Nordwestecke. – **Römisches Fort,** Beddgelert Road, vermutlicher Geburtsort des Kaiser Konstantin (Museum; täglich 10 bis 16 Uhr, Eintrittsgebühr). – **Llanbeblig Church,** Beddgelert Road, mit Tudor-Turm und Kapelle aus dem 14. Jh.

Baden: Freibad.

Sport: Angeln, Golf, Segeln.

Ausflüge: Nach **Bangor** (9 M nordöstlich, A 487), Bischofssitz und Universitätsstadt (14 000 Einw.) am Nordeingang zur *Menai Strait,* durch zwei imposante Straßen- und Eisenbahnbrücken aus dem 19. Jh. mit *Anglesey* (s. dort) verbunden. Die Kathedrale, eine normannische Gründung, wurde im 19. Jh. renoviert. Der ehemalige Bischofspalast aus dem 16. Jh. dient heute als Rathaus. Die Universitätsgebäude wurden 1910 im Renaissancestil vollendet. In der College Road das *Museum of Welsh Antiquities* (täglich November bis März 10 bis 16 Uhr). *Penrhyn Castle* im Osten wurde im 19. Jh. als Nachbildung einer Normannenburg (prächtiges Interieur) für einen Schiefer-Millionär erbaut (Juni bis September wochentags 10 bis 16 Uhr, Eintrittsgebühr). – Nach **Beddgelert** (13 M südöstlich, A 4085) über **Nant Mill** (6 M; alte Brücke und Wasserfall) und **Llyn Cwellyn** (*Lake Quellyn,* Angeln). **Beddgelert** (spr Beth-), hübsch gelegene Ortschaft an der Vereinigung zweier Flüsse. Die Dorfkirche ist die Kapelle eines ehemaligen Augustinerklosters. Von Beddgelert aus führen schöne Wanderwege durch den **Pass of Aberglaslyn** im Süden und das **Gwynant-Tal** nordöstlich, am Südhang des Snowdon-Massivs, im Gebiet des Snowdonia National Park (s. Nationalparks). – Zum **Snowdon** über *Llanberis* (8 M östlich, A 4086, dann 1 Std. mit Zahnradbahn oder 3 Std. zu Fuß, s. *Betws-y-Coed*). – Nach **Pwllheli** (20 M südlich, A 499) über **Clynnog Fawr** (10 M; Kirche 16. Jh.). **Pwllheli** (spr. Pul-thelly; 3600 Einw.), Marktstadt und Zentrum für Bootsbau; guter Ausgangspunkt zur landschaftlich schönen und unberührt-ländlichen *Lleyn-Halbinsel,* die sich 25 km nach Südwesten erstreckt. An der Südseite die Ortschaften **Abersoch** (6 M; kleines Seebad, Sandstrände), **Llanengan** (8 M; Kirche 15. Jh.) und **Aberdaron** (16 M), das, fast an der Spitze der Halbinsel, als abgelegenstes Dorf in Wales gilt (Badestrände, Kirche 12. Jh., Bootsausflüge zur Insel **Bardsey,** auf der eine Klosterruine aus dem 13. Jh. steht). An der Nordküste die Ortschaften **Nefyn** (7 M; Seebad), **Porth Dinlleyn** (8 M; prähistorische Klippenfestung) und **Llangwnadl** (10 M; Kirche 15. Jh.).

Unterkunft in Caernarfon:

Hotels:	Tel.	Zimmer
Royal	30 29	59
Prince of Wales	33 67	20
Menai Bank	32 97	15

In Bangor:

Hotels:	Tel.	Zimmer
British	49 11	59
Castle	34 41	39
Waverley	20 17	17

In Beddgelert:

Hotels:	Tel.	Zimmer
Royal Goat	2 24	29
Saracen's Head	2 23	27
Bryn Eglwys	2 10	12
Prince Llewelyn		10

In Pwllheli:

Hotels:	Tel.	Zimmer
Rhyllech Mansion	2862	10

In Abersoch:

Hotels:	Tel.	Zimmer
Porth Tocyn	2966	22
Harbour	2406	21
Riverside	2414	16
Waynol	2404	12
Neigwl	2363	11

In Aberdaron:

Hotels:	Tel.	Zimmer
Ty Newydd	207	16
Ship	204	12

Jugendherbergen: Tan-y-Bryn, Bangor, Tel. 0248/53516, 70 B. – Bryn Gwynant, Nant Gwynant, Caernarfon, Tel. Beddgelert 076686/251, 62 B.

CAMBRIDGE (G 4), Grafsch. Cambridgeshire, 15 m, 103000 Einw. Hauptstadt der Grafschaft, eine der ältesten und berühmtesten Universitätsstädte der Welt, in einer weiten Flußschleife des *Cam River* gelegen. Im Norden erstreckt sich das flache trockengelegte Marschland der *Fens*. Das Stadtbild ist geprägt von den schönen historischen Universitätsgebäuden, attraktivem Parkgelände am Flußufer, den imposanten historischen wie modernen Gebäuden der Bibliotheken, Museen, Verwaltungsbehörden, Forschungsinstituten und Laboratorien. Die Universität ist in 23 unabhängige Colleges gegliedert, von denen 6 auch für weibliche Studenten zugelassen sind (insgesamt über 10000 Studenten). Von besonderem Interesse sind die Museen der Stadt, die als Arbeitsmuseen für Studium und Forschung eingerichtet sind. Auch die industrielle Entwicklung der Stadt ist an der Universität orientiert: Feinmechanik, Herstellung wissenschaftlicher Instrumente, Buchdruck; der Schwerpunkt der Forschung liegt auf dem Gebiet der Landwirtschaft. Zu Cambridges berühmtesten Studenten zählten Christopher Marlowe, John Milton, William Wordsworth, Lord Byron, Isaac Newton, Charles Darwin.

Auskunft: Tourist Information Centre, 4 Bene't Street, Tel. 58977 oder 69981.

Tel.-Vorwahl: 0223

Verkehr: A 10 London – King's Lynn. – Bahnstation.

Geschichte: Vorrömische und römische Ausgrabungsfunde weisen auf eine Besiedelung seit frühesten Zeiten hin. 875 gründeten die Dänen an dem verkehrsgünstigen Fluß, den sie Granta nannten, eine Handelsniederlassung (Granatabridge), und Wilhelm der Eroberer baute hier eine seiner vielen Burgen. Die Universität, vermutlich aus einer früheren Klostergründung hervorgegangen, ist zum ersten Mal im Jahr 1231 erwähnt. Das erste College, Peterhouse, wurde 1284 eröffnet, elf weitere folgten im 14. und 15. Jh. Zu Beginn des 16. Jh. war der Ruf der Universität nicht nur im eigenen Land fest verankert, sondern auch über dessen Grenzen hinaus auf das europäische Festland gedrungen. Die mittelalterliche Universitätsstadt erlebte zahlreiche Reibereien und oft heftige Auseinandersetzungen zwischen Stadtbevölkerung und Studentenschaft, zwischen Stadt- und Universitätsverwaltung, in deren Verlauf es der Universität gelang, zahlreiche städtische Vorrechte und Privilegien an sich zu ziehen und sie gegen heftigen Widerstand bis ins 19. Jh. zu halten.

Sehenswert: (Anmerkung: Die meisten Colleges können nur nachmittags nach dem Unterricht besichtigt werden). – **St. Bene't's Church,** der Turm aus der Sachsenzeit (11. Jh.) ist das älteste Bauwerk der Stadt. – **Old Court,** *Corpus Christi College,* fast unverändert aus dem 14. Jh. erhalten. – **Whipple Science Museum,** wissenschaftliche Instrumente und Schriften aus drei Jahrhunderten (montags bis freitags 14 bis 17 Uhr). – **St. Botolph's Church,** vorwiegend 14. Jh. – **Pembroke College,** mittelalterliche Gebäudeteile (alte Kapelle 14. Jh.), *Ivy Court,* 17. Jh. – **Archäologisches und Geologisches Museum** (täglich außer montags 14 bis 16 Uhr). – **Little St. Mary's Church,** *Peterhouse College,* hochgotisch, vorwiegend 14. Jh. – **Fitzwilliam Museum,** Privatmuseum der Universität, wertvolle Kunst- und Gemäldesammlungen (täglich außer montags 10 bis 17 Uhr, sonntags 14 bis 17 Uhr). – **Queen's College,** 15. Jh., Innenhöfe. – **The »Backs«,** Parkanlagen zwischen den Kolleggebäuden und dem Fluß. – **King's College Chapel,** 15. Jh., spätgotisch, Fächergewölbe, schöne Glasmalerei. – **St. Edward's Church,** 12. und 14. Jh. – **Old Schools,** jetzt Verwaltungszentrum der Universität, Gebäudeteile aus dem 15. Jh. – **Trinity Hall,** 1350 gegründet, im 2. Innenhof Bibliothek aus dem 16. Jh. – **Caius College** (spr. Kies), Innenhöfe und Tore 18. Jh. – **Senate House** (1720), in dem Ende Juni die Zeremonie der Diplomverteilung stattfindet. – **Great St. Mary's Church,** die Universitätskirche, 16. Jh. (Eintrittsgebühr für Turmbesteigung). – **Great Court,** *Trinity College,* 16. Jh., das größte College. Im Innenhof Kapelle, Tore (16. Jh.), Hall (1601); *Nevile's Court,* 17. Jh., mit Bibliotheksbau von Christopher Wren (1690). – **St. John's College,** Innenhöfe 17. Jh. – Cam-Brücken **»Bridge of Sighs«** (Seufzerbrücke, 1831) und **»Kitchen Bridge«** (1701). – **School of Pythagoras,** das älteste Haus in Cambridge aus dem 12. Jh. – **Magdalen Street** (spr. Mawdlen), Fassaden aus dem 16. und 17. Jh. – **Magdalen College,** Innenhöfe 16. bis 17. Jh. – **Folk Museum** (täglich außer montags 14 bis 17 Uhr, Eintrittsgebühr). – **Kettles Yard Art Gallery,** moderne Kunst (täglich 14 bis 16 Uhr). – **St. Peter's Church,** Portal 12., Turm 14. Jh. – **Castle Hill,** Erdschanze, auf der William the Conqueror 1068 seine Burg errichtete. – **Round Church,** 1130, eine der fünf mittelalterlichen Rundkirchen Englands, in Anlehnung an die Grabkirche von Jerusalem. – **Sidney Sussex College,** Halle 18. Jh. – **Christ's College,** Innenhöfe 16. und 17. Jh. – **Emmanuel College,** Kapelle 17. Jh. von Christopher Wren. – **Botanischer Garten,** Hills Road. – **Polar Research Institute,** Lensfield Road (täglich außer sonntags 14.30 bis 16 Uhr). – **University Library,** West Road (Führungen montags bis freitags 15 Uhr).

Baden: Hallenbad, Freibäder, Sheep's Green (Flußbad).

Sport: Angeln, Rudern, Tennis, Golf, Bowling, Croquet; Sportzentrum.

Veranstaltungen: Festival of Nine Lessons and Carols, King's College Chapel, am Hl. Abend (keine Vorbestellung oder Reservierung möglich). – The »Bumps«, Ruderwettkämpfe auf dem Fluß zwischen den Colleges, Mitte Februar, Anfang Juni. – Cambridge Festival, Konzerte, Schauspiel, Kunstausstellungen, Volkstänze, etc.

Unterhaltung: The Arts Theatre (Schauspiel, Ballett, Oper, klassisch-griechisches Drama in Originalsprache). The ADT Theatre (University Amateur Dramatic Club), in dem eine

CAMBRIDGE

0 100 200 m

Information

1 St. Bene't's Church
2 Whipple Science Museum
3 St. Botolph' Church
4 Archeological and Geological Museum
5 Fitzwilliam Museum
6 St. Edward's Church
7 Senate House
8 Great St. Mary's Church
9 School of Pythagoras
10 Folk Museum
11 Kettles Yard
12 St. Peter's Church
13 Round Church
14 Botanischer Garten
15 Polar Research Institute
16 University Library

Reihe späterer Bühnenberühmtheiten debütierten.

Ausflüge: **Anglesey Abbey** (6 M nordöstlich, A 45/B 1102), ein Privathaus seit dem 16. Jh. in einer alten Abtei; Stilmöbel, Park (April bis Oktober, mittwochs, donnerstags, samstags, sonntags 14 bis 18 Uhr, Eintrittsgebühr). – **Wandlebury** (5 M südöstlich, A 604), eisenzeitliche Festung auf den *Gog Magog Hills* (76 m, Aussichtspunkt; Naturlehrpfad). – Nach **Saffron Walden** (15 M südöstlich, A 130), über **Trumpington** (3 M; Kirche 14. Jh.; 1 M westlich **Grantchester** mit den *»Tea Gardens«* der Universität am *Cam River*) und **Sawston** (6 M; Herrenhaus aus dem 16. Jh., April bis Oktober sonntags 14 bis 17 Uhr, Eintrittsgebühr). **Saffron Walden,** alte Marktstadt (10 000 Einw.) mit kaum verändertem historischem Stadtbild; Kirche 15. Jh., viele Fachwerkhäuser aus dem 17. Jh. In Chater's Hill Street ein interessanter, in die Erde geschnittener Irrgarten unbekannter Herkunft, der größte dieser Art in England. 1 M westlich **Audley End Mansion** (1603), im jakobinischen Stil prächtig möbliert und ausgestattet (täglich außer montags, April bis Oktober, 10 bis 17 Uhr). – Nach **Huntingdon** (16 M nordwestlich, A 604), über **Godmanchester** (14 M; römische Überreste, Kirche 13. Jh.). **Huntingdon** (17 000 Einw.) war die Hauptstadt der ehemaligen Grafschaft *Huntingdonshire* (seit 1974 in Cambridgeshire einbezogen). Geburtsstadt Oliver Cromwells (1599–1658; Cromwell-Museum täglich außer montags, 11 bis 17 Uhr, sonntags 14 bis 16 Uhr). Die krumme Brücke über den *Ouse River* stammt aus dem 14. Jh. 1 M südwestlich **Hinchingbrooke House** (16. Jh.), mit Cromwells Familie verknüpft, jetzt Schule (Besichtigung Sonntag nachmittags im Sommer).

Unterkunft in Cambridge:

Hotels:	Tel.	Zimmer
University Arms, Regent Street	5 12 41	120
Cambridgeshire, Huntingdon Road	Crafts Hill, 8 05 55	100
Royal Cambridge, Trumpington Street	5 16 31	82
Gonvill, Gonville Place	6 66 11	62
Garden House, Granta Plache	6 34 21	55
Blue Boar, Trinity Street	6 31 21	48

In der Umgebung:

Hotels:	Tel.	Zimmer
Old Bridge, Huntingdon	5 26 81	26
George, Huntingdon	5 30 96	20
Saffron, Saffron Walden	26 76	18
Banyers, Royston	4 21 10	10

Jugendherbergen: 97 Tenison Road, Cambridge, Tel. 02 23/5 46 01, 96 B. – Houghton Mill, Huntingdon, Tel. St. Ives Cambs. 04 80/6 23 36, 40 B. – 1 Myddylton Place, Saffron Walden, Tel. 07 99/2 31 17, 42 B.

CAMBRIDGESHIRE (Abk. Cambs., F/G 4), 3410 qkm, 551 000 Einw., Hauptstadt **Cambridge.** Grafschaft nördlich von London, deren Gebiet seit 1974 auch **Huntingdonshire** und die historischen Verwaltungsbezirke der **»Soke of Peterborough«** und der **»Isle of Ely«** einbezieht. Ein reiches Weizenanbaugebiet, vor allem im nördlichen Teil der Grafschaft, der die fruchtbare Tiefebene der **Fens,** zurückgewonnenes Marschland, umfaßt. Nur selten erreicht das Land eine Bodenerhebung über 100 m, dies nur im Südosten an der Grenze zu Essex. Die Hauptindustrien der Grafschaft sind mit Landwirtschaft verbunden. Ihre Hauptstadt ist eine der führenden Universitätsstädte der Welt; weitere wichtige Städte sind **Peterborough** (s. dort), **Huntingdon, Ely** (s. dort) und **March.**

CANTERBURY (G 5), Grafsch. Kent, 25 m, 36 000 Einw. Eine der ältesten Städte Englands, Gründung aus der Römerzeit und mittelalterliche Pilgerstadt; Sitz des Erzbischofs von Canterbury, des Oberhauptes der anglikanischen Kirche (*Primate of All England).* Waldreiches Gebiet umgibt die Stadt am *Great Stour River* und erstreckt sich bis fast zur Küste 10 km nördlich. Canterbury ist die Geburtsstadt des elisabethanischen Dichters Christopher Marlowe (1564–1593), auf den die Faustlegende zurückgeht.

Auskunft: Tourist Information Office, High Street, Tel. 6 65 67

Tel.-Vorwahl: 02 07

Verkehr: M 2/A 2 London – Dover. – Bahnstation.

Geschichte: Das Gebiet um Canterbury war bereits in prähistorischer Zeit besiedelt. Die zum Teil noch erhaltenen mittelalterlichen Stadtmauern stehen auf den Fundamenten der Römerfestung Durovernum. Diese befestigte Römerstadt wählten später die kentischen Könige als Hauptsitz. Unter dem Einfluß seiner christlich-fränkischen Gemahlin Bertha hieß König Ethelbert von Kent im Jahr 597 den römischen Missionar Augustinus an seinem Hof willkommen und trat mit vielen seiner Gefolgsleute zum Christentum über. Augustinus gründete eine Benediktinerabtei, die spätere St. Augustinus Abbey, die die Grabkirche sämtlicher frühen kentischen Könige und Erzbischöfe wurde. Er führte die noch aus der Römerzeit stammenden christlichen Kirchen wieder dem Christentum zu, darunter St. Martin's und die Vorgängerin der heutigen Kathedrale. Letztere, vom ersten normannischen Erzbischof neu erbaut (1070), wurde 1170 der Schauplatz der Ermordung des Erzbischofs Thomas Becket; eine prunkvolle Grabkapelle wurde zu Ehren des Heiligen und Märtyrers errichtet. Seine Grabstätte, der bald wundertätige Kraft zugeschrieben wurde, zog bis zu ihrer Zerstörung (1538) durch Henry VIII. zahllose Pilger aus allen Landesteilen an. Der Bau eines größeren, prächtigeren Gotteshauses wurde notwendig, und mit dem neuen Reichtum, der der Wallfahrtskirche zufloß, ging auch die kirchliche Vormacht von der alten Abtei auf die neue Kathedrale über. Die lebensfrohe Atmosphäre der mittelalterlichen Pilgerstadt hat Chaucer in seinen »Canterbury Tales« verewigt. Im letzten Krieg wurde Canterbury durch deutsche Bombenangriffe schwer beschädigt, und der moderne Wiederaufbau hat das historische Stadtbild stark verändert. Bei den Wiederaufbauarbeiten wurden Teile eines römischen Theaters freigelegt.

Sehenswert: Die weltberühmte **Cathedral,** 1070 begonnen und 1503 im spätgotischen Stil vollendet. Neben romanischen Bauteilen (Corona, einer kleinen runden Kapelle, und Krypta) enthält sie die frühesten englischen Beispiele des Übergangs vom romanischen Rundbogen zum gotischen Spitzbogen (Chor, einer der längsten in England). Die **Trinity Chapel,** hinter dem Hochaltar als Rahmen für Beckets Schrein erbaut, enthält das Grabmal Henry IV. (1413), des einzigen englischen Königs, der in Canterbury Cathedral bestattet ist, und die Gruft des Black Prince, des Helden von Poitiers (1356). Die zum Teil erhaltenen Glasfenster gehören zu den schönsten und ältesten der Welt. In den *Cathedral Precincts,* östlich an die Stadtmauer grenzend und von der Westseite durch das schöne spätgotische **Christ Church Gate** als Haupteingang zugänglich, sind große Teile der ehemaligen Klosterbauten erhalten (Kreuzgänge; normannische Außentreppe der King's School). – **Römisches Pflaster,** Butchery Lane. – **The Weavers,** High Street, eine Reihe schöner alter Fachwerkhäuser am *Stour River* (15. Jh.). – **St. Thomas Hospital,** High Street, mit normannischer Halle. – **West Gate,** St. Peter's Street, einziges erhaltenes der sieben mittelalterlichen Stadttore (Museum mit Waffensammlung; Aussichtspunkt). Davor **Holy Cross Church,** beide Ende 14. Jh. – **Poor Priest's House,** Stour Street, 14. Jh., heute Klinik und Regimentsmuseum, und am Fluß, von Parkanlagen umgeben, **Greyfriars,** das zur ersten Franziskanergründung in England gehörte (1267; März bis Oktober 13.30 bis 17.30 Uhr, Eintrittsgebühr). – **Blackfriars,** The Friars, Klosterkirche aus dem 13. Jh., als Christian-Science-Kirche umgebaut. – Die freigelegten Ruinen der **St. Augustine's Abbey,** Monastery Street, 598 gegründet und 1538 zerstört. – **St. Martin's Church,** St. Martin's Avenue, eine der ältesten christlichen Kirchen. – **Dane John Gardens,** Pin Hill, Parkanlagen, prähistorische Erdschanze, Reste der Burg und Stadtmauer (Aussichtspunkt).

Baden: Hallenschwimmbad, Kingsmead Road; Sand- und Kiesstrände in den Küstenorten Whitstable, Tankerton und Herne Bay (10 km nördlich).

Sport: Angeln, Tennis, Golf, Bowling.

Unterhaltung: Marlowe Theatre (Schauspiel).

Ausflüge: Nach **Herne Bay** (9 M nördlich, A 28/A 291) über **Fordwich** (2 M; ehemaliger Flußhafen Canterburys, wo der Stein aus Caen für den Kathedralenbau an Land gebracht wurde; Kirche aus dem 16. Jh.). Herne Bay ist ein vielbesuchtes Seebad, Segel- und Anglerzentrum. 3 M östlich die Ruinen der **Reculver Church;** die doppeltürmige Kirche aus der Sachsenzeit wurde 1809 abgerissen, nur die beiden Türme blieben als Orientierung für die Schiffahrt verschont. – Nach **Whitstable** (8 M nördlich, A 290), populärer Ferienort, berühmt für seine ausgezeichneten Austern; am Hafen alte Fischerhütten. Eine 2 km lange Sand- und Kiesbank, *»Street Stones«,* liegt bei Ebbe frei und enthüllt eine Fülle verschiedenartigsten Meeresgetiers. – Nach **Faversham** (9 M westlich, A 2); schöne alte Fachwerkhäuser in der Abbey Street, Guildhall auf Holzarkaden (beide 16. Jh.). – Nach **Ashford** (14 M südwestlich, A 28) über **Chilham** (5 M; Marktplatz mit Fachwerkhäusern; beim Burgfried, 13. Jh., Terrassengärten). In der alten Marktstadt **Ashford** (35 000 Einw.) sind zahlreiche alte Bürgerhäuser erhalten, Kirche aus dem 15. Jh. – Nach **Bishopsbourne** (5 M südöstlich, A 2) über **Patrixbourne** (3 M, Kirche mit schönem Portal aus dem 12. Jh., bunte Kirchenfenster aus der Schweiz, 16. Jh.). Bishopsbourne, ein stilles Dorf in einem idyllischen bewaldeten Tal, war das letzte Heim des Schriftstellers Joseph Conrad (1857–1924).

Unterkunft in Canterbury:

Hotels:	Tel.	Zimmer
Country	6 62 66	74
Chaucer	6 44 27	51
Abbots Barton	6 03 41	36
Slatters	6 32 71	30
St. Stephen's Guest House	6 21 67	11

In der Umgebung:

Hotels:	Tel.	Zimmer
Spearpoint, Ashford	2 14 63	19
St. George, Herne Bay	37 76	16

In *Bishopsbourne* keine Hotels.

Jugendherbergen: 54 New Dover Road, Canterbury, Tel. 02 27/6 29 11, 56 B. – Ellenscourt, Lady Margaret Manor, Doddington, Tel. 2 20, 38 B. – Twyssenden Manor, Goudhurst, Cranbrook, Tel. 3 25, 54 B.

CARDIFF (walisisch **Caerdydd;** C 5), Grafsch. South Glamorgan (WALES), 40 m, 288 000 Einw. Hafen, Industrie- und Handelszentrum, Universitätsstadt, Hauptstadt der Grafschaft und seit 1955 Hauptstadt von Wales, an der Nordküste des *Bristol Channel.* Im Norden steigt hügeliges Vorland zu den *Brecon Beacons* (s. Nationalparks) auf, die Täler sind verwüstet durch den Abbau von Kohle und Eisenerz im 19. Jh. Nach Westen erstrecken sich eine ruhig-ländliche Gegend mit kleinen verstreuten Bauerndörfern, strohgedeckten Häusern und eine unberührte Küstenlandschaft von steilen Felsklippen und weiten Sandstränden.

Auskunft: City Council, Tel. 3 10 33; Wales Tourist Board, Castle Street, Tel. 56 77 01.

Tel.-Vorwahl: 02 22

Verkehr: M 4/A 48 Bristol – Swansea. – Bahnstation. – Rhoose Airport.

Geschichte: Cardiffs mächtige Normannenburg, 1090 erbaut, steht auf den Grundmauern eines römischen Kastells. Das kleine Dorf, das zu Füssen der Burg entstanden war, entwikkelte sich erst im 19. Jh. zu einer Stadt von Bedeutung: Die Fertigstellung des Glamorganshire-Kanals (1794) öffnete ihm den Zugang zu dem reichen Industriegebiet von Südwales, und mit dem Bau der großartigen Dockanlagen, 1839 begonnen, wurde Cardiff zum größten Kohleexporthafen der Welt.

Sehenswert: Die **Burg,** im 19. Jh. weitgehend umgebaut und mit prächtiger Innenausstattung versehen, enthält Teile einer frühen römischen Festung, einen normannischen Burgfried (12. Jh.) und Gebäudeteile aus dem 15. Jh. (nur mit Führung, täglich Mai bis September, Eintrittsgebühr). – **National Museum of Wales,** Kunstsammlung und technisches Museum (täglich 10 bis 17 Uhr, sonntags 14 bis 17 Uhr). – **St. John's Church,** Church Street, 13. bis 15. Jh. – **Llandaff Cathedral** am Ufer des *Taff,* 2 M nördlich vom Stadtzentrum. Querschifflose Kirche, 12. und 13. Jh.; der schlichte Innenraum wird von einer eindrucksvollen modernen Christusdarstellung beherrscht.

Baden: Wales Empire Pool, Wood Street.

Sport: Bowling, Golf, Tennis, Reiten.

Ausflüge: Nach **Penarth** (5 M südlich, A 4160), ruhiges viktorianisches Seebad (21 000 Einw.). Im Sommer täglicher Dampferverkehr zu **Lundy Island** und den Badeorten an der Südküste des *Bristol Channel.* Sehenswert die italienischen Gärten und die **Turner Art Gallery** mit einer Sammlung englischer Aquarelle. – Nach **Barry** (10 M südwestlich, A 4160/ A 4055), Hafen und Schiffswerft (43 000 Einw.). **Barry Island,** eine Landzunge zwischen dem alten und neuen Hafen, ist ein lebhaftes, betriebsames Ferienzentrum mit Vergnügungspark, Ferienlager und Sandstränden. – Nach **Llantwit Major** (20 M südwestlich, A 48/A 4050/B 4265), altes Dorf, Rathaus aus dem 15. Jh.

Von einem im 6. Jh. gegründeten Kloster ist die schöne Klosterkirche (12. Jh.) erhalten. 1 M südlich romantische Klippenlandschaft, einsame Strände. 2 M westlich die Ortschaft **St. Donats** mit Schloß aus dem 15. Jh. (jetzt College, gelegentlich für Besucher geöffnet), der Schloßpark zieht sich bis an den Rand der Klippen. – Nach **Bridgend** (20 M westlich, A 48) über **St. Nicholas** (7 M; *Dyffryn Gardens,* ein Meisterwerk der Gartenbaukunst, liegt 1 M südlich; täglich März bis Oktober 10 bis 19 Uhr, Eintrittsgebühr) und **Cowbridge** (13 M; ruhiges altes Städtchen, Teile der Stadtmauer und Kirchturm aus dem 13. Jh.; 2 M südöstlich ein elisabethanisches Herrenhaus mit Renaissanceportalen). **Bridgend,** Markt- und Fabrikstadt (15 000 Einw.) mit *Burgruine* (12. Jh.; täglich ab 10 Uhr bis Einbruch der Dunkelheit; sonntags ab 14 Uhr, Eintrittsgebühr) und St. John's Hospiz aus dem 15. Jh. 1 M südlich die Ruinen des Benediktinerklosters **Ewenny Priory** (12. Jh.). 2 M südwestlich die normannische Festungsruine **Ogmore Castle** (täglich 10 bis 16 Uhr, sonntags ab 14 Uhr). – Nach **Pontypridd** (11 M nordwestlich, A 470), nach 5 M rechts **Castle Coch,** mittelalterliche Wohnfeste, im 19. Jh. ziemlich phantasiereich restauriert (täglich 10 bis 16 Uhr, sonntags ab 14 Uhr, Eintrittsgebühr). **Pontypridd,** Markt- und Industriestadt am *Taff River;* eine attraktive Steinbrücke aus dem 18. Jh. überspannt in hohem Bogen den Fluß. – Nach **St. Fagans** (4 M westlich, A 48), Kirche aus dem 14. Jh., **Welsh Folk Museum** in der Burg (16. Jh.) mit umliegendem Park (täglich 10 bis 17 Uhr, sonntags ab 14.30 Uhr, Eintrittsgebühr.) – Nach **Caerphilly** (7 M nördlich, A 469), imposante Burgruine (13. Jh.), eine der größten des Landes. Die Befestigungsanlagen umgeben eine Fläche von 12 ha. Spuren eines Römerforts wurden unter den bestehenden Erdschanzen entdeckt.

Unterkunft in Cardiff:

Hotels:	Tel.	Zimmer
Royal, St. Mary Street	2 33 21	203
Cardiff Centre, Westgate Street	38 86 81	160
Post House, Church Road	75 01 21	150
Angel, Westgate Street	3 26 33	100
Park, Park Place	2 34 71	92
Central, St. Mary Street	2 57 49	81
Sandringham, St. Mary Street	3 21 61	28
Cedars, Llanishen	75 21 63	25

In Barry:

Hotels:	Tel.	Zimmer
Waters Edge,		38
Mount Sorrel	36 00	37
Ship	21 61	16

In Bridgend:

Hotels:	Tel.	Zimmer
Dunraven Arms	38 80	38
Wyndham	20 80	24

In Pontypridd:

Hotels:	Tel.	Zimmer
New Inn	40 22 01	48

In *Llantwit Major* und *Caerphilly* keine Hotels.

Jugendherbergen: West Aberthaw, St. Athan Boy's Village, Barry, Tel. 3 33, 30 B.

CARLISLE (D 2), Grafsch. Cumbria, 20 m, 72 000 Einw. Historische Festungsstadt an der schottischen Grenze am *Eden River,* unweit der tiefen Meeresbucht *Solway Firth.* Im

Süden der **Lake District,** im Nordosten und Osten einer der einsamsten Landstriche Englands, durchzogen von Hadrians großer römischer Mauer Seine jetzige Bedeutung erlangte Carlisle im 19. Jh. als wichtiger Eisenbahnknotenpunkt; es ist ein bedeutendes Marktzentrum und Sitz von Leichtindustrie.

Auskunft: Civic Centre, Tel. 2 55 17
Tel.-Vorwahl: 2 28
Verkehr: Endpunkt der M 6 von Manchester – Bahnstation.

Geschichte: Carlisle entstand als römischer Posten an der Hadrian-Mauer, die das Land von Solway Firth zur Nordsee durchquert. Im 11. Jh. bauten die Normannen eine Burg zur Abwehr der Schotten, die sie in den folgenden Jahrhunderten wiederholt und mit wechselndem Erfolg zu stürmen suchten. Sie fiel 1644 nach einer neunmonatigen Belagerung. Bis 1745 war die Stadt ständig von schottischen Grenzüberfällen bedroht.

Sehenswert: Die **Burg** aus rotem Sandstein, mit mächtigem normannischem Burgfried (zum Teil noch Garnison; geöffnet täglich bis Sonnenuntergang). – Die Stadtmauer, vorwiegend aus dem Mittelalter. – Die **Kathedrale,** jetzt eine der kleinsten Englands, seit 1645 ein Teil des Kirchenschiffs abgerissen wurde, um Material für die Reparatur der Stadtmauer zu gewinnen. Sie wurde 1123 als Ordenskirche eines Augustinerklosters vollendet. Altes Glas (14. Jh.) im schönen Ostfenster – **Tallie House Museum,** Castle Street, umfangreiche römische Antikensammlung in einem Herrenhaus aus dem 17 Jh. (täglich außer sonntags 9 bis 17 Uhr). – **The Tithe Barn** (Zehentscheune, 1490) an der Stadtmauer

Ausflüge: Nach **Wetheral** (5 M östlich, A 69/B 6263), an einem idyllischen Flußabschnitt des *Eden River,* Anglerzentrum; gegenüber von **Corby Castle** (17. Jh.), das Torhaus eines Benediktinerklosters (12. Jh.). – Nach **Silloth** (22 M westlich, B 5307), ein Ferienort am *Solway Firth* mit ausgezeichneten Golfplätzen; über **Abbey Town** (17 M; Kirchenschiff eines ehemaligen Benediktinerklosters, 12. Jh.). – Zum **Roman Wall** (s. Hexham), dem unter dem römischen Kaiser Hadrian im 2. Jh. errichteten Schutzwall gegen die schottischen Picten, der sich vom Norden der Stadt in östliche Richtung bis Newcastle erstreckt und ab Greenhead (17 M östlich) nahe der Straße 6318 verläuft.

Unterkunft in Carlisle:

Hotels:	Tel.	Zimmer
Hilltop Motor Hotel	2 92 55	123
Carlisle Crest Motel	3 12 01	98
Crown and Mitre	2 54 91	75
Cumbrian	3 19 51	69
Central		63

In der Umgebung:

Hotels:	Tel.	Zimmer
Skinburness, Siloth	4 68	25
Graham Arms, Longtown	2 13	17

Jugendherbergen: Etterby House, Etterby, Tel. 2 39 34, 73 B.

CHANNEL ISLANDS (Kanalinseln), Inselgruppe vor der Westküste der Halbinsel von Cherbourg. Nur sieben der größten Inseln sind bewohnt; die häufigst besuchten und nachfolgend beschriebenen sind **Alderney, Guernsey, Jersey** und **Sark.** Sie besitzen ihre eigene Regierung in weitgehender Unabhängigkeit vom englischen Staat, geben ihre eigene Währung aus (in Sterling-Einheiten) und erheben ihre eigenen Steuern. Die offizielle Sprache ist französisch, das jedoch nur selten und meist nur zu offiziellen Anlässen gesprochen wird; die Inselbewohner sprechen alle englisch. Das außerordentlich milde Klima der Inseln macht sie zu Englands Hauptlieferanten für Frühgemüse und Blumen; ebenso berühmt ist ihre Milchwirtschaft. Die landschaftliche Schönheit der Inseln, insbesondere der Küstenstriche, zieht zahlreiche Touristen an, für deren Ferienvergnügen in jeder Weise gesorgt ist. Es bieten sich zahllose Badestrände und eine abwechslungsreiche Palette von Unternehmungen, vom Segeln bis zur Höhlenforschung; in etwa 70 Hotels und Pensionen stehen über 3000 Zimmer für Übernachtungen zur Verfügung. Reisende nach England unterliegen denselben Zollbestimmungen, wie sie für internationale Einreise gelten, da viele Waren auf den Inseln wesentlich billiger sind.

Geschichte: Die Inseln waren in der Bronzezeit bewohnt. Sie waren den Römern bekannt, wenn auch nicht von ihnen ständig besiedelt. Die Normannen (noch als Nordmänner) besetzten sie im Zuge der Eroberung der Normandie. Sie gehörten als Bestandteil seines Herzogtums zu den Besitzungen Wilhelm des Eroberers, als er 1066 England seinem Reich einverleibte. Als 1204 die Normandie den französischen Königen zufiel, blieben die Inseln dem englisch-normannischen Haus der Plantagenets treu und erhielten dafür eine Reihe von Privilegien, die bis zum heutigen Tag bestehen blieben. Im 14. und 15. Jh. waren die Inseln wiederholten Überfällen durch die Franzosen ausgesetzt, und im 17. Jh., im Bürgerkrieg, herrschte ein bitterer Konflikt zwischen den Inselbewohnern selbst. 1781 wurde in offener Feldschlacht auf Jersey eine französische Invasion zurückgeschlagen der Anlaß, die Inseln im Verlauf der napoleonischen Zeit erstmalig stark zu befestigen. Weitere Verteidigungsanlagen kamen Mitte des 19. Jh. hinzu. 1940 wurden jedoch die Inseln von den Briten entmilitarisiert und evakuiert. Sie standen bis 1945 unter deutscher Besatzung.

Alderney, 7 qkm, 1700 Einw. Die nördlichste der Inseln, 14 km vor der französischen Küste, ist 6 km lang und 2 km breit. Die meisten ihrer Bewohner konzentrieren sich in der einzigen Stadt der Insel, **St. Anne** (1300 Einw.). Haupterwerbszweig ist Gemüseanbau. An der Südküste großartige Klippenlandschaft, während die Nordküste zahlreiche sandige Badebuchten bietet. Die bemerkenswerten Hafenanlagen und die vielen Küstenfestungen der Insel stammen aus dem 19. Jh.

Auskunft: Tourist Information Bureau, St. Anne, Tel. 28 11.

Verkehr: Schiffsverbindungen zweimal wöchentlich von Guernsey. – Flugverbindungen von Guernsey, Jersey, London, Southampton.

Sehenswert: **Museum,** *St. Anne,* heimatkundliche Sammlung. **Island Hall,** *St. Anne,* Gouverneursresidenz, 18. Jh.

Unterkunft auf Alderney:

5 Hotels mit etwa 100 Zimmern.

Guernsey, 64 qkm, 50 000 Einw. Zweitgrößte der Inseln, sie bildet mehr oder weniger den Mittelpunkt des Archipels und damit auch den Knotenpunkt des insularen Verkehrsnetzes. In Form eines Dreiecks mit einer maximalen Länge von 14 km steigt sie bis auf 105 m an. Der Hauptort der Insel, **St. Peter Port** (16 000 Einw.), mit seinen engen, steilen Gassen und alten Häusern, liegt an der Ostküste. Im Süden flaches, im Nor-

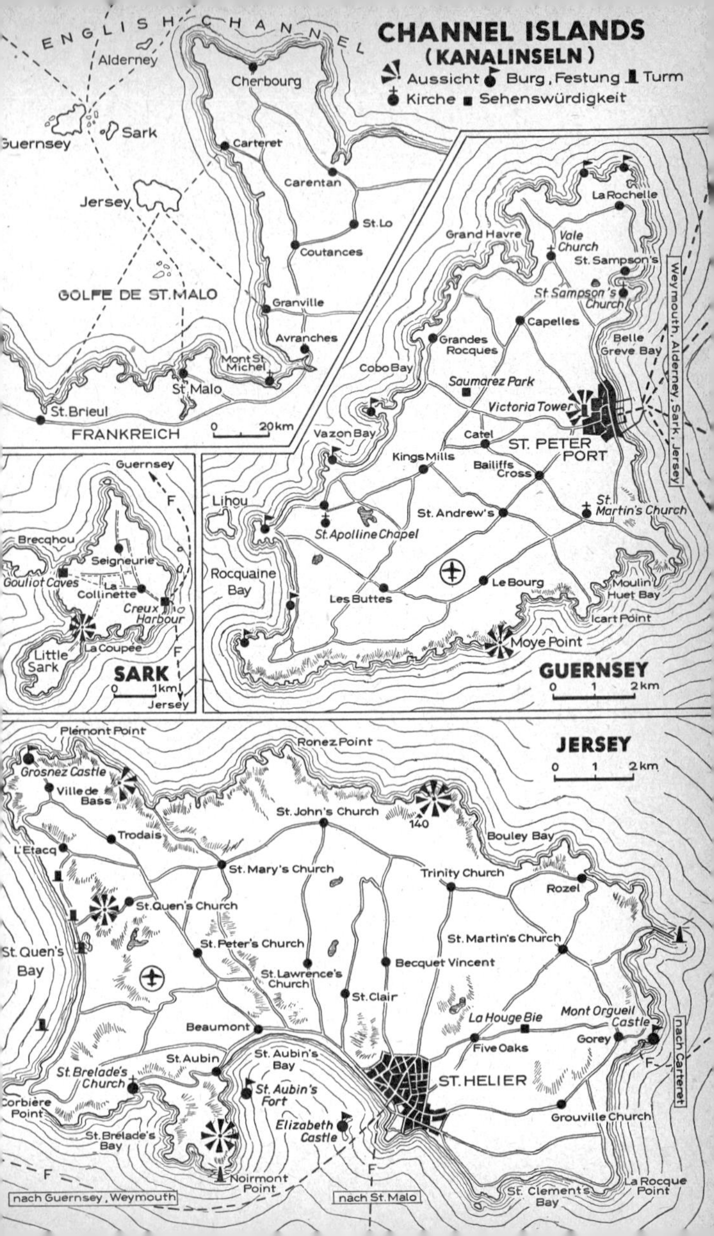
CHANNEL ISLANDS
(KANALINSELN)
Aussicht
Burg, Festung
Turm
Kirche
Sehenswürdigkeit
ENGLISH CHANNEL
Alderney
Cherbourg
Sark
Guernsey
Carteret
Carentan
Jersey
St. Lo
Coutances
GOLFE DE ST. MALO
Granville
Avranches
Mont St. Michel
St. Malo
St. Brieul
FRANKREICH
0 20 km
La Rochelle
Grand Havre
Vale Church
St. Sampson's
St. Sampson's Church
Capelles
Belle Greve Bay
Grandes Rocques
Cobo Bay
Saumarez Park
Victoria Tower
Weymouth, Alderney, Sark, Jersey
Vazon Bay
Catel
ST. PETER PORT
Kings Mills
Bailiffs Cross
Lihou
St. Andrew's
St. Martin's Church
St. Apolline Chapel
Rocquaine Bay
Le Bourg
Moulin Huet Bay
Les Buttes
Icart Point
Moye Point
GUERNSEY
0 1 2 km
Guernsey
F
Brecqhou
Seigneurie
Gouliot Caves
La Collinette
Creux Harbour
Little Sark
La Coupée
SARK
0 1 km
Jersey
Plemont Point
Ronez Point
JERSEY
0 1 2 km
Grosnez Castle
Ville de Bass
St. John's Church
140
Trodais
Bouley Bay
L'Etacq
St. Mary's Church
Trinity Church
Rozel
St. Quen's Church
St. Martin's Church
St. Peter's Church
St. Quen's Bay
Becquet Vincent
St. Lawrence's Church
St. Clair
La Houge Bie
Mont Orgueil Castle
Beaumont
Gorey
Five Oaks
nach Carteret
St. Aubin
St. Aubin's Bay
St. Brelade's Church
St. Aubin's Fort
ST. HELIER
Corbière Point
Elizabeth Castle
Grouville Church
St. Brelade's Bay
Noirmont Point
La Rocque Point
St. Clement's Bay
nach Guernsey, Weymouth
nach St. Malo

den zerklüftetes Gelände mit einer der großartigsten Küstenlandschaften der gesamten Inselgruppe. Haupterwerbsquellen sind Gemüseanbau und Fischfang. – Siehe Teilkarte der Übersichtskarte »Channel Islands«

Auskunft: Information Bureau, Victoria Pier, St. Peter Port, Tel. Central 235 52.

Verkehr: Schiffsverbindungen mit Weymouth, Jersey, Alderney und Sark. – Flugverbindungen von London, Jersey, Alderney, im Sommer auch von Southampton, Dinard, Cherbourg.

Sehenswert in St. Peter Port: **Castle Cornet,** Castle Pier, 13. Jh., nach einer Explosion im Jahr 1672 zum Teil neu aufgebaut (Militärmuseum, April bis Oktober täglich 10 bis 18 Uhr, samstags und sonntags bis 13 Uhr, Eintrittsgebühr). – **Town Church,** High Street, 13. bis 15. Jh. – **Lukis und Island Museum,** Cornet Street, heimatkundlich-bäuerliche Geschichte (täglich außer sonntags und mittwochs 10 bis 17 Uhr, Eintrittsgebühr). – **Hauteville House,** Hauteville Street, Anfang 19. Jh., das Heim Victor Hugos (1802–1885) mit Andenken an den Schriftsteller – **Guille-Allés Library and Natural History Museum,** Market Square (täglich außer dienstags und sonntags, 10 bis 16 Uhr, Eintrittsgebühr nur für Museum). – **Royal Court House,** St. James Street, 18. Jh., das Parlamentsgebäude von Guernsey (Besichtigungserlaubnis vom Pförtner). – **Victoria Tower,** Monument Road, Aussichtspunkt 100 m über Meereshöhe (Schlüssel von der Feuerwehrstation in der Nähe).

Ausflüge von St. Peter Port: **St. Sampson's Church** (3 M nördlich), beim zweiten Hafen von Guernsey Altarraum und Turm aus dem 12. Jh. – **St. Martin's Church** (2 M südlich); frühgotischer Turm, ein prähistorischer gemeißelter Menhir bildet einen der Torpfosten. – **St. Apolline Chapel** (7 M westlich), Steindach aus dem 14. Jh. – **Saumarez Park** (3 M westlich), Volkskundemuseum (täglich außer montags, Mai bis September, 10 bis 17 Uhr, Eintrittsgebühr). – **Vale Church** (3 M nördlich), 12. bis 14. Jh., Außentreppe am Turm. – **Herm Island** (5 km vor der Ostküste; Bootsverbindung), 1 qkm groß, mit schönen Stränden an der Nordküste; frühgotische Kirche; Meerangeln. Kein Zutritt zur 500 m südwestlich liegenden Insel **Jethou.**

Unterkunft auf Guernsey:

25 Hotels mit etwa 800 Zimmern.

Jersey, 120 qkm, 72 000 Einw. Größte und südlichste der Inseln, 15 km lang, 10 km breit, mit einer höchsten Erhebung von 140 m. Hauptort ist **St. Hélier** (30 000 Einw.). Die hügelige, intensiv bewirtschaftete Insel ist die Heimat des berühmten jersischen Milchviehs. Neben felsigen Abschnitten bietet die Küste Sandstrände von mehr als 30 km Länge. Berühmt ist das traditionelle (seit der Krönung von Edward VII und Königin Alexandra, 1902), alljährlich im Juli stattfindende Blumenfest »Jersey Battle of Flowers« – Siehe Teilkarte der Übersichtskarte »Channel Islands«

Auskunft: Tourist Information Bureau, Weighbridge, St. Hélier, Tel. Central 3 19 58.

Verkehr: Schiffsverbindungen von Weymouth (über Guernsey), St. Malo (Autofähre), Carteret. – Flugverbindungen von London, Guernsey, Alderney; im Sommer auch von Plymouth, Southampton, Paris, Deauville, Cherbourg.

Sehenswert in St. Hélier: **Elizabeth Castle,** 17. Jh., auf einer Insel in der Hafenbucht, bei Ebbe auch über einen Damm zu erreichen. Ausstellungszentrum und Museum (täglich März bis Oktober 10 bis 17 Uhr, Eintrittsgebühr). – **Musée de la Société Jersiaise,** Pier Road, heimatkundliche Sammlung in einem Haus aus dem 18. Jh. (täglich außer sonntags 10 bis 17 Uhr). – **The States Chamber,** Royal Square, Parlamentshaus, im 19. Jh. im jakobinischen Stil erbaut (Besichtigungserlaubnis vom Pförtner). – In *La Houge Bie,* im Nordosten der Stadt **German Occupation Museum,** (täglich 10 bis 17 Uhr; Nov. bis März geschlossen), das ehem. deutsche Hauptquartier; bei *St. Peter's Valley* (St. Lawrence) im Nordwesten, **German Military Underground Hospital,** 40 m tief im Berginnern von den Deutschen während der Besatzung angelegtes Hospital, heute Museum und Ausstellung.

Ausflüge von St. Hélier: **Mont Orgueil Castle** (5 M östlich), 12. bis 15. Jh. (täglich März bis Oktober 10 bis 18 Uhr, Eintrittsgebühr). – **Grosnez Castle** (10 M nordwestlich; auf halber Strecke, bei St. Quen's Church, Battle of Flowers Museum), 14. Jh., auf steiler Felsklippe erbaut. – **St. Aubin's Fort** (4 M westlich), 16. bis 18. Jh., Festung auf einem kleinen Felseiland in einer Bucht, bei Ebbe zu Fuß erreichbar. – **St. Brelade's Church** (8 M westlich), Kirchenschiff 12. Jh. – **La Houge Bie** (4 M nordöstlich), Kapelle aus dem 16. Jh. (restauriert) auf einem prähistorischen Grabhügel (März bis Oktober täglich 10 bis 17 Uhr, Eintrittsgebühr; in unmittelbarer Nähe German Occupation Museum (s. oben).

Unterkunft auf Jersey:

25 Hotels mit etwa 1300 Zimmern.

Sark, 5 qkm, 500 Einw. Zwischen *Guernsey* und *Jersey.* 5 km lang und 2 km breit, erreicht die Insel ihren höchsten Punkt mit 115 m. Das Land ist hügelig, von vielen Bäumen bestanden, die Küstenlinie stark gegliedert, mit imposanten Klippen und zahlreichen geschützten Sandstränden. Es gibt keine geschlossene Ortschaft; Häuser und Bauernhöfe liegen über die ganze Insel verstreut. Haupterwerbsquelle ist Gemüseanbau. Außer landwirtschaftlichen Traktoren sind keine Motorfahrzeuge auf der Insel erlaubt. Oberhaupt der Insel ist der »Seigneur« oder die »Dame of Sark«, ein erblicher Titel, der auf das 16. Jh. zurückgeht. Ihnen steht unter anderen Privilegien als einzigen Inselbewohnern das Recht zu, eine Hündin zu halten. Die kleine Insel **Little Sark,** mit einer Fläche von 1,5 × 1 km, ist der Südküste vorgelagert und durch eine felsige Landenge mit Sark verbunden.

Auskunft: Tourist Information Office, Sark, Tel. 1 35.

Verkehr: Schiffsverbindungen von Guernsey; Hydrofoil-(Luftkissenboot-)Verbindung (nur im Sommer) von Jersey. – Verkehr auf der Insel mit gemieteten Pferdedroschken oder Fahrrädern. – Siehe Teilkarte der Übersichtskarte »Channel Islands«.

Ausflüge von Maseline Harbour (Anlegestelle): **Creux Harbour** (500 m südlich); die im 16. Jh. angelegte ehemalige Landestelle, durch einen Tunnel unter den Felsklippen hindurch zu erreichen. – **Gouliot Caves** (2 km westlich), mit reichen Fossilienfunden; die Höhlen sind bei Ebbe zugänglich.

Unterkunft auf Sark:

4 Hotels mit etwa 90 Zimmern.

CHELTENHAM (D 5), Grafsch. Gloucestershire, 85 m, 86 000 Einw. Das ehemalige Heilbad ist heute als Festspielstadt bekannt. Am Fuß der *Cotswolds,* über dem breiten Flußtal des *Severn* gelegen, behielt die Stadt viel von der eleganten Atmosphäre einer Kurstadt aus ihrer Entstehung im 18. und beginnenden 19. Jh. bei. Als Wohn- und Gartenstadt ist sie bevorzugter Ruhesitz der Reichen und geschätztes Einkaufszentrum für Leute mit Geschmack. Es ist die Geburtsstadt des Komponisten Gustav Holst (1874–1934). – Siehe Übersichtskarte »Gloucester und Forest of Dean« unter Gloucester.

Auskunft: Tourist Information Bureau, Municipal Offices, The Promenade, Tel. 2 28 78.

Tel.-Vorwahl: 02 42

Verkehr: A 40 Oxford – Gloucester; A 4019 von der M 5 Bristol – Birmingham.

Sehenswert: **St. Mary's Church,** Clarence Street, normannischer Kirchturm. – **The Promenade,** ein architektonisches Vermächtnis aus dem 18. und 19. Jh. – **Pump Room,** die ehemalige Trinkhalle, Prittville Park.

Baden: Freibad.

Sport: Golf, Reiten, Angeln, Bogenschießen, Pferderennen, Tennis.

Unterhaltung: Everyman Theatre, Regent Street (Repertoirebühne).

Veranstaltungen: Cheltenham Festival of Music, alljährlich in den ersten beiden Juli-Wochen.

Ausflüge: Nach **Broadway** (16 M nordöstlich, A 46) über **Winchcombe** (7 M; **Sudeley Castle,** 12. Jh., März bis Oktober täglich außer montags 11 bis 17 Uhr, Eintrittsgebühr) und **Hailes** (9 M; 1/2 M östlich der A 46 die Ruinen eines Zisterzienserklosters aus dem 13. Jh. und eine Kirche aus dem 12. Jh. mit Wandgemälden aus dem 14. Jh.). **Broadway,** ein altes Wollweberstädtchen in den *Cotswolds,* elisabethanische Steinhäuser. 1 M südlich davon **Snowhill Manor,** 16. Jh. (April bis Oktober samstags und sonntags 11 bis 18 Uhr, Eintrittsgebühr). – Nach **Stow-on-the-Wold** (18 M nordöstlich, A 40/A 436), malerische alte Marktstadt hoch in den Cotswolds-Hügeln gelegen; am Marktplatz, auf dem acht Straßen zusammenlaufen, ein Marktkreuz aus dem 14. Jh.

Unterkunft in Cheltenham:

Hotels:	Tel.	Zimmer
Golden Valley	3 26 91	103
Queen's	5 47 24	77
Plough	2 20 87	63
Savoy	2 77 88	60
Majestic	2 53 53	55
Carlton	5 44 53	49
Irving	2 52 26	47
George	2 47 32	43
Lilley Brook	2 58 61	33

In Stow-on-the-Wold:

Hotels:	Tel.	Zimmer
Fosse Manor	3 03 54	20
Talbot Inn	3 06 31	19
Stow Lodge	3 04 85	18
Unicorn Inn	3 02 57	16

In Broadway:

Hotels:	Tel.	Zimmer
Lygon Arms	22 55	75
Dormy House	22 41	29
Broadway	24 01	18

Jugendherbergen: Rock House, Cleeve Hill, Tel. Bishops Cleeve, 02 42 67/20 65, 66 B. – Stow-on-the-Wold, Tel. 04 51/3 04 97, 60 B.

CHEPSTOW (D 5), Grafsch. Gwent (WALES), 80 m, 6000 Einw. Historische Festung und malerisches Marktstädtchen am *Wye River,* der hier, 3 km vor seiner Mündung in das Severn-Ästuar, zwischen steilen Felswänden fließt. Vor der industriellen

Erschließung von Südwales war es ein bedeutender Hafen; einen Teil ihrer Verkehrsbedeutung erhielt die Stadt mit dem Bau der neuen Straßenbrücke über den Severn zurück, die einen direkten Zugang zu Bristol und Südwestengland eröffnete. Chepstow ist ein beliebtes Ausflugszentrum ins bewaldete romantische Wye-Tal und in den *Forest of Dean* unmittelbar nördlich der Stadt. Siehe Übersichtskarte »Gloucester und Forest of Dean« unter Gloucester.

Auskunft: Tourist Information, Aust, Tel. Pilning 27 57.
Tel.-Vorwahl: 29 12
Verkehr: M 4 Bristol – Cardiff. – Bahnstation.

Sehenswert: Die **Burg,** durch eine Schlucht von der Stadt getrennt, besonders gut erhalten aus dem 11. bis 14. Jh. (täglich 10 bis 16 Uhr, sonntags ab 14 Uhr, Eintrittsgebühr). – **Stadtmauer** und Tor aus dem 13. Jh. – **Towngate Museum,** heimatkundliche Sammlung (täglich außer mittwochs und sonntags, Mai bis September, Eintrittsgebühr). – **Severn Road Bridge** (Maut für Fahrzeuge, daneben Fußbrücke für Passagiere), 1966 fertiggestellt, eine aerodynamisch einmalige Konstruktion mit 1 km langem Mittelfeld zwischen 125 m hohen Türmen.

Baden: Hallenbad.

Sport: Angeln, Golf, Pony Trekking, Pferderennen, Sportzentrum.

Spaziergänge: Zum **Wynd Cliff** (1 Std. nördlich, das rechte Wye-Ufer entlang), Aussichtspunkt (200 m) und Naturlehrpfad.

Wanderungen: Chepstow ist der Ausgangspunkt des **Offa's Dyke Long Distance Footpath** (270 km langer Fernwanderweg), der einer im 8. Jh. von den Anglosachsen als Grenze zu Wales angelegten Erdschanze folgt. Die Verschanzungen sind praktisch über die gesamte Strecke des Wanderwegs sichtbar, bis zu seinem Endpunkt in dem kleinen Seebad **Prestatyn** an der Nordküste von Wales. (Auskunft: *Countryside Commission, Cambridge Gate, Regents Park, London NW 1).* – **Coastal Footpath** (30 km), Küstenwanderweg nach **Newport** (s. unten).

Ausflüge: Nach **Monmouth** (16 M nördlich, A 466), einem der landschaftlich reizvollsten Flußtäler in England folgend, über **Tintern Abbey** (7 M; Klosterruine einer Zisterziensergründung aus dem 12. Jh., täglich geöffnet). **Monmouth** (6500 Einw.), eine historische Stadt, die ihren mittelalterlichen Straßenplan erhalten hat. Burgruine aus dem 12. Jh.; *St. Mary's Church,* die ehemalige Klosterkirche einer Benediktinerpriorei. Über der alten Brücke ein Stadttor aus dem 13. Jh. 4 M nordöstlich erhebt sich der **Symond's Yat Rock,** ein 150 m hoher, fast völlig von einer Flußschleife des *Wye* umschlossener Hügel (Aussichtspunkt). – Nach **Usk** (14 M nordwestlich, B 4235), Marktflecken (1900 Einw.) und beliebtes Anglerzentrum an der Stelle einer früheren Römersiedlung. Die mächtige Burgruine stammt aus dem 13. bis 15. Jh. Die Kirche umfaßt Schiff und Turm eines Nonnenklosters der Benediktinerinnen aus dem 13. Jh. 3 M nordöstlich das jakobinische Herrenhaus **Cefntilla Court** mit Andenken an den Duke of Wellington (nur sonntags 14 bis 18 Uhr, Juni bis September, Eintrittsgebühr). – Nach **Newport** (16 M westlich, A 48 oder M 4), über **Caerwent** (5 M; römische Zivilhauptstadt, Stadtmauern und Tore aus dem 2. Jh. sind erhalten). **Newport,** bedeutender Industriehafen am *Usk River,*

6 km landeinwärts vom Severn-Ästuar (112 000 Einw.), schon im Mittelalter Handelsplatz. Im Museum wertvolle römische Sammlung (montags bis samstags 10 bis 17 Uhr). *Transporter Bridge,* eine der vier in England im 19. Jh. konstruierten beweglichen Brücken. 3 M nordöstlich liegt **Caerleon,** das vom 1. bis zum 5. Jh. römischer Hauptmilitärstützpunkt in Wales war. Ausgrabungen legten die römische Stadtmauer und ein Amphitheater frei (täglich 10 bis 16 Uhr, sonntags ab 14 Uhr, Eintrittsgebühr).

Unterkunft in Chepstow:

Hotels:	Tel.	Zimmer
Two Rivers	51 51	27
George	23 65	20
Beaufort	24 97	12

In Monmouth:

Hotels:	Tel.	Zimmer
Beaufort Arms	24 11	26
White Swan	20 45	19

In Tintern:

Hotels:	Tel.	Zimmer
Beaufort Arms	2 02	20
Royal George	2 65	19

In Usk:

Hotels:	Tel.	Zimmer
Three Salmons	21 33	27
Helmaen	20 54	14

In Newport:

Hotels:	Tel.	Zimmer
Gateway Motel	Llanwern, 27 77	100
Westgate	6 62 44	68
Queen's	6 29 92	55
King's Head	6 32 11	41
Tredegar Arms		29
Belle Vue	6 73 13	27

Jugendherbergen: Fountain Hall, Cilgwyn Road, Newport, Tel. 02 39 76/2 56, 22 B. – The Castle, St. Briavels, Tel. 05 94 53/2 72, 64 B. – Mounton Road, Chepstow, Tel. Chepstow, 0 29 12/26 85, 70 B.

CHESHIRE (D 3), 2315 qkm, 904 000 Einw. Hauptstadt **Chester** (s. dort), Grafschaft in Nordwestengland. Im Westen liegen die Waliser Berge, im Norden das Mersey-Ästuar und im Osten der *Peak District National Park.* Eine Hügellandschaft mit saftigen Wiesen und größeren Wäldern, ist sie eines der intensivsten Molkereiwirtschaftsgebiete Europas, bekannt vor allem für ihre Käseherstellung. Unberührt von der industriellen Revolution blieben viele der alten Fachwerkbauten, Herrenhäuser und Schloßparks erhalten. Salzbergwerke, die schon von den Römern ausgebeutet wurden, sind noch heute in Betrieb, ebenso eine im 17. Jh. etablierte Seidenindustrie. Das 20. Jh. brachte der Grafschaft eine Vorrangstellung als Sitz bedeutender chemischer Werke und einiger der größten Ölraffinerien Europas im Norden der Grafschaft am *Mersey.* Weitere Industriezweige umfassen Automobil- und Lokomotivenbau. Die Halbinsel **Wirral** zwischen den Mündungstrichtern des *Mersey* und des *Dee* behielt weitgehend ihren ländlichen Charakter, droht jedoch rasch zu einer Schlafstadt für *Liverpool* und *Birkenhead* zu werden. Weitere bedeutende Zentren sind **Warrington, Crewe, Macclesfield** und **Northwich.**

CHESTER (D 3), Grafsch. Cheshire, 30 m, 63 000 Einw. Hauptstadt der Grafschaft am *Dee River* an der Grenze zu Wales. Eine historische Stadt, die viel von ihrem mittelalterlichen Charakter bewahrt hat. Sie ist Handelszentrum für ein ausgedehntes Gebiet von Cheshire und Nordwales und Sitz von Lachsfischereien.

Auskunft: Tourist Information Bureau, Town Hall, Tel. 40144.
Tel.-Vorwahl: 0244
Verkehr: A41 Birmingham – Liverpool. – Bahnstation.

Geschichte: Chester wurde im Jahr 60 n. Chr. von den Römern als Legionsfestung Deva gegründet und war bis zu ihrem Abzug im 4. Jh. römische Garnisonstadt. Im 10. Jh. wurde die Stadt von den Sachsen weitgehend neu aufgebaut, die Stadtmauern nach Westen und Süden erweitert und die erste Kathedrale gegründet. Sie war eine der letzten englischen Städte, die im 11. Jh. von den Normannen eingenommen wurden. Im 13. und 14. Jh. entwickelte sich Chester zu einer der führenden Hafenstädte Englands, verlor jedoch diese Vorrangstellung im 16. Jh., als der Fluß versandete. Im Bürgerkrieg stand die Stadt unter schwerer Belagerung durch die Truppen Cromwells. Als sie 1646 fiel, bedeutete dies auch das Ende der traditionellen Passionsspiele, für die die Stadt seit dem 13. Jh. berühmt gewesen war.

Sehenswert: Die **Stadtmauern,** fast völlig erhalten, umgeben ein rechteckiges Areal von 5 qkm im Zentrum der Stadt. Sie stammen vorwiegend aus dem Mittelalter, folgen jedoch entlang der Nord- und Ostseite der römischen Mauer. – Die **Cathedral,** 11. bis 16. Jh., mit weitläufigen Klosterbauten, darunter Stiftshaus und Refektorium aus dem 13. Jh. – Die **»Rows«,** sorgfältig erhaltene mittelalterliche Straßenzüge, mit gedeckten Ladenarkaden ein Stockwerk über der Straße. – **Grosvenor Museum,** Grosvenor Street, Antikensammlung der Umgebung (täglich 10 bis 17 Uhr, sonntags ab 14 Uhr). – **Agricola Tower,** 13. Jh., einzig erhaltener Teil der Normannenfestung, die im 18. Jh. geschleift und durch den heutigen Verwaltungsbau ersetzt wurde (täglich außer montags 10 bis 17 Uhr, sonntags ab 14 Uhr, Eintrittsgebühr). – **Dee Bridge,** 13. bis 14. Jh. mit sieben unterschiedlichen Brückenbögen. – **Römisches Amphitheater,** St. John Street, ca. 1. Jh. – **St. John's Church,** inneres 11. bis 12. Jh. – **Zoo** (2 M nördlich vom Zentrum), exotische Tiere in naturgetreuer Umwelt (täglich 9 Uhr bis Einbruch der Dunkelheit, Eintrittsgebühr). – **Guildhall Museum,** Watergate Street, Stadtgeschichte (täglich außer mittwochs und sonntags, Juni bis September 11 bis 16 Uhr, Eintrittsgebühr).

Sport: Angeln, Rudern, Golf, Tennis, Pferderennen.

Unterhaltung: Gateway Theatre, Hamilton Place (Schauspiel, Oper, Konzerte).

Ausflüge: Nach **Nantwich** (20 M südöstlich, A51), über **Tarporley** (11 M; zahlreiche Häuser aus dem 18. Jh. säumen die lange Hauptstraße. 2 M südlich, westlich der A49, liegen **Beeston Castle,** eine praktisch uneinnehmbare Festung aus dem 12. Jh. auf einer 100 m hohen Felserhebung) und **Bunbury** (14 M, 1 M südlich der A51; Collegiatskirche 15. Jh.). **Nantwich** (11700 Einw.) ist eine Salzstadt. Kirche 14. Jh. *Churche's Mansion,* Hospital Street, ein Bürgerhaus aus dem 16. Jh. (täglich 10 Uhr bis Einbruch der Dunkelheit, sonntags bis 17 Uhr, Eintrittsgebühr). Die Stadt wurde nach einem Brand 1583 fast völlig neu aufgebaut, und ein großer Teil der damals entstandenen Fachwerkhäuser ist noch erhalten. 4 M nordöstlich die Stadt **Crewe,** eine Gründung der Eisenbahn im 19. Jh. mit großen Lokomotivenfabriken. – Nach **Wrexham** (15 M südwestlich, B5130) über **Farndon** (9 M; Brücke aus dem 14. Jh. über den Dee, der hier der Grenzfluß nach Wales ist) und **Holt** (10 M; Kirche 15. Jh., ehemals Sitz der römischen Ziegel- und Fliesenbrennereien für den Bau von Chester). Die Marktstadt **Wrexham** (35 000 Einw.) ist das Zentrum des Kohlenreviers von *Denbigh*. Kirche mit schönem Turm aus dem 16. Jh. und Grabmal des Gründers der amerikanischen Yale-Universität. 6 M südlich die Ortschaft **Overton,** in deren Kirchhof mehr als zwanzig der ältesten Eiben von Wales stehen. – Nach **Ruthin** (23 M westlich, A 549/A 494) über **Mold** (12 M; Kirche 15. Jh. mit Turm aus dem 18. Jh., normannische »Motte and Bailey«) und **Bwlch-y-Parc** (19 M; Gebirgspaß, 290 m, Aussichtspunkt). **Ruthin,** kleine Marktstadt am *Clyd River,* viele historische Bauten, Kirche 14. Jh., Burg vorwiegend 13. Jh. (samstags und sonntags geöffnet, Eintrittsgebühr). – Nach **Holywell** (18 M nordwestlich, A 55) über **Ewloe Castle** (9 M; Festungsruine 13. Jh.) und **Northop** (12 M; Kirche 16. Jh.; 3 M nördlich davon die Industriestadt **Flint** an der Dee-Mündung, mit Burgruine aus dem 13. Jh. auf einer Felshöhe an der Küste). **Holywell** (8500 Einw.), früher ein Zentrum für Flanellherstellung. Unterhalb der Kirche *St. Winifride's Well* (Eintrittsgebühr) in der Krypta einer Kapelle aus dem 15. Jh., eine Wallfahrtsstätte seit dem 7. Jh.

Unterkunft in Chester:

Hotels:	Tel.	Zimmer
Queen	2 83 41	91
Grosvenor	2 40 24	90
Mollington	Gt. Mollington,	
Banastre	4 71	56
Chester Curzon	4 51 11	56
Rowton Hall	3 52 62	44
Dene	2 11 65	39

In Nantwich:

Hotels:	Tel.	Zimmer
Alvaston Hall	6 43 41	30
Crown	6 52 83	18

In Crewe:

Hotels:	Tel.	Zimmer
Royal	5 73 98	37
Crewe Arms	32 04	35

In Wrexham:

Hotels:	Tel.	Zimmer
Wrexham Crest Motel	5 34 31	80
Cross Lanes	Bangor-on-Dee, 3 64	18

In Ruthin:

Hotels:	Tel.	Zimmer
Ruthin Castle	26 64	56
Castle	24 79	25

In Mold:

Hotels:	Tel.	Zimmer
Bryn Awel	32 85	19

Jugendherbergen: 40 Hough Green, Chester, Tel. 08 44/2 22 31, 100 B. – Holt Hotel, Maeshafn, Tel. Llanferres, 3 20, 40 B.

CHICHESTER (F 6), Grafsch. West Sussex, 15 m, 21 000 Einw. Grafschaftshauptstadt, Kathedralenstadt und Marktzentrum zwischen den *South Downs* und der Küste inmitten eines reichen Landwirtschaftsgebietes. Der römische Ursprung Chichesters ist am Straßenplan seiner Innenstadt zu erkennen, und zahlreiche Gebäude aus dem 18. Jh. säumen seine Hauptstraßen. Ein großer Teil der mittelalterlichen Stadtmauer ist erhalten und umgibt eine Altstadt mit engen, winkeligen Gassen und alten Häusern aus den verschiedensten Epochen. Der Hafen mit seinen weitverzweigten Einbuchtungen (3 M südwestlich) ist ein beliebtes Seglerzentrum, und die Badeorte der nahegelegenen Küste sind von der Stadt aus leicht zu erreichen.

Auskunft: Tourist Information, Greyfriars, North Street, Tel. 84255.
Tel.-Vorwahl: 0243
Verkehr: A 27 Brighton – Southampton. – Bahnstation.

Sehenswert: **Cathedral** mit freistehendem Glockenturm aus dem 15. Jh. – **Market Cross,** 1478–1503 errichtet. – Die **»Pallants«,** vier Straßenzüge aus dem 18. und 19. Jh. – **St. Mary's Hospital,** Armenhaus aus dem 13. Jh. – **Grey Friars** (13. Jh.) Priory Park. – **Fishbourne Roman Palace** (1¼ M westlich, täglich März bis November ab 10 Uhr, Eintrittsgebühr), ein 1960 entdeckter, prachtvoller Palast, wahrscheinlich aus dem 1. Jh., auf einem Areal von etwa 1500 qm, mit sehr schönen Mosaiken; Museum.

Baden: Freibad.

Sport: Golf, Tennis, Angeln, Segeln, Pferderennen.

Unterhaltung: Festival Theatre (Konzerte, Schauspiel), Oaklands Park.

Ausflüge: Nach **Midhurst** (18 M nördlich, A 286) über **Singleton** (6 M; lokalgeschichtliches Freilichtmuseum, täglich außer montags April bis September 11 bis 18 Uhr; Eintrittsgebühr). **Midhurst,** reizvolle alte Stadt; im Osten **Cowdray Castle,** ein verfallenes Herrenhaus aus dem 16. Jh. Im Schloßpark finden im Sommer Polospiele statt. 7 M östlich auf der A 272 **Petworth House** (17. Jh.) mit schönem Schloßpark und Kapelle aus dem 13. Jh. (mittwochs, donnerstags, samstags 14 bis 18 Uhr April bis Oktober, Eintrittsgebühr). Der Ort Petworth bewahrt in seinen engen Straßen noch zahlreiche Häuser aus dem 16. und 17. Jh.. – Nach **Goodwood** (4 M nordöstlich); Pferderennplatz in einer Bodensenke der *Downs,* schöner Park, **Goodwood House** aus dem 18. Jh. (sonntags und mittwochs im Sommer, Eintrittsgebühr schließt Mittagessen oder Nachmittagstee ein). – Nach **Arundel** (11 M östlich, A 27) über **Boxgrove** (3 M; Klosterruine 12. Jh.). **Arundel** ist eine kleine Marktstadt zu Füssen einer mächtigen Burg. Der Burgberg war bereits zur Sachsenzeit befestigt; Bauteile aus dem 12. Jh. sind erhalten, der Rest ist eine Restaurierung aus dem 19. Jh. (April bis Oktober montags bis donnerstags 13 bis 16 Uhr, Eintrittsgebühr); an der Hauptstraße einige schöne alte Häuser. 3 M südlich das kleine Seebad **Littlehampton** mit Sandstränden. – Nach **Bognor Regis** (7 M südöstlich, A 259), der Badeort erhielt den Beinamen »Regis« 1929 nach einem Rekonvaleszenzaufenthalts Georg V. – Nach **Selsey** (8 M südlich, B 2201), Seebad auf dem niedrigen Vorgebirge **Selsey Bill.** 2 M nordöstlich, mit Blick über das Naturschutzgebiet **Pagham Harbour,** der Altarraum der *St. Wilfrid's Kapelle* (13. Jh.), der Rest der Kirche wurde im 19. Jh. nach Selsey verlegt. – Nach **Bosham** (spr. Bossam; 5 M westlich, A 27), altes Fischerdorf an einem Seitenarm von *Chichester Harbour,* mit vornormannischer Kirche. – Zur **Römischen Villa Bignor,** idyllisch in den *Downs* gelegen (15 M nordöstlich, A 285; Abzweigung kurz vor Duncton nach Osten); die im 19. Jh. aufgedeckte römische Villa bewahrt schöne Mosaiken aus dem 4. Jh. (April bis Sept., 10–18.30 Uhr, März u. Okt. 10–17 Uhr, außer montags).

Unterkunft in Chichester:

Hotels:	Tel.	Zimmer
Dolphin & Anchor	85121	54
Chichester Lodge	86351	34
Ship	82028	29
Bedford	85766	27

In Midhurst:

Hotels:	Tel.	Zimmer
Spread Eagle	2211	30
Angel	2421	18

In Arundel:

Hotels:	Tel.	Zimmer
Norfolk Arms	882101	25

In Littlehampton:

Hotels:	Tel.	Zimmer
Beach	7277	35
Stetson	6081	13

In Bognor Regis:

Hotels:	Tel.	Zimmer
Royal Norfolk	26222	51
Clarehaven	23265	34
Black Mill House	21945	24
Victoria	22335	12

In Selsey:

Hotels:	Tel.	Zimmer
Seal	2461	11

In Petersfield:

Hotels:	Tel.	Zimmer
Keima House	3442	12
Red Lion Inn	3025	10

In *Goodwood* keine Hotels.

Jugendherbergen: Sefton Plache, Warningcamp, Arundel, Tel. 0903/882204, 72 B.

CLWYD (C3), 2428 qkm, 374500 Einw. Grafschaft im Norden von WALES, Hauptstadt **Mold.** Im flachen Grenzland zu England; im Osten Industriegebiet, im Inneren liegt bergiges Moor- und Heideland, durchzogen von weiten ländlichen Tälern; an der Küste eine Kette populärer Seebäder. Das Gebiet ist reich an Bodenschätzen, die von der Römerzeit bis ins 19. Jh. ausgebeutet wurden. Zwei der wichtigsten und von früheren Eindringlingen oft benutzten »Tore nach Wales« führen durch die Grafschaft: der Weg an der Nordküste entlang und der durch das Tal des *Dee* im Süden. Beide Routen sind gesäumt von Burgen und Festungen, die Zeugnis früherer Eroberungszüge sind. Zu den bedeutendsten Städten der Grafschaft zählen **Wrexham, Denbigh, Flint, Rhyl** und **Colwyn Bay** (s. dort).

COLCHESTER (G 5), Grafsch. Essex, 35 m, 77000 Einw. Eine historische Stadt, Gründung der Römer, deren ältester Stadtteil noch von der alten römischen Mauer umgeben ist. Sie ist ebenso berühmt für ihre Rosenzucht und traditionelle Austernfischerei (alljährliches Oyster Festival) wie für ihre moderne Motorenindustrie. Colchester ist ein bedeutendes Landwirtschaftszentrum und seit 1961 Sitz einer Universität.

Auskunft: Tourist Information Centre, Tel. 46379.

Tel.-Vorwahl: 0206

Verkehr: A 12 Chelmsford – Ipswich. – Bahnstation.

Geschichte: Bereits im 7. Jh. v. Chr. befand sich auf der strategischen Anhöhe über dem Fluß Colne eine Siedlung der Bronzezeit. Kaiser Claudius gründete hier 50 n. Chr. die erste römische Colonia in Britannien, Camulodonium, das Schauplatz einer der wenigen Niederlagen der Römer werden sollte, als die Stadt im Jahre 62 von den Briten unter Königin Boadicea erobert wurde. Nach Abzug der Römer machten es die Sachsen zu ihrer Festung Colnecaster. William I. baute seine Burg mit dem größten Burgfried Europas über die Grundmauern des römischen Claudius-Tempels. Die mittelalterliche Stadt, reich geworden durch Handel, Austernfischerei und später durch Tuchweberei, besaß drei Klöster und eine große Zahl von Kirchen, von denen sieben noch heute innerhalb der alten Stadtmauer bestehen.

Sehenswert: **Roman Walls,** mit dem westlichen Stadttor der römischen Siedlung, Balkerne Gate. – Normannische **Burg** auf dem Fundament des römischen *Claudius-Tempels;* im Museum eine bemerkenswerte Sammlung römischer Funde (montags bis samstags 10 bis 17 Uhr, sonntags ab 14.30 Uhr, nur im Sommer). – **Siege House,** mittelalterliches Fachwerkhaus mit Geschoßeinschlägen von einer Belagerung im Jahr 1648. – **St. John's Abbey Gateway,** reichverziertes Torhaus einer Benediktinerabtei, 15. Jh. – **St. Botolph's Priory Church,** Ruine. – **Holy Trinity Church,** Museum im einzigen erhaltenen Gebäude aus der sächsischen Periode. – **Bourne Mill,** reizvolle verwitterte Mühle. – **Holly Trees Museum,** Antiquitätensammlung.

Baden: Frei- und Hallenbad.

Sport: Angeln, Tennis, Golf, Bowling.

Veranstaltungen: Oyster-Festival (Austernfest), jährlich am 20. Oktober.

Unterhaltung: Mercury Theatre (Schauspiel, Konzerte).

Ausflüge: Nach **Harwich** (spr. Harritch; 19 M nordöstlich, A 137), Seehafen, Flottenstützpunkt und Hauptfährhafen des Schiffsverkehrs von Hamburg, Ostende, Esbjerg und Antwerpen (14 000 Einw.). An dieser Stelle vereinigen sich die breiten und langgezogenen Mündungstrichter des *Stour* und *Orwell* bei ihrer Einmündung ins Meer. In der Stadt sind Gebäude aus dem 16. bis 18. Jh. erhalten sowie zahlreiche Andenken an die Geschichte der Seefahrt. – Nach **Halstead** (13 M nordwestlich, A 604), an einem malerischen Flußabschnitt des *Colne* gelegen; altes Stadtbild (7500 Einw.). 2 M westlich der Herrensitz **Gosfield Hall** mit schöner Innenausstattung aus der Tudorzeit (mittwochs und donnerstags, Mai bis September 14 bis 17 Uhr, Eintrittsgebühr). 4 M nordwestlich **Castle Hedingham,** dessen normannischer Burgfried aus dem frühen 12. Jh. noch bewohnt ist (dienstags, donnerstags und samstags, Mai bis September, 14 bis 18 Uhr, Eintrittsgebühr). – Nach **Clacton-on-Sea** (16 M südöstlich, A 133), populäres Seebad (38 000 Einw.). 4 M westlich die Klosterruine der **St. Osyth Priory,** 15. Jh. (täglich 10 bis 18 Uhr, Mai bis September, Eintrittsgebühr). Im Norden liegen die ruhigeren Ferienorte **Frinton-on-Sea** und das besonders für Golfer attraktive **Walton-on-the-Naze.**

Unterkunft in Colchester:

Hotels:	Tel.	Zimmer
George	7 84 94	36
Red Lion	7 79 86	21
Rose an Crown	7 66 77	19

In Harwich:

Hotels:	Tel.	Zimmer
Cliff	33 45	33

In Clacton-on-Sea:

Hotels:	Tel.	Zimmer
Waverley Hall	2 27 16	49
Kingsley	2 31 58	32

In Frinton-on-Sea:

Hotels:	Tel.	Zimmer
Grand	43 21	38
Frinton Lodge	43 91	29
Cedars	42 28	22

In Walton-on-the-Naze:

Hotels:	Tel.	Zimmer
Blenheim House	Frinton-on-Sea, 55 48	10

In Braintree, 16 M westlich A 120:

Hotels:	Tel.	Zimmer
Barn Motel	26251	36
White Hart	21401	35

Jugendherbergen: 7 Falcon Square, Castle Hedingham, Tel. Hedingham, 0787/60799, 50 B. – East Bay House, 18 East Bay, Colchester, Tel. 0206/43982, 45 B.

COLWYN BAY (C3), Grafsch. Gwynedd (WALES), 15 m, 25500 Einw. Populärer Badeort an einer 4 km langen offenen Bucht an der nordwalisischen Küste, günstiger Standort für Ausflüge in das Landschaftsschutzgebiet des *Snowdonia National Park* (s. dort).

Auskunft: Tourist Information Bureau, Abergele Road, Tel. 30478.

Tel.-Vorwahl: 0492

Verkehr: A55 Bangor – Chester. – Bahnstation.

Sehenswert: **Welsh Mountain Zoo,** Tiergarten in schöner Lage über der Stadt mit vielen Attraktionen, u. a. Vorstellungen mit freifliegenden Raubvögeln.

Baden: Sandstrand; Freibad.

Sport: Wassersport, Angeln, Tennis, Golf, Bowling.

Unterhaltung: Prince of Wales Theatre; Harlequin Puppet Theatre (Marionettentheater); Vergnügungsparks.

Ausflüge: Nach **Denbigh** (19 M südöstlich, A55/A525) über **Abergele** (7 M; kleines Seebad, Kirche 14. bis 17. Jh., **Gwrych Castle,** ein Haus aus der Regencyzeit, jetzt Ferien- und Vergnügungszentrum), **St. Asaph** (14 M; kleinste Kathedrale des Landes, 14. bis 15. Jh.) und **Llanerch** (16 M; Vergnügungspark, Tierpark). Die alte Marktstadt **Denbigh** (8000 Einw.) liegt auf felsigem Kalksteinhügel, dessen höchster Punkt von der Burg (13. Jh.) eingenommen wird (täglich 10 bis 17 Uhr, sonntags ab 14 Uhr, Eintrittsgebühr). In der Nähe Teile der mittelalterlichen Stadtmauer. Geburtsstadt des Afrikaforschers Henry M. Stanley (1841–1904). – **Llandudno** (5 M nordwestlich, A546), populärstes der nordwalisischen Seebäder (18000 Einw.) auf einer Halbinsel, zu deren bei en Seiten sich weite Sandstrände ausdehnen. 3 M nordwestlich ragen die 210 m hohen Felsklippen von **Great Orme's Head** steil aus dem Meer (Aussichtspunkt). – **Conwy** (5 M südwestlich, A55), mit imposanter Burg (13. Jh.) und fast unversehrt erhaltener Stadtmauer; *St. Mary's Church* 13. bis 15. Jh.; elisabethanisches Herrenhaus *Plas Mawr* in der High Street (täglich außer sonntags 10 bis 17 Uhr, Eintrittsgebühr).

Unterkunft in Colwyn Bay:

In Colwyn Bay und Umgebung gibt es ca. 30 Hotels mit über 1300 Zimmern und zahlreiche Pensionen.

Jugendherbergen: Foxhill, Nant-y-Glyn, Colwyn Bay, Tel. 0492/30627, 100 B. – Penmaenbach, Penaenmawr, Tel. 049265/3476. – Rhiw Farm, Ro Wen, 23 B.

CORNWALL (A/B 6), 1370 qkm, 400000 Einw. Hauptstadt **Bodmin,** Verwaltungszentrum **Truro.** Die südlichste und westlichste Grafschaft Englands, auf einer schmalen Halbinsel mit **Land's End** als westlichstem Punkt. Eine bewegte Küstenlandschaft umgibt einen Landstrich von Moor- und Heideland. Es ist ein beliebtes Ferien- und Erholungsgebiet, daneben besitzt die Grafschaft eine lebhafte Fischereiindustrie und hat bedeutendes Porzellanerdevorkommen und Zinnbergwerke. Cornwall war als Herkunftsland von Zinn und Kupfer schon den Griechen bekannt.

Das Innere der Halbinsel ist reich an Spuren prähistohischer Besiedelung, und die Küste entlang reihen sich Festungen und Verteidigungsanlagen von der Normannenzeit bis in die Gegenwart. Die großartigen natürlichen Hafenbuchten der Südküste spielten in der Geschichte der englischen Seefahrt eine große Rolle. Bis zur Mitte des 19. Jahrhunderts wurde hier cornisch (kernewek), eine Sprache keltischen Ursprungs, gesprochen. Aus einem neuen Selbstbewußtsein heraus und bestärkt durch beachtliche Wahlerfolge der Partei der cornischen Nationalisten, bestehen viele Bewohner Cornwalls auf einer eigenen nationalen Identität; die Cornish Language Society erlebte in letzter Zeit eine kulturelle Renaissance. – Beschriebene Orte der Grafschaft Cornwall (Kernow) sind **Bodmin, Newquay, Penzance** und **Truro.** – Wanderer finden entlang der Küste den als **South-West Peninsula Coast Path** markierten Wanderweg, der insgesamt 425 km lang ist und auch auf Teilstrecken begangen werden kann.

COUNTY DURHAM (E 2), 2450 qkm, 611 000 Einw. Nordenglische Grafschaft zwischen den beiden Flüssen *Tees* und *Tyne*. Hauptstadt **Durham.** Eine bedeutende Stätte des Christentums seit dem 8. Jh. und durch seine Lage an den Haupteinfallsrouten von Schottland in den folgenden Jahrhunderten in zahlreiche Kriege verwickelt, wurde es im 18. und 19. Jh. durch seine großen Kohle- und Erzvorkommen zu einem der führenden Industriegebiete Englands. Die Industrie konzentriert sich vor allem um die Flußmündungen des *Tyne* und *Wear* im Norden und den *Tees* im Süden; diese Gebiete wurden im Zuge der neuen Verwaltungsorganisation von County Durham abgetrennt und bilden jetzt die neuen städtischen Verwaltungseinheiten **Tyne and Wear** (330 qkm, 907 000 Einw.) und **Cleveland** (583 qkm, 565 400 Einw.). Bergbau wird nach wie vor in großem Umfang in der Umgebung der Grafschaftshauptstadt betrieben. Schwerpunkt der Landwirtschaft ist vor allem Schafzucht in den Hochmooren im Westen der Grafschaft. **Darlington,** das 1825 die Endstation der ersten Bahnlinie der Welt wurde, besitzt große Waggonfabriken. Weitere bedeutende Zentren sind die alten Landstädte **Barnard Castle** und **Middleton-in-Teesdale;** die Berwerksstädte **Bishop Auckland, Consett** und **Aycliffe** und die moderne Stadtgründung **Peterlee.**

COVENTRY (E 4), Grafsch. West Midlands, 100 m, 335 000 Einw. Eine historische Stadt, die bis in das 17. Jh. Zentrum des englischen Tuchhandels war. Ende des 19. Jh. wurde sie Mittelpunkt der Fahrradproduktion für die ganze Welt, später verlagerte sich der Schwerpunkt auf Kraftfahrzeuge. Coventry wurde im Zweiten Weltkrieg durch deutsche Fliegerangriffe schwer getroffen, die Industrie entstand nach dem Krieg neu. – Die Stadt wird oft als der Mittelpunkt Englands bezeichnet; der tatsächliche geographische Mittelpunkt liegt 6 M westlich in **Meriden.** Die Landschaft im Norden der Stadt ist in den Romanen der Schriftstellerin George Eliot (1819–1880) beschrieben, die in dem 6 M nördlich gelegenen **Arbury** geboren wurde.

Auskunft: Tourist Information Bureau, Tel. 2 55 55.

Tel.-Vorwahl: 2 03

Verkehr: A 45 Northampton – Birmingham. – Bahnstation. – Flughafen Birmingham.

Sehenswert: **Cathedral,** 1962 vollendet. Sie bezieht die Ruinen ihrer Vorgängerin aus dem 14. Jh. ein, die 1940 bei einem Luftangriff zerstört wurde. Sie enthält den größten modernen Gobelin der Welt. – **St. Mary's Hall,** Gildenhaus der Kaufleute aus dem 14. Jh. – **Ford's Hospital,** Anfang 16. Jh., ein ehemaliges Armenhaus in Fachwerkbauweise. – **Herbert Art Gallery and Museum,** heimatkundliche Sammlung (täglich 10 bis 18 Uhr, sonntags 14 bis 17 Uhr). – **Whitefriars,** Ruinen eines Karmeliterklosters aus dem 14. Jh. – In den Vororten: **Wyken Church,** 12. Jh., Fresken aus dem 15. Jh. – **Caludon Castle,** 14. bis 16. Jh. – **Whitley Abbey,** elisabethanisches Herrenhaus. – **Baginton,** mit einem römischen Kastell aus dem 1. Jh.

Baden: Hallen- und Freibäder.

Sport: Golf, Tennis, Bowling, Sportzentrum.

Unterhaltung: Belgrade Theatre (Schauspiel).

Ausflüge: **Kenilworth** (6 M südwestlich, A 46), eine sog. »Schlafstadt« Coventrys (20 000 Einw.), imposante rote Sandsteinburg aus dem 12. bis 16. Jh. (täglich geöffnet, sonntags ab 14 Uhr; Eintrittsgebühr). – **Royal Leamington Spa** (11 M südwestlich, A 444) über **Stoneleigh** (8 M; Klosterruine 12. Jh.). Heilbad seit dem 18. Jh., elegante Architektur, eisen- und salzhaltige Heilquellen.

Unterkunft in Coventry:

Hotels:	Tel.	Zimmer
Post House, Rye Hill	Allesley, 21 51	200
De Vere, Cathedral Square	5 18 51	196
Coventry Esso, Hinckley Road	61 32 61	161
Novotel, Junction 3 M6	8 88 33	102
Leofric, Broadgate	2 13 71	91
Coventry Crest Motel, London Road	30 33 98	72
Allesley, Birmingham Old Road	32 72	46
Hylands, 153 Warwick Road	5 96 00	40
Falcon, 16 Manor Road	5 86 15	28

In Kenilworth:

Hotels:	Tel.	Zimmer
De Monfort	5 59 44	102
Avonside	5 83 31	52
Chesford Lion	5 23 71	29

In Royal Leamington Spa:

Hotels:	Tel.	Zimmer
Manor House	2 32 51	87
Regent	2 72 31	87
Clarendon	2 22 01	54
Falstaff	2 12 19	35
Berni Inn	2 51 51	28

In Nuneaton, 8 M nördlich, A 444:

Hotels:	Tel.	Zimmer
Nuneaton Crest Motel	53 35	47
Chase	32 34 06	28

CUMBRIA (C/D 2), 6885 qkm, 1 701 455 Einw. Grafschaft in Nordwestengland an der schottischen Grenze, Hauptstadt **Kendal.** Die Grafschaft umfaßt einige der schönsten Berg- und •Heidemoorlandschaften Englands, vor allem im **Lake District National Park** (s. Nationalparks). Ihre lange Küstenlinie ist stark gegliedert, mit nur wenigen Seebädern vorwiegend am südlichen Küstenabschnitt. Kohlebergbau und Schwerindustrie sind an der West- und Südküste konzentriert. Nur am äußersten Nord- und Südrand der Grafschaft und im reizvollen **Vale of Eden** wird Ackerbau betrieben, ansonsten eignen sich die kargen Hochmoore nur für Schafzucht. Bedeutendste Städte der Grafschaft sind die alten Festungsstädte an der Route nach Schottland, **Penrith** und **Carlisle** (s. jeweils dort) sowie die Industriestädte **Workington, Whitehaven** (s. dort) und **Barrow-in-Furness;** außerdem die beiden Touristenzentren **Keswick** und **Ambleside** und die Marktstädte **Alston** und **Appleby.**

DARTMOOR NATIONAL PARK s. Nationalparks.

DERBY (spr. Darby; E 4), Grafsch. Derbyshire, 70 m, 220 000 Einw. Hauptstadt der Grafschaft am *Derwent River* bei dessen Austritt aus dem Berg- und Heidemoorland des *Peak District.* In seiner Geschichte war es ein römischer Posten und die bedeutendste Binnensiedlung der Dänen, die von der Nordsee den *Trent* flußaufwärts segelten. 1745 wurde die Stadt von den Schotten erobert, der südlichste Punkt Englands, zu dem sie je vordringen konnten. Ursprünglich war die Stadt ein Zentrum der Seidenweberei, wurde später eine Fabrikstadt mit großen Eisenbahnwerken und einer Porzellanmanufaktur und ist seit 1927 Sitz der Rolls-Royce-Flugzeugmotorenwerke. Derby ist ein ausgezeichnetes Zentrum für Touren in den **Peak District National Park** (s. Nationalparks) im Norden und in das pastorale *Vale of Trent* im Süden und Osten.

Auskunft: Tourist Information, Wardwick, Tel. 3 11 11.

Tel.-Vorwahl: 03 32

Verkehr: A 6 Leicester – Buxton. – Bahnstation.

Sehenswert: **Cathedral** aus dem 16. Jh. mit dem zweitgrößten Kirchturm von England. – **St. Werburgh's Church** mit schönem schmiedeeisernem Taufsteindeckel. – **Chapel of St. Mary of the Brigge.** – Porzellanmanufaktur *»Royal Crown Derby«,* Osmaston Road (Besichtigung nach schriftlicher Anmeldung). – **Industrial Museum,** Silk Mill Lane.

Baden: Hallen- und Freibad.

Sport: Angeln, Rudern, Bowling, Golf, Tennis.

Unterhaltung: The Playhouse, Eagle Centre.

Ausflüge: Nach **Burton-upon-Trent** (12 M südwestlich), die führende Brauerstadt Englands (50 000 Einw.), in der sechs der größten Bierbrauereien ansässig sind. Bier wurde hier vermutlich schon seit dem 11. Jh. gebraut; eine Klosterruine aus dieser Zeit ist in der Stadt erhalten (Brauereibesichtigungen auf Anmeldung). – **Kedleston** (4 M nordwestlich), ein Herrenhaus aus dem 18. Jh. mit schönem Stuckinterieur (sonntags April bis September, 14 bis 18 Uhr, Eintrittsgebühr). – **Ashby-de-la-Zouch** (14 M südlich, A 514/B 587), kleine Marktstadt (8000 Einw.) auf einer niedrigen, bewaldeten Hügelkette. Mächtige Burgruine aus dem 15. Jh. (täglich geöffnet, Eintrittsgebühr). Die Park- und Gartenanlagen von **Coleorton Hall,** 2 M nordöstlich, wurden nach Entwürfen der beiden Dichter William Wordsworth (1770–1850) und Samuel Coleridge (1772–1834) angelegt. Über **Swarkeston Bridge** (5 M; Trentbrücke aus dem 14. Jh.), **Melbourne Hall** (8 M; 16. bis 18. Jh., nur sonntags geöffnet) und **Staunton Harold** (11 M; in der Ortschaft eine der wenigen während Cromwells Zeit erbauten Kirchen). – Nach **Tutbury** (9 M südwestlich, A 516/A 50), kleine Ortschaft am *Trent,* berühmt für ihren Alabaster. Ruinen eines befestigten

Herrensitzes aus dem 14. Jh.; die Kirche ist das Hauptschiff eines Benediktinerklosters aus dem 11. bis 12. Jh.

Unterkunft in Derby:

Hotels:	Tel.	Zimmer
Pennine	41741	100
Midland	45894	63
Gables	40633	62
York	42716	49
Clarendon	44466	45
International	31939	32

In Ashby-de-la-Zouch:

Hotels:	Tel.	Zimmer
Royal	2833	30

In Tutbury:

Hotels:	Tel.	Zimmer
Dog & Dartridge	813030	6

DEVON (B/C 6), 6716 qkm, 936 000 Einw. Südwestenglische Grafschaft zwischen dem *Ärmelkanal* und dem *Bristol Channel,* Hauptstadt **Exeter.** Beliebtes Ferien- und Erholungsgebiet, das die großen Landschaftsschutzgebiete des **Dartmoor National Park** und des **Exmoor National Park** (s. Nationalparks) umschließt und an ihren beiden stark gegliederten Küsten zahlreiche Seebäder bietet. Die attraktive Küstenlandschaft mit vielen Buchten, tiefen Einschnitten und Meeresarmen macht sie zu einem idealen Segelsportgebiet. Landeinwärts liegt baumreiches Land, durchschlängelt von einladenden kleinen Landstraßen und von romantischen Flußtälern durchzogen. Im Nordosten steigen die kargen Heidemoore von *Exmoor* auf. Das milde Klima läßt eine üppige Vegetation gedeihen, und aus Devons großen Obstgärten kommt ausgezeichneter und im ganzen Land berühmter Apfelmost. Haupterwerbsquellen der Grafschaft sind Land-, insbesondere Milchwirtschaft und Fischfang. Die beiden großen Häfen an der Südküste, **Plymouth** und **Exeter,** (s. jeweils dort) waren schon für die elisabethanische Seefahrt bedeutend; **Barnstaple** an der Nordküste war ebenfalls lange Zeit ein wichtiger Hafen. Die größten Seebäder der Grafschaft sind **Torbay** (s. Torquay) an der Südküste und **Ilfracombe** an der Nordküste. **Dartmouth** ist Seekadettenschule und Segelzentrum. Außerdem sind von Bedeutung die Marktstädte **Tavistock, Tiverton** und **Okehampton,** die Leichtindustriestadt **Newton Abbot** und die beiden Zwillings-Seebäder **Lynton** und **Lynmouth.** am Bristol Channel.

DORCHESTER (D 6), Grafsch. Dorset, 100 m, 14 000 Einw. Hauptstadt der Grafschaft, eine Gründung der Römer im Jahr 70. Es ist Marktstadt eines reichen Landwirtschaftsgebietes und Straßen- und Eisenbahnknotenpunkt. Im Osten liegt das breite bewaldete Flußtal des *Frome,* im Norden und Westen kahles Hügelland. Der Schriftsteller Thomas Hardy (1840–1928) verbrachte viele Jahre seines Lebens hier, und die Stadt und Landschaft der Umgebung spielen in seinen Romanen eine große Rolle.

Auskunft: Tourist Information, High West Street, Tel. 52 11.
Tel.-Vorwahl: 03 05
Verkehr: A 35 Bournemouth – Exeter. – Bahnstation. – Autofähre von Cherbourg und den Channel Islands nach Weymouth (8 M südlich).

Sehenswert: **Abbey Church of St. Peter and St. Paul,** 12. bis 14. Jh. – **Römische Villa,** County Hall, gut erhaltene Überreste eines römischen Stadthauses. – **County Museum,** Fossilien, römische und vorrömische

Ausgrabungsfunde, Erinnerungen an Thomas Hardy. – **Maumbury Rings** am südlichen Stadtrand, ursprünglich prähistorische Kultstätte, von den Römern in ein Amphitheater umgewandelt.

Sport: Angeln, Golf, Tennis.

Ausflüge: Nach **Milton Abbas** (13 M nordöstlich, Abzweigung von der A 354), einer im 18. Jh. angelegten Plansiedlung. Abteikirche und Äbtehaus stammen aus dem 14. bis 15. Jh. – **Athelhampton Manor** (6 M nordöstlich, A 35), mittelalterlicher Herrensitz mit schönen Gartenanlagen (mittwochs, donnerstags und sonntags, April bis September, 14 bis 18 Uhr, Eintrittsgebühr). – Nach **Weymouth** (8 M südlich, A 354), Seebad und Segelzentrum (42 000 Einw.) mit dem größten künstlich angelegten Hafenbecken Großbritanniens im Süden der Stadt. In der Altstadt sind einige kleine elisabethanische Wohnhäuser erhalten (mittwochs und samstags, April bis Oktober, 14 bis 17 Uhr, Eintrittsgebühr). Südlich der Stadt liegt die **Isle of Portland,** bekannt als Herkunftsort ausgezeichneten Bausteins und militärische Forschungsanstalt. Die Insel ist mit dem Festland durch die schmale Kiesnehrung **Chesil Bank** verbunden, die 10 m über dem Meeresspiegel über 20 km weit nach Nordwesten vorstößt, bis sie das Festland wieder erreicht. – Nach **Abbotsbury** (10 M südwestlich, Abzweigung von der A 35), mit Ruinen einer Benediktinerabtei und in suptropischem Garten eine 600 Jahre alte Schwanenzucht (täglich außer sonntags, Mai bis September, 10 bis 16 Uhr, Eintrittsgebühr). – Nach **Cerne Abbas** (10 M nördlich, A 352), Ruinen einer Abtei aus dem 15. Jh., in der Kirche Wandgemälde aus dem 14. Jh. Eine 60 m lange prähistorische Figur ist in den Kreidefelsen über dem Dorf geschnitten. – **Maiden Castle** (3 M südwestlich), eine der größten prähistorischen Hügelfestungen Englands mit einer Fläche von über 50 ha und bis zu acht Verteidigungslinien. Im Jahr 43 n. Chr. wurde sie von den Römern erstürmt.

Unterkunft in Dorchester:

Hotels:	Tel.	Zimmer
King's Arms	53 53	27
Antelope	30 01	21

In Weymouth:

Hotels:	Tel.	Zimmer
Gloucester	64 04	53
Kingswood	49 26	17
Ingleton	58 04	16

In Abbotsbury:

Hotels:	Tel.	Zimmer
Ilchester Arms	2 43	12

In *Cerne Abbas* keine Hotels.

Jugendherbergen: Litton Cheney, Dorchester, Tel. Long Bredy, 0 30 83/ 3 40, 30 B.

DOVER (H 5), Grafsch. Kent, 30 m, 34 500 Einw. Die Stadt liegt an der engsten Stelle des *Ärmelkanals,* der sich hier auf nur 27 km zwischen England und Frankreich verengt. Bedeutender Hafen und Militärstützpunkt sowie ein beliebter Ferienort, im Osten und Westen von weißen Kreideklippen flankiert.

Auskunft: Tourist Information Bureau, High Street, Tel. 9 41.
Tel.-Vorwahl: 3 04
Verkehr: Endpunkt der A 2 von London. – Bahnstation. – Autofähren nach Boulogne, Calais, Dunkerque und Ostende.

Geschichte: Dover ist eine Gründung der Römer, es war ihr Haupthafen und Ausgangspunkt der römischen

Straße nach London. Im 3. und 4. Jh. mußte es gegen sächsische Überfälle befestigt werden. Nach ihrem ersten Sieg bei Hastings betrachteten die Normannen Dover als »Schlüssel zu England« und errichteten eine mächtige Burg, die späteren französischen Angriffen erfolgreich standhielt. Nach dem Sieg über Cromwell landete Charles II. in Dover, um den englischen Thron zu besteigen (1660). Im Ersten und Zweiten Weltkrieg war Dover Stützpunkt der Kanalpatrouillen und stand von 1940–1944 von der französischen Küste aus unter ständigem Beschuß.

Sehenswert: **Dover Castle,** auf einer 120 m hohen Klippe östlich der Stadt, vorwiegend 12. Jh. Innerhalb der Burgmauern Teile der ursprünglichen römischen Verteidigungsanlagen (ca. 50 n. Chr.) und eine sächsische Kirche, aus römischen Ziegeln erbaut (täglich geöffnet). – **Maison Dieu Hall,** Biggin Street, Pilgerhospiz aus dem 13. Jh., im 14. Jh. erweitert (täglich 10 bis 17 Uhr).

Baden: Sandstrände.

Sport: Segeln, Rudern, Angeln, Tennis, Golf, Bowling.

Ausflüge: Nach **Hythe** (12 M westlich, A 20/A 267) über **Folkestone** (7 M; Ferienort und bedeutender Kanalhafen) und **Sandgate** (10 M; kleines Seebad, Überreste einer von Henry VIII. erbauten Burg). Die ehemalige Hafenstadt **Hythe,** 1 km landeinwärts vom Meer gelegen, ist heute eine stille Kleinstadt (12000 Einw.). Über der Stadt ein altertümliches Dorf mit alten Häusern und einer Kirche aus dem 14. Jh. Am Strand drei Beispiele der *Martello-Türme,* die 1803–1808 zur Abwehr einer napoleonischen Invasion errichtet wurden. 3 M westlich (B 2067) das befestigte Herrenhaus **Lympne** (spr. Lim) aus dem 14. Jh. (mittwochs und sonntags, Juni bis Oktober, Eintrittsgebühr). Im Sommer verkehrt eine Miniatureisenbahn zwischen **Hythe** und **New Romney** (10 M südwestlich), wo eine normannische Kirche vollkommen erhalten ist. 5 M nördlich von Hythe liegt die Ortschaft **Lyminge** mit einer alten Kirche (ca. 950) neben den Ruinen eines Nonnenklosters aus dem 7. Jh. – Nach **Barfreston** (10 M nordwestlich), mit reichverzierter Normannenkirche aus dem 12. Jh. – Nach **Deal** (8 M nordöstlich), einem ruhigen Seebad mit zahlreichen Gebäuden aus dem 18. Jh. Landestelle Julius Cäsars im Jahr 55 v. Chr. Unter den drei Burgen der Stadt ist besonders die von Henry VIII. erbaute als Beispiel seiner komplizierten Küstenverteidigungsanlagen von Interesse (täglich, Eintrittsgebühr).

Unterkunft in Dover:

Hotels:	Tel.	Zimmer
Holiday Inn	20 32 70	83
White Cliffs	20 36 33	65
Dover Stage	20 10 01	42
East Cliff	20 22 99	20
Granham Webb	20 45 45	20
Central	20 67 21	18

In Hythe:

Hotels:	Tel.	Zimmer
Imperial	6 74 41	77
Stadt Court	6 83 63	30

In Folkestone:

Hotels:	Tel.	Zimmer
Burlington	5 53 01	61
Clifton	5 31 91	57
Garden House	5 22 78	56
Lismore	5 27 17	36
Westbourne	5 50 45	20

In Deal:

Hotels:	Tel.	Zimmer
Queen's	21 71	87

Hotels:	Tel.	Zimmer
Royal	55 55	27
Black Horse	40 74	13

In *New Romney* keine Hotels.

Jugendherbergen: Charlton House, 306 London Road, Dover, Tel. 03 04/20 13 14, 69 B. – Hillersden House, 14 Godwyne Road, Dover, Tel. 03 04/20 16 98, 70 B.

DURHAM (E 2), Grafsch. Durham, 40 m, 25 000 Einw. Hauptstadt der Grafschaft, Bischofssitz und Universitätsstadt am *Wear River.* Markt- und Handelszentrum eines außerordentlich kontrastreichen Gebietes von üppigem Weideland, karger Moorheide und betriebsamen Bergwerkstädten. Die Stadt ist in unvergleichlicher Lage hoch auf einer vom Fluß umspülten, bewaldeten Anhöhe gebaut, die von einer der schönsten normannischen Kathedralen Englands gekrönt ist. Sie ist eine der wenigen Städte, die sich am wirkungsvollsten von der Bahnlinie aus zeigen, die vom Süden kommend hoch über der Stadt verläuft und einen unvergeßlichen Blick auf Burg und Kathedrale gewährt. Ihre Vergangenheit als einflußreiche Stätte der Geistlichkeit in Verbindung mit ihrer modernen Rolle als Mittelpunkt eines der reichsten Kohlereviere Englands geben der Stadt ein charakteristisches Gepräge.

Auskunft: Tourist Information, Town Hall, Market Place, Tel. 37 20.
Tel.-Vorwahl: 03 85
Verkehr: A 1 Darlington – Newcastle-upon-Tyne. – Bahnstation.

Geschichte: Als 875 die Dänen ihre Niederlassungen besetzten, flohen die Mönche von Lindisfarne mit den sterblichen Resten ihres ersten Bischofs, St. Cuthbert, der 687 verstorben war. Über 100 Jahre später und nach langer Irrfahrt kamen sie schließlich nach Durham und beschlossen, eine Kathedrale über dem Grab des hl. Cuthbert zu errichten. Von diesem ersten Bauwerk ist keine Spur mehr vorhanden, jedoch wurde an ihrer Stelle im Jahr 1093 der Bau der heutigen Kathedrale begonnen, mit St. Cuthberts Grab hinter dem Hochaltar. In den folgenden Jahrhunderten wuchs um diese Gründung eine starke geistliche Gemeinde in weitgehender Unabhängigkeit heran, ein Privileg, für das sie es unternahm, die Einfallsroute vom Norden her zu beschützen. Es entstand eine Siedlung, die teils Trutzburg teils fromme Kathedralenstadt war. 700 Jahre lang herrschten die Bischöfe uneingeschränkt über die Stadt, bis im 18. Jh. Durhams reiche Kohlelager entdeckt und abgebaut wurden, um Brennstoff für die industrielle Revolution zu schaffen. Durham wurde plötzlich zu einem Zentrum moderner Technologie, erhielt Anfang des 19. Jh. eine Universität und wurde später zum Schauplatz der erbittertsten Bergarbeiterstreiks des vergangenen Jahrhunderts, deren Geist in der alljährlichen *»Miners' Gala«* fortlebt.

Sehenswert: Die **Kathedrale,** eine der größten in England, 11. bis 13. Jh., mit dem Grabmal des *Venerable Bede* (gest. 735), des ersten englischen Historikers, in der westlichen Vorhalle aus dem 12. Jh., und eindrucksvolle Klostergebäude aus dem 14. Jh. an der Südseite. – Die **Burg,** gegenüber der Kathedrale, zunächst als eine Reihe von Erdschanzen von den Normannen erbaut, später eine befestigte Residenz der Bischöfe (montags bis freitags Juli bis September 10 bis 17 Uhr, Eintrittsgebühr). – **Gulbenkian Museum,** Elvet Hill Road, orientalische Kunst und archäologische

Sammlung (montags bis freitags 10 bis 17 Uhr, Eintrittsgebühr).

Baden: Hallenbad.

Sport: Tennis, Golf, Rudern, Schlittschuhlaufen.

Veranstaltungen: Antiquitätenmesse im Juni. – »Miners' Gala«, 3. Samstag im Juli. – Musikfestspiele im Oktober.

Ausflüge: **Finchale Priory** (spr. Finkle; 4 M nordöstlich von der Framwellgate Street, markiert), Klosterruine aus dem 13. bis 14. Jh. an der Stelle einer früheren Einsiedelei am Ufer des *Wear* (täglich geöffnet, Eintrittsgebühr). – Nach **Brancepeth** (5 M südwestlich, A 690), mit Burg aus dem 15. Jh., im 19. Jh. renoviert (jetzt industrielle Forschungsanstalt), in einem kunstvoll angelegten Park mit Golfplatz, und einer Kirche aus dem 12. Jh. mit Schnitzwerk aus dem frühen 17. Jh. – Nach **Lanchester** (8 M nordwestlich, A 691); Kirche aus dem 12. Jh., deren Blendbögen aus römischen Säulen bestehen; in der Vorhalle ein römischer Altar aus dem 3. Jh. – Nach **Bishop Auckland** (10 M südlich, A 167/A 6074), eine Bergarbeiterstadt mit Burg aus dem 16. Jh., in der eine Kapelle aus dem 12. Jh. besonders gut erhalten ist (Besichtigungserlaubnis am Eingang).

Unterkunft in Durham:

Hotels:	Tel.	Zimmer
Royal County	6 68 21	120
Three Tuns	6 43 26	15

In der Umgebung:

Hotels:	Tel.	Zimmer
Lumley Castle, Chester-le-Street	53 26	49
Land's End, Lanchester	Sennen, 2 71	45
Lambton Arms, Chester-le-Street	32 65	10
Queen's Head, Bishop Auckland	34 77	8

In *Brancepeth* keine Hotels.

Jugendherbergen: Low House, Edmundbyers, Consett, Tel. 02 07 55/6 51, 16 B.

DYFED (B 4/5), 5770 qkm, 320 000 Einw. Grafschaft im Südwesten von WALES, die das Gebiet zwischen der *Dovey*-Mündung im Norden und *Swansea* im Süden umfaßt, mit dem **Pembrokeshire National Park** (s. Nationalparks) im Westen. Hauptstadt **Carmarthen.** Sie gilt als die am stärksten walisische Grafschaft, die abgesehen von einer im 12. Jh. entstandenen flämischen Siedlung kaum fremden Einflüssen und Eroberungen ausgesetzt war. Es ist ein hauptsächlich landwirtschaftliches Gebiet, nur im Süden wird etwas Bergbau betrieben. Die Küste wechselt von den weichen sanften Sandstränden der *Cardigan*-Bucht mit vielen kleinen Seebädern zur malerisch zerklüfteten Felsküste der Halbinsel von *Pembroke.* **Pembroke** (s. dort) und **Milford Haven** sind Sitz großer Erdölraffinerien. Größtes und populärstes Seebad ist **Aberystwyth** (s. dort). **Fishguard** ist Fährhafen nach Irland. Weitere Zentren sind die Stahlhüttenstadt **Llanelli** und die Marktstädte **Llandovery, Lampeter** und **Cardigan.**

ELY (spr. Eely; G 4), Grafsch. Cambridgeshire, 25 m, 8000 Einw. Eine Kathedralenstadt und Stätte des Christentums seit dem 7. Jh. Auf einer niedrigen Bodenerhebung im früher unwegsamen Marschland der **Fens** gelegen, war die **»Isle of Ely«** ihrer Unzugänglichkeit wegen jahrhundertelang ein selbständiges Verwaltungsgebiet. Im 17. und 18. Jh. wurden die umliegenden Marschen drainiert; die massiven Bauarbeiten, die für dieses Unternehmen notwendig wurden, sind noch im Norden der

Stadt sichtbar. Die damals entstandenen Kanäle sind heute beliebte Wasserstraßen für Segel- und Motorbootsport.

Auskunft: Tourist Information, 24 St. Mary's Street, Tel. 33 11.
Tel.-Vorwahl: 3 53
Verkehr: A 10 Cambridge-King's Lynn. – Bahnstation.

Sehenswert: Cathedral, eine der schönsten Englands, 1083 begonnen und im 14./15. Jh. vollendet. Die oktogonale Vierung gilt als Wunder mittelalterlicher Baukunst. Südlich der Kathedrale Teile der alten Kreuzgänge und der normannischen **Infirmary.** die erhaltenen Gebäude der ehemaligen Benediktinerabtei, die auf eine Gründung St. Ethelredas im Jahre 673 zurückgeht, umschließen **Prior's House** und **Prior Crauden's Chapel** (14. Jh.), die ebenso wie das weiter südlich gelegene ehemalige Haupttor des alten Klosters, **Ely Porta,** in Benützung der *King's School* sind, einer der ältesten Schulen Englands, die ihre Anfänge im 11. Jh. datiert. – **Bishop's Palace,** bis 1939 Bischofssitz (vorwiegend 18. Jh., mit früheren Bauteilen). – **St. Mary's Church,** 1198–1215 errichtet. Das an den Kirchhof anschließende Pfarrhaus war einige Jahre der Wohnsitz Oliver Cromwells.

Ausflüge: **Wicken and Burwell Fens** (8 M südlich, A 10/A 1123), ein Gebiet unberührten *Fenlands* unter dem Schutz des National Trust, mit interessanten seltenen Pflanzen (täglich). – Nach **Stretham** (6 M südwestlich, A 10); in der Ortschaft sind viele Häuser aus dem 16. bis 18. Jh. erhalten, Marktkreuz aus dem 15. Jh., Kirche aus dem 14. Jh.; 1 M südöstlich eine *Pumpstation* aus dem 18. Jh. am *West River,* in der die ursprünglichen Pumpen noch in Betrieb sind.

Unterkunft in Ely:

Hotels:	Tel.	Zimmer
Lamb	35 74	25

In *Stretham* keine Hotels.

Jugendherbergen: Bedford House, Ely Education Centre, 28 St. Mary's Street, 35 B.

ESSEX (G 5), 3650 qkm, 1 415 000 Einw. Grafschaft nordöstlich von London. Hauptstadt **Chelmsford.** Eine langgezogene flache Küste säumt Themse-Ästuar und Nordsee, dahinter liegt welliges, fruchtbares Ackerbaugebiet. Die Römer gründeten hier ihre große Zivilniederlassung **Colchester** (s. dort), und im 5. und 6. Jh. besiedelten die Sachsen das damals dicht bewaldete Gebiet, von dessen Waldreichtum heute nur noch **Epping Forest** nördlich von London als einziger Rest erhalten ist. Die Ostküste ist ein beliebtes Ferien- und Segelsportgebiet; an der Südküste liegt das große populäre Seebad **Southend-on-Sea** (s. dort). **Harwich** war seit Jahrhunderten ein bedeutender Hafen für den Schiffsverkehr mit dem europäischen Festland. Neue Industrieentwicklung fand vor allem in dem London am nächsten liegenden Teil der Grafschaft statt, wo die neuen Stadtgründungen **Basildon** und **Harlow** entstanden. Das flache Marschland von **Foulness** im Südosten wurde als Standort für Londons neuen und dritten internationalen Flughafen gewählt. **Tilbury** am Themse-Ästuar ist Fährhafen; weitere bedeutende Städte sind das reizvoll altertümliche **Saffron Walden,** die Seidenweberstadt **Braintree** und die alte Marktstadt **Great Dunmow.**

EXETER (C 6), Grafsch. Devon, 20 m, 97 000 Einw. Hauptstadt der Grafschaft, Bischofssitz und Universitätsstadt, eine Gründung der Römer am *Exe River*, den ein im 16. Jh. gebauter 8 km langer Kanal mit dem Meer verbindet. Nach Nordwesten erstreckt sich das kahle Hochland des **Dartmoor National Parks** (s. Nationalparks).

Auskunft: Tourist Information Centre, Paris Street, Tel. 7 78 88.

Tel.-Vorwahl: 03 92

Verkehr: A 38 Taunton – Plymouth; Endpunkt der M 5. – Bahnstation.

Sehenswert: **Cathedral** mit normannischen Türmen. – **Guildhall,** teilweise von 1330. – **Roman Pavement,** Waterbeer Street. – **City Wall,** Reste der Stadtmauer, besonders bei *Northernhay Gardens*. – **Underground Passages,** Wasserleitungskonstruktion aus dem 16. Jh. (im Sommer 14 bis 17 Uhr). – **Rougemont House and Gardens,** Castle Street. – **Priory of St. Nicolas,** 11. bis 15. Jh. – **Tucker's Hall,** schönes Beispiel der englischen Architektur des 15. Jh. – **The Mint** (Münze; täglich April bis Sept., 10 bis 17 Uhr, Eintrittsgebühr) – **Maritime Museum of Boats,** internationale Bootssammlung am *Exe River*.

Baden: Hallenbad, Heavitree Road.

Sport: Bowling, Golf, Tennis, Reiten.

Unterhaltung: Northcott Theatre, Exeter University.

Ausflüge: Nach **Budleigh Salterton** (16 M südöstlich, A 377/A 376) über **Topsham** (4 M; ehemaliger Hafen von Exeter, niederländische Häuser aus dem 19. Jh.) und **Exmouth** (11 M; beliebtes Seebad mit Sandstränden). **Budleigh Salterton** war früher ein bedeutendes Zentrum der Salzgewinnung; heute ist es ein populäres Seebad und Golfzentrum. 1 M nördlich die Ortschaft **East Budleigh,** mit **Bicton Park** (Gartenanlagen, Bauernmuseum, Miniatureisenbahn; täglich Juni bis Sept., 10 bis 18 Uhr, Eintrittsgebühr) und **Hayes Barton,** dem Geburtshaus Sir Walter Raleighs (1552–1618). – Nach **Sidmouth** (16 M östlich, A 3052), einem ruhigen Seebad mit Kiesstränden und schöner Küstenlandschaft, das sich zur Zeit des Regency und der Königin Victoria königlichen Patronats erfreute. **Woolcombe House,** ein mittelalterliches Herrenhaus mit Heimatmuseum (täglich Juli bis Sept., 10 bis 18 Uhr). – Nach **Honiton** (17 M nordöstlich, A 30), Zentrum der Spitzenindustrie, mit einer Hauptstraße aus dem 18. Jh. und alten Kutschergasthäusern, über **Ottery St. Mary** (12 M, 1 M südlich von der A 30) mit besonders schöner Kirche aus dem 14. bis 16. Jh. und dem Herrenhaus **Cadhay Manor** aus dem 16. Jh. (mittwochs und donnerstags, Juli und August, 14 bis 18 Uhr, Eintrittsgebühr). – Nach **Cullompton** (13 M nordöstlich, A 38), schöne spätgotische Kirche, Pfarrhaus aus dem 15. Jh.; über **Killerton** (6 M, 1 M westlich der A 38; Gartenanlagen mit seltenen und exotischen Pflanzen, täglich bis Eintritt der Dunkelheit, Eintrittsgebühr). – Nach **Tiverton** (14 M nördlich, A 396), Marktstadt am *Exe River*, Spitzenherstellung; Burgruine aus dem 14. Jh., Kirche aus dem 15. Jh. Am Westufer des Flusses die Gebäude einer alten Internatsschule aus dem 17. Jh. 2 M nördlich das extravagante Herrenhaus **Knightshayes Court** aus dem 19. Jh. (täglich außer freitags und samstags April bis Okt., 14 bis 18 Uhr, Eintrittsgebühr). – Nach **Crediton** (8 M nordwestlich, A 377), der Geburtsstätte des hl. Bonifatius (um 673 bis 755). Kirche aus dem 12. bis 15. Jh. – **Okehampton** (25 M westlich, A 30), Marktstädtchen am Nordrand des *Dartmoor National Park* (s. Nationalparks) mit der Ruine eines Normannen-Kastells; Ausgangspunkt für Exkursionen in das Moorgebiet.

Unterkunft in Exeter:

Hotels:	Tel.	Zimmer
Royal Clarence	5 84 64	64
Rougemont	5 49 82	58
Exeter Crest Motel	5 86 65	57
White Hart	7 98 97	47
Great Western	7 40 39	44
Countress Wear Lodge	54 41	43
Gipsy Hall	6 78 06	30
Imperial	7 46 69	30
Devon Motel	5 92 68	27
St. Andrew's	7 67 48	20

In Budleigh Salterton:

Hotels:	Tel.	Zimmer
Rosemullion	22 88	35
Nattore Lodge	27 36	22
Southlands	34 97	19

In Exmouth:

Hotels:	Tel.	Zimmer
Devoncourt	7 22 77	88
Grand	32 78	58
Royal Beacon	48 86	36
Manor	7 25 49	30

In Sidmouth:

Hotels:	Tel.	Zimmer
Victoria	26 51	84
Fortfield	24 03	60
Belmont	25 55	50
Bedford	30 47	44
Riviera	52 01	37
Royal York	30 43	37
Faulkner	31 84	33
Salcombe Hill House	46 97	31
Royal Glen	32 21	30
Woodlands	31 20	28
Littlecourt	52 79	24

In Honiton:

Hotels:	Tel.	Zimmer
Deer Park	20 64	32
Combe House	27 56	13

In Cullompton:

Hotels:	Tel.	Zimmer
Cullompton	22 72	15

In Okehampton:

Hotels:	Tel.	Zimmer
Skaigh House	Sticklepath 2 43	10

In *Crediton* keine Hotels.

Jugendherbergen: Steps Bridge, Dunsford, Tel. Christow, 06 47/ 5 24 35, 24 B. – 47 Countess Wear Road, Exeter, Tel. Topsham, 03 92 87/ 33 29, 90 B.

EXMOOR NATIONAL PARK s. Nationalparks.

GLOUCESTER (spr. Gloster; D 5), 58 m, Grafsch. Gloucestershire, 91 000 Einw. Hauptstadt der Grafschaft am linken Ufer des *Severn,* Bischofssitz und Industriestadt, bedeutender Binnenhafen zum *Bristol Channel.* Die Römer gründeten die Stadt an der letztmöglichen flußabwärts gelegenen Übergangsstelle über den Severn; unterhalb der Stadt tritt das Phänomen des **»Severn Bore«** auf, wenn die einziehende Flut eine 3 m hohe Wasserwand aufwirft. Die Straßenzüge der Innenstadt folgen dem Verlauf der alten Römerstadt, die zu den drei größten und bedeutendsten in Britannien zählte.

Auskunft: Tourist Information, Gloucester Leisure Centre, Station Road, Tel. 3 46 98.

Tel.-Vorwahl: 04 52

Verkehr: M 5 Birmingham – Bristol. – Bahnstation.

Sehenswert: Berühmte **Cathedral,** begonnen in der Normannenzeit; herrliches Fächergewölbe, auch in den Kreuzgängen. – Ruinen der **St. Oswald's Priory,** 11. Jh. – **St. Mary de**

Crypt Church (12. Jh.). – **City Museum and Art Gallery,** Brunswick Road. – **Folk Museum,** Westgate Street (täglich außer sonntags 10 bis 17 Uhr).

Baden: Schwimmbad im Leisure Centre (Freizeitzentrum).

Sport: Angeln, Rudern, Bowling, Tennis.

Veranstaltungen: Three Choirs Festival, Chorfestspiele Ende August (in einem Dreijahreszyklus abwechselnd in den Städten Hereford, Worcester und Gloucester veranstaltet).

Unterhaltung: Cambridge Theatre im Leisure Centre.

Ausflüge: Nach **Tewkesbury** (11 M nordöstlich, A 38), einer alten Stadt am *Severn* (9000 Einw.) mit vielen Häusern aus dem 16. und 17. Jh., einer der schönsten normannischen Kirchen Englands mit einem 46 m hohen Turm (12. Jh.; Aussichtspunkt) und einer Brücke aus dem 13. Jh. über den Fluß. 2 M südlich die Ortschaft **Deerhurst** mit zwei Kirchen aus der Sachsenzeit. – Nach **Berkeley** (spr. Barkly; 15 M südwestlich, A 38), Burg aus dem 12. bis 14. Jh. kaum verändert erhalten; Kirche aus dem 14. Jh. – Ausflüge in den *Forest of Dean* s. Chepstow.

Unterkunft in Gloucester:

Hotels:	Tel.	Zimmer
New Inn	2 21 77	34
New County	2 49 77	32

In Tewkesbury:

Hotels:	Tel.	Zimmer
Royal Hop Pole	29 32 36	25
Swan Inn	29 31 55	23

In Berkeley:

Hotels:	Tel.	Zimmer
Berkeley Arms	2 91	13

In Stroud, 10 M südlich, B 4173:

Hotels:	Tel.	Zimmer
Bear of Rodborough	Amberley, 35 22	30
Imperial Inn	40 77	18

Jugendherbergen: Lion House, Mitcheldean, Tel. Drybrook, 05 94/ 54 23 66, 46 B. – Shepherd's Patch, Slimbridge, Tel. Cambridge (Gloucester), 2 75, 50 B.

GLOUCESTERSHIRE (spr. Gloster-, Abk. Glos.; D/E 5), 2500 qkm, 500 000 Einw. Grafschaft in Westengland an der Grenze zu Wales, wo sich der *Severn* vor seiner Einmündung in den *Bristol Channel* zu einem breiten Mündungstrichter ausweitet. Das Gebiet wurde zuerst von den Römern besiedelt und war später jahrhundertelang englische Verteidigungslinie gegen die Dänen und Waliser. Es ist ein landschaftlich besonders reizvolles Gebiet, mit den *Cotswold Hills* im Osten, von Norden nach Süden vom Severn-Tal durchzogen, und am Westufer des *Severn* die hügeligen ursprünglichen Laubwälder des **Forest of Dean.** Haupterwerbsquellen sind Landwirtschaft und Schafzucht. Hauptorte der Grafschaft sind die Hauptstadt **Gloucester** (s. dort), die elegante Landstadt **Cheltenham** (s. dort), die alte Römerstadt **Cirencester** und die Marktstädte **Tewkesbury, Stroud** und **Moreton-In-Marsh.**

GRIMSBY (F 3), Grafsch. Humberside, 40 m, 96 000 Einw. Der im 12. Jh. entstandene Hafen am Südufer des Humber-Ästuars ist heute Englands führender Fischereihafen. **Cleethorpes** (36 000 Einw.), ein populäres Seebad, seit es 1863 eine Eisenbahnlinie erhielt, schließt unmittelbar im Süden an Grimsby an. – 6 M nordwestlich liegt der Fährhafen **Immingham.**

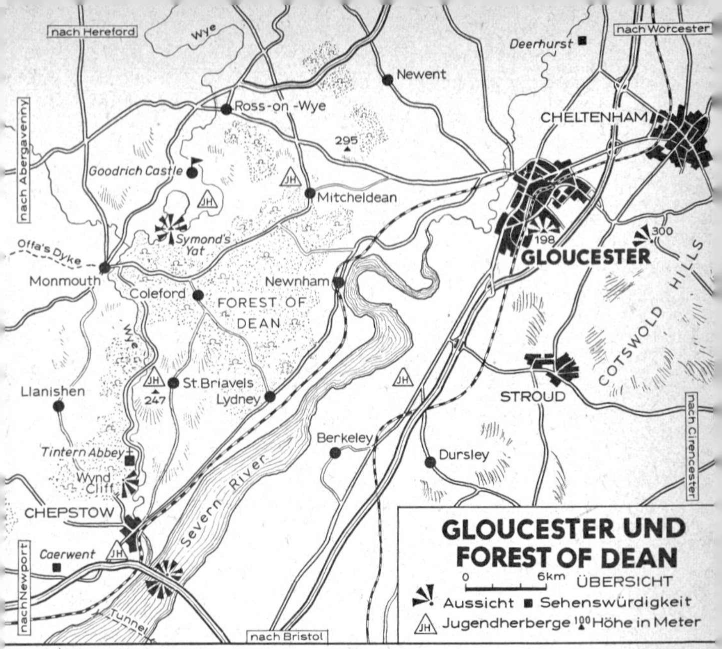

Auskunft: Municipal Offices, Tel. 59161.

Tel.-Vorwahl: 472

Verkehr: Endpunkt der A46 von Lincoln. – Bahnstation. – Autofähren von Amsterdam nach Immingham, von Rotterdam und Zeebrugge nach Hull.

Sehenswert: **Fischmarkt. – St. James's Church,** 13. Jh. – **Clee Church,** normannisch-sächsische Kirche.

Baden: Hallenbad. Sandstrand.

Sport: Angeln, Segeln, Golf, Tennis.

Ausflüge: Nach **Mablethorpe** (27 M südöstlich, A 1031), einem ruhigen Seebad mit schönen Sandstränden und populären Golfplätzen. – Nach **Barton-upon-Humber** (16 M nordwestlich, A 18/A 1077), Marktstadt (7500 Einw.), früher ein bedeutender Hafen. *St. Peter's Church* ist eine der ältesten erhaltenen Sachsenkirchen in England. Über **Thornton Curtis** (11 M; Klosterruine 12. bis 14. Jh., 2 M östlich.)

Unterkunft in Grimsby:

Hotels:	Tel.	Zimmer
Grimsby Crest Motel	59771	132
Humber Royal	50295	55

In Cleethorpes:

Hotels:	Tel.	Zimmer
Kingsway	62836	59
Wellow	65589	10

In Immingham:

Hotels:	Tel.	Zimmer
County	2109	27

In *Barton-upon-Humber* keine Hotels.

GUILDFORD (F 5), Grafsch. Surrey, 40 m, 57 000 Einw. Hauptstadt der Grafschaft, Verwaltungs- und Marktzentrum, Bischofssitz und seit 1966 Universitätsstadt am *Wey River,* in der reizvollen Hügellandschaft der *North Downs* südlich von London. Eine Gründung der Sachsenzeit an einem strategischen Flußübergang und reiche Tuchhändlerstadt im Mittelalter, bewahrt die Stadt neben moderner Entwicklung attraktive historische Straßenbilder.

Auskunft: Public Relations Office, Millmead House, Millmead, Tel. 7 11 11.
Tel.-Vorwahl: 04 83
Verkehr: A 3 London – Portsmouth. – Bahnstation.

Sehenswert: **Highstreet:** geschlossenes altes Straßenbild, georgianische Fassaden vor älteren Bauten; **Guildhall** (1682), das Rathaus mit markanter Uhr als Wahrzeichen; **Guildford House** (1660), jetzt Kunstgalerie; **Abbot's Hospital** (1619), als Altersheim gegründet und noch als solches benutzt, schöne Eichentäfelung, Kapelle mit Buntglasfenstern; **Trinity Church,** nach einem Brand im 18. Jh. neu aufgebaut; **Royal Grammar School** (16. Jh.) und Bücherei mit angeketteten Bänden. – **St. Mary's Church,** Quarry Street, Guildfords ältestes Gebäude (1160–1180) mit vornormannischen Bauteilen. – **Museum,** Castle Archway, heimatkundlich-archäologisches Museum, Lewis-Carol-(Alice in Wonderland-)Gedenksammlung (täglich außer sonntags 11 bis 17 Uhr). – **Guildford Castle** (Mitte 12. Jh.), nur der mächtige Burgfried ist erhalten (April bis Sept. täglich ab 11 Uhr; Aussichtspunkt). – **Cathedral,** schlichter moderner Bau (1936–1961). – **St. Catherine's Hill,** 1 km südlich, Ruinen einer Kapelle aus dem 14. Jh., Aussichtspunkt.

Baden: Freibad Lido (beheizt), Stoke Park; Hallenbad im Sports Centre, Bedford Road.

Sport: Golf, Tennis, Angeln; Sports Centre.

Unterhaltung: Yvonne Arnaud Theatre, Millbrook.

Spaziergänge: Naturlehrpfad (markiert), Ausgangspunkt am Castle, volle Länge 4 Std., Abkürzungen möglich.

Ausflüge: **Newark Priory** (6 M nordöstlich, Abzweigung von der A 3), Klosterruine aus dem 13. Jh. in malerischer Lage am *Wey River.* – **Stoke D'Abernon** (14 M nordöstlich, A 3/A 246), sächsisch-frühgotische Kirche, Bronzereliefs aus dem 13. Jh., bunte Glasfenster aus dem 14. Jh.; über **Wisley,** wo sich die Gärten der *Royal Horticultural Society* befinden (sonntags geschlossen). – **Clandon Park** (7 M östlich), Herrenhaus aus dem 18. Jh., reiche Innenausstattung (dienstags bis donnerstags, Mai bis Okt., 14 bis 18 Uhr, Eintrittsgebühr). – Nach **Dorking** (16 M östlich, A 25), über **Newlands Corner** (4 M; Aussichtspunkt). Die alte Marktstadt **Dorking** (22 000 Einw.) ist ein ausgezeichnetes Ausflugszentrum für die *North Downs.* 1 km nördlich der Stadt verläuft **Chaucers »Pilgerweg«** (markiert). 2 km nordöstlich liegt **Box Hill** (209 m, Aussichtspunkt). 3 M nordwestlich Herrenhaus und Park **Polesden Lacy,** 19. Jh. (dienstags bis donnerstags, März bis Okt., 14 bis 18 Uhr, Eintrittsgebühr). 5 M südwestlich **Leith Hill** (294 m, Aussichtspunkt). – Nach **Compton** (3 M südwestlich, Abzweigung von der A 3), sächsisch-normannische Kirche, 1 M östlich, in bewaldetem Park, das Herrenhaus **Loseley House** aus der Tudorzeit (mittwochs bis samstags, Juni bis Sept., 14 bis 17 Uhr, Eintrittsgebühr). – Nach **Haslemere** (13 M südwestlich, A 3/A 286), Schauplatz des alljährlichen *»Dolmetsch Musical Festival«*, Vorträge mittelalterlicher Musik auf historischen Musikinstrumenten. Unmittelbar südlich der Stadt beginnen die *South Downs* (**Blackdown,** 280 m, Aussichtspunkt). Über **Godalming** (4 M; normannische Kirche, Häuser aus dem 17. Jh.) und **Milford** (6 M; restauriertes Refektorium aus dem 11. Jh.). – **Farnham** (9 M westlich, A 31), betriebsame kleine Stadt (31 000 Einw.); Ruinen einer Burg des Bischofs von Winchester (12. Jh.), georgianische Häuserfronten. 2 M südöstlich die Ruinen der **Waverley Abbey,** 12. Jh.

Unterkunft in Guildford:

Hotels:	Tel.	Zimmer
White Horse	6 45 11	39
Angel	6 45 55	24
Quinns	6 04 22	21

In Dorking:

Hotels:	Tel.	Zimmer
White Horse	8 11 38	69
Burford Bridge	85 95 07	30
Punch Bowl Motor Hotel	8 19 35	29

In Haslemere:

Hotels:	Tel.	Zimmer
Lathe Hill	5 12 51	34
Georgian	5 15 55	23

In Godalming:

Hotels:	Tel.	Zimmer
Manor Inn	2 21 95	9

In Farnham:

Hotels:	Tel.	Zimmer
Bush	52 37	49
Trevena Guest House	69 08	21
Bishops Table	55 45	11

In *Stoke D'Abernon* keine Hotels.

Jugendherbergen: Ewhurst Green, Cranleigh, Tel. 53 34, 32 B. – Devil's Punch Bowl, Hindhead, 16 B. – Radnor Lane, Hombury St. Mary, Dorking, Tel. Dorking, 73 07 77, 48 B. – Tanners Hatch, Polesden Lacey, Dorking, Tel. Bookham, t 25 28, 40 B.

GWENT (D 5), 1380 qkm, 440 000 Einw. Grafschaft im Süden von WALES, südlich vom *Severn-Ästuar* begrenzt und im Osten an England anstoßend. Hauptstadt ist seit 1974 die neue Stadtgründung **Cwmbran.** In diesem Grenzgebiet errichteten die Römer ihre größten Festungen und die Normannen ihre mächtigsten Burgen zur Unterwerfung und Abwehr der Waliser. Nach Osten erstreckt sich die Grafschaft zum romantischen meandernden *Wye*-Tal, mit der historischen Stadt **Chepstow** (s. dort) am Zusammenfluß des *Wye* mit dem *Severn.* Im Westen liegt bergiges Land mit tiefeingeschnittenen Tälern, die schon früh zum Abbau von Kohle und Eisenerz industrialisiert wurden. **Newport** im Süden der Grafschaft besitzt einige der größten Stahlhütten Europas und ist eine betriebsame Hafenstadt. Im Norden beginnt der **Brecon Beacon National Park** (s. dort) mit der Marktstadt **Avergavenny** (s. dort) als günstigstes Tourenzentrum. Weitere bedeutende Städte sind die alte ehemalige Hauptstadt **Monmouth** mit mittelalterlicher Monnow-Brücke und die Industriestadt **Pontypool.**

GWYNEDD (spr. Gwineth, B/C 3/4), 3900 qkm, 224 000 Einw. Grafschaft im Nordwesten von WALES, Hauptstadt **Caernarfon** (s. dort). Sie erstreckt sich von der *Dovey*-Mündung bis *Conwy* und umfaßt die Insel **Anglesey** (s. dort) und den **Snowdonia National Park** (s. Nationalparks). Die ersten Siedler waren Kelten, die diesen unzugänglichen Landstrich trotz römischer Überfälle bis ins 13. Jh. halten konnten, bis die Engländer mit dem Bau ihrer großen Küstenfestungen begannen. Es ist ein gebirgiges Land mit einer langgezogenen gewundenen Küstenlinie und ein beliebtes Touristengebiet mit zahlreichen Seebädern und malerischer Gebirgslandschaft. Im Gegensatz dazu ist die Insel **Anglesey** flaches Weideland. Haupterwerbsquellen sind neben Tourismus Landwirtschaft, Steinbrüche und Fischfang. Größte Stadt der Grafschaft ist die Universitätsstadt **Bangor. Holyhead** ist der Fährhafen nach Irland. Die populärsten Seebäder sind **Llandudno, Pwllheli, Barmouth** (s. dort) und **Tywyn. Ffestiniog** ist das Zentrum der großen Schieferbrüche von Gwynedd. **Conwy, Harlech** und die Hauptstadt selbst waren ehemals Festungsstädte und besitzen massive englische Burgen aus dem 14. Jh. Weitere Zentren sind die beiden Landstädte **Llanrwst** und **Bala,** die im Hochland gelegenen Sommerfrischen **Llanberis** und **Betws-y-Coed** (s. dort) und die kleinen Seehäfen **Portmadoc** und **Dolgellau.**

HAMPSHIRE (Abk. Hants., E 5/6), 3700 qkm, 1 375 000 Einw. Südenglische Grafschaft an der *Kanalküste* südwestlich von London. Hauptstadt **Winchester** (s. dort). Eine kontrastreiche Grafschaft, mit den modernen Häfen und Werften von **Southampton** und **Portsmouth** (s. jeweils dort) an der Küste und der historischen altenglischen Hauptstadt *Winchester* landeinwärts. Im Norden eine Landschaft von Kreidehügeln, häufig als Truppenübungsgelände benutzt, im Südwesten liegen die alten Laubwälder des **New Forest National Parks** (s. Nationalparks), der Rest ist sanft-welliges, waldreiches Gebiet. Die Meerenge zwischen Hampshire und der *Isle of Wight* (s. dort) ist Englands führendes Segelsportzentrum. Weitere Städte sind das ländliche **Andover** und **Petersfield, Basingstoke** mit etwas Industrie und das Seebad **Lymington.**

HARROGATE (E 2), Grafsch. North Yorkshire, 95 m, 65 000 Einw. Im 19. Jh. eines der elegantesten und beliebtesten Heilbäder Englands, dessen vielseitige Mineralquellen (88 insgesamt) weithin berühmt waren. Heute, nachdem der eigentliche Kurbetrieb eingestellt ist, erfreut es sich wachsender Beliebtheit als Ferien- und Erholungsort und, dank seiner großen Hotels, attraktiven Parks und gepflegten Anlagen, als ideales Konferenz- und Messezentrum.

Auskunft: Tourist Information Centre, Royal Bath Assembly Rooms, Crescent Road, Tel. 6 59 12.

Tel.-Vorwahl: 04 23

Verkehr: A 61 Leeds – Ripon. – Banstation.

Sehenswert: **Royal Baths,** jetzt als Konferenzräume benützt. – **Royal Hall** (1903), der ehemalige Kursaal, jetzt Theater- und Konzertsaal. – **Royal Pump Room,** das ehemalige Trinkhaus, 1842 über der bekanntesten Schwefelquelle errichtet. Es enthält heute eine interessante heimatkundliche Sammlung (täglich 11 bis 17 Uhr, im Sommer bis 19 Uhr, sonntags ab 14 Uhr; Eintrittsgebühr). – **Harlow Car Gardens,** Versuchsgärtnerei.

Baden: Frei- und Hallenbäder.

Sport: Golf, Tennis, Pferderennen.

Ausflüge: Nach **Knaresborough** (4 M nordöstlich, A 59), einer alten Stadt mit vielen Häusern aus dem 18. Jh.

(12 000 Einw.) am *Nidd River*, der hier durch ein tief eingeschnittenes Tal fließt. Burgruine aus dem 14. Jh. (Aussichtspunkt, täglich Führungen, Eintrittsgebühr) und eine in den Kalksteinfelsen über dem Fluß gehauene Kapelle aus dem 15. Jh. – **Brimham Rocks** (13 M nordwestlich, Abzweigung von der B 6165), bizarre Felsformationen auf dem Gipfel des *Brimham Moor* (300 m). – **Rudding Park** (3 M südöstlich, Abzweigung von der A 661), Regency-Haus in attraktiven Gartenanlagen (täglich Juni bis Sept., 10 Uhr bis zur Dämmerung, Eintrittsgebühr). – Nach **Ripley** (4 M nördlich, A 61); die Ortschaft wurde zu Beginn des 19. Jh. vom Gutsherrn in Anlehnung an ein elsässisches Dorf erbaut. Burg aus dem 14. bis 16. Jh., noch heute von der ursprünglichen Burgherrenfamilie bewohnt (sonntags, Mai bis Sept., 14 bis 18 Uhr, Eintrittsgebühr). – **Harewood** (8 M südlich, A 61), mit *Harewood House*, Herrenhaus aus dem 18. Jh. (Kunstausstellungen) und Vogelgarten. – Ausflüge in den *Yorkshire Dales National Park* (s. Nationalparks) von **Grassington** (20 M nordwestlich, A 6265 über Pateley Bridge) aus (s. Skipton).

Unterkunft in Harrogate:

Hotels:	Tel.	Zimmer
Majestic	6 89 72	170
Old Swan	40 51	147
Cairn	40 05	145
Prospect	6 50 71	110
Crown	6 77 55	108
Granby Hall	30 46	92
George	6 14 31	76
Grange	6 60 54	60
Green Park	46 81	49

In der Umgebung:

Hotels:	Tel.	Zimmer
Wetherby Turnpike, Wetherby	38 81	70
Three Arrows, Boroughbridge	22 45	19
Dower House, Knaresborough	33 02	18

In *Ripley* keine Hotels.

Jugendherbergen: Old School, Darce Banks, Harrogate, Tel. Darley, 04 23 72/4 31, 28 B.

HASTINGS (G 6), Grafsch. East Sussex, 50 m, 74 000 Einw. Fischereihafen und populäres Seebad, das zusammen mit dem benachbarten **St. Leonards** auf einem hügeligen Landstrich in diesem sonst flachen und marschigen Abschnitt der *Südküste* Englands liegt. Der Name ging in die Geschichte ein als Schauplatz der *»Battle of Hastings«* von 1066, in der der Normannenherzog Wilhelm der Eroberer den angelsächsischen König Harold besiegte; die normannische Invasion setzte ein. Wilhelm beherrschte als William I. von England das Land, führte Französisch als Amts- und Gesellschaftssprache ein, änderte das Regierungs- und Steuersystem und wandelte die Struktur der Gesellschaft. – Die Stadt selbst ist vorwiegend eine Gründung des 19. Jh. Ein älteres Stadtviertel mit Fischerhütten und Lagerschuppen für Fischernetze ist noch erhalten. Über der Stadt die spärlichen Ruinen einer spätnormannischen Burg.

Auskunft: Tourist Information Bureau, Robertson Terrace, Tel. 42 42 42.
Tel.-Vorwahl: 04 24
Verkehr: Endpunkt der A 21 von London. – Bahnstation.

Sehenswert: **Museum,** Cambridge Road, Sammlung einheimischer Keramik- und Kunstschmiedearbeiten (täglich geöffnet). – **St. Clement's Caves,** Croft Road; die Höhlen wurden angeblich von Schmugglern ausgehoben (täglich, Eintrittsgebühr).

– **Fishermen's Museum,** Rock-a-Nore Road, eine alte Kirche bildet den Rahmen für das Fischermuseum (täglich außer freitags, Eintrittsgebühr). – **Old Town Hall Museum,** High Street, heimatkundliches Museum (täglich). – **Stables Theatre,** ca. 1700, High Street.

Baden: Meerwasser-Freibad; Hallenbad (beheizt); 4 km Sandstrand.

Sport: Bowling, Angeln, Golf, Reiten, Tennis, Bogenschießen, Paddeln, Croquet, Segeln, Wasserski.

Spaziergänge: Zur **Fairlight Glen** (1 Std. östlich), mit 125 m hohen Felsklippen und Naturlehrpfad.

Ausflüge: Nach **Eastbourne** 17 M südwestlich, A 259), über **Bexhill** (5 M; Seebad, Kirche aus dem 11. Jh.) und **Pevensey** (12 M; Landestelle Wilhelm des Eroberers; Normannenburg hinter römischem Wall). **Eastbourne** (166 000 Einw.) ist ein beliebtes Seebad mit zahlreichen frühenglischen und mittelalterlichen Baudenkmälern; Wish Tower und Redoubt Tower, Wehrtürme gegen Napoleon errichtet; Manor House mit Kunstgalerie. 3 M südlich von Eastbourne die steilen Kreideklippen von **Beachy Head,** 163 m (Aussichtspunkt; markierter Küstenwanderweg). Haus Campton Place aus dem 18. Jh., am westlichen Stadtrand von Eastbourne, liegt an dem als *South Downs Way* markierten Wanderweg durch die South Downs; etwa 2½ Std. nordwestlich nach **Alfriston,** vorbei an der prähistorischen Felszeichnung *»The Long Man of Wilmington«.* Alfriston wurde bekannt durch den Kampf, den eine Bande von Schmugglern sich hier mit der Polizei vor ca. 100 Jahren lieferte; auf dem Marktplatz Reste eines alten Marktkreuzes. – Nach **Herstmonceaux** (14 M westlich, A 269/A 271); in einer restaurierten Burg aus dem 15. Jh. die königliche Sternwarte, die 1957 von *Greenwich* (s. GRIEBEN-Band 244 »London«) hierher verlegt wurde. Dem Eingang gegenüber eine Kirche aus dem 12. Jh. – Zur **Battle Abbey** (7 M nordwestlich, A 2100), über **Beauport Park,** besuchenswerten Terrassengärten mit seltenem Baumbestand, Rhododendren und Magnolien. Auf dem Schlachtfeld von 1066, *Senlac Hill,* stiftete Wilhelm der Eroberer zum Dank für seinen Sieg über die Sachsen ein Kloster, das Benediktiner bis zu ihrer Vertreibung unter Heinrich VIII., 1539, zu einer Kulturstätte machten. Sir Anthony Browne, der von Heinrich VIII. das Kloster erhielt, zerstörte die normannische Kirche und baute das Kloster zu einem Herrenhaus um (heute Schule). Zu besichtigen (täglich 10 bis 16 Uhr): *Gatehouse,* 1339; *Abbot's Lodge* (Bibliothek) und *Abbey Church,* 14. Jh.; *Dormitorium,* 13. Jh. Im *White Rock Pavilion,* Ausstellungshalle anläßlich der 900-Jahr-Feier errichtet, ein 74 m langer Teppich, auf dem die Schlacht von Hastings 1066 (Hastings Embroidery) dargestellt ist; außerdem ein Modell der Schlacht. Das nach der Schlacht benannte Städtchen **Battle** mit interessanten alten Häusern, liegt nordwestlich der Abtei; in der St. Mary's Church (13.–15. Jh.) Renaissance-Grabmal des Sir A. Browne. – Nach **Bodian** (11 M nördlich, Abzweigung der A 229) mit der imposanten mittelalterlichen Wasserburg *Bodian Castle* von 1385, 1917 von Lord Curzon wiederaufgebaut, im Inneren Museum (täglich April bis Sept., 10 bis 16 Uhr). – Nach **Rye** (11 M nordöstlich, A 259) über **Winchelsea** (8 M; ehemaliger Hafen, jetzt 2 km landeinwärts gelegen, Kirche aus dem 13. Jh.). Das altertümliche Städtchen **Rye** (6000 Einw.) am *Rother*

River, 3 km vom Meer entfernt, war ebenfalls früher eine Hafenstadt. Sitz eines traditionellen Töpfereigewerbes. In ihren malerischen engen Gäßchen bewahrt die Stadt noch zahlreiche interessante Bauten: Reste der *Stadtmauer* aus dem 14. Jh. mit dem Stadttor Landgate und *Ypres Tower* aus dem 12. Jh. (Museum); *Mermaid Inn* aus dem 13. Jh. ist eines der vielen alten Gasthäuser, die durch Piraten und Schmuggler bekannt wurden. In der *St. Mary's Church* aus dem 13. Jh. eine alte Uhr aus dem 15. Jh., deren Pendel im Kirchenraum frei hin und her schwingt; im benachbarten *Lamb House,* im georgianischen Stil, lebte der Dichter Henry James (1843–1916); in der High Street die alte Pocock's School. – **Bateman's** (18 M nordwestlich, nahe der A 265 bei Burwash) mit *Kiplings Landhaus* aus dem 17. Jh., mit Arbeitszimmer des Schriftstellers Rudyard Kipling (1865–1936); im Garten (restaurierte) Mühle, von Kipling mit einem Generator versehen, um Elektrizität für sein Haus zu bekommen.

Unterkunft in Hastings:

In Hastings und Umgebung gibt es ca. 40 Hotels mit über 2300 Zimmern und zahlreiche Pensionen.

Jugendherbergen: Frog Firle, Alfriston, Polegate, Tel. 4 23, 60 B. – East Dean Road, Eastbourne, Tel. Eastbourne 03 23/3 72 94, 40 B. – Blackboys, Uckfield, Tel. Framfield 6 07, 44 B. – Guestling Hall, Rye Road, Guestling, Tel. Pett 23 73, 70 B.

HEREFORD (spr. Herry-; D 4), Grafsch. Hereford and Worcester, 90 m, 47 000 Einw. Am *Wye River* gelegene Stadt, Bischofssitz seit dem Jahr 672 und Grenzfeste gegen die Waliser in sächsischer und normannischer Zeit. Sie ist das Marktzentrum für das umliegende reiche Weideland und Obstanbaugebiet, und ihr wöchentlicher Viehmarkt (mittwochs) gilt als einer der größten des Landes.

Auskunft: Tourist Information Centre, Town Hall, Tel. 6 84 30.

Tel.-Vorwahl: 04 32

Verkehr: A 49/A 40 Shrewsbury – Gloucester.

Sehenswert: **Cathedral** aus dem Jahr 1070; durch zahlreiche Erweiterungen des normannischen Grundbaus entstand eine interessante Architekturmischung. Schöne *Lady Chapel.* Im nördlichen Seitenschiff die *Mappa Mundi,* eine um 1300 zusammengestellte Weltkarte. Bibliothek mit 1500 angeketteten Bänden (täglich außer sonntags 11 bis 16 Uhr, Eintrittsgebühr). – **Old House,** Gebäude aus dem 17. Jh. mit schöner Einrichtung (täglich außer sonntags 10 bis 17 Uhr, im Sommer auch sonntags nachmittags). – **Booth Hall,** High Town (um 1400). – Alte Kirchen *St. Peter* und *All Saints.* – Die alte *Wye-Brücke,* ca. 1490.

Sport: Angeln, Rudern, Paddeln, Reiten, Tennis, Golf.

Ausflüge: **Ledbury** (14 M östlich, A 438), Markthalle aus dem 17. Jh., Gasthäuser aus dem späten 16. Jh.; Kirche 13. bis 14. Jh. – Nach **Ross-on-Wye** (14 M südöstlich, A 49), Landstädtchen (6500 Einw.) in einer weiten Schleife des gemächlichen *Wye River.* In der Kirche (im 18. Jh. restauriert) bunte Glasscheiben aus dem 15. Jh. Markthalle aus dem 17. Jh. Nach Süden erstreckt sich der **Dean Forest Park** (s. Nationalparks sowie Übersichtskarte unter Gloucester), Teil eines uralten Eichenwaldes zwischen Wye und Severn, der unter Naturschutz steht. In dem großen Waldgebiet sind Überreste römischer Erzbergwerke erhalten; es war königliches Jagdrevier seit den Normannen. 3 M südwestlich die Ruinen von **Goodrich Castle,** die eine Zeitspanne vom 11. bis zum 17. Jh. umfassen (täglich 10 bis 16 Uhr, sonntags ab 14 Uhr, Eintrittsgebühr). – Nach **Grosmont** (14 M südwestlich, A 465/B 4347), über **Kilpeck** (8 M; Normannenkirche mit reichen Ornamenten, Burgruine aus dem 12. Jh.). Die kleine Ortschaft **Grosmont** (2500 Einw.) liegt auf einer Anhöhe über dem *Wye River,* der hier die Grenze zu Wales bildet. Burg 13. bis 14. Jh. (täglich 10 bis 17 Uhr, sonntags ab 14 Uhr); Kirche 13. Jh. Am gegenüberliegenden Wye-Ufer der ausgedehnte Schloßpark von **Kentchurch Court** (16. Jh., gelegentlich für Besucher geöffnet). 4 M nördlich die Ortschaft **Abbey Dore,** deren Kirche Teile einer Zisterzienserabtei aus dem 12. Jh. einbezieht.

Unterkunft in Hereford:

Hotels:	Tel.	Zimmer
Green Dragon	25 06	96
Graftonbury	5 64 11	44
Castle Pool	5 63 21	29

In Ledbury:

Hotels:	Tel.	Zimmer
Feathers	26 00	14

In Ross-on-Wye:

Hotels:	Tel.	Zimmer
Chase	31 61	38
Royal	27 33	31
Swan	21 69	19

In *Grosmont* keine Hotels.

Jugendherbergen: Gatchapin, Rushall, Ledbury, Tel. Much Marcle, 6 70, 30 B. – Staunton-on-Wye, Hereford, Tel. Moccas o 98 17/3 08, 60 B.

HEREFORD AND WORCESTER (D 4), 3929 qkm, 586 000 Einw. Westenglische Binnengrafschaft an der Grenze zu Wales. Hauptstadt **Worcester** (s. dort). Sie erstreckt sich von den Waliser Bergen bis zu den Vororten Birminghams und wird von zwei der größten Flüsse Englands durchflossen, dem *Severn* und dem *Wye.* Im flachen östlichen Teil der Grafschaft, insbesondere im **Vale of Evesham,** wird Obst angebaut, im Westen, hinter den **Malvern Hills,** liegt saftiges Weideland. **Hereford** (s. dort) ist eine alte Kathedralenstadt und Grenzfeste. Weitere bedeutende Ortschaften sind die Marktstädte **Evesham** und **Leominster** sowie das ehemals elegante Heilbad **Great Malvern.**

HEXHAM (D/E 2), Grafsch. Northumberland, 150 m, 9800 Einw. In schöner Lage auf einer Anhöhe über dem *Tyne Valley,* überragt von seiner mächtigen, altehrwürdigen Abteikirche. Es ist Marktzentrum für das umliegende Landwirtschafts- und vor allem Schafzuchtgebiet wie auch günstiger Ausgangspunkt zum **Roman Wall** und zum **Northumberland National Park** (s. Nationalparks).

Auskunft: Tourist Information Centre, Manor Office, Tel. 40 11.

Tel.-Vorwahl: 4 34

Verkehr: A 69 Newcastle – Carlisle. – Bahnstation.

Sehenswert: **Hexham Abbey** *(Priory Church),* ein vorwiegend frühgotischer Bau mit schönem Chor und ungewöhnlich langem Querschiff (1175–1225). Fragmente einer früheren Klosterkirche von 678 finden sich im Hauptschiff und in der Krypta. Das Hauptschiff, 1290 durch die Schotten größtenteils zerstört, wurde 1908 wiederaufgebaut. – **Moot Hall** (15. Jh.), Gerichtshof und Fliehburg des Erzbischofs, östlich des Market Place; weiter östlich **Manor Office** (1330), ein mittelalterliches Gefängnis.

Sport: Golf, Tennis, Pony Trekking, Reiten, Angeln.
Ausflüge: Nach **Corbridge** (3 M östlich, A 69); Tyne-Brücke aus dem 17. Jh., Kirche zum Teil sächsisch, im 13. Jh. neu aufgebaut; das befestigte Pfarrhaus ist aus Steinen der römischen Garnison **Corstopitium** erbaut, deren stattliche Überreste 1 M westlich zu sehen sind (Museum, täglich geöffnet, Eintrittsgebühr). – Nach **Blanchland** (10 M südlich, B 6306); ein verfallenes Ordenskloster aus dem 15. Jh. wurde im 18. Jh. zu einem Dorf umgebaut. – **Langley Castle** (9 M westlich, A 69/A 686), ein befestigter Herrensitz aus dem 14. Jh. (Mai bis Sept., mittwochs 14 bis 19 Uhr). – **Hadrian's Wall,** 2. Jh. n. Chr., römisches Festungswerk von insgesamt 120 km Länge, das sich quer durch ganz England zieht. Ursprünglich bestand diese nördlichste Grenzfestung des Römischen Reiches aus einem 5 m hohen Steinwall, mit tiefen Gräben zu beiden Seiten. Dahinter verlief eine durchgehende Straße und verband die verschiedenen Grenzposten und Kastelle entlang der Mauer. In den folgenden Jahrhunderten wurde ein großer Teil der Mauersteine von Wall und Festungen abgetragen und zum Bau von Häusern, Bauernhöfen und Kirchen verwendet; ein ganzer Abschnitt der Mauer wurde im 18. Jh. abgerissen und die Steine als Damm-Material für eine neue Militärstraße (die jetzige B 6318) benützt. Bei **Chollerford** (6 M nördlich, A 6079) sind die Überreste der Festung **Chesters** *(Cilurnum)* an der Mauer erhalten sowie Reste einer römischen Brücke über den *North Tyne* und ein fast kompletter Wachturm (Museum, täglich 9 bis 16 Uhr, sonntags ab 14 Uhr, Eintrittsgebühr). In **Carrawborough** (10 M nordwestlich, A 6079/B 6318) wurde ein Mithras-Tempel freigelegt (Wegweiser). **Housesteads** (14 M nordwestlich, A 6079/B 6318) ist die Ausgrabungsstätte einer großen Festung (Museum, täglich ab 9 Uhr bis Einbruch der Dunkelheit, Eintrittsgebühr). In dem einsamen Landstrich westlich davon verläuft der am besten erhaltene Abschnitt der römischen Mauer.

Unterkunft in Hexham:

Hotels:	Tel.	Zimmer
Beaumont	23 31	20
Royal	22 70	15

In Blanchland:

Hotels:	Tel.	Zimmer
Lord Crewe Arms	2 51	14

Jugendherbergen: Acomb, Hexham, Tel. Hexham, 04 34/28 64, 39 B. – Orchard House, Mohope, Ninebanks, Tel. Whitfield, 0 49 85/2 88, 28 B.

HULL (offiziell **Kingston-upon-Hull;** F 3), Grafsch. Humberside, 10 m, 282 000 Einw. Hauptstadt der Grafschaft und einer der größten Häfen Englands. Die Stadt entstand im 13. Jh. am Nordufer des *Humber,* dem von den Flüssen *Ouse* und *Trent* gebildeten Mündungstrichter 30 km von der Nordsee entfernt. Im Westen liegen die Kalksteinhügel der *Yorkshire Wolds,* im Osten das flache Weizenanbaugebiet von *Holderness,* der breiten Halbinsel zwischen dem Humber und dem offenen Meer. Ihre ursprüngliche Isolierung zwischen Humber und den Wolds führte dazu, daß sich die Stadt in weitgehender Selbständigkeit entwickelte und staatliche Einrichtungen wie das Telefon bis vor kurzem als städtische Unternehmen führte. Neben dem Hafenbetrieb besitzt die Stadt bedeutende Industrieanlagen für die Gewinnung von Pflanzenöl und große Getreidemühlen.

Auskunft: Tourist Information Centre, Albion St., Tel. 22 33 44.

Tel.-Vorwahl: 04 82

Verkehr: Endpunkt der A 63 von Leeds und der A 15 (mit Autofähre über den Humber) von Lincoln. – Bahnstation. – Autofähren von Rotterdam und Zeebrugge sowie von Amsterdam nach Immingham/ Grimsby.

Sehenswert: **Holy Trinity Church,** eine der größten Pfarrkirchen Englands; besonders bemerkenswert der Mittelturm und die phantasievoll gearbeiteten Fensterbögen. – **Wilberforce House,** elisabethanisch; teilweise mit der ursprünglichen Einrichtung. Es ist das Geburtshaus von William Wilberforce (1759), eines Vorkämpfers der Sklavenbefreiung; ein Teil des Museums ist seinem Andenken gewidmet (täglich 10 bis 17 Uhr, sonntags ab 14 Uhr). – **Hafenanlagen.** – Neue **Humber-Brücke** bei *Hessle,* 4 M westlich (Fertigstellung für 1978 geplant), die mit ihrem 1410 m langen Hauptfeld die längste Hängebrücke der Welt sein wird. – **Archeological and Transport Museum,** High Street (täglich 10 bis 17 Uhr, sonntags ab 14 Uhr). – **Maritime Museum,** Hessle Road (wie oben). – **High Street** mit alten Kaufmannshäusern aus dem 16. und 17. Jh.

Baden: Hallen- und Freibäder.

Sport: Bowling, Golf, Tennis, Segeln, Sportzentrum.

Ausflüge: **Beverley** (8 M nordwestlich, A 1079), alte Marktstadt (17 000 Einw.), mit Stadttor aus dem 15. Jh. und einem Münster (vorwiegend 14. Jh.), das an Größe den meisten Kathedralen gleichkommt, mit doppelten Querschiffen und reichem Interieur. – Nach **Hornsea** (18 M nordöstlich, B 1238/B 1242), einem Seebad auf niedrigen Klippen an der sonst flachen Ostküste, mit einsamen Sandstränden im Norden und Süden. Hinter der Stadt liegt der See **Hornsea Mere,** ein Vogelschutzgebiet (öffentlicher Fußweg um den See). Ein traditionelles Produkt dieser Gegend ist Hornsea-Keramik. Über **Sproatley** (8 M; Herrenhaus **Burton Constable,** 16. Jh., täglich außer montags und freitags). – Nach **Withernsea** (20 M östlich, A 1033/B 1362), einem ruhigen Ferienort; über **Hedon** (6 M), früher ein blühender Hafen, bevor er von Hull überflügelt wurde; schöne Kirche aus dem 14. Jh. mit schlankem gotischem Turm. 10 M südöstlich läuft die Halbinsel **Holderness** in einer langen schmalen Landzunge aus, die mit **Spurn Head** als Spitze in großem Bogen 4 km weit in das Humber-Ästuar vorstößt (Naturschutzgebiet; Zufahrtsgebühr für Autos). – Nach **Goole** (27 M westlich, A 63/A 614), Seehafen (18 000 Einw.) am untersten überbrückbaren Punkt des *Ouse,* bevor er sich mit dem *Trent* zum *Humber* vereinigt. Der Hafen mit seinen ausgedehnten Dockanlagen entstand im 19. Jh. und wird von vielen europäischen Schiffahrtslinien angelaufen. Über **Howden** (24 M; große Kirche aus dem 14. bis 15. Jh.).

Unterkunft in Hull:

Hotels:	Tel.	Zimmer
Hull Centre	2 64 62	125
Royal Station	2 50 87	121
White House	2 80 90	56
Hull Crest Motel	64 52 12	54
Dorchester	4 32 76	46
Pearson Park	4 30 43	35

In Beverley:

Hotels:	Tel.	Zimmer
Beverley Arms	88 52 41	61
Lairgate	88 21 41	19

IPSWICH (H 4), Grafsch. Suffolk, 40 m, 123 000 Einw. Verwaltungszentrum für *East Suffolk* und bedeutender Hafen an der Ostküste am Beginn des 18 km langen Gezeitentrichters der *Orwell*-Mündung. Es ist Sitz landwirtschaftlicher Maschinenfabriken und war seit normannischer Zeit Hauptabsatzmarkt landwirtschaftlicher Erzeugnisse aus dem umliegenden reichen Ackerbaugebiet *East Anglia*.

Auskunft: Tourist Information, Town Hall, Princes St., Tel. 5 58 51.
Tel.-Vorwahl: 04 73
Verkehr: A 12 Colchester – Lowestoft. – Bahnstation.

Sehenswert: **Christchurch Mansion,** erbaut 1548–1550 im Tudorstil; antike Einrichtung und Ausstattung, Gemäldegalerie (montags bis samstags 10 bis 17 Uhr, sonntags 14.30 Uhr). – **Wolsey's Gate** (16. Jh.), College Street. – **Sparrowe's House** (1567) am Butter Market. – **Museum,** Highstreet (täglich 10 bis 17 Uhr, sonntags ab 14 Uhr).

Baden: Hallen- und Freibäder.

Sport: Bowling, Golf, Tennis, Angeln, Segeln.

Ausflüge: Nach **Stratford St. Mary** (10 M südwestlich, A 12), Ortschaft am *Stour River* mit Häusern aus dem 16. Jh. und normannischer Kirche. Die umliegende Landschaft ist in den Gemälden John Constables (1776 bis 1837) verewigt, insbesondere seine berühmte Mühle, **Flatfoot Mill,** die 2 M westlich von Stratford liegt und heute als naturwissenschaftliche Forschungsanstalt dient (National Trust). – Nach **Hadleigh** (10 M westlich, A 1071), altes Wollhändlerstädtchen (5000 Einw.) mit Kirche aus dem 14. Jh., Zunfthaus (15. Jh.) und dem Pförtnerhaus eines alten Bischofspalastes aus dem 15. Jh. – Nach **Felixstowe** (11 M südöstlich, A 45), einem Seebad auf niedrigen Klippen (19 000 Einw.), Endstation der Autofähre von Rotterdam. – **Orford** (20 M östlich, A 12/B 1084), über **Woodbridge** (8 M; alte Bürger- und Gasthäuser, Segelzentrum an der Spitze eines 12 km langen Meeresarms). **Orford** ist ein vernachlässigter Seehafen am *Ore River*, der hier parallel zur Küste fließt, vom Meer durch eine breite Kiesbank getrennt. Die mächtige Burg stammt aus dem 12. Jh. (täglich 10 bis 16 Uhr, sonntags ab 14 Uhr), Kirche mit verfallenem normannischem Chor. – Nach **Aldeburgh** (27 M nordöstlich, A 12/A 1094), Seebad und Fischereihafen (3000 Einw.); große Teile der Ortschaft wurden in den vergangenen Jahrhunderten vom Meer fortgespült. *Moot Hall,* das ehemalige Rathaus aus dem 16. Jh., steht heute am Rand des sich immer weiter vorschiebenden Kiesstrandes. Alljährlich im Juni findet hier das »Aldeburgh Festival of Music and the Arts« statt, das Benjamin Britten, der hier lebte, 1948 ins Leben rief und für das er bis zu seinem Tod 1976 auch Stücke schrieb. In der 5 M nordwestlich liegenden Ortschaft **Snape** finden in einer umgebauten Mälzerei Opernaufführungen statt. 4 M nördlich liegt **Leiston** mit einer verfallenen Abtei aus dem 12. Jh. und einer Arbeitermustersiedlung aus dem 19. Jh., eine Hinterlassenschaft aus der Zeit, als die Ortschaft zu den führenden Lokomotivenproduzenten der Welt gehörte. 5 M nördlich, an der Küste, die eindrucksvollen Anlagen des Kernkraftwerkes *Sizewell.* – Nach **Framlingham** (16 M nordöstlich, B 1077/A 1120), kleine Ortschaft mit alten Gasthäusern der ehemaligen Poststation, einer attraktiven Kirche aus dem 14. Jh. und den weitläufigen Ruinen einer Burg aus dem 13. Jh. (täglich geöffnet, Eintrittsgebühr).

Unterkunft in Ipswich:

Hotels:	Tel.	Zimmer
Post House	21 23 13	118
Great White House	5 65 58	56
Crown and Anchor	5 85 06	46
Belstead Brook	21 64 56	24

In Felixstowe:

Hotels:	Tel.	Zimmer
Orwell Moat House	55 11	66
De Novo	7 84 41	30

In Orford:

Hotels:	Tel.	Zimmer
Crown & Castle	2 05	20

In Aldeburgh:

Hotels:	Tel.	Zimmer
Brudenell	20 71	45
White Lion	27 20	35

In Framlingham:

Hotels:	Tel.	Zimmer
Crown	72 35 21	15

In Woodbridge:

Hotels:	Tel.	Zimmer
Bull	20 89	27
Crown	42 42	25
Seckford Hall	56 78	20

In *Stratford St. Mary* und *Hadleigh* keine Hotels.

Jugendherbergen: Heath Walk, Blaxhall, Woodbridge, Tel. Snape 07 28 88/2 06, 45 B. – Naughton Mill, Nedging Tye, Ipswich, Tel. Bidleston 04 49/74 02 93, 35 B.

ISLE OF MAN (B 2), 580 qkm, 56 500 Einw. Insel in der *Irischen See,* 50 km vor der englischen Küste. Sie ist 50 km lang, 19 km breit, ihr höchster Punkt ist der **Snaefell** mit 630 m. Die attraktive Hügellandschaft der Insel mit waldreichen Tälern und einer malerischen Küste macht sie zu einem beliebten Ferien- und Erholungsziel. Ihre Haupterwerbsquellen, abgesehen vom Tourismus, sind Ackerbau und Fischfang. Eine Eigenart ihrer Tierwelt sind die schwanzlosen Katzen von Manx. Die Insel besitzt eine der ältesten demokratischen Regierungsformen der Welt in weitgehender Unabhängigkeit von der britischen Krone, gibt ihre eigene Währung und ihre eigenen Briefmarken aus. Manx, eine Sprache gälischen Ursprungs, war bis 1930 allgemeine Umgangssprache; heute wird sie von einer kleinen, aber ständig wachsenden Minderheit gesprochen. Das gestiegene Selbstbewußtsein führte zu bemerkenswerten Wahlerfolgen der Mec Vannin (Söhne Mans) und zur Einführung von Manx als Wahlfach in Primary Schools; vereinzelt findet man Straßenschilder in Manx und Englisch. Offiziell wird Manx lediglich für zeremonielle Sitzungen der **Tynwald,** des Parlaments der Insel mit 24 Abgeordneten, verwendet. Im Zweiten Weltkrieg war die Insel Hauptinternierungsstation für deutsche und italienische Bürger im Vereinigten Königreich. Haupthafen der Insel, Touristen- und Handelszentrum ist **Douglas** (20 500 Einw.).

Auskunft: Tourist Information, Victoria Street, Douglas, Isle of Man, Tel. 43 23.

Tel.-Vorwahl: 06 24

Verkehr: Personen- und Autofähren von Liverpool (ganzjährig) und (nur im Sommer) von Fleetwood, Ardrossan, Llandudno, Belfast und Dublin (Wohnanhänger sind nicht zugelassen). – Flughafen: Ronaldsay, Castletown (keine internationalen Flüge). – Verkehr auf der Insel: Autobusverkehrsnetz. – Bahnlinie von Douglas nach Ramsey. Historische Dampfeisenbahn von Douglas nach Port Erin (nur im Sommer).

Geschichte: Die ersten Siedler auf der

ISLE OF MAN
ÜBERSICHT
0
5 Meilen
0
5km
Aussicht
Jugendherberge
Schloß, Burg
Turm
Bahn
Leuchtturm
Berg, Höhe in Meter
Hauptstraße
Nebenstraße
IRISH SEA
Point of Ayre
Bride
Andreas
RAMSEY
Sulby
A3
Sulby
Maughold
Curragh Park
Ballaugh
565
A2
383
A18
Snaefell
630
Kirk Michael
488
Bergbahn
492
546
A3
LAXEY
JH
487
Clay Head
A18
PEEL
Tynwald Hill
Glass
A1
DOUGLAS
Conister Rock
Dhoo
Foxdale
Braaid
Douglas Head
von Ardrossan
von Liverpool
von Llandudno
Elby Point
483
A5
A4
437
BALLASALLA
Ballabeg
A5
Bradda Head
A7
CASTLETOWN
PORT ERIN
PORT ST. MARY
Cregneash
Dreswick Point
IRISH SEA
Calf of Man
Chicken Rock

Insel waren Kelten, die im 5. Jh. das Christentum annahmen. Im 8. Jh. wurde sie von den Wikingern besetzt und damit Teil ihrer schottischen und irischen Besitzungen. Sie nannten sie *Eilan Vannin* oder *Mannin*, was »Insel der Mitte« bedeutet, und ließen sich im flachen, fruchtbaren Gebiet im Norden der Insel nieder. Die entlegene Insel entging normannischer Besatzung und blieb in den Händen der Wikinger, bis sie im 13. Jh. durch Ankauf vom Königreich Schottland erworben wurde. Anfang des 14. Jh. ging die Insel in den Besitz einer englischen Familie über und wurde schließlich im Jahr 1765 von der englischen Krone erworben. Ihr Verwaltungssystem, das die Wikinger im 10. Jh. eingeführt hatten, blieb bei dem häufigen Besitzwechsel unangetastet und ist ein Privileg, das sie sich bis zum heutigen Tag bewahrt hat.

Sehenswert:

In Douglas: **Manx Museum,** Crellin's Hill, Archäologie, Geschichte und Brauchtum der Insel (montags bis freitags 10 bis 17 Uhr). – **Conister Rock,** Felsklippe im Hafen und Ursache zahlreicher Schiffbrüche. Der Zufluchtsturm für Schiffbrüchige wurde 1823 darauf errichtet. – **Douglas Head,** Vorgebirge an der Südseite des Hafens (Leuchtturm; Freilichtbühne; Aussichtspunkt; Fährdienst vom Victoria Pier).

In Braaid: Prähistorischer **Steinring.**

In Port Erin: **Marine Biological Station** und Aquarium (montags bis freitags Mai bis Sept., 10 bis 17 Uhr). 1 M südlich liegt **Cregneash** mit dem **Manx Village Folk Museum** (täglich geöffnet, Mai bis Sept. 10 bis 17 Uhr, Eintrittsgebühr). Bootsvermietung für Überfahrten zur kleinen, 300 ha großen Insel **Calf of Man** vor der Südspitze der Insel; Vogelschutzgebiet (Mai und Juni geschlossen).

In Castledown: **Castledown** ist die alte Hauptstadt der Insel (1500 Einw.). Burg aus dem 13. Jh. (täglich 10 bis 19 Uhr, Eintrittsgebühr); **Nautical Museum** (nur im Sommer, 10 bis 17 Uhr, Eintrittsgebühr); **Museum of Witchcraft,** Hexenmuseum (täglich geöffnet).

In Ballasalla: Klosterruine einer Zisterziensergründung und Brücke aus dem 13. Jh.

In Peel: **Peel,** der Hauptort der Westküste (3000 Einw.), um ein altes Fischerdorf erbaut. Eine verfallene Burgmauer aus dem 16. Jh. auf dem Vorgebirge umgibt die dachlosen Überreste einer Kathedrale aus dem 14. Jh. Ihr Dach wurde im 18. Jh. abgetragen, um daraus die Stallungen des Gouverneurs zu bauen. Außerdem befinden sich innerhalb dieser Mauer der alte Bischofspalast und die *St. Patrick's Kapelle* aus dem 9. Jh. und ein Rundturm ähnlich den irischen Rundtürmen.

In Laxey: Kleines Seebad; ein riesiges Wasserrad aus dem 19. Jh., mit 23 m Durchmesser, es diente zur Trockenlegung der jetzt stillgelegten Bleibergwerke. Bergbahn zum Gipfel des **Snaefell,** 630 m, Restaurant und Aussichtspunkt.

In Ballaugh (spr. Ballaff): Kirche aus dem 17. Jh. mit einem Kreuz aus dem 11. Jh.; **Curragh Wildlife Park** in zum Teil drainierten Marschen, mit reicher Vogelwelt (täglich geöffnet, 10 bis 18 Uhr).

In Maughold: Mittelalterliches Kreuz, 14. Jh., und Wikingerkreuze.

In Andreas: Wikingerkreuz und Grabplatten.

Baden: Sandstrände in Douglas Bay, Port Erin, Port St. Mary, Peel und

Ramsey; Freibäder in Peel (beheizt), Port Erin und Onchan; Hallenbäder in Douglas, Ramsey.

Sport: Wassersport aller Art, Golf, Tennis, Pony Trekking, Angeln.

Veranstaltungen: Internationale Motorradrennen (Juni und Sept.). – Car Rally (September). – Viking Festival, Peel (Anfang Juli oder August).

Unterhaltung: Konzerte, Theater und Spielkasino in Douglas.

Brauchtum: Jährliche Tynwald-Zeremonie (5. Juli), St. John's.

Unterkunft auf der Isle of Man:
Auf der Insel gibt es ca. 30 Hotels mit über 2000 Zimmern und mehr als 1000 Pensionen und Gasthäuser.

Jugendherbergen: Axnfel, Laxey, Isle of Man, Tel. 06 24 86/5 21, 89 B.

ISLE OF WIGHT (spr. Weit; E 6), 380 qkm, 111 000 Einw. Grafschaft und Insel vor der *Südküste* Englands, das römische *»Vectis«*. Sie mißt 39 km von Osten nach Westen, 19 km von Norden nach Süden und ist durch die engen Meeresstraßen *Solent* im Nordwesten und *Spithead* in Nordosten vom Festland getrennt. Die Insel ist ein beliebtes Ferienzentrum und geologisch von besonderem Interesse. Im Inselinnern, zwischen ausgedehntem Wiesen- und Heideland, herrscht innensive Landwirtschaft. Ein durchgehender Küstenweg von 96 km Länge umringt die Insel.

Auskunft: Tourist Information Centres in Newport, Tel. 43 43; Ryde, Tel. 29 05; Sandown, Tel. 38 86; Shanklin, Tel. 29 42.

Tel.-Vorwahl: 09 83 (Cowes, Ryde); 09 83 81 (Newport); 09 83 84 (Sandown; 09 83 86 (Shanklin).

Verkehr: Auto- und Personenfähren zwischen Lymington und Yarmouth, Southampton und Cowes, Portsmouth und Fishbourne. Nur Personenfähren zwischen Portsmouth und Ryde. – Hovercraftverbindungen zwischen Southampton und Cowes, Southsea und Ryde. Hydrofoilverbindungen zwischen Southampton und Cowes. – Busverbindungen auf der ganzen Insel. – Eisenbahnverbindung zwischen Ryde, Sandown und Shanklin.

Newport (22 300 Einw.), *Hauptstadt* der Insel und einzige landein gelegene Stadt an der Spitze der tiefeingeschnittenen Medinamündung. Sie geht auf eine römische Ansiedlung zurück. Verwaltungs- und Marktzentrum; Leichtindustrie.

Sehenswert: **Römische Villa,** Avondale Road (montags bis freitags Juni bis Sept. 10 bis 17 Uhr). – **Carisbrooke Castle** (1 M südwestlich), Ruine der alten Inselfestung, 12. bis 17. Jh. (täglich 10 bis 16 Uhr, im Sommer bis 19 Uhr, sonntags ab 14 Uhr, Eintrittsgebühr). – **Arreton Manor** (3 M südöstlich), jakobinisches Herrenhaus (täglich April bis Okt. 10 bis 18 Uhr, sonntags ab 14 Uhr, Eintrittsgebühr).

Baden: Beheiztes Freibad.

Sport: Golf, Angeln, Tennis.

Unterhaltung: Apollo Theatre (Repertoirebühne).

Unterkunft in Newport:

Hotels:	Tel.	Zimmer
Calverts	52 81	26
Bugle	28 00	21

In Arreton (3 M südöstlich):

Hotels:	Tel.	Zimmer
Stickworth Hall	2 33	25

Cowes (19 000 Einw.), Haupthafen der Insel an beiden Seiten der *Medinamündung (East* und *West Cowes),* mit einer Kettenfähre verbunden. In früheren Zeiten ein traditioneller Schmugglerhafen, heute eines der beliebtesten Segelsportzentren und Schauplatz zahlreicher Regatten. Bootswerften, Maschinenbau.

Sehenswert: **Osborne House,** East Cowes, Sommerresidenz der Königin Victoria, wo sie 1901 starb (montags bis freitags April bis Okt. 11 bis 17 Uhr, Eintrittsgebühr).

Baden: Sandstrand, East Cowes.

Sport: Angeln, Golf, Tennis, Segeln.

Veranstaltungen: Cowes Week, Anfang August.

Unterkunft in Cowes:

Hotels:	Tel.	Zimmer
Towers	31 09	68

Ryde (23 200 Einw.), Endstation der Fähre von **Portsmouth,** beliebtes Seebad. Eine Gründung des beginnenden 19. Jh., noch zahlreiche Regency-Bauten erhalten; der **Pier** (700 m lang) wurde als einer der ersten Englands errichtet.

Sehenswert: **Quarr Abbey** (2 M westlich), Überreste einer Zisterziensergründung aus dem 12. Jh. mit interessanter Kirche aus dem 20. Jh., von französischen Benediktinern erbaut. – **Flamingo Park,** Seaview (2 M östlich), exotische Vogelwelt (täglich April bis Sept. 12 bis 18 Uhr). – *Dampflokomotivensammlung,* Havenstreet (3 M südwestlich).

Baden: Sandstrand, beheiztes Freibad.

Sport: Meerangeln, Bogenschießen, Badminton, Croquet, Golf, Segeln, Tennis.

Veranstaltungen: Ryde Regatta, im Juli.

Unterkunft in Ryde:

Hotels:	Tel.	Zimmer
Royal Esplanade	25 49	72
Yelfs	40 62	32
Loudon House	38 03	29
Dorset	38 92	22

Sandown und **Shanklin** (16 000 Einw.), benachbarte Badeorte, mit Englands höchster durchschnittlicher Anzahl an Sonnenstunden. 10 km langer Sandstrand, an der Südseite von hohen Klippen umrahmt. In **Shanklin** ist eine Gruppe alter strohgedeckter Häuser (18. Jh.) erhalten.

Sehenswert: **Geologisches Museum,** *Sandown,* einmalige Fossiliensammlung (täglich 10 bis 17 Uhr). – **Römische Villa,** *Yarbridge* (2 M nördlich; täglich Mai bis Okt. 10 Uhr bis Dunkelheit, Eintrittsgebühr). – **Brading** (3 M nördlich), der ehemalige Seehafen liegt jetzt 3 km landeinwärts vom Meer. Kirche 12. bis 13. Jh.; einzig erhaltenes Tudorhaus der Insel, enthält ein Wachsmuseum (täglich 10 bis 20 Uhr, im Winter bis 17 Uhr, Eintrittsgebühr). – **Bembridge** (5 M nordöstlich), Segelzentrum; Windmühle aus dem 17. Jh.

Baden: Sandstrand.

Sport: Meerangeln, Golf, Tennis.

Unterhaltung: Sandown Pavilion (Revue, Konzerte).

Unterkunft in Sandown:

Hotels:	Tel.	Zimmer
Trouville	21 41	98
Bayshore	31 54	80
Sandringham	34 48	77
Esplanade	35 43	43
Cygnet	29 30	42
Royal Pier	31 87	41
Jesmond Dene	23 11	40
Melville Hall	37 94	38
Royal Cliff	21 38	37

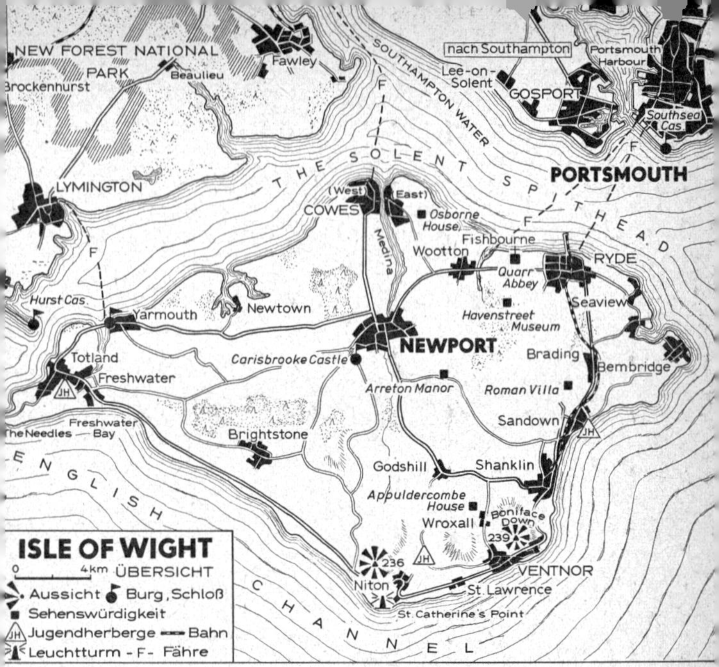

Hotels:	Tel.	Zimmer
Yarborough	36 77	36
Malvern	23 02	33
Montrene	37 22	32
Seagrove	20 65	32
Annville	37 76	32
Channel View	23 47	31
Attavia	37 67	30
Beachfield	42 23	29

Jugendherbergen: The Firs, Fitzroy Street, Tel. 26 51, 82 B.

In Shanklin:

Hotels:	Tel.	Zimmer
Cliff Tops	32 62	81
Shanklin	22 86	69
Channel View	23 09	54
Melbourne-Ardenlea	22 83	53
Auckland	29 60	32

In Bembridge (5 M nordöstlich):

Hotels:	Tel.	Zimmer
Barfield	22 94	20

In Brading (3 M nördlich):

Hotels:	Tel.	Zimmer
Oaklands	4 17	14

Ventnor (7000 Einw.), bekannt für sein mildes Klima und subtropische Vegetation, ein ruhiges Seebad am Fuß des **St. Boniface Down,** des höchsten Punkts der Insel (239 m, Aussichtspunkt). Die Klippen östlich der Stadt gehören zu den imposantesten der Insel.

Sehenswert: **Tropical Bird Park,** *St. Lawrence* (2 M westlich), umfangreiche Sammlung exotischer Vögel in ihrer natürlichen Umgebung (täglich ab 10 Uhr bis Dunkelheit). Die alte St.-Lawrence-Kirche ist eine der kleinsten Kirchen Englands (8×3 m). – **St. Catherine's Point** (5 M südwestlich), südlichster Punkt der Insel mit einem der stärksten Leuchttürme der Welt (Besichtigung täglich 13 Uhr bis Dunkelheit). 1 M nördlich **St. Catherine's Hill** (236 m, Aussichtspunkt) mit den Überresten einer Leuchtbake aus dem 14. Jh. – **Appuldercombe House** (2 M nördlich), die imposanten Außenmauern eines Herrenhauses aus dem 18. Jh., attraktiver Schloßpark (täglich 10 bis 17 Uhr, Eintrittsgebühr). – **Godshill** (4 M nordwestlich), reizvolles Dorf mit spätgotischer Kirche; naturgeschichtliches Museum (täglich März bis Sept. 10 bis 18 Uhr, Eintrittsgebühr).

Baden: Sandstrand.

Sport: Hochseeangeln, Golf, Tennis.

Veranstaltungen: Folk Dance Festival, im Mai.

Unterkunft in Ventnor:

Hotels:	Tel.	Zimmer
Royal	85 21 86	66
Beach	85 25 06	44
Metropol	85 21 81	40
Old Park	85 25 83	40
Wellington	85 24 04	34
Eversley	85 22 44	32

Yarmouth (1200 Einw.), alte Hafenstadt, Endpunkt der Fähre von **Lymington,** populäres Segelzentrum. 2 M südlich die weitaus größeren und betriebsamen Ferienorte **Freshwater** und **Totland,** mit eindrucksvoller Küstenlandschaft.

Sehenswert: **Castle,** von Henry VIII. erbaut, um die Einfahrt zur Meerenge von *Solent* zu beherrschen (täglich 10 bis 17 Uhr, Eintrittsgebühr). – **Newtown** (6 M westlich), ehemaliger Hafen und urkundlich älteste Ansiedlung auf der Insel; Rathaus 18. Jh. (täglich Mai bis Sept. 14 bis 18 Uhr, Eintrittsgebühr); Austernfischerei.

Baden: Sandstrände Colwell Bay, Totland Bay, Freshwater Bay.

Sport: Hochseeangeln, Golf, Segeln, Wellenreiten (Compton Bay), Tennis.

Unterkunft in Yarmouth:

Hotels:	Tel.	Zimmer
George	76 03 31	31

In Freshwater (2 M südlich):

Hotels:	Tel.	Zimmer
Albion	36 31	34

In Totland (2 M südwestlich):

Hotels:	Tel.	Zimmer
Garrow	31 74	16
Sentry Mead	32 12	15

Jugendherbergen: Hurst Hill, Totland Bay, Tel. Freshwater 21 65, 64 B.

Camping: Camping- und Caravanplätze in allen Orten.

ISLES OF SCILLY, 2200 Einw. Eine Gruppe von über 100 kleinen Inseln im *Atlantik,* etwa 50 km vor der Südwestspitze Cornwalls. Nur fünf sind bewohnt: **St. Mary's,** die größte Insel, **Tresco, Bryher, St. Martin's** und **St. Agnes.** Die Inseln haben das wärmste Klima Großbritanniens. Obwohl nur Granitboden vorhanden ist, blühen hier die schönsten Frühlingsblumen bereits ab Weihnachten bis Mai. Blumenzucht war lange Zeit das Hauptgewerbe der Inseln, und ihr Export zu den Festlandmärkten ist immer noch eine der bedeutendsten Einnahmequellen. Ein weiterer Erwerbszweig ist die Makrelenfischerei. Die Inseln sind archäologisch von großem Interesse. Hauptort der Inselgruppe ist **Hugh Town** auf *St. Mary's* mit 1700 Einw.

Auskunft: Tourist Information Centre, Town Hall, Tel. Scillonia 5 36.
Tel.-Vorwahl: 0 72 04
Verkehr: Schiffs- und Hubschrauberverbindungen (Tagesausflüge im Sommer) mit Penzance/Cornwall (St. Mary's Airport). – Bus- und Bootsverbindungen auf und zwischen den Inseln.

Sehenswert auf Tresco: **Tresco Abbey,** 10. Jh.; berühmte subtropische Gärten, Sammlung von Gallionsfiguren der Schiffe, die hier Schiffbruch erlitten. – **Cromwell's Castle.**

Baden: Sichere Sandstrände und Badebuchten auf allen Inseln.

Sport: Wassersport, Angeln, Golf (St. Mary's), Tennis.

Spaziergänge und Wanderungen: Öffentliche Fußwege und markierte *»Nature Trails«.*

Unterkunft auf St. Mary's:

Hotels:	Tel.	Zimmer
Godolphin	3 16	31
Atlantic	4 17	29
Tregarthen's	5 40	29
Star Castle	3 17	20
Bell Rock	5 75	16

Unterkunft auf Tresco:

Hotels:	Tel.	Zimmer
Island	8 83	30

Zahlreiche Pensionen, Gasthäuser und Privat-Fremdenzimmer.

Camping (keine Wohnanhänger; Camping nur an den erlaubten Plätzen): Garrison Farm, St. Mary's, Tel. 6 70. – Bryher, Tel. 8 86. – St. Agnes, Trog Town, Tel. 3 60. – St. Martin's, Middletown, Tel. 8 88.

KENDAL (D 2), Grafsch. Cumbria, 45 m, 21 600 Einw. Hauptstadt der Grafschaft, eine reizvolle alte Marktstadt am *River Kent,* mit engen gewundenen Straßen, alten grauen Steinhäusern und stillen Höfen. Als traditionelle Baumwollstadt hat sich Kendal in neuerer Zeit auch auf andere Industriezweige verlegt. Kendal ist die größte Stadt des *South Lakeland* und liegt am Rand des **Lake District National Parks** (s. Nationalparks).

Auskunft: Tourist Information Centre, Town Hall, Tel. 2 36 49.
Tel.-Vorwahl: 05 39
Verkehr: A 6 Lancaster – Penrith. – Bahnstation.

Sehenswert: Fünfschiffige **Pfarrkirche** (13. Jh.). – **Castle Dairy,** Tudorhaus (1564). – **Abbot Hall Art Gallery,** Lakeland-Heimatmuseum in einem Herrenhaus von 1759 (montags bis freitags 10.30 bis 17.30 Uhr, samstags bis sonntags 14 bis 17 Uhr, Eintrittsgebühr). – Ruinen der alten **Normannenburg** (Aussichtspunkt).

Baden: Hallenbad.

Sport: Angeln, Tennis, Golf.

Veranstaltungen: The Lake District Music Festival, dreitägige Musikfestspiele, die alle zwei Jahre stattfinden (1978).

Ausflüge: **Sizergh Castle** (spr. Syzerj; 3 M südlich, A 6), ein befestigtes Herrenhaus aus dem 14. Jh. mit Tudor-Anbauten (mittwochs April bis Sept., 14 bis 18 Uhr, Eintrittsgebühr). – **Levens Hall** (5 M südlich, Abzweigung von der A 6), elisabethanisches Herrenhaus, berühmter Park mit kunstvoll geschnittenen Bäumen (dienstags bis donnerstags, Mai bis Sept., 14 bis 17 Uhr, Eintrittsgebühr). – **Shap** (16 M nördlich, A 6), ein unwirtlicher Landstrich und Scheitelpunkt der Straße und Eisenbahn zwischen Kendal und Carlisle. 1 M südwestlich davon der Klosterbau **Keld Chapel** aus dem 16. Jh., flußabwärts die Ruinen von **Shap Abbey,** 13. Jh. – **Barrow-in-Furness** (35 M südwestlich, A 590);

zunächst südwestlich über den weitverstreuten Badeort *Grange-over-Sands* an der Morecambe Bay nach **Cartmel** (13 M) mit sehenswerter Priory Church aus dem 12. Jh. Weiter über *Newby Bridge* (5 M nördlich) an der Südspitze des Sees Windermere mit schönen Ausblicken, nach *Greenodd* (8 M südwestlich, A 590) mit Blick in das Crake Valley und die Berggruppe des Coniston Old Man sowie über das Marktstädtchen *Ulverston* und *Dalton* nach **Barrow-in-Furness,** eine Stadtgründung von 1847 (64 000 Einw., Schiffswerften, Stahlhütten) zur Ausbeutung der ehemals reichen, heute jedoch erschöpften Eisenerzlager dieser Gegend. Die Stadt ist vom offenen Meer durch die Insel **Walney** geschützt, eine 10 km lange, niedrige, mit Gras und Ginster bewachsene Sandbank, die unter Naturschutz steht. Nördlich der Stadt befinden sich die roten Sandsteinruinen der **Furness Abbey,** 12. Jh., die einst eine der mächtigsten Zisterziensergründungen Englands war. – **Windermere** (s. dort; 2 M nordwestlich), Touristenzentrum für den Lake District. – **Sedbergh** (18 M östlich, A 684), Markstadt mit weitbekannter Knabenschule und ausgezeichneter Ausgangspunkt für Touren und Ausflüge in den *Yorkshire Dales National Park* (s. Nationalparks) mit Hochmooren und unberührten Flußtälern.

Unterkunft in Kendal:

Hotels:	Tel.	Zimmer
Woolpack	2 38 52	53
County	2 24 61	31
Heaves	Sedgwick, 2 69	18
Shenstone Contry	2 10 23	13

In Shap:

Hotels:	Tel.	Zimmer
Shap Wells	6 28	63

In Cartmel:

Hotels:	Tel.	Zimmer
Aybsine Nabir	2 76	16

In Barrow-in-Furness:

Hotels:	Tel.	Zimmer
Imperial	2 15 23	56
Victoria Park	2 11 59	26

In Kirkby Lonsdale, 12 M südöstlich, A 65:

Hotels:	Tel.	Zimmer
Royal	7 12 17	22

Jugendherbergen: Stone Cross, 107 Milnthorpe Road, Tel. 2 40 66, 89 B.

KENT (G 5), 3700 qkm, 1 440 000 Einw. Grafschaft südöstlich von London, mit einer Küstenlinie, die sich von der *Themsemündung* bis zum *Ärmelkanal* erstreckt. Hauptstadt **Maidstone.** Es ist der der französischen Küste nächstgelegene Punkt Englands, vom europäischen Festland durch die Meerenge von Dover getrennt, über die im Jahre 55 v. Chr. Caesar das erste römische Invasionsheer nach Britannien führte. Ihre lange Geschichte als Tor zu London hinterließ ihre Spuren in einem reichen Erbe an historischen Ruinen- und Siedlungsstätten, die bis auf die Römerzeit zurückgehen. Die Grafschaft ist von Westen nach Osten von den **North Downs** durchzogen, die bei der historischen Hafen- und Festungsstadt **Dover** als schroffe weiße Kreideklippen zum Meer abbrechen. Nördlich der *Downs* liegt fruchtbares Land mit den berühmten Hopfengärten von Kent; im Süden breitet sich das als »Garten Englands« bekannte Obstanbau- und Waldgebiet **The Weald** aus. Industrie ist im Norden um **Rochester** (s. dort) konzentriert, und bei **Dover** (s. dort) wird ein kleineres Kohlelager unterm Meer abgebaut. Entlang der vielgestaltigen Küstenli-

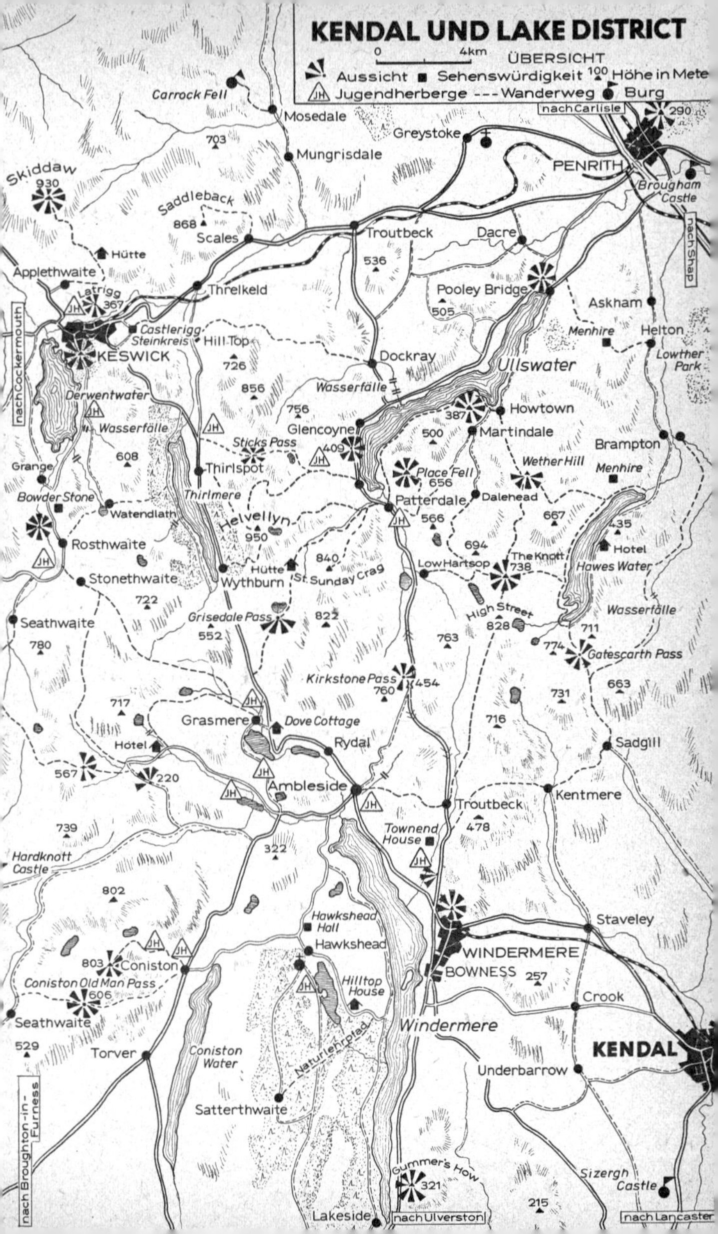

KENDAL UND LAKE DISTRICT
0 4km
ÜBERSICHT
Aussicht
Sehenswürdigkeit
100 Höhe in Mete
JH Jugendherberge
Wanderweg
Burg
nach Carlisle
290
Carrock Fell
Mosedale
Greystoke
703
Mungrisdale
PENRITH
Brougham Castle
Skiddaw
930
Saddleback
868
Scales
Troutbeck
Dacre
nach Shap
Hütte
536
Applethwaite
Threlkeld
Pooley Bridge
Latrigg
367
505
Askham
nach Cockermouth
Castlerigg Steinkreis
Hill Top
Menhire
Helton
KESWICK
726
Dockray
Lowther Park
Ullswater
856
Wasserfälle
Derwentwater
387
Howtown
756
Wasserfälle
Glencoyne
500
Martindale
Brampton
Sticks Pass
409
608
Thirlspot
Wether Hill
Grange
Place Fell
656
Menhire
Thirlmere
Bowder Stone
Patterdale
Dalehead
Watendlath
566
667
Helvellyn
435
950
Rosthwaite
694
Hotel
840
Low Hartsop
The Knott
738
Hütte
Hawes Water
St. Sunday Crag
Stonethwaite
Wythburn
722
High Street
Wasserfälle
822
Grisedale Pass
828
711
Seathwaite
552
763
774
Gatescarth Pass
780
Kirkstone Pass
454
663
760
731
717
Grasmere
Dove Cottage
716
Rydal
Hotel
Sadgill
567
220
Ambleside
Kentmere
Troutbeck
739
Townend House
478
Hardknott Castle
322
802
Hawkshead Hall
Staveley
Hawkshead
WINDERMERE
803
Coniston
BOWNESS
257
Coniston Old Man Pass
Hilltop House
606
Crook
Seathwaite
Windermere
529
KENDAL
Torver
Coniston Water
Naturlehrpfad
Underbarrow
nach Broughton-in-Furness
Satterthwaite
Gummer's How
Sizergh Castle
321
215
Lakeside
nach Ulverston
nach Lancaster

nie reiht sich Seebad an Seebad. Die Nordküste ist vor allem für ihre Austern bekannt. **Canterbury** (s. dort) mit seiner berühmten Kathedrale ist der Erzbischofssitz der Anglikanischen Kirche. Bedeutend sind außerdem die beiden Marktstädte **Ashford** und **Tonbridge,** der Fährhafen **Ramsgate** (s. dort) und das als Heilbad entstandene **Tunbridge Wells** (s. dort).

KING'S LYNN (G 4), Grafsch. Norfolk, 5 m, 30 000 Einw. Historische Hafenstadt am *Ouse River,* 3 km flußaufwärts von seiner Mündung in die weitgeschwungene, seichte Bucht des *Wash.* Das Stadtbild besitzt ein holländisches Gepräge, eine Hinterlassenschaft der ehemaligen Handelsbeziehungen der Stadt und eine Erinnerung an den Beitrag holländischer Deichbauer bei der Trockenlegung des unwegsamen Marschlands der *Fens* im Süden. Gebäude sämtlicher Baustile vom 14. bis zum 19. Jh. sind in der Stadt vertreten.

Auskunft: Tourist Information Office, Town Hall, Tel. 6 12 41.

Tel.-Vorwahl: 05 53

Verkehr: A 47 Peterborough – Norwich. – Bahnstation.

Sehenswert: **South Gate,** 1520 erbaut. – **Red Mount Chapel,** oktogonale Pilgerkapelle aus dem Jahr 1482. – **Custom House,** 1683 im Palladiostil erbaut. – **Guildhall of St. George,** frühes 15. Jh. – **St. Margaret's Church** mit Turm aus dem frühen 12. Jh. – **St. Nicholas' Chapel,** 1146 begonnen. – **Hanseatic Warehouse,** 1428, bis 1751 Depot der Hanse. – Schöne alte Häuser im Bereich der Nelson Street.

Baden: Hallenbad.

Veranstaltungen: Annual Festival of Arts, letzte Juli-Woche.

Ausflüge: Nach **Wisbech** (spr. beach; 14 M südwestlich, A 47); die alte Marktstadt (17 000 Einw.) verdankt ihren heutigen Wohlstand der Kanalisierung des *Nene* River zum 20 km flußabwärts liegenden *Wash,* durch die sie zu einer bedeutenden Hafenstadt wurde. Alte Lagerhäuser säumen den Fluß; in der Innenstadt attraktive georgianische Straßenzüge. *Peckover House* von 1722 mit Rokoko-Interieur (mittwochs, donnerstags, samstags und sonntags, April bis Sept., 14 bis 18 Uhr, Eintrittsgebühr). **Walsoken Church,** 1 M nordwestlich, bewahrt unberührt ihre ursprüngliche normannische Innenausstattung. – Nach **Hunstanton** (16 M nördlich, A 149), kleines Seebad (4000 Einw.), von farbig geschichteten Klippen flankiert, über **Castle Rising** (4 M; große Normannenburg) und **Sandringham** (8 M; Sommerresidenz der königlichen Familie; Gartenanlagen von April bis Juni geöffnet). – Nach **Walsingham** (25 M nordöstlich, A 148/B 1105), einem Wallfahrtsort, der 1921 in Erinnerung an eine Vision der Jungfrau Maria im Jahre 1067 wieder in Mode kam. Neben den Überresten von Klosterbauten aus dem 12. und 13. Jh. die modernen Wallfahrtsschreine. 5 M nördlich das kleine Seebad und Hafenstädtchen **Wells-next-the-Sea** und **Holkham Hall,** im 18. Jh. im Stil des Palladio erbaut, mit wertvoller Kunstsammlung (donnerstags, Juni bis Okt., 12–17 Uhr, Eintrittsgebühr). 8 M nordöstlich führt die B 1388 zu dem kleinen Badeort und Segelzentrum **Blakeney** in einer geschützten Lagune, die auch Vogelschutzgebiet ist. – **Swaffham** (16 M südöstlich, A 47), eine Marktstadt (4000 Einw.) vorwiegend im eleganten georgianischen Stil erbaut, die große Kirche stammt aus dem 15. Jh. 4 M nördlich liegt **Castle Acre,** mit einer romanischen Klosterruine aus dem 11. Jh. (täglich, Eintrittsgebühr). – **Oxburgh Hall** (16 M südöstlich, Abzweigung von der A 134), ein Herrenhaus aus dem 15. Jh., von einem Graben umgeben; das Haus ist noch von der ursprünglichen Gründerfamilie bewohnt (mittwochs, donnerstags, samstags und sonntags, April bis Okt., 14 bis 18 Uhr, Eintrittsgebühr).

Unterkunft in King's Lynn:

Hotels:	Tel.	Zimmer
Duke's Head	49 96	72
Stuart House	21 69	16

In Wisbech:

Hotels:	Tel.	Zimmer
White Lion	32 21	23

In Hunstanton:

Hotels:	Tel.	Zimmer
Golden Lion	26 88	31
Le Strange Arms and Golf Links	28 10	30
Lodge	28 96	15

In Wells-next-the-Sea:

Hotels:	Tel.	Zimmer
Crown	2 09	13

In Blakeney:

Hotels:	Tel.	Zimmer
Blakeney	Cley, 7 97	55
Manor	Cley, 3 76	22

In Swaffham:

Hotels:	Tel.	Zimmer
George	2 12 38	18

In Downham Market, 10 M südlich, A 10:

Hotels:	Tel.	Zimmer
Crown	23 22	8

In *Walsingham* keine Hotels.

Jugendherbergen: 15/17 Avenue Road, Hunstanton, Tel. 0 48 53/20 61, 40 B. – Thoresby College, College Lane, King's Lynn, Tel. 05 53/24 61, 40 B. – 1 Cremer's Drift, Sheringham, Tel. 02 63 82/32 15, 90 B. – c/o Pilgrim Bureau, Friday Market, Walsingham, Tel. 03 28 72/4 59, 40 B.

KINGSTON-UPON-HULL s. Hull.

LAKE DISTRICT NATIONAL PARK s. Nationalparks.

LANCASHIRE, 2970 qkm, 1 350 000 Einw. Grafschaft im Nordwesten Englands. Hauptstadt **Lancaster,** Verwaltungssitz **Preston.** Die Grafschaft hat eine flache, sandige Küstenlinie zur *Irischen See* und eine Reihe beliebter Seebäder und Ferienorte entlang der Küste. Landeinwärts liegen die Hügel und Heidemoore der *Pennines.* Es ist ein reiches Milchwirtschaftsgebiet, besonders im Westen, während im Hügelland Schafzucht in großem Umfang betrieben wird. Im 18. Jh. spielte Lancashire eine führende Rolle in der industriellen Revolution und wurde Zentrum der Baumwollindustrie. Diese Entwicklung konzentrierte sich hauptsächlich auf den Süden der Grafschaft, wo die größten Kohlevorkommen Englands liegen und wo sich um die Städte **Manchester** und **Liverpool,** den zweitgrößten Hafen Englands, ausgedehnte und dichtbebaute städtische Siedlungen bildeten. Zwischen diesen beiden Zentren wurde 1830 die erste Personeneisenbahn der Welt eröffnet. 1973 wurde dieses dichtbesiedelte Gebiet vom übrigen Lancashire abgetrennt und zwei neue Grafschaften gebildet: **Greater Manchester** (1270 qkm, 2 770 000 Einw.) und **Merseyside** (640 qkm, 1 600 000 Einw.). Das heutige Lancashire ist vorwiegend ein ländliches Gebiet mit attraktiven unberührten Landstrichen, wie der **Forest of Bowland** mit seinen weiten Heidemooren und frischen Bergbächen im Norden und das reiche Landwirtschaftsgebiet der **Fylde** im Westen, mit alten Dörfern und Windmühlen, zwischen *Preston* und *Blackpool,* dem führenden Ferienort Englands. Im Band beschriebene Orte: Blackpool, Burnley, Lancaster und Preston.

LANCASTER (D 2), Grafsch. Lancashire, 49 500 Einw. Hauptstadt Lancashires an dem als Lachsfluß berühmten *Lune,* im äußersten Norden der Grafschaft. Als Gründung der Römer wurde es im Mittelalter Sitz des Hauses Lancaster, aus dem im 15. Jh. die Tudor-Dynastie hervorging. Früher war es der führende Hafen Lancashire. Heute ist die Stadt Sitz einer Universität und vielseitiger Industrien (Textil, Möbel, Kunststoff) und bedeutendes Markt- und Einkaufszentrum.

Auskunft: Tourist Information, Town Hall, Tel. 6 52 72.

Tel.-Vorwahl: 05 24

Verkehr: M 6 oder A 6 Preston – Carlisle. – Bahnstation.

Sehenswert: **Castle** (jetzt Strafgefängnis, kein Zutritt), mit imposantem Burgtor (15. Jh.). – **St. Mary's Priory Church** neben der Burg, vorwiegend 15. Jh.; zwischen Hauptschiff und Turm ein sächsisches Portal. Das Stadtviertel um Burg und Kirche entstand im 18. Jh. und folgt dem mittelalterlichen Straßenplan. – **Old Town Hall** (1781), Museum im ehemaligen Rathaus. – **Customs House** (1764) und alte Hafenstraße am Fluß. – **Lunebrücken,** u. a. der Aquädukt, 18. Jh., des *Preston-Kendal-Kanals* (2 km nördlich vom Zentrum). – **Ashton Memorial** (1909) im Williamson Park (1 km östlich, über Nelson Street; Aussichtspunkt), zu Ehren der führenden Industriellen der Stadt erbaut.

Baden: Sandstrand in Morecambe (5 km westlich).

Sport: Angeln, Golf, Rudern.

Unterhaltung: Duke's Playhaus (Repertoirebühne).

Spaziergänge: Leinpfad am Kanal durch die Stadt, mit interessanten Ausblicken auf das wechselnde Stadtbild.

Ausflüge: **Morecambe** (3 M westlich, A 689), populäres Seebad, dessen Garnelen eine berühmte Delikatesse sind, in der weiten Bucht von *Morecambe Bay,* deren Sandgrund bei Ebbe fast völlig freiliegt; interressantes Ozeanarium-Aquarium. Unmittelbar im Süden schließt die Hafenstadt **Heysham** an (7 M), mit regelmäßigem Fährdienst zur *Isle of Man* (s. dort), nach *Belfast* und *Dublin.* Sitz eines großen Kernkraftwerkes und einer Ölraffinerie. In der zum Teil noch erhaltenen Altstadt eine sächsisch-normannische Kirche. Am Strand die Ruine der **St. Patrick's Chapel** aus dem 6. Jh.; im Umkreis der Kapelle sächsische Felsgräber. – **Hest Bank** (2½ M nördlich, Abzweigung von der A 6), Ausgangspunkt der Route quer durch das Watt von *Morecambe Bay* nach **Kents Bank** in *Cumbria.* Die 12 km breite Sandfläche, mit vielen Wasserläufen und Rinnsalen, ist nur bei Ebbe passierbar und war früher regelmäßige Postkutschenroute, mit dem Hotel in Hest Bank als Leuchtturm.

In *Lancaster* keine Hotels.

In Morecambe:

Hotels:	Tel.	Zimmer
Strathmore	41 13 14	65
Mayfair	41 18 36	48
Midland	41 71 80	41
Clarendon	41 01 80	30

In Carnforth:

Hotels:	Tel.	Zimmer
Royal Station	20 33	9

LEEDS (E 3), Grafsch. West Yorkshire, 70 m, 495 000 Einw. Verwaltungszentrum der Grafschaft, eine dynamische Industrie- und Handelsstadt. Im 18. Jh. als Tuchmarkt gegründet, entwickelte sie sich zu Englands führendem Hersteller von Konfektionskleidung. Im Westen, vor dem Hintergrund der Pennines-Hochmoore, liegt das Industriegebiet *West Yorkshires;* im Osten das fruchtbare Flachland des *Vale of York.*

Auskunft: Tourist Information Bureau, Municipal Building, Tel. 3 13 01. *Tel.-Vorwahl:* 05 32
Verkehr: M 1 von London, M 62 von Manchester. A 61 Sheffield – Harrogate. – Bahnstation. – Flughafen.

Sehenswert: **Adel Church,** normannisch, 12. Jh. – **St. John's Church,** Gotik des 17. Jh. – **Art Gallery,** gute Sammlung englischer Meister (täglich 10.30 bis 18.30 Uhr, sonntags 14.30 bis 17 Uhr).

Baden: Hallen- und Freibäder.

Sport: Tennis, Golf, Rudern, Sportzentrum.

Unterhaltung: The Grand (Schauspiel und Oper).

Ausflüge: Nach **Wakefield** (9 M südlich, A 61), einer alten Stadt (60 000 Einw.) und lange Zeit Zentrum des Wollgewerbes von Yorkshire. *Cathedral* aus dem 15. Jh. mit Erweiterungsbauten aus dem frühen 20. Jh. 5 M südwestlich das georgianische Herrenhaus *Nostell Priory* mit vielen Kunstschätzen und einer großen Sammlung von Chippendale-Möbeln; der berühmte Meister war Gutstischler von Nostell Priory. – Nach **Pontefract** (13 M südöstlich, A 639), Marktstadt (31 000 Einw.), bekannt als Hersteller von Lakritzbonbons. Reste einer Normannenburg sind erhalten, die im Bürgerkrieg geschleift wurde. – Nach **Selby** (22 M östlich, A 63), alte Marktstadt am *Ouse River,* der bis hierher den Gezeiten unterworfen ist. Die 1097 begonnene **Abbey Church** ist eine der vollkommensten Klosterkirchen Englands. – **Bramham Park** (7 M nordöstlich, A 64), Herrenhaus im Queen-Anne-Stil, Schloßpark nach französischer Gartenbaukunst (sonntags April bis September 14 bis 18 Uhr, Eintrittsgebühr). – **Harewood House** (8 M nördlich, A 61), mit Miniaturdorf aus dem 18. Jh. Das Herrenhaus, 18. Jh., enthält eine wertvolle Kunstsammlung. Im Park die Ruinen eines befestigten Turmhauses aus dem 14. Jh. (täglich April bis September 11 bis 18 Uhr, Eintrittsgebühr). – Nach **Otley** (11 M nordwestlich, A 660), Marktstadt (13 000 Einw.); Kirche 15. Jh. Fragmente sächsischer Kreuze aus dem 8. bis 10. Jh. Ein Denkmal bei der Kirche erinnert an Arbeiter, die beim Eisenbahnbau 1845–1849 an dieser Strecke ums Leben kamen. Es ist der Geburtsort des Kunstmöbeltischlers Thomas Chippendale (1711–1779). – **Kirkstall Abbey** (3 M nordwestlich, A 65), imposante Klosterruine einer Zisterziensergründung, 12. bis 14. Jh., das restaurierte Pförtnerhaus enthält ein Museum (täglich 10 bis 17 Uhr, sonntags ab 14 Uhr). – **Temple Newsam** (5 M östlich, Abzweigung von der A 63), Herrenhaus aus dem 17. Jh., mit wertvoller Stileinrichtung (täglich 11 bis 17 Uhr, Eintrittsgebühr).

Unterkunft in Leeds:

Hotels:	Tel.	Zimmer
Ramanda Dragonara, Neville Street	44 20 00	240
Queen's, City Square	3 13 23	195
Merrion, Merrion Centre	3 91 91	120

Hotels:	Tel.	Zimmer
Metropole, King Street	45 08 41	109
Griffin, Boar Lane	3 61 31	108
Mount, Claredon Road	44 52 51	105
Golden Lion, Lower Bridge	3 64 54	82
Wellesley, Wellington Street	3 04 31	51
Parkway, Otley Road	61 25 51	46
Windmill, Ring Road	60 11 66	40
Hartrigg, 8–10 Shireoak Road	75 15 68	28

In der Umgebung:

Hotels:	Tel.	Zimmer
Cesars, Wakefield	7 21 11	68
Londesborough Arms, Selby	28 85	34

In *Otley* keine Hotels.

LEICESTER (spr. Lester; E 4), Grafsch. Leicestershire, 57 m, 287 350 Einw. Hauptstadt der Grafschaft, seit der Römerzeit bedeutend. Sitz einer Universität und eines Polytechnikums; vielseitige Industrien, insbesondere eine alteingesessene Trikotagenindustrie. Im Süden und Westen erstreckt sich das Industriegebiet Mittelenglands; im Osten liegt weites, offenes Farmland, eines der führenden Fuchsjagdgebiete Englands.

Auskunft: Tourist Information Centre, Bishop Street, Tel. 2 06 44.

Tel.-Vorwahl: 05 33

Verkehr: M 1 London – Nottingham. – Bahnstation.

Sehenswert: **Jewry Wall and Museum of Archeology;** Reste römischer Bäder, bedeutende archäologische Sammlungen, römisches Straßenpflaster (täglich 11 bis 17 Uhr, sonntags ab 14 Uhr). – **Guildhall,** 14. Jh. – **St. Mary de Castro Church,** normannisch. – **St. Nicholas' Church,** älteste Kirche der Stadt. – **St. Martin's Cathedral,** 14. Jh. – Normannische **Castle Hall.** – **Belgrave Hall,** Einrichtung im Queen-Anne-Stil, Botanischer Garten (täglich 11 bis 17 Uhr, sonntags ab 14 Uhr). – **Newarke House** mit Museum der Stadtgeschichte (täglich 10 bis 17 Uhr, sonntags ab 14 Uhr).

Baden: Hallenbad.

Sport: Tennis, Golf.

Unterhaltung: Haymarket Theatre und Studio Theatre.

Ausflüge: **Market Harborough** (14 M südöstlich, A 6), Marktstadt (14 000 Einw.), Lateinschule aus dem 17. Jh., Kirche aus dem 14. Jh. Berühmtes Fuchsjagdzentrum. – **Bradgate Park** (7 M nordwestlich, A 50), im 16. Jh. kunstvoll angelegter Park im *Charnwood Forest,* einem zerklüfteten Berg- und Waldgebiet mit vielen einsamen Wanderwegen. – Nach **Loughborough** (spr. Luff-; 10 M nördlich, A 6), Fabrikstadt (46 000 Einw., Trikotagen, Maschinenbau, Glockengießereien). Kirche mit Pfarrhaus aus dem 14. Jh. (nur donnerstags geöffnet). Im *Memorial Tower* befindet sich ein Glockenspiel mit 45 Glocken, eines der größten der Welt. – Nach **Melton Mowbray** (15 M nordöstlich, A 607), einer beschaulichen Marktstadt im Sommer, die im Winter von Fuchsjägern aufgesucht wird (20 000 Einw.). Die berühmtesten Produkte der Stadt sind Stilton-Käse und Schweinefleischpasteten. 4 M östlich, an einer Abzweigung von der B 676, das interessante Herrenhaus aus dem 16. Jh., **Stapleford Park,** mit einem Löwenreservat in seinem großen Park (mittwochs, donnerstags und sonntags, Mai bis September, 14 bis 18 Uhr,

Eintrittsgebühr). 10 M südöstlich führt die A 606 zu der kleinen Marktstadt **Oakham** (6000 Einw.), die bis 1974 die Hauptstadt von *Rutlandshire* war, der kleinsten englischen Grafschaft, die jetzt in Leicestershire einverleibt ist. Es ist Fuchsjagdzentrum, besitzt eine spätnormannische Burg und eine Kirche aus dem 14. Jh.

Unterkunft in Leicester:

Hotels:	Tel.	Zimmer
Leicester Centre, Humberstone Gate	2 04 71	222
Holiday Inn, St. Nicolas Circle	5 11 61	190
Post House, Braunstone Lane East	89 66 88	171
Grand, Granby Street	5 62 22	124
Abbey Motor Hotel, Abbey Street	5 06 66	67
Belmont, De Montfort Street	2 41 77	55
Europa Lodge, Hinckley Road	Kirby Muxloe, 46 61	29
Croft, 3 Stanley Road	70 32 20	27

In Market Harborough:

Hotels:	Tel.	Zimmer
Angel	31 23	16
Three Swans	32 47	11

In Loughborough:

Hotels:	Tel.	Zimmer
King's Head	48 93	81

In Melton Mowbray:

Hotels:	Tel.	Zimmer
George	21 12	23
Harboro	25 29	18
Bell	20 26	17

In Oakham:

Hotels:	Tel.	Zimmer
Crown	36 31	26
George	22 84	10

LINCOLN (spr. -kon; F 3), Grafsch. Lincolnshire, 57 m, 73 200 Einw. Hauptstadt der Grafschaft. Auf einem Kalksteinplateau über dem *Witham River* erbaut, überragt die historische Altstadt mit ihrer imposanten dreitürmigen Kathedrale das moderne Lincoln, eine bedeutende Industriestadt seit Mitte des 19. Jh., die als Zentrum eines reichen Landwirtschaftsgebiets vor allem Ackerbaumaschinen herstellt.

Auskunft: Tourist Information, City Hall, Beaumont Fee, Tel. 3 21 51; Bailgate, Tel. 2 98 28.
Tel.-Vorwahl: 05 22
Verkehr: A 15 Peterborough – Hull. – Bahnstation.

Geschichte: Eine vorrömische Siedlung auf der strategischen Anhöhe wurde im Jahre 47 n. Chr. von den Römern besetzt und in den folgenden Jahrzehnten, als eine der vier römischen Coloniaes, zu einer der bedeutendsten und reichsten Städte Britanniens. Unter den Dänen wurde Lincoln eine der fünf Hauptfestungen des »Danelaw« und ein blühendes Handelszentrum. Zur Zeit der normannischen Eroberung zählte es 5000–6000 Einwohner. Wilhelm der Eroberer ließ 1068 auf den Überresten römischer Anlagen eine Burg, vier Jahre später St. Remigius seine mächtige Kathedrale bauen. Bis Ende des 14. Jh. zählte die Stadt, ein Zentrum des Wollhandels und bedeutender Handelshafen, zu den vier größten des Landes. In den folgenden Jahrhunderten reduzierten der Verlust des Wollhandels, der 1369 an Boston überging, Pest und Bürgerkrieg die wohlhabende Handelsstadt zu einem verarmten, heruntergekommenen Städtchen, das Ende des 17. Jh. kaum mehr als 3000 Einwohner zählte. Neuer Reichtum kam in die

Stadt erst wieder, als im 18. Jh. mit der Trockenlegung des umliegenden Marschlandes der Fens begonnen wurde, das schon den Römern als Kornkammer gedient hatte. Lincoln wurde wieder zum Zentrum eines reichen fruchtbaren Ackerbaugebietes, das mit der Verbesserung der Verkehrswege und dem Ausbau des Kanalnetzes bald Mittelpunkt und Sitz neuer Industrien wurde.

Sehenswert: **Cathedral,** 11. bis 13. Jh., schöne Fensterrosen, Engelchor. Wertvolle Bibliothek und Schatzkammer. – Ausgrabungen der *Römerstadt,* vor allem Newport Arch und East Gate. – **Burg** aus dem 11. Jh., interessant besonders **Cobb Hall, Lucy's Tower** und die Gefängniskapelle; schöner Rundblick vom **Observatory Tower.** – Normannische Gebäude, wie **Jew's House, Jew's Court, Aaron's House** und **St. Mary's Guildhall.** – **Stonebow Gate,** 15. bis 16. Jh. – **High Street** mit Fachwerkhäusern aus dem 14. bis 16. Jh. – **High Bridge,** normannische Bogenbrücke und Fachwerkhaus aus dem 15. Jh. – **Usher Gallery** (Miniaturen, Aquarelle, Antiquitäten) und Stadt- und Heimatmuseum in der ehemaligen franziskanischen Klosterkirche **Greyfriars** (täglich 10 bis 17.30 Uhr, sonntags 14.30 bis 17 Uhr, Eintrittsgebühr) und **Museum of Lincolnshire Life** (täglich außer montags 14 bis 17 Uhr, Eintrittsgebühr).

Baden: Freibad und Hallenbäder.

Sport: Angeln, Tennis, Golf, Bowling.

Unterhaltung: Theatre Royal (Clasketgate).

Ausflüge: Nach **Gainsborough** (18 M nordwestlich, A 57/A 156), einer alten Marktstadt (18 000 Einw.) und Flußhafen am *Trent. Old Hall,* ein Herrenhaus, wurde im 15. Jh. wiederaufgebaut (täglich außer sonntags 14 bis 17 Uhr). – Nach **Louth** (24 M nordöstlich, A 158/A 157), einer Marktstadt (12 000 Einw.) an der Ostseite der *Wolds,* einer grasbewachsenen Hügelkette, die aus der flachen Ebene ansteigt. Kirche mit 93 m hohem Turm aus dem 16. Jh. Altstadtkern mit vielen Häusern aus dem 16. bis 18. Jh. – **Doddington Hall** (7 M westlich, A 46/B 1190), ein Herrenhaus aus dem 16. Jh., im 18. restauriert (mittwochs geöffnet, Mai bis September, 14 bis 18 Uhr, Eintrittsgebühr).

Unterkunft in Lincoln:

Hotels:	Tel.	Zimmer
Eastgate	2 03 41	72
Grand	2 42 11	53
Annesley	3 05 52	32

In der Umgebung:

Hotels:	Tel.	Zimmer
King's Head, Louth	29 65	17
Limes, Market Weighton	23 57	14

In *Gainsborough* keine Hotels.

Jugendherbergen: 77 South Park, Lincoln, Tel. 05 22/2 20 76, 40 B.

LINCOLNSHIRE (Abk. Lincs.; F 3), 5900 qkm, 520 000 Einw. Grafschaft an der Ostküste, zwischen *Humber* und dem *Wash.* Hauptstadt **Lincoln** (s. dort). Im Norden liegen die Kalksteinhügel und satten Schafweiden der **Lincoln Wolds,** im Süden die trockengelegten Marschen der **Fens,** der fruchtbarste Ackerboden Englands. Die Küste ist flach, gesäumt von Sandstränden und Dünen und einer Reihe kleiner Seebäder. Eine Besonderheit der Grafschaft ist ihr großer Reichtum an schönen alten Dorfkirchen. Berühmte Söhne der Grafschaft sind Sir Isaac Newton und Lord Alfred Tennyson. **Boston** (s. dort) im Süden der Grafschaft ist eine historische Hafenstadt, **Gainsbo-**

rough im Norden eine alte Marktstadt. **Spalding** in den *Fens* ist bekannt für seine Tulpenzucht. Weitere Zentren sind die Marktstädte **Sleaford** und **Louth** sowie die Fabrikstadt **Grantham.**

LIVERPOOL (D 3), Grafsch. Merseyside, 729 000 Einw. Verwaltungszentrum der Grafschaft und zweitgrößter Hafen Englands in der Mündungsbucht des *Mersey*. Ein Hafen bereits im 17. Jh., wurde sein Reichtum erst im 18. Jh. mit dem Sklavenhandel und der wachsenden Baumwollindustrie Lancashire begründet. Heute ist Liverpool eine bedeutende Industriestadt, vorwiegend mit der Aufbereitung von Rohimporten befaßt (Zukkerraffinerien, Seifenherstellung, Gerbereien, Getreidemühlen und Chemikalien). Zusammen mit **Birkenhead** am gegenüber liegenden Merseyufer, mit dem es durch ein Straßentunnel und durch Fähren verbunden ist, besitzt es mehr als 70 km Kaianlagen, und die Docks von Liverpool allein erstrecken sich über 10 km den Fluß entlang. Sie ist Universitätsstadt und besitzt zwei unvollendete Kathedralen. Ihre historische Beziehung zum Meer und zur Seefahrt gaben Liverpool ein weltoffenes Gepräge, das sich am deutlichsten in dem bunten Völkergemisch seiner Bewohner und den zahlreichen internationalen Spezialitätenrestaurants widerspiegelt.

Auskunft: City Information Office, St. John's Centre, Elliot St., Tel. 7 09 36 31.

Tel.-Vorwahl: 0 51

Verkehr: Endpunkt der M 62 von Manchester. – Bahnstation. – Schiffsverbindung zur Isle of Man, nach Belfast und Dublin. – Flughafen Liverpool Airport (7 M), Flüge nach London und Dublin; Air Terminal Pier Head und Lime Street Station.

Sehenswert: **Walker Art Gallery,** umfangreiche Gemäldesammlung (täglich 10 bis 17 Uhr, sonntags ab 14 Uhr). – **City of Liverpool Museum,** bedeutende prähistorische Sammlung (täglich 10 bis 17 Uhr, sonntags 14 bis 15 Uhr). – **Town Hall** (1754). Der umlaufende Fries am Gebäude wurde von französischen Kriegsgefangenen der Napoleonischen Kriege ausgeführt. – Die katholische **Cathedral of Christ the King,** ein moderner Bau, 1933 begonnen und 1967 geweiht, jedoch noch unvollendet. Sie ist eine der größten katholischen Kirchen der Welt. – Die anglikanische **Cathedral,** neugotischer Bau mit 110 m hohem Turm, 1904 begonnen und noch unvollendet. Im St. James's Friedhof unterhalb der Kathedrale das Mausoleum für William Huskinsson, das erste Verkehrsopfer der modernen Eisenbahn. Er wurde 1830 vom ersten Personenzug der Welt auf seiner Eröffnungsfahrt von Liverpool nach Manchester erfaßt. – **Aussicht** auf Liverpools Hafenfront von der Fähre über den Mersey.

Baden: Hallenbäder.

Sport: Golf, Auto- und Pferderennen (in Aintree).

Unterhaltung: St. George's Hall, Konzerte.

Ausflüge: **Southport** (20 M nordwestlich, A 565), beliebtes Seebad (80 000 Einw.) mit einem bei Ebbe 3 km breiten Strand, Vergnügungspark und internationalem Golfplatz. – **Speke Hall** (8 M östlich, A 561), im Flughafengelände, ein Herrenhaus in Fachwerk aus dem 16. bis 17. Jh. (täglich 10 bis 17 Uhr, sonntags ab 14 Uhr, Eintrittsgebühr). – **Wallasey** (4 M westlich, A 554; oder mit Fähre von

George's Landing Stage), Seebad und Wohnstadt (97 000 Einw.) auf der zum Meer liegenden Spitze des **Wirral,** einer von den Mündungstrichtern des *Mersey* und des *Dee* gebildeten Halbinsel. Das einst völlig ländliche Gebiet wird zunehmend als »Schlafstadt« Liverpools verbaut. 4 M westlich liegt das Seebad **Hoylake,** bekannt für seine internationalen Golfwettbewerbe. – **St. Helens** (11 M östlich, A 58), Sitz einer der größten Glashütten der Welt (104 000 Einw.). Das **Glass Museum** ist der Geschichte und Entwicklung der Glasherstellung gewidmet (täglich 10 bis 17 Uhr, samstags und sonntags ab 14 Uhr). – Nach **Rufford** (18 M nordöstlich, A 59), in der Ortschaft **Old Hall** ein Herrenhaus aus der frühen Tudorzeit mit Anbauten aus dem 17. Jh. (dienstags und samstags von 12 Uhr bis Einbruch der Dunkelheit, Eintrittsgebühr). – **Warrington** (10 M östlich, A 57), Industriestadt (68 000 Einw.); sie entwickelte sich um den ursprünglichen Römerposten am Mersey-Übergang. 1857 wurde hier Englands erste städtische Leihbücherei eröffnet. Ihre beiden Hauptkirchen, *Holy Trinity* und *St. Elphin's,* wurden im 18. und 19. Jh. mit Geschmack und großer Sorgfalt neu aufgebaut.

Unterkunft in Liverpool:

Hotels:	Tel.	Zimmer
Adelphi, Ranelagh Place	7 09 72 00	277
Holiday Inn, Paradise Street	7 09 01 81	275
Atlantic Tower, Chapel Street	2 27 44 44	226
Liverpool Centre, Lord Nelson Street	7 09 70 50	170
St. George's, St. John's Precinct	7 09 70 90	155
Shaftesbury, Mount Plesant	7 09 44 21	72
Park, Dunningsbridge Road	5 25 75 55	51
Bradford, Tithebarn Street	2 36 87 82	47
Alexandra Court, Alexandra Drive	7 27 25 51	24
Royal, 30 Bath Street	9 28 23 32	20

In Southport:

Hotels:	Tel.	Zimmer
Prince of Wales	3 66 88	102
Clifton	31 31	64
Scarisbrick	41 72	56
Royal	41 01	53
Bold	3 25 78	26

In Wallasey:

Hotels:	Tel.	Zimmer
Divonne	6 39 47 27	17

In Hoylake:

Hotels:	Tel.	Zimmer
Stanley	6 32 33 11	16
Sandtoft	6 32 22 04	9

In St. Helens:

Hotels:	Tel.	Zimmer
Fleece	2 65 46	75

In Warrington:

Hotels:	Tel.	Zimmer
Patten Arms	3 66 02	46
Fir Grove Inn	6 74 71	39
Birchdale	6 36 62	18
Hill Cliffe Hydro	6 36 38	16

In Birkenhead:

Hotels:	Tel.	Zimmer
Central	6 47 63 47	34
Bowler Hat	6 52 49 31	27
Woodside	6 47 41 21	26
Riverhill	6 52 48 47	16

In *Rufford* keine Hotels.

LLANDRINDOD WELLS (C 4), Grafsch. Powys (WALES), 180 m, 3300 Einw. Das führende Heilbad von

LIVERPOOL
0
200m
Information
1 Walker Art Gallery
2 City of Liverpool Museum
3 Town Hall
4 Cathedral of Christ the King
5 St. James Cathedral
Southport
Ormskirk
ARLEY STREET
CHISENHALE STREET
GREAT HOWARD STREET
VAUXHAUL ROAD
SCOTLAND ROAD
BLACKSTOCK STREET
NAYLOR STREET
BANASTRE ST.
ADDISON ST.
MIDGHALL ST.
MARYBONE
PALL MALL
Hospital
LEEDS STREET
KING EDWARD ST.
Exchange Sta.
CHURCHILL WAY
OLD HALL ST.
TITHEBARN ST.
HATTON GARDEN
CHEAPSIDE
Queensway Tunnel
W. BROWN ST.
ISLINGTON
NORTON ST.
Theatre
LONDON ROAD
Warrington
St.Georges Hall
Lime Street Sta.
Tunnel
CHAPEL ST.
DALE STREET
Municipal Building
(Information)
VICTORIA STREET
WHITECHAPEL
HOOD ST.
ROE ST.
LIME STREET
COPPERAS HILL
Manchester
St. Nicholas
Royal Liver Building
WATER ST.
COOK ST.
G.P.O. (Post)
St John's Markets
ELLIOT ST.
Custom Hs.
DERBY SQ.
LORD ST.
CHURCH ST.
WATERLOO PL.
RANELAGH PLACE
BROWNLOW HILL
Chester
JAMES ST.
SOUTH JOHN ST.
SOUTH CASTLE ST.
SCHOOL LANE
Central Sta.
MOUNT PLEASANT
Dock Offices
STRAND STREET
PARADISE STREET
HANOVER STREET
WOOD ST.
FLEET ST.
BOLD STREET
RENSHAW ST.
Central Hall
Canningdock
CANNING PLACE
SEEL ST.
WOLSTEN HOME SQ.
PARR ST.
SLATER ST.
LEECE ST.
DUKE STREET
HENRY ST.
ARGYLE ST.
MERSEY ST.
PARK LANE
WAPPING
Salthouse dock
Albert dock
LYDIA ANN ST.
GILBERT ST.
BERRY ST.
ROSCOE STREET
RODNEY STREET
Widnes
Bath
SHAWS ALLEY
UPPER DUKE ST.
KENT ST.
UPPER NELSON
RATHBONE
ST. JAMES ROAD
River Mersey
SPARLING ST.
ST. JAMES' STREET
PITT STREET
GT. GEORGE STREET
Liverpool
Wappingdock
BLUNDELL ST.
JAMAICA STREET
CHALONER STREET
Docks
Queen's Dock
BRICK STREET
GREENLAND STREET
GT. GEORGE PLACE
UP. PARLIAMENT ST.
Speke, Widnes

Wales und Verwaltungszentrum der Grafschaft. Die Schwefel-, Magnesium- und Eisenquellen dieser Gegend sind seit dem 17. Jh. bekannt. Sie trugen zusammen mit dem frischen Klima dazu bei, einen beliebten und vielbesuchten Kurort entstehen zu lassen, der alle Annehmlichkeiten eines Kurbetriebs mit Konzerten und Theater in der Saison bietet.

Auskunft: Tourist Information Bureau, Town Hall, Temple Gardens, Tel. 22 22.

Tel.-Vorwahl: 5 97

Verkehr: Abzweigung von der A 44 Worcester – Aberystwyth.

Sehenswert: **Castle Collen Roman Camp,** mit Ausgrabungsmuseum. – **Little Hill** (340 m, Aussichtspunkt).

Baden: Hallenbad.

Sport: Rudern, Golf, Tennis, Angeln.

Ausflüge: Nach **Builth Wells** (8 M südlich, A 483; die Kleinstadt (1600 Einw.) war früher für ihre Heilquellen bekannt. Im Osten die umfangreichen Überreste eines »Motte and Bailey« aus dem 11. Jh. Die Stadt stellt Kristallglas her (Besichtigung montags bis donnerstags 14 bis 16 Uhr) und ist ein beliebtes Anglerzentrum. Die A 483 führt weiter südwestlich nach **Llangammarch Wells** (8 M; einzige Bariumchlorid-Quelle in Großbritannien) und **Llanwrtyd Wells** (13 M; Eisen- und Schwefelquellen); beide Heilbäder werden noch für Kuraufenthalte besucht. – Nach **Rhayader** (11 M nordwestlich, A 4081/A 479); die ehemalige Feste, die die Route durch Zentralwales beherrschte, ist heute eine kleine Marktstadt und Anglerzentrum. In den Bergen im Westen liegen die malerischen *Stauseen,* die die Stadt Birmingham versorgen (Angellizenz in Rhayader erhältlich); landschaftlich reizvolle Uferstraßen.

Unterkunft in Llandrindod Wells:

Hotels:	Tel.	Zimmer
Metropole	28 81	135
Glen Usk	20 85	84
Commodore	22 88	56

In Builth Wells:

Hotels:	Tel.	Zimmer
Lion	36 70	19
Llanelwedd Arms	37 82	10

In Llangammarch Wells:

Hotels:	Tel.	Zimmer
Lake	2 02	26
Cammarch	2 05	11

In Llanwrtyd Wells:

Hotels:	Tel.	Zimmer
Abernant Lake	2 50	62
Neuadd Arms	2 36	18

Jugendherbergen: Tregaron, Tel. Llangybi 05 70 45/4 18, 20 B. – The School, Glascwm, Tel. Hundred House 0 98 24/2 01, 18 B. – Tan-y-Allt, Llangurig, Llanidloes, Tel. Llangurig 2 46, 20 B.

LOWESTOFT (H 4), Grafsch. Suffolk, 20 m, 53 000 Einw. Die am weitesten östlich gelegene Stadt Englands und bedeutender Fischereihafen, Seebad und Schiffbauzentrum. Der Hafen öffnet sich landeinwärts hinter der Stadt in das langgezogene, gewundene *Oulton Broad,* einen beliebten See für Boots- und Angelsport.

Auskunft: Tourist Information Centre, The Esplanade, Tel. 6 59 89.

Tel.-Vorwahl: 05 02

Verkehr: A 12 Ipswich – Great Yarmouth. – Bahnstation.

Sehenswert: **Fish Market** und **Trawler Basin,** das von der größten Heringsflotte der Welt angelaufen wird. – **Lowestoft Ness,** der östlichste Punkt Englands, mit Leuchtturm (montags und freitags nachmittags).

– **St. Margaret's Church,** 15. Jh., aus Flint erbaut.

Baden: Sandstrand, Freibad.

Sport: Rudern, Segeln, Angeln, Tennis, Golf, Bowling.

Ausflüge: **Southwold** (13 M südlich, A 12/B 1127), eine alte Stadt, Seebad und Fischereihafen (2000 Einw.). Große Kirche aus dem 14. bis 15. Jh. mit schönem Schnitzwerk im Innern. 4 M südwestlich, an der A 12, liegt die Ortschaft **Blythburgh** mit einer unverändert erhaltenen Kirche aus dem 15. Jh. 1 M südlich die Künstlerkolonie **Walberswick** mit einer Kirchenruine aus dem 14. Jh. – **Bungay** (14 M westlich, A 146/A 1116), Marktstadt (4000 Einw.) mit normannischer Burgruine und Kirchen mit vornormannischen Details. Über **Beccles** (9 M; Angel- und Segelsportzentrum, berühmt für Langusten). – **Great Yarmouth** (10 M nördlich, A 12), populäres Seebad (50 000 Einw.). Der alte Fischerhafen des 17. Jh., aus dem die Stadt hervorging, ist zum Teil noch erhalten. Landeinwärts verbreitert sich der *Yare River* zur großen Wasserfläche *Breydon Water,* einem beliebten Segelsportrevier, und ist von hier ab bis zur Stadt **Norwich** schiffbar. Seine Ufer sind gesäumt von alten Kirchen und Klöstern, die bis heute nur vom Wasser aus zugänglich sind. 3 M nördlich liegt **Caister-on-Sea,** einst ein römischer Hafen, von dem noch Spuren erhalten sind, mit einer Burg und Burggraben aus dem 15. Jh. (täglich Mai bis Sept., Eintrittsgebühr). – **Somerleyton Hall** (6 M nordwestlich, über *Blunderston),* die Residenz eines Eisenbahnunternehmers des 19. Jh., um ein Herrenhaus aus dem 17. Jh. erbaut.

Unterkunft in Lowestoft:

Hotels:	Tel.	Zimmer
Victoria	44 33	50

In Southwold:

Hotels:	Tel.	Zimmer
Swan	21 86	52
Crown	22 75	24

In Beccles:

Hotels:	Tel.	Zimmer
Waveney House	71 22 70	12

In Great Yarmouth:

Hotels:	Tel.	Zimmer
Carlton	5 52 34	96
Royal	42 15	66
Star	22 94	42

In *Bungay* keine Hotels.

Jugendherbergen: 2 Sandown Road, Great Yarmouth, Tel. 04 93/39 91, 37 B.

LUDLOW (D 4), Grafsch. Salop, 7000 Einw. Malerisches altes Städtchen mit schönem Fachwerk und alten Gasthäusern am Zusammenfluß zweier Flüsse, inmitten bewaldeter Hügel, die zu den Waliser Bergen ansteigen.

Auskunft: Tourist Information, Corve Street, Tel. 23 81.

Tel.-Vorwahl: 5 84

Verkehr: A 49 Shrewsbury – Gloucester. – Bahnstation.

Sehenswert: Normannische **Burg,** 11. Jh.; interessante Rundkapelle (täglich außer sonntags 10 bis 16 Uhr). – **Church of St. Laurence,** teilweise 12. Jh., schöne alte Glasfenster aus dem 15. Jh. – **Broad Street,** eine Reihe malerischer alter Häuser zwischen *Broadgate,* dem einzigen erhaltenen Stadttor, und Butter Cross, in dem das Museum untergebracht ist. – **The Reader's House** hinter der Kirche (täglich 9–19 Uhr, Eintrittsgebühr). – **Feather's Hotel,** reizvolle Fachwerkfassade. – **Ludford Bridge** über den *Teme,* 15. Jh. (Aussichtspunkt).

Baden: Beheiztes Freibad.
Sport: Angeln, Bowling, Golf, Rudern.
Ausflüge: **Stokesay Castle** (10 M nordwestlich, A 49), ein befestigtes Herrenhaus aus dem 12. bis 16. Jh. (täglich außer dienstags, 10 bis 16 Uhr, Eintrittsgebühr). – Nach **Bridgnorth** (20 M nordöstlich, B 4364) durch die *Clee Hills* (10 M; je 500 m südlich und nördlich der Straße; Bergwanderungen, Aussichtspunkte). Die kleine Marktstadt **Bridgnorth** (8000 Einw.; Herstellung von Teppichen) war eine ehemalige Sachsenfeste. Reste einer normannischen Burg sind erhalten sowie einige öffentliche Gebäude aus dem 17. und 18. Jh. – Nach **Leominster** (11 M südlich, A 49), vorbei an **Berrington Hall** (8 M; Herrenhaus und Park, 18. Jh.; mittwochs und samstags). **Leominster** (spr. Lemster; 7000 Einw.) ist eine alte Marktstadt mit zahlreichen Häusern aus dem 16. und 17. Jh. In der Kirche sind sämtliche Stilepochen von Normannisch bis Spätgotisch vertreten. – Nach **Clun** (16 M nordwestlich, A 4113/B 4385), stille Kleinstadt in einem engen Tal, das sich in die Waliser Berge zieht. Burgruine 12. Jh.; Kirche 11. bis 12. Jh. Die Hügel im Westen sind reich an Überresten aus prähistorischer Zeit.

Unterkunft in Ludlow:

Hotels:	Tel.	Zimmer
Feathers Inn•	29 19	29
Overton Grange	35 00	15

In Bridgnorth:

Hotels:	Tel.	Zimmer
Parlors Hall	26 04	12

In Leominster:

Hotels:	Tel.	Zimmer
Talbot	21 21	30
Royal Oak	26 10	17

In *Clun* keine Hotels.

Jugendherbergen: The Mill, Clun, 33 B. – Ludford Lodge, Ludford, Tel. 05 84/24 72, 52 B. – Malthouse Farm, Weathill, Tel. Burwarton 07 46 33/2 36, 32 B.

LUTON (F 5), Grafsch. Bedfordshire, 100 m, 161 000 Einw. Dynamische Industriestadt am Ursprung des *Lea River.* Mit *Luton Airport* am Rand der Stadt und einer raschen Verkehrsverbindung zum nur 32 M südlich liegenden London ist Luton günstiger Standort für Zweigniederlassungen Londoner und ausländischer Firmen. Von Lutons traditionellen Gewerben, Strohflechterei und Spitzenklöppelei, hat vor allem die Hutmacherei ihre Bedeutung behalten.

Auskunft: Central Library, Tel. 3 26 29.
Tel.-Vorwahl: 05 82
Verkehr: M 1 London – Northampton, A 6 London – Bedford. – Bahnstation. – Flughafen.

Sehenswert: **St. Mary's,** eine der größten Pfarrkirchen Englands, spätgotisch. – **Luton Museum and Art Gallery,** archäologische und historische Sammlung; traditionelles Handwerk. – **Luton Hoo** (2 M südlich), Herrenhaus in schönem Park, mit wertvoller Kunstsammlung (täglich außer dienstags und freitags 11 bis 18 Uhr, sonntags ab 14 Uhr, April bis September, Eintrittsgebühr).

Baden: Frei- und Hallenbäder.

Ausflüge: **Whipshade** (9 M südwestlich, A 505/B 489), der erste freie Tierpark der Welt (täglich 10 Uhr bis Dunkelheit, Eintrittsgebühr), über **Dunstable** (6 M; normannische Kirche). – Nach **Letchworth** (13 M nordöstlich, A 505), der 1903 gegründeten ersten Gartenstadt Englands.

Unterkunft in Luton:

Hotels:	Tel.	Zimmer
Strathmore	3 41 99	151
Luton Crest Motel	5 59 55	139
Esso	5 59 11	93
Red Lion	2 73 37	39

In Letchworth:

Hotels:	Tel.	Zimmer
Broadway	56 51	32

In Dunstable, 6 M nordwestlich, A 505:

Hotels:	Tel.	Zimmer
Highwayman	6 19 99	26
Old Palace Lodge	6 22 01	20

In Hitchin, 9 M nordöstlich, A 505:

Hotels:	Tel.	Zimmer
Sun	20 92	29

Jugendherbergen: Ivinghoe, The Old Brewery House, Tel. Chedington 02 96/66 82 51, 70 B.

LYME REGIS (D 6), Grafsch. Dorset, 5400 Einw. Kleiner Fischerhafen und Badeort an der Südküste. Von den niedrigen Klippen des Küstenvorlandes klettert die Stadt mit steilen Straßenzügen hügelauf.

Auskunft: Tourist Information, Marine Parade, Tel. 26 09.

Tel.-Vorwahl: 0 29 74

Verkehr: A 35 Exeter – Bournemouth. – Nächste Bahnstation Axminster (6 km).

Baden: Sandstrand.

Sport: Angeln, Rudern, Segeln, Tennis, Golf, Bowling.

Ausflüge: Nach **Bridport** (10 M östlich, A 35); die alte Stadt ist bekannt für die Herstellung von Fischernetzen und Tauen. Die Hauptstraße ist größtenteils 18. Jh., Kirche 16. Jh. 1 M südlich der kleine Hafen und Badestrand von **West Bay,** von dem aus sich eine prächtige Klippenlandschaft nach Westen erstreckt. – Nach **Seaton** (9 M westlich, A 3052/B 3172) über **Axemouth** (7 M; Turmhaus *Bindon* aus dem 15. Jh.). **Seaton** ist ein beliebtes Seebad mit Kiesstränden. Ein Küstenweg von 5 km führt westlich zu dem Dorf **Branscombe,** das unter dem Schutz des National Trust steht. Im Osten liegen die an Fossilien reichen **Dowlands Cliffs.**

Unterkunft in Lyme Regis:

Hotels:	Tel.	Zimmer
Alexandra	20 10	23
Buena Vista	24 94	16
Mariners	27 53	14

In Bridport:

Hotels:	Tel.	Zimmer
Bull	28 78	24
Eype's Mouth	33 00	21
Greyhound	2 29 44	20

In Seaton:

Hotels:	Tel.	Zimmer
Hawkeshyde Motel	2 09 32	26
Royal Clarence	2 00 15	17
Mariners Homestead	2 05 60	12

In Axminster, 5 M nordwestlich, B 3070:

Hotels:	Tel.	Zimmer
George	3 21 53	11

Jugendherbergen: Bovey Combe, Townsend, Beer, Tel. Seaton 02 97/ 2 02 96, 40 B. – West Rivers House, West Allingron, Bridport, Tel. 03 08/ 2 26 55, 52 B.

MAIDENHEAD (F 5), Grafsch. Berkshire, 45 000 Einw. Etwa 50 km westlich von London an der *Themse* gelegener Ausflugsort. In der Nähe die Schleuse Boulter's Lock.

Auskunft: Tourist Information, Town Hall, Tel. 2 61 42.

Tel.-Vorwahl: 06 28

Verkehr: A 4/M 4 London – Reading,

Abzweigung südöstlich; Autobahnanschlußstelle. – Bahnstation.

Ausflüge: Schleuse **Boulter's Lock,** 2 km östlich. – **Cliveden,** 6 km nördlich an der Straße Taplow-Hedsor; Heim der Familie Astor, seit 1942 im Besitz des National Trust, wertvolle Gobelins und Einrichtungen, Garten mit Tempel von Giacomo Leoni. – **Windsor Castle** (s. dort), 10 km südöstlich; – **Ascot,** 16 km südöstlich, berühmte Pferderennbahn.

Unterkunft in Maidenhead:

Hotels:	Tel.	Zimmer
Maidenhead Esso	2 34 44	194
Riviera	2 54 25	33
Boulter's Lock	2 12 91	13
Bear	2 51 83	12

MANCHESTER (D 3), Grafsch. Greater Manchester, 645 000 Einw. Verwaltungszentrum der Grafschaft und Hauptabsatzmarkt für das Industriegebiet im Südosten Lancashires mit rund 4 Millionen Einwohnern. Eine römische Gründung am Knotenpunkt von sieben Hauptstraßen, trat die Stadt erstmals im 17. Jh. hervor,als sie das Zentrum für die Heimspinnereien und Webereien der umliegenden Ortschaften wurde. Die kommerzielle Organisation dieser Heimindustrie, gefolgt von der Mechanisierung des Textilhandwerks im 18. Jh., machte Manchester zum Hauptumschlagplatz der Baumwollindustrie, Hafen für den Import von Rohmaterial und den Export der fertigen Produkte. Nach dem Rückgang der Baumwollindustrie seit den dreißiger Jahren brachte eine vielseitigere moderne Industrie (Chemie, Gummi, Maschinenbau) der Stadt neuen Aufschwung.

Auskunft: Town Hall, Lloyd Street, Tel. 2 36 33 77.

Tel.-Vorwahl: 0 61

Verkehr: A 6 Derby – Preston; M 62 Liverpool – Leeds. – Bahnstation. – Manchester Airport (10 M südlich).

Sehenswert: **Chetham's Hospital School and Library,** Long Millgate, Armenschule für Knaben (17. Jh.; Besichtigung auf Anmeldung). – **Cathedral,** Victoria Street, vorwiegend englische Spätgotik, 15. bis 16. Jh., weitgehend restauriert. – **Royal Exchange,** (1869) Cross Street; die ehemalige Börse spiegelt Ansehen und Reichtum des Baumwollhandels wider. Die Haupthalle ist heute Theatersaal. – **St. Ann's Church,** 18. Jh., St. Ann Street, Interieur mit schönen Holz- und Metallarbeiten. – **John Ryland's Library,** Deansgate, wertvolle Manuskriptsammlung theologischer, historischer und philosophischer Schriften. – **Town Hall,** Albert Square, grandiose Neugotik des 19. Jh. mit über 300 Räumen und Nebenräumen. – **Central Library** (1934), ein klassischer Rundbau. – **Whitworth Art Gallery,** Oxford Road, Textil- und Gobelinsammlung.

Sport: Golf, Pferderennen.

Unterhaltung: Opera House, Quay Street (Schauspiel, Revue); Library Theatre, St. Peter's Square (Repertoirebühne); Free Trade Hall, Peter Street (Konzerte).

Ausflüge: **Heaton Hall** (5 M nördlich, A 665), Herrensitz 18. Jh., Gemäldesammlung und Stilmöbel, großer Park mit Golfplatz (täglich 10 bis 17 Uhr, sonntags 14 bis 17 Uhr). – **Platt Hall** (3 M südlich, über Oxford Street), Herrenhaus und Park, Sammlung historischer Trachten (wie oben). – **Wythenshawe Hall** und Park (6 M südlich, A 5103), 16. Jh. mit späteren Anbauten, Kunstsammlung. – **Alderley Edge** (15 M südlich, A 34), bewaldete Sandsteinböschung (185 m), eine Siedlungsstätte der

Jungsteinzeit (National Trust; Aussichtspunkt). – **Bramhall Hall** (10 M südlich, A 6/A 5102), Herrenhaus aus dem 16. Jh., schwarzweißer Fachwerkbau mit Kapelle aus dem 14. Jh. (täglich außer donnerstags, 11 bis 16 Uhr; Eintrittsgebühr). – **Tatton Park** (16 M südwestlich, A 56/A 556), Herrenhaus aus dem 17. Jh. mit großem Park (täglich 14 bis 17 Uhr, Eintrittsgebühr). 4 M südlich davon, in **Lower Peover,** Kirche in Fachwerk, 13. Jh.

Unterkunft in Manchester:

Hotels:	Tel.	Zimmer
Midland, Peter Street	2 36 33 33	295
Piccadilly, Piccadilly	2 36 84 14	250

Hotels:	Tel.	Zimmer
Portland, 3–5 Portland Street	2 28 35 67	221
Post House, Northenden	9 98 70 90	201
Grand, Aytoun Street	2 36 95 59	146
Willow Bank, 340 Wilmslow Road	2 24 04 61	129
Glengarry, 135/141 Withington Road	2 26 51 15	55
Landsdowne, 346/8 Wilmslow Road	2 24 62 44	51
Brookfield, Oxford Place	2 24 14 09	41
Simpson's, Withington Road	2 26 22 35	38

In der Umgebung:

Hotels:	Tel.	Zimmer
Excelsior, Manchester Airport	4 37 58 11	255
De Trafford Arms, Alderley	38 81	33

MIDDLESBROUGH (E 2), Grafsch Cleveland, 155 000 Einw. Industriezentrum am Fluß *Tees* nahe seiner Mündung in die Nordsee. Zusammen mit seinen Nachbarstädten **Stockton, Billingham, Thornaby** und **Ormesby** bildet sie das städtische Industriekonglomerat *Teesside* mit 400 000 Einwohnern. Die Stadt ist in den vergangenen 150 Jahren aus einem winzigen Dorf entstanden und verdankt ihr rasches Wachstum den Eisenerzvorkommen der Umgebung, die Mitte des 19. Jh. entdeckt wurden. Bedeutende Roheisen- und Stahlhütten, Sitz bekannter Chemiekonzerne. **Stockton** war Ausgangspunkt der ersten öffentlichen Eisenbahnlinie der Welt (1825) und Stadt, in der die ersten brauchbaren Streichhölzer entwickelt wurden (1827), sowie Geburtsstadt des Kunstmöbelbaumeisters Thomas Sheraton (1751–1806). Das 2 M südlich gelegene **Marton** ist Geburtsort des Seefahrers und Entdeckers James Cook (1728–1779).

Auskunft: Tourist Information Centre, 125 Albert Road, Tel. 4 57 50.
Tel.-Vorwahl: 06 42
Verkehr: A 19 Thirsk – Sunderland. – Bahnstation. – Flughafen Teesside.

Sehenswert in Middlesbrough: **Transporter Bridge** (1911) und **Newport Bridge** (1934). – **Dorman Museum,** Linthorpe Road (täglich außer sonntags, 10 bis 18 Uhr). – *In Billingham:* **Kirche** mit Turm aus dem 10. Jh. – *In Stockton:* **Preston Hall Museum,** Waffen und Rüstungen (täglich außer sonntags, 10 bis 18 Uhr). – *In Ormesby:* **Ormesby Hall** (18. Jh.; mittwochs und samstags, Mai bis September, 14 bis 18 Uhr, Eintrittsgebühr).

Baden: Hallen- und Freibäder.

Sport: Golf, Angeln, Tennis.

Ausflüge: Nach **Redcar** (8 M) und **Saltburn-by-the-Sea** (13 M östlich, A 174/A 1042), zwei Seebäder mit ausgezeichneten Golfplätzen und schöner Küstenlandschaft. – **Guisborough** (8 M südöstlich, A 171), Kleinstadt (14 000 Einw.) am Fuß der *Cleveland Hills;* Klosterruine einer Augustinerpriorei aus dem 12. bis 14. Jh. – **Rievaulx Abbey** (spr. Reevo; 24 M südlich, B 1257), große Klosterruine einer Zisterziensergründung aus dem 12. Jh., in malerischer Lage in einem engen Tal im Herzen des **North York Moors National Parks** (s. Nationalparks). 2 M östlich liegt die Ortschaft **Helmsley** mit einer Burgruine aus dem 12. Jh. – **Mount Grace Priory** (14 M südlich, Abzweigung von der A 19), guterhaltene Überreste eines Karthäuserklosters aus dem 14. Jh. (dienstags und samstags, Eintrittsgebühr). – Nach **Yarm** (8 M südwestlich, A 174/A 1044), einer alten Stadt am *Tees*, den hier eine Brücke aus dem 14. Jh. überquert, früher eine wichtige Station der Postkutschenroute nach Norden; von den ehemals 17 Gasthäusern der Stadt sind nur noch zwei erhalten. – Nach **Darlington** (15 M westlich, A 66), einer Industriestadt (86 000 Einw.) mit großen Maschinenfabriken, Stahl- und Eisenwerken. Sie verdankt ihre Entstehung dem Bau der ersten Bahnlinie zwischen hier und **Stockton.** *St. Cuthbert's Church* stammt aus dem 12. bis 13. Jh., der Turm aus dem 14. Jh.; nördlich der Kirche sind noch einige alte Straßenzüge aus vorindustrieller Zeit erhalten. – **Hartlepool** (8 M nördlich, A 178), Haupthafen der Industriegebiete von *Teesside* und *Durham*. Die Stadt ging aus einer sächsischen Siedlung auf der Landzunge nördlich der heutigen Docks hervor, wo noch Abschnitte einer späteren Stadtmauer aus dem 13. Jh. und *St. Hilda's Church* aus dem 12. Jh. erhalten sind.

Unterkunft in Middlesbrough:

Hotels:	Tel.	Zimmer
Dragonara	4 81 33	210
Blue Bell Motor Inn	59 39 39	66
Middlesbrough Crest Motel	8 76 51	53
Highfield	8 76 38	26

In Redcar:

Hotels:	Tel.	Zimmer
Royal York	62 21	51
Swan	36 78	37
Park	23 41	31

In Saltburn-by-the-Sea:

Hotels:	Tel.	Zimmer
Zetland	29 61	45

In Helmsley:

Hotels:	Tel.	Zimmer
Black Swan	4 66	38
Feathers	2 75	15
Crown	2 97	13
Feversham Arms	3 46	10

In Yarm:

Hotels:	Tel.	Zimmer
Tall Trees	Eaglescliffe, 78 10 05	27

In Darlington:

Hotels:	Tel.	Zimmer
Europa Lodge Motor Hotel	6 01 11	96
King's Head	6 76 12	69
Imperial	6 75 71	42
North Eastern	6 43 73	25

In Hartlepool:

Hotels:	Tel.	Zimmer
Grand	6 63 45	47

In Stockton:

Hotels:	Tel.	Zimmer
Swallow	6 96 21	126
Queens	6 57 72	40

Jugendherbergen: Riftswood Hall, Victoria Road, Saltburn-by-the-Sea, Tel. 0 28 72/22 96, 72 B.

NATIONALPARKS. Die Landschaftsschutzgebiete der »NATIONAL PARKS OF ENGLAND AND WALES«, elf insgesamt, sind Landstriche von besonderer Naturschönheit oder historischem Interesse, die unter staatlichem Schutz stehen. Meist handelt es sich um wenig besiedelte Gebiete, deren klimatische Bedingungen und Bodenverhältnisse kaum andere Erwerbsquellen als Viehzucht, Forstwirtschaft und den Abbau von Steinbrüchen zulassen. Sie sind nicht als Freizeitparks zu betrachten, obgleich zahlreiche Einrichtungen für den Fremdenverkehr bestehen, sondern es ist vielmehr Ziel des Naturschutzprogramms, in diesen Gebieten moderne Entwicklung in Zaum zu halten und sie unverdorben für künftige Generationen zu bewahren. Das meiste Land ist noch in Privatbesitz und nur bedingt zugänglich, nicht alle Fußwege und Straßen sind für die Öffentlichkeit freigegeben; die Bewohner gehen ihren gewohnten Tätigkeiten nach. Es ist wichtig, daß sich der Besucher vor Augen hält, daß der Lebensunterhalt der Bewohner auf alten und traditionellen Formen der Landwirtschaft beruht und daß eine oft schon bedrohte Umwelt auf keinen Fall gestört werden darf. Besucher sollten vermeiden, Steinmauern und Zäune zu überklettern, und sie sollten sich beim Überqueren von Wiesen und Feldern an ausgetretene Wege halten; sie sollten darauf achten, daß Gatter wieder geschlossen werden, Wasser nicht verunreinigt und Vieh nicht aufgeschreckt und verstört wird.

Brecon Beacons National Park (C 5), Grafsch. Powys (WALES), 1344 qkm, höchste Erhebung 910 m. Im gebirgigen Mittelwales unmittelbar nördlich des Kohlebergbau- und Stahlhüttengebietes um *Cardiff.* Es ist ein hohes, weites Moor- und Heideland, an den unteren Hängen bewaldet und mit reißenden Flüssen, viele davon aufgestaut, um Wasserreservoirs für das Industriegebiet im Süden zu bilden. Diese Seen sind heute besonders bei Anglern und Paddlern beliebt. Entlang der Nordgrenze verläuft das ländlich-geruhsame Tal des **Usk,** nach Westen erstreckt sich das Land bis zum weiten unberührten Flußtal des **Towy.** Beide Flüsse sind für kleinere Motorboote schiffbar. Der Park bietet ausgezeichnete Möglichkeiten für Pony Trekking. Am Südrand liegen große Kalksteinhöhlen. In diesem Bergland werden vor allem Schafzucht und Forstwirtschaft betrieben. Als Tourenzentren eignen sich besonders die Ortschaften **Abergavenny** und **Brecon** (s. jeweils dort), sowie das 6 M nordwestlich von Abergavenny gelegene **Crickhowell.**

Auskunft: National Park Information Centre, Brecon.

Unterkunft: Hotels in Abergavenny und Brecon (siehe jeweils eigene Beschreibung).

Jugendherbergen: LLANDDEUSANT: The Old Red Lion, Tel. Gwynfe 0 55 04/6 41, 32 B. – LLWYN-Y-CELYN: Libanus, Tel. Brecon 08 74/42 61, 30 B. – YSTRADFELLTE: Ta'ir Heol, Tel. Glyn Neath 06 39/72 03 01, 28 B.

Dartmoor National Park (B/C 6), Grafsch. Devon, 945 qkm. Ein weites Moorgebiet mit nur wenigen Straßen und Siedlungen. Charakteristisch für diese Landschaft sind die bizarr verwitterten Granitformationen seiner Hügelkuppen. Die niedrigeren Lagen sind sumpfig, von klaren Bächen durchzogen. Siedler der Bronzezeit haben zahlreiche Spuren in dem Land hinterlassen. Am Rand des Parks liegen viele reizvolle Dörfer in gutem Farmland. Sie benutzen die karge Moorheide als Sommerweiden für ihr Vieh. Inmitten des Moorgebiets steht das ehemals berüchtigte Strafgefängnis von Dartmoor (nicht mehr in Benutzung). In den höheren Lagen des Hügellandes leben halbwilde Ponys. Der Nordwestteil des Parks ist Truppenübungsgelände (manchmal gesperrt). Als Ausgangspunkt für Touren liegen die Ortschaften **Okehampton** (s. Exeter), **Newton Abbot, Totnes** (s. Torquay) und **Tavistock** (s. Plymouth) günstig, alle außerhalb des Parkgebietes.

Auskunft: County Hall, Exeter.

Unterkunft: Hotels in Exeter, Torquay und Plymouth (siehe jeweils eigene Beschreibung).

Jugendherbergen: BELLEVER: Postbridge, Yelverton, Tel. Postbridge 08 22/8 82 27, 36 B. – TAVISTOCK: Abbotsfield Hall, Tel. 08 22/25 29, 60 B.

Exmoor National Park (C 5), Grafsch. Somerset and Devon, 750 qkm, 11 000 Einw. Der Park umfaßt bergiges Moor- und Heideland und eine dramatische Küstenlandschaft an der Südseite des *Bristol Channel,* überragt vom höchsten Gipfel des Parkgebiets, dem **Dunkery Beacon** (530 m). Hier findet man das letzte Rotwild Englands, und an den unteren Hängen weiden noch die widerstandsfähigen Wildponys. Auf den Hügelkuppen sind zahlreiche Spuren prähistorischer Siedlungen erhalten. Von den Nordhängen stürzen reißende Wildbäche ins Meer, von den Südhängen kommen klare Forellenbäche, ein beliebtes Anglergebiet. Der westliche Teil des Parks ist fast völlig unbesiedelt und unbewirtschaftet; im Osten liegen reiches Farmland und Waldgebiete. Entlang der Küste reihen sich die kleinen Seebäder **Minehead, Porlock, Lynmouth** und **Lynton,** alle berühmt für ihre attraktive Küstenlandschaft. Ein Wanderweg, der *Southwest Peninsula Coast Path,* erschließt die gesamte Länge der Küste. Für Binnenwanderungen sind vor allem **Exford** und **Dulverton** günstige Ausgangspunkte.

Auskunft: Information Centre, The Parade, Minehead, Tel. 29 84.

Unterkunft: Hotels in Taunton und Bideford (siehe jeweils eigene Beschreibung).

In Exford:

Hotels:	Tel.	Zimmer
Crown	2 43	21
White Horse	2 29	20

In Dulverton:

Hotels:	Tel.	Zimmer
Lamb	3 69	23
Three Acres	4 26	7

Jugendherbergen: EXFORD: Exe Mead, Tel. 06 43/3 08 43, 60 B. – LYNTON: Lynbridge, Tel. 0 59 85/32 37, 38 B. – MINEHEAD: Alcombe Coombe, Tel. 06 43/25 95, 53 B.

Lake District National Park (C/D 2), Grafsch. Cumbria, 2750 qkm, 42 000 Einw. Eine der schönsten Landschaften der Britischen Inseln, seenreich und gebirgig, mit Englands höchstem Gipfel, dem **Scafell Pike** (978 m), halbwegs zwischen den Seen Grasmere und Wast Water. Mit zahlreichen, über 700 m ansteigenden Berggipfeln und mehr als einem Dutzend kleiner und großer Seen ist es ein beliebtes Wander-, Kletter- und Segelgebiet, botanisch wie geologisch äußerst interessant. Seine Geschichte ist eng verknüpft mit den sogenannten »Lakeland«-Dichtern William Wordsworth, Samuel Coleridge und Robert Southey und dem Schriftsteller Hugh Walpole. Neben dem Fremdenverkehr stützt sich die Wirtschaft auf Schafzucht und den Abbau von Steinbrüchen. Die bedeutendsten Tourenzentren sind **Windermere** (s. dort), **Ambleside, Keswick, Coniston** und **Hawkshead.** – Übersichtskarte »Kendal und Lake District« siehe unter Kendal.

Auskunft: Information Centres in Bowness, Tel. Windermere 28 95; Keswick, Tel. 7 28 03, und Ambleside, Tel. 30 84 (von April bis Oktober).

Unterkunft: Hotels in Carlisle, Penrith,

Windermere und Kendal (siehe jeweils eigene Beschreibung).

Jugendherbergen: AMBLESIDE: Waterhead, Tel. 2304, 240 B. – BLACK SAIL: Black Sail Hut, Ennerdale Cleator, 18 B. – BORROWDALE: Longthwaite, Keswick Cumbria, Tel. 257, 94 B. – BUTTERMERE: King George VI. Memorial Hostel, Tel. 254, 63 B. – CONISTON COPPERMINES: Coppermines House, Tel. Coniston 261, 30 B. – CONISTON: Holly How, Far End Coniston, Tel. 323, 70 B. – DERWENTWATER: Barrow House, Borrowdale, Keswick, Tel. Borrowdale 246, 80 B. – DUDDON: Black Hall Farm, Seathwaite, Tel. Broughton-in-Furness 544, 20 B. – ELTERWATER: Ambleside, Tel. Langdale 245, 56 B. – ENNERDALE: Cat Crag, Gillerthwaite, Tel. Lamplugh 237, 26 B. – ESKDALE: New Eskdale Hostel, Boot, Holmrook, Tel. 219, 58 B. – GLENRIDDING: Greenside, Tel. 269, 66 B. – GRASMERE: Butharlyp How, Tel. 316, 89 B.; High Close Loughrigg, Tel. 212, 100 B.; Thorney How, Tel. 308, 55 B. – HAWKSHEAD: Esthwaite Lodge, Tel. 293, 78 B. – HONISTER HOUSE: Seatoller, Tel. Borrowdale 676, 30 B. – KESWICK: Station Road, Tel. 72485, 94 B. – PATTERDALE: Penrith, Tel. Glenridding 394, 80 B. – THIRLMERE: The Old School, Stanah Cross, Tel. Keswick 73224, 29 B. – TROUTBECK: High Cross Castle, Tel. Windermere 3543, 66 B. – WASTWATER: Wasdale Hall, Tel. Wasdale 222, 58 B.

New Forest National Park (E 6), Grafsch. Hampshire, 374 qkm. Eine weite Fläche von Wald und Weideland mit einem geschichtlichen Erbe, das auf die Normannenzeit zurückgeht. 1087 machte Wilhelm der Eroberer dieses Gebiet zum königlichen Jagdrevier, und viele der damals entstandenen Traditionen und Gebräuche über Weide- und Forstrecht werden noch heute von den Bewohnern aufrechterhalten. Große Waldgebiete mit mächtigen uralten Laubbäumen und einem Wildbestand an Rehen und Damwild wechseln mit offenem Wiesen- und Weideland, auf dem Ponyherden grasen (keine Wildponys, sondern in Privatbesitz). Flora und Fauna im Parkgebiet sind besonders vielfältig und interessant. Das Land gehört der Krone und den Dorfbewohnern in gemeinsamem Besitz und unterliegt deshalb kaum Einschränkungen für öffentlichen Zutritt. Hauptort des Gebietes ist **Lyndhurst** im Herzen des Parks; im Süden, an der Meerenge von *Solent,* liegt das Seebad **Lymington.** Außerdem eignen sich **Brockenhurst** und **Ringwood** als Tourenzentren.

Auskunft: Appletree Court, Lyndhurst, Tel. 2891.

Unterkunft: Hotels in Southampton und Bournemouth (siehe jeweils eigene Beschreibung).

In Lyndhurst:

Hotels:	Tel.	Zimmer
Lyndhurst Park	2823	66
Crown	2722	48
Forest Point	2420	14
David Bell's Forest Lodge	2365	12

In Brockenhurst:

Hotels:	Tel.	Zimmer
Balmer Lawn	3116	60
Carey's-Manor Motor Hotel	3155	48
New Park	3467	41
Forest Park	2108	40
Watersplash	2344	27

In Ringwood:

Hotels:	Tel.	Zimmer
Little Moortown House	3325	6

Jugendherbergen: BURLEY: Cottesmore House, Tel. 3233, 36 B. – NORLEYWOOD: Lymington Hants, Tel. East End 220, 40 B.

Northumberland National Park (D 1), Grafsch. Northumberland, 1030 qkm, 2000 Einw., höchste Erhebung der **Cheviot** (816 m). Das Gebiet erstreckt sich von den **Cheviot Hills** im Norden an der schottischen Grenze bis zur 40 M südlich gelegenen römischen Mauer; es grenzt im Westen an das große Wiederaufforstungsgebiet des **Border Forest Park.** Es ist einer der einsamsten und menschenleersten Landstriche Englands. Im Norden liegt das grasbewachsene Granitmassiv der *Cheviots,* in dessen entlegeneren Tälern noch wilde Ziegen leben und in dem fünf Flüsse entspringen. Südöstlich davon die Sandsteinhügel der **Simonside Hills.** Es ist eine Landschaft einsamer Hochmoore, heide- und farnbedeckter Hügel, klarer Forellenbäche und attraktiver Flußtäler, wie das Tal der **Croquet,** der in den Cheviots entspringt, das bewaldete Tal des **Rede,** das jahrhundertelang der natürliche Weg nach Schottland war, und das reizvolle Tal des **North Tyne,** dessen Quelle im *Border Forest Park* liegt. Ein verzweigtes Netz kleiner gewundener Landstraßen verbindet verstreute Gehöfte und graue Steindörfer, und ein Teilstück des *Pennine-Wanderwegs* durchquert den Park in seiner ganzen Länge. Vom imposantesten römischen Festungswerk, der im 2. Jh. erbauten Mauer des Hadrian (s. Hexham) mit ihren Festungen, Meilenstationen und Signaltürmen am Südrand des Parks, bis zu den zahlreichen eisenzeitlichen Festungen auf den *Cheviot Hills* haben vorzeitliche Volksstämme, Römer, frühchristliche Mönche und Normannen überall im Land ihre Spuren hinterlassen. In dem ausschließlich landwirtschaftlichen Gebiet werden hauptsächlich Schafzucht und Forstwirtschaft betrieben. Günstigste Tourenzentren sind **Hexham,** (s. dort), **Rothbury, Wooler** und **Otterburn.**

Auskunft: Northumberland National Park Department, Bede House, All Saints Office Centre, Newcastle-upon-Tyne.

Unterkunft: Hotels in Hexham und Newcastle-upon-Tyne (siehe jeweils eigene Beschreibung).

In Rothbury:

Hotels:	Tel.	Zimmer
Newcastle	334	10

In Wooler:

Hotels:	Tel.	Zimmer
Tankerville Arms	581	15

In Otterburn:

Hotels:	Tel.	Zimmer
Percy Arms	261	32
Otterburn Tower Inn	673	15

In Haltwhistle:

Hotels:	Tel.	Zimmer
Manor House	210	8

In Chollerford:

Hotels:	Tel.	Zimmer
George	Humshaugh, 205	22

Jugendherbergen: BELLINGHAM: Woodburn Road, Tel. 06602/313, 32 B. – ONCE BREWED: Military Road, Bardon Mill, Tel. Bardon Mill 04984/360, 56 B. – WOOLER: 30 Cheviot Street, Tel. 06682/365, 50 B.

North York Moors National Park (E/F 2), Grafsch. North Yorkshire, 1450 qkm, 23000 Einw., höchste Erhebung 470 m. Ein Hügel- und Moorland mit kurzen reizvollen Tälern und einem landschaftlich besonders schönen Küstenabschnitt an der Nordostküste. Im Nordwesten liegen die **Cleveland Hills,** deren große Eisenerzlager zur Entstehung des angrenzenden Industriekomplexes **Teesside** (s. Middlesbrough) führten. Ein Netz kleiner Landstraßen lädt zum Autowandern ein; ein anderer Weg, sich die Naturschönheiten zu erwandern, ist das beliebte Pony-Trekking. Das Gebiet ist reich an Ruinenstätten frühchristlicher Gründungen. Forstwirtschaft und Schafzucht sind die Haupttätigkeiten. Die wichtigsten Tourenzentren sind **Helmsley, Pickering, Whitby** (s. dort) und **Guisborough.**

Auskunft: National Park Office, Helmsley, Tel. 658.

Unterkunft: Hotels in Middlesbrough, Whitby, Scarborough und Ripon (siehe jeweils eigene Beschreibung).

In Kirkbymoorside:

Hotels:	Tel.	Zimmer
King's Head	31340	12

Jugendherbergen: HELMSLEY: Carlton Lane, Tel. 04392/433, 40 B. – WESTERDALE HALL: Whitby, Tel. Castleton 02876/469, 50 B. – WHEELDALE: Wheeldale Lodge, Goathland, Whitby, Tel. Goathland 0947 86/350, 36 B.

Peak District National Park (E3), Grafsch. Derbyshire, 1400 qkm, 38000 Einw., höchste Erhebung **Kinder Scout** (660 m). Ein Gebiet an den südlichen Ausläufern der *Pennines.* Im Norden liegen dunkle Torfmoore und Heideland, im Süden Wiesen und Kalksteinhügel. Der Park schließt eine Reihe prähistorischer Stätten und einige der größten Herrenhäuser Englands ein. Viele seiner reizvollen Flußtäler wurden aufgestaut, um Wasserreservoirs für die an beiden Seiten angrenzenden Industriegebiete von **Sheffield** und **Manchester** zu gewinnen. Haupterwerbsquellen sind Ackerbau und der Abbau von Steinbrüchen; in den Hochmooren werden Moorhühner gezogen. Wichtigste Tourenzentren sind **Bakewell, Castleton, Matlock** und **»Buxton** (s. dort) sowie **Edale.** Siehe Übersichtskarte »Buxton und High Peak« unter Buxton.

Auskunft: Planning Board, Baslow Road, Bakewell, Tel. 2881.

Unterkunft: Hotels in Buxton (siehe eigene Beschreibung).

Jugendherbergen: CROWDEN-IN-LONGDENDALE: Peak National Park Hostel, Tel. Glossop 04574/2135, 50 B. – DIMMINGSDALE: Little Ranger, Tel. Oakamoor 0538/702304, 26 B. – EDALE: Rowlands Cote, Nether Booth, Tel. 04337/302, 125 B. – EYAM: Edge Road, Tel. Grindleford 0433/30843, 60 B. – HAGG FARM: Hagg Farm Hostel, Ashopton, Tel. Bamford 04334/594, 56 B. – HARTINGTON: Hartington Hall, Tel. 029884/223, 80 B. – HATHERSAGE: Castleton Road, Tel. 04335/493, 40 B. – ILAM: Ilam Hall, Ashbourne, Tel. Thorpe Cloud 033529/212, 100 B. – LANGSETT: Stocksbridge, Tel. Penistone 022676/2445, 32 B. – MILLERS DALE: Ravenstor, Tel. Tideswell 0298/871204, 76 B. – WINDGATHER: Windgather Cottage, Kettleshulme, Tel. Whaley Bridge 066 33/2153, 24 B. – YOULGRAVE: Fountain Square, Tel. 062986/518, 40 B.

Pembrokeshire Coast National Park (A/B 5), Grafsch. Dyfed (WALES), 580 qkm. Das Parkgebiet umfaßt eine der zerklüftetsten und wildromantischsten Küstenlandschaften der Britischen Inseln in einer Folge von hohen Klippen, geschützten Buchten und sandigen Stränden. Es nimmt die Halbinsel **Pembroke** in Südwales ein, die besonders für ihre milden und kurzen Winter und den Reichtum und die Vielfalt ihrer Wildblumen bekannt ist. Der Küstenstrich zieht viele Arten von See- und Raubvögeln an. Ein 270 km langer Wanderweg, der **Pembrokeshire Coast long distance footpath,** folgt der gesamten Küste, und in den vielen kleinen Ortschaften und Dörfern am Weg kann ohne Schwierigkeiten eine einfache Übernachtungsgelegenheit gefunden werden. Die Bevölkerung lebt von Milchwirtschaft und Fischfang. Das bedeutendste Zentrum innerhalb des Parks ist die kleine Kathedralenstadt **St. David's.** Außerhalb des Parkgebiets eignen sich **Haverford West, Milford Haven** und **Pembroke** (s. dort) als Ausgangspunkt für Touren.

Auskunft: Drill Hall, Pembroke, Tel. 21 84.

Unterkunft: Hotels in Pembroke (siehe eigene Beschreibung).

In Fishguard:

Hotels:	Tel.	Zimmer
Fishguard Bay	35 71	62
Cartref	24 30	14

Jugendherbergen: PENTLEPOIR: The Old School, Tel. Saundersfoot 08 34/23 33, 34 B. – POPPIT SANDS: Sea View, Cippyn, Tel. Cardigan 02 39/29 36, 40 B. – PWLL DERI: Castell Mawr, Tref Asser, Tel. St. Nicholas 0 34 85/2 33, 25 B. – ST. DAVID'S: Llaethdy, Tel. St. David's 04 37 88/3 45, 30 B. – TREVINE: Fford-y-Afon, Tel. Croesgoch 4 14, 24 B.

Snowdonia National Park (B/C 3/4), Grafsch. Gwynedd (WALES), 2200 qkm, 30 000 Einw. Der Park liegt in Nordwales, mit dem höchsten Gebirgsmassiv von England und Wales, dem **Snowdon** (1085 m), einem berüchtigt schwierigen Klettergebiet. Im Süden herrscht hügeliges Weideland vor; hier werden auch die mächtigen Schieferbrüche abgebaut, die zu den größten Europas gehören. Im Westen grenzt der Park an die weitgeschwungene sanfte Küste der *Bucht von Cardigan,* an der sich viele kleine Seebäder entlangreihen. Der Landstrich ist reich an römischen Funden und mittelalterlichen Burgen. Schafzucht, Forstwirtschaft und die Ausbeutung von Steinbrüchen sind die Hauptwirtschaftszweige. Die wichtigsten Tourenzentren sind **Betws-y-Coed** (s. dort), **Llanberis** (Ausgangspunkt der Zahnradbahn auf den Snowdon), **Bala** (am Kreuzungspunkt der Straßen 494 und 4212), **Harlech** (an der Tremadoc Bay) und **Dolgellau** (östlich von Barmouth). – Übersichtskarte »Snowdonia« s. unter Betws-y-Coed.

Auskunft: Information Bureau, Maentwrog, Blaenau Ffestiniog.

Unterkunft: Hotels in Betws-y-Coed und Caernarfon (siehe jeweils eigene Beschreibung).

In Capel Curig:

Hotels:	Tel.	Zimmer
Bryn Tyrch	2 23	17

Jugendherbergen: CYNWYD: The Old Mill, Tel. Corwen, 04 90/22 25, 36 B. – DINAS: The Old School, Tel. Dinas Mawddwy 3 29, 42 B. – IDWAL COTTAGE: Nant Ffrancon, Tel. Bethesda 02 48/60 02 25, 68 B. – LLANBERIS: Llwyn Celyn, Tel. 02 86 82/2 80, 70 B – LLEDR VALLEY: Lledr House, Tel. Dowyddelan 0 69 06/2 02, 60 B. – PEN-Y-PASS: Nant Gwynant, Tel. Llanberis 02 86 82/4 28, 100 B. – SNOWDON RANGER: Rhyd Ddu, Tel. Waenfawr 02 86 85/3 91, 68 B.

Yorkshire Dales National Park (D/E 2), Grafsch. North Yorkshire, 1750 qkm, 18 000 Einw., höchste Erhebung **Whernside** (770 m). Ein Landstrich unwirtlicher Hochmoore in den *Pennines,* durchzogen von den Flußtälern oder *»Dales«* der Flüsse *Arkle, Swale, Wensley, Nidd, Wharfe* und *Aire,* die nach Osten zum *Ouse River* fließen, und dem westlich verlaufenden Tal des *Dee.* Diese Täler sind für ihre unberührte Naturschönheit bekannt: In dem Gebiet werden hauptsächlich Schafe gezüchtet und Steinbrüche geschürft. Die wichtigsten Tourenzentren sind **Grassington, Sedbergh, Malham** und **Hawes.**

Auskunft: Information Centre, Malham, Tel. Airton 3 63 (April–Oktober).

Unterkunft: Hotels in Skipton, Richmond und Ripon (siehe jeweils eigene Beschreibung).

In Grassington:

Hotels:	Tel.	Zimmer
Wilson Arms	75 26 66	27
Devonshire	75 25 25	12

In Sedbergh:

Hotels:	Tel.	Zimmer
Bull	2 02 64	15

In Hawes:

Hotels:	Tel.	Zimmer
Fountain	2 06	12
White Hart Inn	2 59	5

Jugendherbergen: AYSGARTH: Leyburn, Tel. 0 96 93/2 60, 80 B. – DENTDALE: Deeside House, Tel. Dent 2 51, 40 B. – GARSDALE HEAD: Shaws Lunds, Tel. Hawes 0 96 97/2 94, 37 B. – HAWES: Lancaster Terrace, Tel. 0 96 97/3 68, 60 B. – INGLETON: Greta Hostel, Tel. 0 46 84/4 44, 60 B. – KELD: Keld Lodge, Tel. Gunnerside 07 48 86/2 59, 50 B. – KETTLEWELL. Whernside House, Tel. 07 56 76/2 32, 60 B. – KIRKBY STEPHEN: 40 High Street, 26 B. – LANGDON BECK: Forest-in-Teesdale, Tel. Forest-in-Teesdale 08 32 22/2 28, 34 B. – LINTON: The Old Rectory, Tel. Grassington 07 56/75 24 00, 40 B. – MALHAM: Skipton, Tel. Airton 0 72 93/3 21, 80 B. – RAMSGILL: Longside House, Tel. Harrogate 04 23/7 52 07, 44 B. – STAINFORTH: Settle, Tel. Settle 0 72 92/35 77, 50 B.

NEWBURY (E 5), Grafsch. Berkshire, 74 m, 24 000 Einw. Industrie- und Marktstadt am *Kennet River,* umringt von den grasbedeckten Kreidehügeln der *Downs.* Viele der alten Bürgerhäuser aus dem 15. und 16. Jh. sind erhalten; der Fluß und der jetzt stillgelegte Avon-Kanal sind beliebte und attraktive Wasserstraßen für Rudersport und Bootspartien. Newbury war 1643 und 1644 im Bürgerkrieg Schauplatz zweier Schlachten.

Auskunft: Tourist Information, Municipal Buildings, Tel. 40 00.

Tel.-Vorwahl: 6 35

Verkehr: A 4 Reading – Bristol. – Bahnstation.

Sehenswert: **Kirche** aus dem 16. Jh. – **Cloth Hall** mit Museum, 17 Jh. – **Donnington Castle,** 17 Jh.

Baden: Swimming Pool, Northcroft.

Sport: Angeln, Rudern, Tennis, Golf, Pferderennen.

Ausflüge: Nach **Hungerford** (8 M westlich, A 4), Angelzentrum in den *Downs.* 2 M nordwestlich das Herrenhaus **Littlecote** aus dem 15. Jh. (samstags und sonntags April bis Sept., 14 bis 18 Uhr, Eintrittsgebühr). 3 M südöstlich die Ortschaft **Inkpen,** berühmt für ihre wilden Tulpen; Kirche aus dem 16. Jh. – Nach **Reading** (16 M östlich, A 4), Hauptstadt von *Berkshire* an der Themse, Industrie- und Universitätsstadt (132 000 Einw.). Das Museum besitzt eine einmalige Sammlung römischer Kunstschätze (täglich außer sonntags 10 bis 17 Uhr). Neben dem Stadtgefängnis, in dem 1897 Oscar Wilde gefangengehalten wurde, die Überreste einer Benediktinerabtei. In **Shinfield** (2 M südlich) ein von der Universität eingerichtetes Bauernmuseum (dienstags und samstags 10 bis 16 Uhr). 5 M nordwestlich, in idyllischer Lage an der Themse, ein Herrenhaus aus dem 15. Jh., **Mapledurham House** (samstags und sonntags, April bis Sept., 14 bis 17 Uhr, Eintrittsgebühr). – Nach **Silchester** (18 M südwestlich, Abzweigung von der A 340), mit einer vorrömischen Siedlungsstätte und römischen Zivilniederlassung, von einem Mauerring umgeben. Ausgrabungen legten eine Kirche aus dem 4. Jh. und ein Amphitheater frei. Museum bei der alten Pfarrkirche am östlichen Stadttor. – **Basingstoke** (18 M südöstlich, A 339), eine moderne, dynamische Stadt (53 000 Einw.) mit den Überresten einer Kapelle aus dem 15. Jh. und einer Pfarrkirche aus dem 16. Jh. 3 M nördlich das Anfang des 16. Jh. erbaute Herrenhaus und Park, **The Vyne** (mittwochs bis samstags, April bis Sept., 14 bis 18 Uhr, Eintrittsgebühr). – Nach **Wantage** (18 M nördlich, B 4494), einem kleinen Marktflecken (8000 Einw.) im **»Vale of the White Horse«**, Geburtsstätte Alfred des Großen (849–899), des ersten echt englischen Königs. Südwestlich von **Kingston Lyle** (5 M westlich; Kirche 14. Jh.), auf grasbewachsenem Hügel, die 115 m lange weiße Figur eines galoppierenden Pferdes, die dem Tal seinen Namen gab. Sie wurde im 2. Jh. v. Chr in die Grasnarbe geschnitten, so daß die Konturen im freigelegten Kreideuntergrund weiß hervortreten. Auf dem Gipfel des Hügels (261 m, Aussichtspunkt) eine Festung aus der Eisenzeit.

Unterkunft in Newbury:

Hotels:	Tel.	Zimmer
Chequers	4 36 66	69
Bacon Arms	4 08	11
Queens	4 76	11

In Hungerford:

Hotels:	Tel.	Zimmer
Bear	25 12	12
Three Swans	27 21	7

In Reading:

Hotels:	Tel.	Zimmer
Post House	8 54 85	121
George	5 34 46	64
Caversham Bridge	5 37 93	21

In Basingstoke:

Hotels:	Tel.	Zimmer
Basingstoke Mercury Motor Inn	2 02 12	84
Red Lion	2 85 25	43

In Wantage:

Hotels:	Tel.	Zimmer
Bear	37 81	13

In *Silchester* keine Hotels.

Jugendherbergen: The Old Infants' School, Red Lion Lane, Overton, Tel. 08 65/6 29 97, 26 B. – Hill House, Reading Road, Streatley, Tel. Goring-on-Thames 22 78, 60 B.

NEWCASTLE-UPON-TYNE (kurz Newcastle; E 1/2), Grafsch. Tyne and Wear, 55 m, 297 000 Einw. Hauptstadt der Grafschaft und bedeutendstes Verwaltungs-, Industrie- und Handelszentrum Nordostenglands. Durch die reichen Kohlelager der Umgebung und mit dem schiffbaren *Tyne* als günstigem Wasserweg zum Meer wurde Newcastle im 19. Jh. zum größten Kohleexporthafen der Welt. Es ist immer noch der Haupthafen für den Handel mit Skandinavien. Schiffbau nimmt weiterhin einen bedeutenden Platz in Newcastles Industrie ein, während die ersten Lokomotivenwerke der Welt, 1826 von Stephenson hier gegründet, 1960 geschlossen wurden. Eine großzügige moderne Stadtplanung, vor allem auch in der Innenstadt, versucht das klassische Stadtbild des vergangenen Jahrhunderts zu erhalten.

Auskunft: City Information Service, Central Library, Tel. 61 06 91.
Tel.-Vorwahl: 06 32
Verkehr: Darlington – Berwick-upon-Tweed, Endpunkt der A 69 von Carlisle. – Bahnstation. – Flughafen. – Schiffsverkehr nach Bergen, Oslo.

Sehenswert: **St. Nicholas Cathedral,** 14. Jh., mit berühmtem Turm *(»Scottish Crown«).* – Reste des alten **Castle, Black Gate** mit Museum und Keep aus dem Jahr 1177, St. Nicholas Street. – **Trinity House,** Broad Chare, Gilden- und Armenhaus aus dem 18. Jh. – **Museum of Antiquities,** The Quadrangte, Universität, frühgeschichtliche und römische Sammlung (täglich außer sonntags 10 bis 17 Uhr). – **Museum of Science and Engineering,** Exhibition Park, Technisches Museum, u. a. Stephensons Dampflokomotive von 1826 (täglich 10 bis 16 Uhr, sonntags ab 14 Uhr, Eintrittsgebühr). – *Tyne-Brücken:* **High Level Bridge** (1845–1849), von Stephenson erbaute Eisenbahn- und Straßenbrücke; **Swing Bridge** (1876), an der Stelle der früheren römischen und mittelalterlichen Brücke; **Tyne Bridge** (1925–1928), Stahlbogenbrücke, Personenlift vom Kai zur Fahrbahn 60 m über dem Fluß (samstags und sonntags nachmittags geschlossen). – **Central Station,** 1850, eines der ersten und großartigsten Bahnhofsgebäude.

Unterhaltung: Theatre Royal, Grey Street (Musiktheater); University Theatre, Barras Bridge (Schauspiel); City Hall, Northumberland Road (Konzerte).
Baden: Hallenbäder.
Sport: Angeln, Tennis, Golf, Sportzentrum.

Ausflüge: Nach **South Shields** (10 M östlich, A 184/A 185), Hafenstadt und Seebad (100 000 Einw.) mit den Resten einer Römerfestung aus dem 3. Jh. (mit Museum, Baring Street, montags bis freitags 10 bis 16 Uhr). 1790 wurde hier das moderne Rettungsboot erfunden. – Nach **Sunderland** (11 M südöstlich, A 184), Industriestadt (217 000 Einw.) und Kohleexporthafen. Im Museum im Mowbray Park eine einmalige Sammlung sächsischer Glasarbeiten (täglich 10 bis 17 Uhr, sonntags ab 15 Uhr). **Holy Trinity Church** und **St. Michael's Church,** beides interessante Beispiele der Architektur des 18. Jh. – Nach **Tynemouth** (8 M nordöstlich, A 695), kleines Seebad mit weiten Sandstränden. Auf hoher Felsklippe an der Tyne-Mündung eine Klosterruine aus dem 12. Jh., dahinter das Pförtnerhaus einer Festung aus dem 14. Jh. (täglich geöffnet, Eintrittsgebühr). – **Seaton Delaval Hall** (10 M nordöstlich, A 189/A 190), ein teilweise verfallenes Herrenhaus aus dem 18. Jh. mit kleiner normannischer Kirche (mittwochs und sonntags, Mai bis Sept., 14 bis 16 Uhr, Eintrittsgebühr). 3 M südlich liegt das populäre Seebad **Whitley Bay.** – **Wallington** (19 M nordwestlich, Abzweigung von der A 696), Herrenhaus aus dem 17. Jh. mit wertvoller Porzellansammlung, große Parkanlagen (täglich außer dienstags und freitags, April bis Sept., 14 Uhr bis Einbruch der Dunkelheit, Eintrittsgebühr). Über **Belsay** (13 M; Wehrturm aus dem 14 Jh., in ein georgianisches Haus einbezogen, 1 M westlich). – Zum **Roman Wall** oder

Hadrian's Wall (s. Hexham) der römischen Grenzbefestigung aus dem 2. Jh.; guterhaltene Reste sind bereits bei *Heddon-on-the-Wall* (8 M westlich, bei der Gabelung der Straßen 6318 und 69) sichtbar. – **Gibside** (8 M südwestlich, A 692), Park eines ehemaligen Herrenhauses (abgerissen) mit einer Kapelle aus dem frühen 18. Jh. und einer 1757 errichteten 40 m hohen Gedenksäule. 2 M östlich (an der A 6076) **Causey Arch,** die älteste Eisenbahnbrücke der Welt (1727), für die Grubenbahn eines früheren Kohlebergwerks erbaut. – **Morpeth** (18 M nördlich, A 1), altes Marktstädtchen am River Wansbeck mit Kastell-Ruine und Kirche aus dem 14. Jh.; Ausgangspunkt für Ausflüge in den *Northumberland National Park* (s. Nationalparks).

Unterkunft in Newcastle-upon-Tyne:

Hotels:	Tel.	Zimmer
Newcastle Europa, Court Road	62 89 89	182
Newcastle Centre, New Bridge Street	2 61 91	180
Holiday Inn, Great North Road	Wideopen, 54 32	151
Royal Station, Neville Street	2 07 81	134
Imperial, Jesmond Road	81 55 11	130
County, Neville Street	2 24 71	105
Royal Turks Head, Grey Street	2 61 11	103
Gosforth Park, High Gosforth Park	Wideopen, 41 11	102
Avon, Osborne Road	81 49 61	95
Swallow, Newgate Street	2 50 25	92
Northumbria, Osborne Road	81 49 61	56
Cairn	81 13 58	49

In Sunderland:

Hotels:	Tel.	Zimmer
Seaburn	Whitburn, 20 41	61
Mowbray Park	7 82 21	60
Roker	7 17 86	47

In Tynemouth:

Hotels:	Tel.	Zimmer
Grand	North Shields, 7 21 06	38
Park	North Shields, 7 14 06	26

In Whitley Bay:

Hotels:	Tel.	Zimmer
Ambassador	53 12 18	28
Esplanade	2 33 01	21

Jugendherbergen: St. Dominic's School, Crawhall Road, New Bridge Street, 50 B.

NEW FOREST NATIONAL PARK s. Nationalparks.

NEWQUAY (spr. Njuki; A 6), Grafsch. Cornwall, 10 m, 15 000 Einw. Die alte Hafenstadt an der Nordküste der Halbinsel von *Cornwall* ist heute ein populäres Seebad und Golfzentrum. Im Norden und Westen, von zahlreichen Fußwegen erschlossen, eine malerische Küstenlandschaft mit einer Folge von Sandstränden und steilen Felsklippen.

Auskunft: Tourist Information Bureau, Morfa Hall, Cliff Road, Tel. 45 58 und 27 16.

Tel.-Vorwahl: 0 63 73

Verkehr: A 30/A 392 von Bodmin. – Bahnstation. – Mawgan Airport, Flüge zu den Isles of Scilly.

Baden: Sandstrand. Frei- und Hallenbäder.

Sport: Wellenreiten, Rudern, Segeln, Angeln, Tennis, Golf, Bowling.

Ausflüge: Nach **Padstow** (13 M nördlich, B 3276), einer alten Hafenstadt an der *Camel*-Mündung. Kirche des 15. Jh., **Prideaux Place,** elisabethanisches Herrenhaus mit Wildpark. Personenfähre über den Fluß zur Ortschaft **Rock.** Von hier Küstenweg nördlich, vorbei an einer Kirchenruine aus dem 15. Jh., die im 19. Jh. vom Sand freigelegt wurde (20 Min), und durch den kleinen Ferienort **Polzeath** (40 Min) zum Vorgebirge **Pentire Point** mit den spärlichen Überresten von **Cliff Castle** (1 Std., Aussichtspunkt). – Nach **Trerice** (3 M südöstlich, Abzweigung von der A 392), Herrenhaus aus dem 16. Jh., Stileinrichtung (April bis Okt. täglich 14 bis 18 Uhr, Eintrittsgebühr). – Nach **Perranporth** (11 M südwestlich, Abzweigung von der A 3075), Seebad, insbesondere Wellenreiten. 2 M nördlich St. Piran's Chapel aus dem 7. Jh., die über sieben Jahrhunderte lang vom Sand begraben war, bis sie 1835 wiederentdeckt wurde.

Unterkunft in Newquay:

In Newquay und den Seebädern Padstow und Perranporth gibt es 20 Hotels mit über 1200 Zimmern und zahlreiche Pensionen.

Jugendherbergen: Alexandra Court, Narrowcliff, Newquay, Tel. 06373/6381, 71 B. – Tregonnan, Treyarnon, Padstow, Tel. St. Merryn 0841/520322, 39 B.

NORFOLK (G/H 4), 5360 qkm, 659 000 Einw. Ostenglische Grafschaft südlich der seichten Meeresbucht *The Wash.* Hauptstadt **Norwich** (s. dort). Jahrhundertelang war die Grafschaft durch das unwegsame Marschland der **Fens** im Westen vom übrigen England abgeschnitten und enger mit dem europäischen Kontinent verbunden, ein Einfluß, der sich vor allem in der Stadtarchitektur niederschlug. Im 15. Jh. erlangte sie durch den Wollhandel großen Wohlstand. Ihre Küste ist langgestreckt, flach und sandig, beliebt als Badeküste. Unmittelbar landeinwärts von der Ostküste beginnen die **»Broads«,** ein Labyrinth von Wasserläufen und Lagunen, beliebte Wasserstraßen für Motorboot- und Segelkreuzfahrten. Überall in der Grafschaft findet man schöne alte, heute zum Teil verlassene Dorfkirchen. Hauptwirtschaftszweig ist Landwirtschaft, insbesondere der intensive Anbau von Gartengemüse, Blumen und Lavendel. Eine bedeutende Fischereiindustrie hat ihren Standort in **Great Yarmouth; King's Lynn** (s. dort) ist eine kleine Hafenstadt und stellt Düngemittel her. Weitere Zentren sind die Seebäder **Hunstanton** und **Cromer,** und die Marktstädte **Fakenham, Downham Market** und **Swaffham.**

NORTHAMPTON (F 4), Grafsch. Northamptonshire, 95 m, 126 000 Einw. Hauptstadt der Grafschaft und führendes Zentrum der englischen Schuhindustrie. Die Landschaft der Umgebung ist ein berühmtes Fuchsjagdgelände. 1675 wurde die Stadt vollständig durch Feuer zerstört.

Auskunft: Tourist Information Centre, 21 St. Giles Street, Tel. 34881

Tel.-Vorwahl: 0604

Verkehr: M 1 London – Leicester, A 45 Cambridge – Coventry. – Bahnstation.

Sehenswert: **St. Sepulchre's Church,** Rundkirche aus dem 12. Jh. – Normannische **St. Peter's Church. – St. John's Hospital. – Museum and Art Gallery,** Guildhall Road, archäologische und geologische Sammlung; historische Fußbekleidung seit der Römerzeit (täglich außer sonntags 10 bis 18 Uhr). – **Delapré Abbey,** 16. bis

19. Jh. (donnerstags und samstags 14 bis 18 Uhr). – **Queen Eleanor's Cross,** eine der zwölf reichverzierten Kreuzstationen, die 1680 am Weg des Leichenzugs Eleonores von Kastilien von Lincoln nach London errichtet wurden.

Baden: Hallen- und Freibäder

Sport: Angeln, Golf, Tennis, Rudern, Sportzentrum.

Ausflüge: **Althorp House** (6 M nordwestlich, Abzweigung von der A 428), ein Herrenhaus aus dem 17 Jh. mit bedeutender Gemäldesammlung des 18. und 19. Jh. (nur mit Führung, sonntags, dienstags und donnerstags, Juni bis Sept., Eintrittsgebühr). In der Kirche der 1 M westlich liegenden Ortschaft **Great Brington** schöne Grabdenkmäler aus dem 16. Jh. und die Grabstätte eines Vorfahren von George Washington, des ersten Präsidenten der Vereinigten Staaten. – Nach **Brixworth** (7 M nördlich, A 508), romanische Kirche aus dem 7. Jh., aus Steinen eines früheren römischen Bauwerks errichtet. – Nach **Stoke Bruerne** (7 M südlich, A 508), dessen interessantes *»Waterways Museum«* eine Dokumentation über die große Ära des Kanalbaus im 18. und 19. Jh. ausstellt. Die Stadt liegt am **Grand Union Canal,** der eine Schiffsverbindung zwischen Birmingham und London herstellt und an diesem Punkt durch einen 2800 m langen Tunnel fließt. – **Castle Ashby** (8 M südöstlich, Abzweigung von der A 428), elisabethanisches Herrenhaus in einem ausgedehnten, kunstvoll angelegten Park (nur sonntags, April bis Sept., 14 bis 17 Uhr, Eintrittsgebühr). 3 M nördlich die Ortschaft **Earls Barton,** die mit dem alten Westturm ihrer kleinen Pfarrkirche das bedeutendste sächsische Bauwerk in England besitzt.

Unterkunft in Northampton:

Hotels:	Tel.	Zimmer
Saxon Inn Motor Hotel	2 24 41	140
Westone	4 21 31	65
Grand	3 44 16	52
Angel	2 16 61	42
Plough	3 84 01	33

In Wellingborough:

Hotels:	Tel.	Zimmer
Hind	28 27	32

Jugendherbergen: Badby, Daventry, Tel. Daventry 0 32 72/38 83, 28 B.

NORTHUMBERLAND (D/E 1), 5037 qkm, 286 000 Einw. Nördlichste Grafschaft Englands zwischen dem *Tyne River* und der schottischen Grenze. Hauptstadt **Newcastle-upon-Tyne** (s. dort). Die Römer errichteten hier ihr größtes Festungswerk in Britannien, die **Hadriansmauer** (2. Jh., s. Hexham), die das gesamte Land von Ost nach West durchquert; eine Besiedlung fand jedoch erst im 5. und 6. Jh. durch die Sachsen statt; im 7 Jh. wurde es eine bedeutende Stätte des Christentums. Ihre Rolle als Grenzland manifestiert sich in den zahlreichen wehrhaften Herrenhäusern und gewaltigen Burgen. Ihre attraktive und abwechslungsreiche Küstenlandschaft ist, abgesehen von den wenigen kleinen Seebädern, einsam und menschenleer. Landeinwärts steigt das Land allmählich zu den unwirtlichen Hochmooren der **Cheviot Hills** an der schottischen Grenze an. Es ist eine Landschaft von klaren, reißenden Bächen und Flüssen und großen Wäldereien, mit einem der größten Aufforstungsgebiete Europas im **Northumberland National Park** (s. Nationalparks). Die großen Kohlenreviere der Grafschaft führten zu einer Konzentration von

Schwerindustrie um die Tyne-Mündung, ein Gebiet, das jetzt von Northumberland abgetrennt und zusammen mit einem angrenzenden Teil der *County Durham* zu der neuen selbständigen städtischen Verwaltungseinheit **Tyne and Wear** (330 qkm, 907 000 Einw.) umgebildet wurde. **Alnwick** (s. dort) ist Northumberlands traditionelle Hauptstadt. **Berwick-upon-Tweed** (s. dort) im äußersten Norden zeigt sich nach wie vor als ehemalige trutzige Grenzfeste. Weitere bedeutende Zentren sind die Marktstädte **Hexham** (s. dort) und **Wooler**, die Bergwerkstädte **Morpeth** und **Ashington** und die Kohleexporthäfen **Blyth** und **Alnmouth.**

NORTHUMBERLAND NATIONAL PARK s. Nationalparks.

NORTH YORK MOORS NATIONAL PARK s. Nationalparks.

NORTH YORKSHIRE (E/F 2), 8315 qkm, 649 000 Einw. Hauptstadt **York** (s. dort). Größte Grafschaft Englands nördlich des Yorkshire-Industriegebietes, das 1974 aus der alten Grafschaft ausgeklammert und in zwei selbständige großstädtische Verwaltungseinheiten unterteilt wurde: **West Yorkshire** (3040 qkm, 2 083 000 Einw., Hauptstadt **Leeds**) und **South Yorkshire** (1500 qkm, 1 370 000 Einw., Hauptstadt **Sheffield**). Die Grafschaft umfaßt die beiden Landschaftsschutzgebiete des **Yorkshire Dales National Park** im Westen und des **North York Moors National Park** (s. Nationalparks) im Osten. Dazwischen liegt das weite Weideland des **Vale of York,** in dem sich die Überreste einiger der bedeutendsten römischen und klösterlichen Gründungen Englands befinden. An der unregelmäßigen und zerklüfteten Küste liegen eine Reihe beliebter Seebäder. Die Wirtschaft der Grafschaft gründet sich auf Landwirtschaft und Fremdenverkehr. **Harrogate** (s. dort) ist eine elegante Kurstadt, **Scarborough** (s. dort) das größte Seebad. Daneben die Marktstädte **Thirsk, Ripon** (s. dort), **Pickering** und **Malton.**

NORWICH (spr. Norritch; H 4), Grafsch. Norfolk, 10 m, 122 000 Einw. Die Stadt liegt in einer Flußschleife des *Wensum River,* ist Hauptstadt der Grafschaft und bedeutendste Stadt East Anglias, Bischofssitz seit dem 11. Jh. Ihre angelsächsische Gründung läßt sich am unregelmäßigen Straßengewirr ihrer Altstadt ablesen und ihre Bedeutung für die normannischen Eroberer an der massiven Burg und der berühmten Kathedrale. Der Reichtum der mittelalterlichen Tuchweber- und Handelsstadt spiegelt sich in der großen Zahl noch erhaltener Kirchen- und Profanbauten aus dieser Zeit und im Ausmaß ihrer zum Teil noch erhaltenen alten Stadtmauer. Norwich ist heute Sitz vielseitiger Industrie, vor allem von Schuhfabriken, und sein Getreide- und Viehmarkt ist nach London der größte Englands.

Auskunft: Tourist Information Centre, Augustine Steward House, Tombland, Tel. 2 06 97.

Tel.-Vorwahl: 06 03

Verkehr: A 47 King's Lynn – Great Yarmouth. – Bahnstation. – Flughafen (nur für Inlandflüge).

Sehenswert: **Burg** aus dem 12. Jh., mit Museum (täglich 10 bis 17 Uhr, sonntags ab 15 Uhr, Eintrittsgebühr). – **Elm Hill** (Seitenstraße der Princes Street), mit zahlreichen ihrer ursprünglichen Gebäude, ist als eines der schönsten Beispiele einer mittelalterlichen Straße in England erhalten. – **St. Peter's Church,** Elm Hill, 14. Jh., Glasmalereien aus dem 15. Jh., heute Museum für Kirchenkunst (täglich außer sonntags 10 bis 17 Uhr). – Die **Kathedrale,** im 12. Jh. begonnen an der Stelle des alten sächsischen Marktplatzes. Ihr normannischer Turm wird von einer 100 m hohen gotischen Spitze (15. Jh.) gekrönt. Der zweigeschossige Kreuzgang (14. Jh.) ist der einzige dieser Art in England. – **Bishop Bridge** über den Wensum, 13. Jh. – **Mousehold Heath** (1 M nördlich), Aussicht über die Stadt. – **Market Place,** Stadtarchitektur aus sämtlichen Geschichtsepochen der Stadt, mit **St. Peter Mancroft Church,** 14. bis 15. Jh., und **Guildhall,** 15. Jh., mit Sitzungssaal aus dem 16. Jh. (täglich außer sonntags). – **Bridewell,** Seitenstraße der Bedford Street, Handwerksmuseum in einem Haus aus dem 14. Jh. (täglich außer sonntags). – **St. Andrew's Hall,** Princes Street, Schiff und Chor stammen von einer dominikanischen Klosterkirche aus dem 15. Jh. – **Strangers' Hall,** Charing Cross, Bürgerhaus aus dem 15. Jh. (täglich außer sonntags, 10 bis 17 Uhr). – **Pull's Ferry,** Lower Close, malerisches altes Wassertor.

Baden: Hallen- und Freibad.

Sport: Segeln, Rudern, Angeln, Tennis, Golf, Bowling.

Unterhaltung: Maddermarket Theatre (Nachbildung eines elisabethanischen Schauspielhauses, 1794), vorwiegend Shakespeare-Aufführungen; Theatre Royal, Theatre Street (Oper, Musical, Konzerte, Ballett).

Ausflüge: Nach **Wymondham** (spr. Windham; 9 M südwestlich, A 11); die alte Marktstadt (8000 Einw.) besitzt eine der schönsten Kirchen East Anglias. Sie stammt aus dem 12. bis 15. Jh., war ursprünglich Prioratskirche, die später für die Laienschaft erweitert wurde. In der Stadt sind viele Häuser aus dem 16. bis 17. Jh. erhalten. 3 M westlich, an der B 1108, liegt die Ortschaft **Hingham,** aus der die Familie Abraham Lincolns stammt. In der Kirche (14. Jh.) deutsche Glasmalereien aus dem 15. Jh. – Nach **Caistor St. Edmunds** (3 M südlich), mit einer Kirche aus dem 16. Jh., innerhalb einer römischen Einfriedung aus dem 2. Jh. die Reste von *Venta Icenorum,* der bedeutendsten römischen Niederlassung in Norfolk. – Nach **Cromer** (27 M nördlich, A 140), einem kleinen Seebad (5000 Einw.) und Fischerhafen; über **Aylsham** (17 M; Häuser aus dem 18. Jh., *Blickling Hall* aus dem 17. Jh., montags und freitags geschlossen). – Nach **Great Witchingham** (12 M nordwestlich, Abzweigung von der A 1067), mit dem *Norfolk Wildlife Park,* einer Sammlung europäischer Säugetiere in natürlicher Umgebung (täglich 11 Uhr bis Eintritt der Dunkelheit; Eintrittsgebühr). – Nach **East Dereham** (16 M westlich, A 47), einer hübschen Marktstadt (9000 Einw.); in der Pfarrkirche Deckengemälde aus dem 15. Jh., ihr unvollendeter Turm stammt aus dem 16. Jh. – Nach **Wroxham** (7 M nordöstlich, A 1151), beliebtes Zentrum für Bootsausflüge auf den *»Broads«,* einer Kette von Lagunen und Flußläufen, mit über 350 km schiffbarer Wasserstraße zwischen hier und der Nordseeküste (Motorboote können gemietet werden). Sie sind gesäumt von malerischen Dörfern mit gemütlichen Gasthäusern, feudalen Herrensitzen und den Überresten alter Klöster und Burgen.

Unterkunft in Norwich:

Hotels:	Tel.	Zimmer
Norwich, 121/131 Boundary Road	41 04 31	84

Hotels:	Tel.	Zimmer
Maid's Head, Tombland	2 88 21	82
Castle, Castle Meadow	2 42 83	77
Post House, Ipswich Road	5 64 31	62
Royal, Agricultural Hall Plain	2 84 34	52
Lansdowne, 116 Thorpe Road	2 03 02	47
Nelson, Prince of Wales Road	2 86 12	43

In Wymondham:

Hotels:	Tel.	Zimmer
Abbey	21 48	33
Knapton Hall Guest House	72 04 05	13

In Cromer:

Hotels:	Tel.	Zimmer
Cliftonvill	24 53	42
Colne House	20 13	37
Cliff House	24 45	24

In East Dereham:

Hotels:	Tel.	Zimmer
Phoenix	22 76	27

Jugendherbergen: Martham, 66 Damgate Lane, Tel. 0 49 374/4 30, 24 B. – 9 Earlham Road, Norwich, Tel. 06 03/2 76 47, 27 B.

NOTTINGHAM (E 4), Grafsch. Nottinghamshire, 70 m, 287 000 Einw. Sie liegt auf einer felsigen Uferböschung des *Trent,* der von der Stadt ab schiffbar ist. Im Felsuntergrund der Stadt befinden sich zahlreiche unterirdische Höhlen, die in vorgeschichtlicher Zeit bewohnt waren. Die ehemals ausgedehnten Wäldereien von **Sherwood Forest** im Norden waren das Revier des legendären verwegenen Räubers Robin Hood. Die Stadt im Mittelpunkt Englands war jahrhundertelang bevorzugte Residenz der englischen Könige; 1642 entfaltete auf *Standard Hill* Charles II. seine Standarte und gab den Auftakt zum Bürgerkrieg. Ein bedeutendes Zentrum für Strick- und Wirkwaren, Spinnereien, Tabak und Spitzenherstellung bereits im 17. Jh., heute ist Nottingham Sitz moderner, vielseitiger Industrien. Es ist die Geburtsstadt von General Booth (1829–1912), der die Heilsarmee gründete.

Auskunft: Tourist Information Bureau, Milton Street 54, Tel. 4 06 61

Tel.-Vorwahl: 06 02

Verkehr: M 1 Leicester – Sheffield. – Bahnstation.

Sehenswert: **St. Mary's Church** aus dem 15. Jh. – **Castle,** jetzt Museum und Kunstausstellung (täglich 10 bis 16.45 oder 18.45 Uhr). – **Arboretum.** – Schöne alte Häuser in der Castle Gate. – **Trip to Jerusalem Inn,** Gasthaus aus dem 12. Jh., und **Salutation Inn** aus dem 15. Jh. Darunter unterirdische Höhlen (Besichtigung nur auf Anmeldung). – **Wollaton Hall,** 2 M westlich, Renaissance-Schloß mit schönem Park und naturgeschichtlichem Museum (täglich 10 bis 19 Uhr, sonntags 14 bis 17 Uhr).

Baden: Hallen- und Freibäder

Sport: Angeln, Bowling, Golf, Tennis, Rudern, Sportzentrum.

Unterhaltung: Nottingham Playhouse; Theatre Royal; Konzerte in der Albert Hall.

Veranstaltungen: Goose Fair, berühmter Jahrmarkt in der ersten Oktoberwoche.

Ausflüge: Nach **Southwell** (13 M nordöstlich, A 612), einem weitverstreuten Marktflecken mit großem Münster, 12. bis 14. Jh.; schönes Stiftshaus. – Nach **Newark-on-Trent** (18 M nordöstlich, A 52/A 46), alte Stadt (25 000 Einw.) am *Fosse Way* (dem die A 46 folgt), der längsten

Römerstraße Englands (800 km) von der Devon-Küste nach Lincoln. In der Stadt eine Burgruine vom 12. bis 14. Jh., schöne Fassaden aus dem 14. bis 17. Jh. am Marktplatz. – Nach **Grantham** (22 M östlich, A 52), einer historischen Stadt (28 000 Einw.), die als Eisenbahnknotenpunkt zu neuem Wohlstand kam. Es ist ein beliebtes Fuchsjagdzentrum. Kirche aus dem 13. bis 14. Jh.; Lateinschule aus dem 16. Jh., die den Physiker Isaac Newton (1642–1727) zu ihren Schülern zählte. **Grantham House** (14. bis 15. Jh. (mittwochs und donnerstags, April bis Sept., 14 bis 17 Uhr, Eintrittsgebühr). Das **Angel and Royal Hotel** ist eines der seltenen mittelalterlichen Gasthäuser 5 M westlich **Belvoir Castle** (spr. Beever), Sitz der Herzöge von Rutland, im 19. Jh. neu aufgebaut. Wertvolle Kunstsammlung (mittwochs bis freitags, April bis Sept., 12 bis 18 Uhr, Eintrittsgebühr). – **Newstead Abbey** (10 M nördlich, Abzweigung der A 60), Familiensitz Lord Byrons (1788–1824), eine Augustinerpriorei aus dem 12. Jh., die 1540 in einen Herrensitz umgewandelt wurde. Der Kreuzgang des alten Klosters ist besonders gut erhalten (Führungen täglich April bis Sept., Eintrittsgebühr).

Unterkunft in Nottingham:

Hotels:	Tel.	Zimmer
Albany, St. James's Street	4 01 31	160
Savoy, Mansfield Road	2 60 26 21	102
Bridgford, Trent Bridge	86 86 61	90
George, George Street	4 56 41	67
Strathdon, Derby Road	4 85 01	64
Flying Horse, Poultry	5 28 31	58

Hotels:	Tel.	Zimmer
County, Theatre Square	4 63 21	34

In Southwell:

Hotels:	Tel.	Zimmer
Saracen's Head	27 01	23

In Newark-on-Trent:

Hotels:	Tel.	Zimmer
Ram	22 55	20
Robin Hood	38 58	19

In Grantham:

Hotels:	Tel.	Zimmer
George	32 86	39
Angel & Royal	58 16	32
Kings	58 81	15

Jugendherbergen: Copt Oak, Markfield, Tel. Markfield 0 53 05/26 61, 40 B. – 6 Dudley Road, Grantham, Tel. 04 76/20 42, 44 B. – Greens Norton, Towcester, Tel. Towcester 03 27/ 5 40 78, 36 B.

NOTTINGHAMSHIRE (Abk. Notts.; E/F 3), 2200 qkm, 985 000 Einw. Mittelenglische Grafschaft zwischen dem Höhenzug der *Pennines* im Osten und der flachen Ebene von *Lincolnshire,* durchflossen vom *Trent,* einem der größten Flüsse Englands und schiffbar bis zur Hauptstadt **Nottingham** (s. dort). Die Grafschaft umfaßt Reste des ehemals großen Waldgebiets von **Sherwood Forest,** in dem Robin Hood sein Unwesen trieb, und war 1642 Schauplatz der ersten Schlacht des englischen Bürgerkriegs. Im Norden der Grafschaft liegen einige der stattlichsten Herrenhäuser und größten Parkländereien Englands, landläufig unter dem Begriff **»The Dukeries«** (oder »Herzogtümereien«) zusammengefaßt. Berühmtester Sohn der Grafschaft war Lord Byron. Zu den führenden Industrien gehören die größten Zigaretten- und Trikotagenfabriken Englands; das Nottinghamshire-Kohlerevier gilt als eines der wirtschaftlichsten und produktivsten. Bedeutende Zentren der Grafschaft sind außerdem die Industriestädte **Worksop** und **Mansfield,** die alte Stadt **Newark** und die Marktstädte **East Retford** und **Allerston.**

OXFORD (E 5), Grafsch. Oxfordshire, 57 m, 114000 Einw. Sie liegt am Zusammenfluß der oberen Themse *(Isis)* und des *Cherwell River* und ist Englands älteste Universitätsstadt, an deren weltberühmten Colleges über 11000 Studenten aus aller Welt studieren. Das attraktive Stadtbild wird von Türmen, Kuppeln und Turmspitzen beherrscht, jeder Baustil ist vertreten, vom frühen anglosächsischen bis zur Moderne, und die Altstadt umfaßt auf einer Fläche von wenig mehr als einem Quadratkilometer eine der schönsten und interessantesten Ansammlungen historischer Gebäude. Oxford ist das Verwaltungszentrum der Grafschaft, Bischofssitz und Sitz bedeutender Automobilwerke.

Auskunft: Information Centre St. Aldates, Tel. 48707.

Tel.-Vorwahl: 0865

Verkehr: A 40 London – Cheltenham. – Bahnstation.

Geschichte: Oxford wird zum erstenmal 912 urkundlich erwähnt. Zahlreiche Funde und Ausgrabungen zeigen, daß die fruchtbaren Flußniederungen mit dem günstigen Flußübergang der »Ochsenfurt« schon in prähistorischer Zeit besiedelt waren. Für die Römer war das östliche Oxford, an einer wichtigen Nord-Süd-Verbindung gelegen zwar kein Siedlungsort, so doch ein wichtiges Industriezentrum mit Tonbrennereien, die ganz Südengland mit Töpferwaren versorgten. Die Universität, vermutlich aus dem Ordenskloster St. Frideswide hervorgegangen, wird zum erstenmal im 12. Jh. erwähnt. Die folgenden Jahrhunderte sahen den üblichen Konflikt zwischen Stadt und Universität, aus dem die Universität, mit Unterstützung des Königshauses, siegreich hervorging. Bis Ende des 19. Jh. war die Stadt wirtschaftlich weitgehend von der Universität abhängig, mit dem universitätsbedingten Buchdruckgewerbe, das seit dem 16. Jh. bestand und noch heute eine große Rolle spielt, als Hauptindustrie. Oxfords Entwicklung zu einer bedeutenden modernen Industriestadt fand ihren bescheidenen Anfang in der Fahrradwerkstatt des sechzehnjährigen William Morris (später Lord Nuffield, 1877–1963), aus der sich eines der führenden Automobilwerke der Welt entwickelte, die British Leyland Motor Corporation.

Sehenswert: **University Colleges,** insbesondere **Merton** (1264), das älteste College, **Christ Church** (1546), das größte College Oxfords mit normannischer Kapelle, die gleichzeitig Oxfords Kathedrale ist, **Magdalen** (spr. Mawdlen; 1458) und **New College** (1386), in dessen attraktivem Garten Überreste der alten Stadtmauer erhalten sind (die meisten Colleges können täglich zwischen 14 und 17 Uhr besichtigt werden; im Sommer werden vom Information Centre Führungen veranstaltet). – **Bodleian Library,** im Old School Quadrangle (1439), älteste und eine der umfangreichsten Bibliotheken der Welt mit zweieinhalb Millionen Bänden und über 50000 Manuskripten; **Radcliffe Camera,** ein klassischer Rundbau aus dem 18. Jh., dient jetzt als Leseraum der Bibliothek. – Oxfords *Straßen:* **High Street** (traditionell *»The*

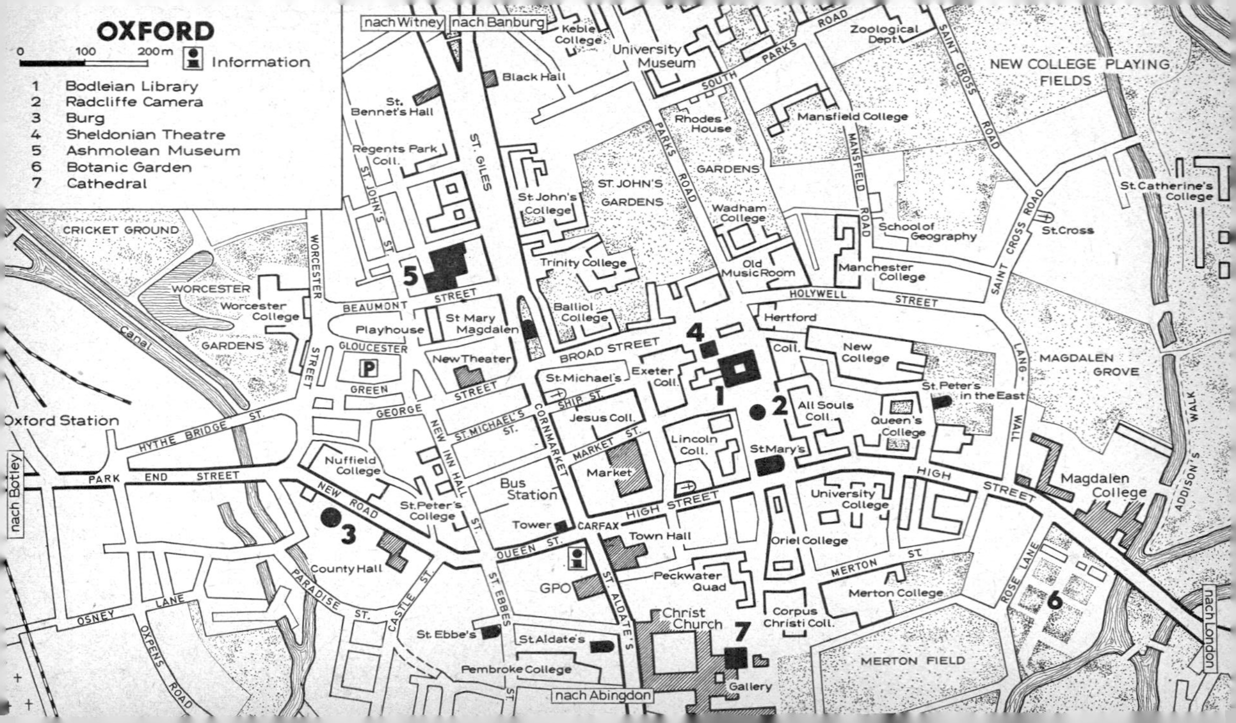
OXFORD
0 100 200 m
Information
1 Bodleian Library
2 Radcliffe Camera
3 Burg
4 Sheldonian Theatre
5 Ashmolean Museum
6 Botanic Garden
7 Cathedral
nach Witney
nach Banburg
nach London
nach Botley
nach Abingdon
Oxford Station
CRICKET GROUND
WORCESTER GARDENS
Worcester College
Canal
NEW COLLEGE PLAYING FIELDS
MAGDALEN GROVE
MERTON FIELD
Keble College
University Museum
Zoological Dept.
Black Hall
St. Bennet's Hall
Regents Park Coll.
St. John's College
ST. JOHN'S GARDENS
Trinity College
Balliol College
Rhodes House
GARDENS
Wadham College
Old Music Room
Mansfield College
School of Geography
Manchester College
St. Catherine's College
St. Cross
Hertford Coll.
New College
St. Peter's in the East
All Souls Coll.
Queen's College
Exeter Coll.
St. Michael's
Jesus Coll.
Lincoln Coll.
St Mary's
Market
University College
Oriel College
Merton College
Corpus Christi Coll.
Magdalen College
Playhouse
St Mary Magdalen
New Theater
Nuffield College
St. Peter's College
Bus Station
Tower
CARFAX
Town Hall
GPO
Peckwater Quad
Christ Church
Gallery
St. Aldate's
St. Ebbe's
Pembroke College
County Hall
ST. GILES
ST. JOHN'S ST.
BEAUMONT STREET
WORCESTER STREET
GLOUCESTER GREEN
GEORGE STREET
HYTHE BRIDGE ST.
PARK END STREET
NEW ROAD
PARADISE ST.
CASTLE ST.
OSNEY LANE
OXPENS ROAD
ST. EBBES ST.
QUEEN ST.
NEW INN HALL ST.
ST. MICHAEL'S ST.
CORNMARKET
SHIP ST.
MARKET ST.
BROAD STREET
HIGH STREET
ST. ALDATE'S
MERTON ST.
ROSE LANE
PARKS ROAD
SOUTH PARKS ROAD
MANSFIELD ROAD
SAINT CROSS ROAD
HOLYWELL STREET
LANG - WALL
ADDISON'S WALK

High« genannt), in elegantem Bogen verlaufend; die reizvolle alte Holywell und Merton Street; von der Paradise Street aus gewinnt man einen Blick auf die wenigen Überreste der **Normannenburg** von 1071. – **Sheldonian Theatre,** von Christopher Wren 1669 erbaut. – **Ashmolean Museum,** die besonders wertvolle und bedeutende archäologische Kunstsammlung der Universität (täglich 10 bis 16 Uhr, sonntags ab 14 Uhr). – **Botanic Garden** (1621), einer der ältesten Englands.

Baden: Hallen-, Fluß- und Freibäder

Sport: Angeln, Rudern, Tennis, Reiten, Golf.

Unterhaltung: New Theatre, George Street; The Playhouse, Beaumont Street; Holywell Music Room.

Ausflüge: Nach **Abingdon** (8 M südlich, A 34); die alte Stadt an der Themse (18 500 Einw.) geht auf eine Ordensgründung der Benediktiner im 7. Jh. zurück und war bis vor hundert Jahren die Hauptstadt der Grafschaft *Berkshire.* Die Klosterruine stammt aus dem 13. bis 15. Jh. und wurde zum Teil als Theatersaal umgebaut (täglich geöffnet, 10 bis 18 Uhr, sonntags ab 14 Uhr, Eintrittsgebühr). Die alte County Hall wurde im 17. Jh. von einem Meisterschüler Christopher Wrens erbaut. St. Helen's Church aus dem 15. Jh., ihr Kirchhof ist von Armenhäusern aus dem 16. Jh. umgeben. – Nach **Wallingford** (13 M südöstlich, A 423), einer historischen Stadt an der Themse (6000 Einw.), umgeben von alten Erdschanzen; reizvolle Altstadt mit engen Straßen, Rathaus aus dem 17. Jh. 3 M nordöstlich liegt das hübsche Dorf **Ewelme** (B 4009) am Fuß der *Chiltern Hills,* eine unverändert aus dem 15. Jh. erhaltene Gebäudegruppe von Kirche, Schule und Armenhaus bilden den Dorfkern. – Nach **Kingston-upon-Thames** mit Flußdampfer (92 M oder 150 km), von Mai bis Sept. zweimal täglich ab *Folly Bridge.* Die Flußfahrt dauert drei Tage mit Lunch- oder Übernachtungsaufenthalten in Reading, Marlow, Benson oder Windsor – Nach **Witney** (11 M westlich, A 40), kleine Fabrikstadt (12 500 Einw.), die hauptsächlich Wolldecken fabriziert; alte Fabrikgebäude aus dem 18. Jh. sind erhalten. Die Kirche wurde im 15. Jh. restauriert. 5 M südwestlich (A 4095) liegt die Ortschaft **Bampton,** in der alljährlich am Pfingstmontag ein Festival der Morris-Tänzer veranstaltet wird. Normannisch-gotische Kirche. – **Blenheim Palace** (8 M nordwestlich, A 34), ein riesiges Herrenhaus aus dem 18 Jh., erbaut vom Duke of Marlborough, einem Vorfahren Sir Winston Churchills (1874–1965), der hier geboren wurde, errichtet nach seinem Sieg bei Blenheim über die Franzosen und Bayern im Jahre 1704. Es steht in einem ehemaligen Wildpark Henry I., und seine kunstvollen Gartenanlagen wurden von dem berühmtesten Landschaftsgärtner dieser Zeit, »Capability« Brown, angelegt. Die 42 m hohe Siegessäule über dem See ist von Baumgruppen umgeben, die in ihrer Anordnung der damaligen Schlachtordnung der beiden Gegner folgen. (Park für Spaziergänger ständig geöffnet, Eintrittsgebühr; das Herrenhaus von März bis Okt. täglich 12 bis 17 Uhr, Eintrittsgebühr). – Nach **Banbury** (22 M nördlich A 423), einer betriebsamen kleinen Marktstadt (19 000 Einw.), bekannt für Kuchen und Bier (Ale). Architektur des 16. und 17. Jh. ist vor allem in den Nebenstraßen erhalten. 3 M südwestlich (B 4035) das Herrenhaus **Broughton Castle** aus dem 14. bis 16. Jh. (mittwochs, April bis Sept., 14 bis 17 Uhr,

Eintrittsgebühr). 7 M nordöstlich (B 4525) liegt **Sulgrave,** der Familiensitz der Vorfahren George Washingtons (16. bis 17. Jh.; Museum täglich außer mittwochs, Feb. bis Dez., 10 bis 17 Uhr, Eintrittsgebühr).

Unterkunft in Oxford:

Hotels:	Tel.	Zimmer
Randolph, Beaumont Street	47481	117
Oxford Lodge, Wovercote Roundabout	59933	89
Travelodge Motel, Peartree Roundabout	54301	81
Linton Lodge, 11–13 Linton Road	53461	78
Eastgate, The High	48244	51
Isis, 45–53 Iffley Road	48894	34
Old Personage, 3 Banbury Road	54843	34
River, Botley Road	43475	29
Royal Oxford, Park End Street	48432	23

In Abingdon:

Hotels:	Tel.	Zimmer
Crown and Thistle	22556	25
Upper Reaches	22311	21

In Wallingford:

Hotels:	Tel.	Zimmer
George	2587	19

In Witney:

Hotels:	Tel.	Zimmer
Fleece	2263	13

In Banbury:

Hotels:	Tel.	Zimmer
Whately Hall	3451	78

In Bicester, 13 M nordöstlich, A 421

Hotels:	Tel.	Zimmer
King's Arms	2015	14

Jugendherbergen: The Slade, Charlbury, Tel. 202, 50 B. – Jack Straw's Lane, Marston Road, Tel. 0865/ 62997, 104 B.

PEAK DISTRICT NATIONAL PARK s. Nationalparks.

PEMBROKE (walisisch **Peyfro;** B 5), Grafsch. Dyfed (WALES), 2800 Einw. Verwaltungszentrum der Grafschaft an der fjordartigen, vielverzweigten Bucht von *Milford Haven.* 2 M nördlich liegt die neue Stadt **Pembroke Dock** (12800 Einw.), die im vergangenen Jahrhundert um die Marinewerften entstand. Wegen ihrer landschaftlichen Schönheit und des Reichtums an historischen Burgen ist die Umgebung zum Nationalpark (s. dort) erklärt worden. Im Süden großartige Küstenlandschaft und Truppenübungsplatz der NATO-Streitkräfte, auch der Bundeswehr.

Auskunft: Wales Tourist Board, Cardiff, Castle Street 3, Tel. 567701

Tel.-Vorwahl: 6463

Verkehr: A 40/A 477 von Carmarthen. – Bahnstation.

Sehenswert: **Pembroke Castle,** 11. Jh., mit massigem Rundturm und unterirdischer Höhle *»The Wogan«.* – **Monkton Priory,** Ruinen des 1098 gegründeten Benediktinerklosters.

Sport: Tennis, Jagd, Angeln, Wassersport.

Ausflüge: Nach **Tenby** (13 M östlich) über **Lamphey** (2 M; Ruinen des Bischofspalastes) und **Manorbier** (7 M; Burgruine 12. Jh.). Das kleine Seebad **Tenby** (4700 Einw.) an der Westseite von *Carmarthen Bay* ist eine dänische Gründung aus dem 6. Jh. Große Teile der mittelalterlichen Stadtmauer (13. Jh.) sind erhalten. *St. Mary's Church* 13. bis 14. Jh.; Bürgerhäuser aus dem 15. Jh. Auf der Landzunge südlich der Stadt die Überreste einer Burg aus dem 13. Jh. 1 M südwestlich die Höhlen *Hoyle's Caverns* (täglich geöffnet). 4 km vor der Küste **Caldy Island;** obwohl nur 2 km lang und 1 km breit, besitzt die kleine Insel eine Küstenlinie von 14 km. Die erste Klostergründung auf der Insel erfolgte im 5. Jh.; die heutige Abtei wurde 1910 erbaut (Eintritt nur für Männer). In der Nähe eine Priorei aus dem 13. Jh. (im Sommer täglich Motorboote von Tenby). – Nach **Carew** (spr. Carey; 4 M nordöstlich, A 4075). In der Ortschaft eine Kirche aus dem 14. Jh. Nördlich der Ortschaft die Burgruine (13. Jh.) von **Carew Castle;** beim Eingang ein bemerkenswertes keltisches Hochkreuz aus dem 11. Jh. (täglich montags bis freitags April bis Okt., 10 bis 18 Uhr, Eintrittsgebühr). – Nach **Cardigan** (33 M nördlich, A 477/A 478) über **Narberth** (10 M; Burgruine 13. Jh.). Die alte Marktstadt **Cardigan** (3800 Einw.), 3 M landeinwärts von der *Cardigan Bay,* war früher ein bedeutender Hafen. Burg aus dem 15. Jh. (kein Zutritt). Am südlichen Flußufer die Überreste einer Abtei aus dem 12. Jh. (montags bis samstags). 3 M nördlich das kleine Seebad **Gwbert** mit der kleinen Felsinsel **Cardigan Island,** auf der halbwilde Schafe leben. **Citgerran** (3 M südöstlich), mit einer Burgruine aus dem 12. Jh., es kann per Boot auf dem Fluß erreicht werden. – Nach **St. David's** (26 M nordwestlich, A 477/A 487) über **Haverford West** (10 M; mit sehenswerten Bauten, vor allem der St. Mary's Church aus dem 13. Jh. und einer Burgruine sowie dem südöstlich gelegenen Picton Castle aus dem 12. Jh.). **St. David's,** eine verstreute Ortschaft auf einem kahlen Plateau, 1 M landeinwärts einer imposanten Klippenlandschaft. Es war Bischofssitz seit dem 6. Jh. und ist mit 800 Einw. die kleinste Kathedralenstadt Großbritanniens. Seine Kathedrale aus dem 12. bis 14. Jh. ist die größte Kirche von Wales. Das Kircheninnere ist aus Schiefer, mit kunstvollen spätnormannischen Ornamenten. In der Nähe der verfallene Bischofspalast vom 13. Jh. (täglich 10 bis 18 Uhr). – Nach **Fishguard** (20 M nördlich, A 40), malerisch gelegene kleine Hafenstadt mit schönem Strand; 1797 landete hier eine kleine französische Streitmacht und eroberte die Stadt; Autofährverbindung mit Irland.

Unterkunft in Pembroke:

Hotels:	Tel.	Zimmer
Lion	27 36	34
Old King's Arms	36 11	21

In Pembroke Dock:

Hotels:	Tel.	Zimmer
Royal Edinburgh	29 13	17

In Tenby:

Hotels:	Tel.	Zimmer
Royal Gathouse	22 55	68
Clarence	27 05	64
Atlantic	28 81	48
Imperial	37 37	47
Fourcroft	25 16	46
Park House	21 50	41
Royal Lion	21 27	35
Cobourg	20 09	30
Richmond	25 33	26
Red House	27 70	21

In St. David's:

Hotels:	Tel.	Zimmer
White Sands Bay	4 03	32
Warpool Court	3 00	25
St. Nons	2 39	20
Old Cross	3 87	17
Twr-y-Felin	2 65	14

In Milford Haven:

Hotels:	Tel.	Zimmer
Lord Nelson	32 65	27

In Haverford West:

Hotels:	Tel.	Zimmer
Mariners	33 53	30
New House	27 21	28
Penbroke House	36 52	23

In *Cardigan* keine Hotels.

PEMBROKESHIRE COAST NATIONAL PARK s. Nationalparks.

PENRITH (D 2), Grafsch. Cumbria, 150 m, 11 300 Einw. Alte Marktstadt am Rand des *Lake District,* von der aus alle Teile des Nationalparks zu erreichen sind. Nördlich der Stadt (3½ M) das **Edenhall** aus Uhlands Ballade; die alte Eden Hall ist abgerissen, der Glaspokal der Ballade befindet sich im Victoria and Albert Museum in London.

Auskunft: Tourist Information, Town Hall, Tel. 22 01.
Tel.-Vorwahl: 7 68
Verkehr: A 6/M 6 Kendal – Carlisle. – Bahnstation.

Sehenswert: **Penrith Castle,** Ruine. – **Parish Church** (1722) mit zeitgenössischen Königsportraits; im Kirchhof *»Giant's Grave«,* Kreuz aus dem Jahr 950. – Alte Postgasthäuser in der Great Dockery Street. – **Hutton Hall,** Friargate, mit Wehrturm aus dem 15. Jh. – **Penrith Beacon** nördlich der Stadt (290 m), Aussichtspunkt. – **Brougham Castle** (spr. Broom) am Ufer des *Eamont* östlich der Stadt. Die Burgruine aus dem 12. Jh. steht an der Stelle eines früheren Römerkastells (täglich geöffnet, Eintrittsgebühr).

Ausflüge: **Little Salkeld** (7 M nordöstlich, Abzweigung von der A 686); auf einer Anhöhe nördlich der Ortschaft ein prähistorischer Steinring und Monolith, als *»Little Meg und ihre Tochter«* bekannt. von den ursprünglich 64 Steinen stehen noch 27. 4 M nördlich, in reizvoller Lage im Eden-Tal, die Ortschaft **Kirkoswald** mit den Resten einer Grenzfeste. – Nach **Appleby** (13 M südöstlich, A 66) über **Temple Sowerby** (7 M; Gartenanlagen eines Herrensitzes aus dem 16. Jh.; April bis Okt., Eintrittsgebühr). **Appleby** war die Hauptstadt der früheren Grafschaft *Westmorland* (2000 Einw.). Die Burg, im 17. Jh. neu aufgebaut, bewahrt ihren normannischen Burgfried (kein Zutritt). Im Juni und September kommen Zigeuner aus allen Teilen Englands hier zusammen und tragen ihre Pferdehändel in der *Dufton Road* nördlich der Stadt aus. – Nach **Hackthorpe** (5 M südlich, A 6); schöne Parkanlagen des 1957 abgerissenen **Lowther Castle** und Lowther Kirche aus dem 13. Jh. – **Pooley Bridge** (6 M südwestlich, A 592), am unteren Ende des Ullswater-Sees. Im Sommer können Motorbootausflüge über die gesamte Länge des Sees (11 km) unternommen werden; am Nordufer der 35 m hohe Wasserfall **Aira Force.** Der Straße A 592 nach Süden folgend, durch die herrliche Landschaft des Lake District über *Patterdale* und *Kirkstone Paß* nach **Windermere** (25 M; s. eigene Beschreibung) am gleichnamigen hübschen See (s. Übersichtskarte »Kendal und Lake District« unter Kendal).

Unterkunft in Penrith:

Hotels:	Tel.	Zimmer
George	26 96	31
Hussar	44 44	31

In Appleby:

Hotels:	Tel.	Zimmer
Tufton Arms	5 15 93	28
Garbridge	5 15 71	21
Royal Oak Inn	5 14 63	10

Jugendherbergen: The Firs, Alston, Tel. 509, 30 B. – Redstones, Dufton, Tel. Appleby 51236, 40 B.

PENZANCE (A 6), Grafsch. Cornwall, 30 m, 19700 Einw. Die am weitesten westlich gelegene Stadt Englands in einer geschützten Bucht zwischen den Halbinseln *Lizard Point* und *Land's End*, ein populäres Seebad und Zentrum für Fischerei und Gemüseanbau. Die Stadt selbst entstand erst im 19. Jh. als Postverladestation von den Überseedampfern zur neuen Eisenbahnlinie von London, später als Endstation der Transatlantikkabel; das Hügelland der Umgebung jedoch ist reich an prähistorischen Überresten, und die Zinnbergwerke dieser Gegend waren bereits den Griechen bekannt. In dem milden Klima gedeiht eine subtropische Pflanzenwelt, und neben den alljährlichen Feriengästen unterhält die Stadt eine blühende Künstlerkolonie.

Auskunft: Tourist Information Centre, Alverton Street, Tel. 2343.

Tel.-Vorwahl: 0736

Verkehr: A 30 Exeter – Land's End. – Bahnstation. – Schiffs- und Helikopterverbindung zu den Isles of Scilly.

Sehenswert: **Penlee House Museum,** naturgeschichtliche und archäologische Sammlung (montags bis samstags 12 bis 16 Uhr); im Park das alte Marktkreuz. – **Barbican and Aquarium,** Kunstgewerbezentrum und Aquarium in einem Lagerhaus aus dem 17 Jh. (montags bis samstags 10 bis 18 Uhr). – **Nautical Museum,** Chapel Street (montags bis samstags 10 bis 16 Uhr, Eintrittsgebühr). – **Geologisches Museum,** Clarence Street (montags bis freitags 10 bis 12 Uhr). – **Mechanical Music Museum,** Marazion, Vorführungen auf den verschiedensten Instrumenten (montags bis samstags 11 bis 17 Uhr). – **Egyptian House,** Chapel Street, ägyptischer Phantasiebau von 1820 (montags bis samstags 10 bis 18 Uhr).

Baden: Sandstrand, Freibad.

Sport: Golf, Tennis, Meerangeln, Segeln, Wellenreiten.

Unterhaltung: Minack Theatre, Freilichtbühne in Porthcurno, 8 M südwestlich (Schauspielaufführungen in den Sommermonaten).

Ausflüge: Nach **St. Ives** (7 M nördlich, B 3311), einem idyllischen Seebad und Fischerhafen (10000 Einw.), besonders von Künstlern frequentiert. Auf einer Landzunge nördlich der Stadt eine Kapelle aus dem 15. Jh. – **St. Michael's Mount** (4 M östlich, A 30/A 394), Felsinselchen, fast 1 km vor der Küste, bei Ebbe über einen Damm zu erreichen (Fährdienst im Sommer), seit dem 5. Jh. christianisiert. Die Burg stammt vorwiegend aus dem 14. Jh. (montags und freitags, nur mit Führung; Eintrittsgebühr). – **Land's End** (10 M westlich, A 30), der westlichste Punkt des englischen Festlandes (Aussichtspunkt). – Nach **Treen** (8 M südwestlich, B 3315) über **Newlyn** (1 M; Fischereihafen und Künstlerkolonie) und **Mousehole** (spr. Musal; 3 M), ein malerisches altcornisches Fischerdorf; **Lamorena Cove** (5 M; Fußweg landeinwärts zu den **Pipers und Merry Maidens,** zwei Menhire und ein prähistorischer Steinring). 1 km südlich von **Treen** die prähistorische Klippenfestung **Treryn Dinas** und der **Logan Rock,** ein 65 Tonnen schwerer Felsbrocken, so balanciert, daß er ohne großen Kraftaufwand bewegt werden kann. 1 M westlich das Freilichttheater **Minack Cliff.** – Nach **St. Just** (10 M westlich) über **Madron** (2 M, *Trengwainton House Gardens;* mittwochs, donnerstags, freitags und samstags,

März bis Sept., 11 bis 18 Uhr, Eintrittsgebühr) und **Morvah** (7 M; zahlreiche prähistorische Überreste in der Umgebung). **St. Just** war früher ein Bergwerkszentrum. Kirche aus dem 15. Jh. 1 M westlich **Cape Cornwall** (Aussichtspunkt).

Unterkunft in Penzance:

In Penzance und den Seebädern St. Ives und St. Just gibt es ca. 25 Hotels mit über 600 Zimmern und zahlreiche Pensionen und private Fremdenzimmer.

Jugendherbergen: Parc Beham, School Hill Coverack, Tel. St. Keverne 03 26 28/6 87, 36 B. – Riviere House, 20 Parc-An Dix Lanem Phillack, Hayle, Tel. Hayle 07 36/75 23 81, 60 B. – Letcha Vean, St. Just-in-Penwith, Tel. St. Just 07 36 77/4 37, 46 B. – Castle Horneck, Alverton, Penzance, Tel. 07 36/26 66, 60 B.

PETERBOROUGH (F 4), Grafsch. Cambridgeshire, 10 m, 110 000 Einw. Historische Kathedralenstadt im fruchtbaren Ackerbaugebiet der *Fens* am *Nene River*, der im 18. Jh. reguliert und bis zum 50 km nordöstlich gelegenen Meer schiffbar gemacht wurde. Sie entstand um eine Klostergründung aus dem 7. Jh. und war bis ins 20. Jh. eine grafschaftsunabhängige Stadt. Ihre Hauptindustrien sind Ziegeleien und Lokomotivenwerke. Das durch Ziegelbrennereien und Lehmgruben verwüstete Gebiet südlich der Stadt wird gegenwärtig einem umfassenden Landschaftssanierungsprogramm unterzogen.

Auskunft: Information Centre, Town Hall, Tel. 6 31 41

Tel.-Vorwahl: 07 33

Verkehr: A 47 Leicester – King's Lynn. – Bahnstation.

Sehenswert: Normannische **Kathedrale** (1118–1238). – **Longthorpe Tower** (2 M westlich), mit Fresken aus dem 14. Jh. (täglich 9.30 bis 16 Uhr, sonntags bis 14 Uhr). – **Museum and Art Gallery** (täglich 12 bis 16 Uhr), römische Funde, Handwerk französischer Kriegsgefangener der napoleonischen Kriege.

Baden: Freibad, Hallenbad.

Sport: Golf, Tennis, Angeln, Rudern, Segeln.

Unterhaltung: Key Theatre (Schauspiel).

Ausflüge: Nach **Stamford** (14 M nordwestlich, A 47/A 1); die Stadt wurde im 7. Jh. gegründet und war im 14. Jh. als akademisches Zentrum eine Rivalin Oxfords. Viele Gebäude aus dem 17 und 18. Jh. sind in der Stadt erhalten, insbesondere ihre zahlreichen Armenhäuser und Altersheime aus dieser Epoche. **Burghley House** (2 M südöstlich), kunstvoller Bau eines elisabethanischen Herrenhauses, 16. Jh., mit umfangreicher Gemäldesammlung (dienstags bis donnerstags und samstags, April bis Sept., 11 bis 17 Uhr, Eintrittsgebühr). In der Ortschaft **Barnack** (3 M östlich) eine Kirche mit sächsischem Turm um das Jahr 1000. – Nach **Oundle** (12 M südwestlich, A 605), einem Landstädtchen (4000 Einw.) mit zahlreichen Häusern und Gasthöfen aus dem 17. Jh., Sitz einer berühmten Internatsschule.

Unterkunft in Peterborough:

Hotels:	Tel.	Zimmer
Bull	6 13 64	125
Great Northern	5 23 31	50

In Stamford:

Hotels:	Tel.	Zimmer
George	21 01	47
Crown	31 36	15

In Oundle:

Hotels:	Tel.	Zimmer
Talbot	3621	23

PLYMOUTH (spr. Plim-; B 6), Grafsch. Devon, 60 m, 250000 Einw. Historischer Seehafen und modernes Industriezentrum an der Südwestküste Englands in einer großartigen natürlichen Hafenbucht. Seit Jahrhunderten ein Flottenstützpunkt, besitzt es ausgedehnte Werftanlagen (1691 gegründet), und einige der größten Kriegsschiffe der Welt laufen den Hafen an. Unmittelbar vor der Stadt landeinwärts erstreckt sich der **Dartmoor National Park** (s. Nationalparks); im Osten und Westen unberührte Küstenlandschaft mit Klippen und weiten Stränden.

Auskunft: Tourist Information Bureau, Civic Centre, Royal Parade, Tel. 68000.

Tel.-Vorwahl: 0752

Verkehr: A 38 Exeter – Bodmin. – Bahnstation. – Flugverbindung zu den Channel Islands, Isles of Scilly und Morlaix (Frankreich). Autofähren nach Roscoff und St. Malo (Bretagne).

Geschichte: Unter der Regierungszeit Elizabeth I. entwickelte sich die kleine Küstensiedlung Sutton zu einer der bedeutendsten Hafenstädte des Königreichs und war Ausgangspunkt einer langen Reihe historischer Seefahrten. Von hier aus umsegelte Francis Drake 1577 die Welt, begann 1587 seinen Siegeszug gegen die Spanische Armada, und hier stach 1620 die »Mayflower« in See auf ihrer Reise in die Neue Welt. Im Bürgerkrieg hielt die Stadt einer dreijährigen Belagerung durch die Royalisten stand.

Sehenswert: **The Hoe,** Park mit Blick über den Hafen; der Leuchtturm stand bis 1882 auf dem **Eddystone Reef** 25 km südlich (täglich April bis Okt. 11 bis 17 Uhr, Eintrittsgebühr); Aquarium. – **Barbican,** elisabethanisches Stadtviertel. – **Citadel,** 17. Jh., Festung an der Ostseite des Hoe (Führungen April bis Sept. nur nachmittags). – **St. Andrew's Church,** St. Andrew's Street, 15. Jh. – **Naval Dockyards,** Marinewerften, mit Motorboot von *Phoenix Wharf.* – **Drake's Island** in der Hafenbucht (Bootsfahrten zur Insel dienstags, mittwochs, donnerstags, Juni bis Aug), befestigt seit dem 15. Jh. – **Mount Edgcumbe House,** restauriertes Herrenhaus aus der Tudorzeit (mit der Cremyll-Fähre von der Durnford Street; Mai bis Sept. montags und dienstags 14 bis 18 Uhr, Eintrittsgebühr).

Baden: The Hoe (Felsküste); Frei- und Hallenbäder.

Sport: Segeln, Golf, Tennis, Angeln, Sportzentrum Central Park.

Unterhaltung: Hoe Theatre (Repertoire-Bühne); Guildhall (Konzerte); Atheneum Theatre (Schauspiel, Ballett).

Ausflüge: Hafen- und Flußrundfahrten von *Phoenix Wharf.* – Nach **St. Germans** (12 M westlich, A 374 von *Torpoint* am Westufer des Flusses; Autofähre) über **St. Antony** (5 M; *Antony House,* Anfang 18. Jh., dienstags, mittwochs, donnerstags, April bis Sept. 14 bis 18 Uhr, Eintrittsgebühr) und **Sheviock** (9 M; Kirche 13. Jh.). Die große normannische Kirche von **St. Germans** war bis zum 12. Jh. die Hauptkathedrale Cornwalls; daneben Armenhäuser aus dem 17. Jh. – Nach **Launceston** (30 M nordwestlich, A 388) über **Callington** (14 M; Kirche 16. Jh.), eine Marktstadt (4800 Einw.) zwischen zwei Hügeln gelegen, von denen einer mit dem

Burgfried einer Normannenburg gekrönt ist (Aussichtspunkt). An der südlichen Ortseinfahrt ein mittelalterliches Stadttor; **St. Mary's Church** mit schönem Turm aus dem 14. Jh.; das georgianische **Lawrence House** in der Castle Street enthält ein heimatkundliches Museum (täglich außer sonntags, April bis Sept. 14 bis 16 Uhr). – Nach **Calstock** (14 M nördlich, A 388/A 390 oder mit Boot vom *Phoenix Wharf* auf dem *Tamar River*). Fußweg 1 M westlich zu **Cotehele House,** einem Herrenhaus aus dem 14. bis 16. Jh. mit Stilmobiliar und Gobelins (täglich April bis Okt. 11 bis 18 Uhr, Eintrittsgebühr). – Nach **Tavistock** (16 M nördlich, A 386) über **Yelverton** (9 M; *Buckland Abbey,* 2 M westlich, ein Kloster aus dem 13. Jh., 1541 in ein Privathaus umgebaut, Wohnsitz Sir Francis Drakes. Heimatkunde- und Marinemuseum). **Tavistock,** früher florierender Mittelpunkt eines Erzbergbaugebietes, günstiger Ausgangspunkt für Touren in den östlich liegenden **Dartmoor National Park.** Überreste einer Abtei aus dem 10. Jh., Kirche des 15. Jh. 10 M östlich (A 384/B 3357) **Dartmoor Prison;** das Gefängnis (nicht mehr in Benutzung), 1809 für französische und danach amerikanische Kriegsgefangene erbaut, wurde später zur berüchtigsten Strafanstalt Englands. – **Saltram** (4 M östlich, A 38), georgianisches Herrenhaus mit Park (April bis Okt. täglich 11 bis 18 Uhr, Eintrittsgebühr). – Nach **Wembury** (8 M südöstlich, Abzweigung von der A 379), Kirche 15. Jh., Armenhäuser 17. Jh., restaurierte Wassermühle.

Unterkunft in Plymouth:

Hotels:	Tel.	Zimmer
Holiday Inn	6 28 66	222
Mayflower Post House	6 28 28	105
Continental	2 07 82	77
Berni Grand	6 11 95	74
Duke of Cornwall	26 62 56	73
Astor	6 89 16	61

In Launceston:

Hotels:	Tel.	Zimmer
White Hart	20 13	32
Eagle House	20 36	17

In Calstock:

Hotels:	Tel.	Zimmer
Danescombe Valley	83 24 14	5

In Tavistock:

Hotels:	Tel.	Zimmer
Bedford	32 21	37
Queen's Head	30 48	11

In *St. Germans* keine Hotels.

Jugendherbergen: Bigbury-on-Sea, Kingsbridge, Tel. 05 48 81/2 83, 50 B. – Belmont House, Devonport Road, Tel. 07 52/5 21 89, 70 B. – Abbotsfield Hall, Tavistock, Tel. 08 22/25 29, 60 B.

PORTSMOUTH (E 6), Grafsch. Hampshire, 15 m, 197 000 Einw. Hauptflottenstützpunkt Großbritanniens in einer weiten, geschützten Hafenbucht, eine Gründung der Tudorzeit, als die ersten Marinewerften angelegt wurden. Seit seiner Entstehung war der Hafen mit sämtlichen bedeutenden Ereignissen und Persönlichkeiten der englischen Flotte verknüpft. Die Matrosen der englischen Kriegsmarine nannten ihn seit jeher *»Pompey«.* Das Wirtschaftsleben der Stadt konzentriert sich vorwiegend auf die Marinewerften, die eine Fläche von 120 ha einnehmen. Der gegenüberliegende Stadtteil **Gosport** ist praktisch eine Marinesiedlung. Die Hafenbucht öffnet sich zur 5 km breiten Meeresstraße *Spithead* zwischen der *Isle of Wight* und dem Festland, Schauplatz der großen Flottenparaden der Vergangenheit und heute eine betriebsame Reede. Portsmouth ist die Geburtsstadt von Charles Dickens (1812–1870). – Siehe auch Übersichtskarte »Isle of Wight« unter Isle of Wight.

Auskunft: Tourist Information Bureau, Southsea, Tel. 27622.

Tel.-Vorwahl: 705

Verkehr: A 27 Brighton – Southampton. – Bahnstation. – Auto- und Personenfähren zur Isle of Wight sowie nach Cherbourg und St. Malo (Frankreich).

Sehenswert: Nelsons Flaggschiff **»H. M. S. Victory«** und Museum in der Marinewerft (täglich 10 bis 17 Uhr, sonntags ab 13 Uhr). – **Cathedral;** der 1935 begonnene und noch unvollendete Bau umschließt Teile der alten St. Thomas of Canterbury-Kirche (1188–1196). – **Turm** aus dem 15. Jh. und **Sally Port,** Broad Street (täglich Mai bis Sept. 10 Uhr bis Dunkelheit). – **Dickens-Museum,** Commercial Road, im Geburtshaus des Schriftstellers (täglich 10 bis 16 Uhr, Eintrittsgebühr). – **Southsea Castle,** von Henry VIII. erbaut (täglich 10 bis 16 Uhr, Eintrittsgebühr).

Baden: Sandstrand, Southsea. Freibad, Hilsea.

Sport: Golf, Tennis, Segeln.

Ausflüge: Nach **Titchfield** (11 M westlich, A 27) über **Portchester** (7 M; Burg und Kirche aus dem 12. Jh. über den massiven Bollwerken einer römischen Festung und einer späteren sächsischen Siedlung; täglich 10 bis 16 Uhr, Eintrittsgebühr) und die rührige Marktstadt **Fareham** (10 M). **Titchfield** ist heute praktisch ein Vorort von Fareham. Große, zum Teil sächsische Kirche, Klosterruine aus dem 12. Jh. (täglich 10 bis 16 Uhr, Eintrittsgebühr). – **Hayling Island** (8 M östlich, A 27/A 3023, mit dem Seebad und Golfzentrum **South Hayling.**

Unterkunft in Portsmouth:

Hotels:	Tel.	Zimmer
Portsmouth Centre	27651	120
Keppel's Head	21954	24
Sallyport	21293	19

In der Umgebung:

Hotels:	Tel.	Zimmer
Havant Albany Inn, Hayling Island	5011	96
Bear, Havant	6501	36
Red Lion, Fareham	3339	21

In *Titchfield* keine Hotels.

Jugendherbergen: Wynering Manor, Cosham, Tel. Cosham 75661, 58 B.

POWYS (C 4/5), 5081 qkm, 101 000 Einw. (WALES). Mittelwalisische Grafschaft an der englischen Grenze, Hauptstadt **Brecon** (s. dort). Es ist eines der dünnstbesiedelten Gebiete Großbritanniens, mit nur wenig Land unterhalb der 200-m-Grenze. Im Norden liegen reizvolle Flußtäler, unter anderem der Oberlauf des *Severn.* Zentralpowys erlebte eine kurze Blüte, als im 19. Jh. Thermalquellen entdeckt und Heilbäder etabliert wurden und ist heute eine beliebte Sommerfrische. Im Süden liegen der gebirgige **Brecon Beacons National Park** (s. Nationalparks) und das malerische Tal des oberen *Wye.* Der karge Landstrich, der weder fremde Eindringlinge noch Siedler anzog, konnte einen ausgeprägt walisischen Charakter bewahren, obgleich die walisische Sprache hier weniger gebräuchlich ist. Das Land eignet sich vorwiegend zur Schafzucht. Die bedeutendsten Marktzentren sind **Welshpool** und **Newtown** im Norden und die Hochlandstadt **Rhayader; Llandrindod Wells** (s. dort) und **Builth Wells** entstanden beide als Heilbäder; **Montgomery** ist historische Festungsstadt.

PRESTON (D 3), Grafsch. Lancashire, 1100000 Einw. Verwaltungszentrum der Grafschaft, wichtiger Flußhafen am *Ribble* und Industriestadt (Baumwolle und Maschinenbau). Sie ist die Geburtsstadt Richard Arkwrights (1732–1792), einer von einer Reihe bahnbrechender Erfinder der beginnenden industriellen Revolution, die die Mechanisierung des traditionellen Spinner- und Weberhandwerks Lancashires herbeiführten. Prestons traditioneller Jahrmarkt, die *»Preston Gild«*, findet nur alle 20 Jahre statt (zuletzt 1972) und ist damit wohl einer der seltensten Jahrmärkte Europas.

Auskunft: Information Bureau, Guildhall Street, 56/58, Tel. 5 48 81.

Tel.-Vorwahl: 07 72

Verkehr: M 6 Warrington – Lancaster. – Bahnstation. – Schiffsverkehr nach Belfast und Larne in Nordirland (Autofähren).

Sehenswert: **Harris Museum,** Fishergate, heimatkundliche Sammlung. – *Ribble-Fluß* und Docks. Östlich der Eisenbahnbrücke eine ältere Schienenbrücke für eine Pferdebahn, die in einem Tunnel unter der Stadt hindurch zum Endpunkt des Lancaster-Kanals verlief.

Sport: Golf, Angeln, Paddeln.

Ausflüge: **Houghton Tower** (6 M südöstlich, A 675), Burg und Herrensitz aus dem 16. Jh., auf steiler Anhöhe über dem Fluß (donnerstags, samstags und sonntags, Juni bis Sept., 14 bis 17 Uhr, Eintrittsgebühr). – **Blackburn** (9 M östlich, A 59/A 677) über **Salmesbury Hall** (5 M; Herrensitz 17. bis 18. Jh., National Trust; täglich außer mittwochs 14 bis 17 Uhr, Eintrittsgebühr). **Blackburn,** eine Industriestadt (100000 Einw.) am Rand der Heidemoore, ist Lancashires bedeutendstes Textilzentrum und die Geburtsstadt von James Hargreave (gest. 1778), des Erfinders der »Spinn-Jenny« (1764; Wagenspinnmaschine, nach seiner Tochter Jenny genannt). Ausgezeichnete Ausstellung der Baumwollindustrie im *Lewis Textile Museum.* Die 1826 begonnene Kathedrale blieb bis heute unvollendet. – Nach **Ribchester** (10 M nordöstlich, B 6243/B 6245), kleine Baumwollstadt am *Ribble,* Platz eines früheren Römerkastells am Flußübergang. Im Museum Funde aus der Römerzeit (täglich außer sonntags 14 bis 17.30 Uhr, Eintrittsgebühr); römische Säulen bilden den Eingang zum *White Bull Inn.*

Unterkunft in Preston:

Hotels:	Tel.	Zimmer
Preston Crest	5 94 11	133

In Blackburn:

Hotels:	Tel.	Zimmer
Saxon Motor Inn Hotel	6 44 41	100

In *Ribchester* keine Hotels.

RAMSGATE (H 5), Grafsch. Kent, 40 m, 40000 Einw. Seebad, Segelzentrum und Fährhafen an der nördlichen Einfahrt zu den *Straits of Dover,* Hauptort der sogenannten **»Isle of Thanet«,** einer Insel nur insofern, als sie an allen Seiten entweder vom Meer oder von trägen Flußläufen begrenzt wird. Ramsgate war für kurze Zeit der Wohnsitz Heinrich Heines (1827) und Vincent van Goghs (1876). Unmittelbar nördlich schließt das ruhige Seebad **Broadstairs** (20000 Einw.) an, einst das Heim von Charles Dickens.

Auskunft: Tourist Information Bureau, Queen Street 24, Tel. Thanet 5 10 86.

Tel.-Vorwahl: 08 43

Verkehr: Endpunkt der A 28/A 253 von Canterbury. – Bahnstation. – Autofähre und Hovercraft-Fähre von Calais.

Sehenswert: Neugotische Bauten des Baumeisters A. W. N. Pugin, wie die katholische **St.-Augustinus-Kirche,** das in der Nähe liegende **Grange** und das **Granville Hotel.** – *In Broadstairs:* **Torbogen** aus dem 16. Jh. am Aufstieg vom Hafen.

Baden: Ausgedehnter Sandstrand; Hallen- und Freibad.

Sport: Angeln, Bowling, Golf, Tennis, Wassersport.

Ausflüge: Nach **Margate** (4 M nördlich, A 254), ein Seebad (50 000 Einw.) seit Mitte des 18 Jh., mit weiten Sandstränden. *St. John's Church* in der Altstadt stammt vorwiegend aus dem 12. Jh., in der King Street sind einige restaurierte Häuser aus dem 16. Jh. erhalten. Margate ist flankiert von **Whitegate,** ebenfalls ein Seebad, an der Westseite, und der Wohnsiedlung **Kingsgate** mit einer im 18. Jh. errichteten pseudonormannischen Festung, an der Ostseite. – Nach **Minster** (6 M westlich, B 2048), dessen große normannisch-frühgotische Kirche zu einem Benediktinerinnenkloster gehört, in dem noch einige Bauteile aus dem 11. bis 12. Jh. erhalten sind (täglich außer sonntags). – Nach **Sandwich** (7 M südwestlich, A 256), einer Kleinstadt (4500 Einw.), die viel von ihrem mittelalterlichen Charakter bewahrt hat. Die ehemalige Hafenstadt an einem stark meandernden Abschnitt des *Stour River* liegt jetzt 4 km landeinwärts. Teile ihrer Stadtmauern aus der Tudorzeit sind noch erhalten. 2 M nördlich liegt **Richborough Castle,** ein römisches Kastell, das später von den Sachsen besetzt war. Die noch erhaltenen römischen Mauern umschließen die Reste einer frühsächsischen Kirche (täglich geöffnet, Eintrittsgebühr).

Unterkunft in Ramsgate:

Hotels:	Tel.	Zimmer
San Clu	Thanet, 5 23 45	55
Beverley	Thanet, 5 15 14	31
Viking Ship	Thanet, 5 58 23	24
Court Stairs Country House	5 18 50	14

In Broadstairs:

Hotels:	Tel.	Zimmer
Castlemera	Thanet, 6 15 66	40
Royal Albion	Thanet, 6 21 16	23

In Margate:

Hotels:	Tel.	Zimmer
Hereward	Thanet, 2 32 44	66
Nayland Rock	Thanet, 2 74 56	50
Walpole Bay	Thanet, 2 17 03	42

RICHMOND (E 2), Grafsch. North Yorkshire, 150 m, 7500 Einw. Reizvolle alte Stadt in schöner Lage über dem *Swale River,* ein idealer Ausgangspunkt für Wanderungen im **Yorkshire Dale National Park** (s. Nationalparks) im Westen. Sie ist Marktzentrum und populärer Treffpunkt für Pferderennen auf ihrem über 200 Jahre alten Rennplatz. 3 M südlich befindet sich das große Militärlager **Catterick.**

Auskunft: Tourist Information Service, Tel. 35 25.

Tel.-Vorwahl: 07 48

Verkehr: A 1 Wetherby – Darlington, Abzweigung bei Catterick Bridge, B 6271.

Sehenswert: **Richmond Castle,** mächtige normannische Burganlage

(1071), architektonisch interessant und prächtige Aussicht vom 35 m hohen Burgfried und der südlichen Burgmauer (täglich 9.30 bis 19 Uhr, Eintrittsgebühr). – Gotischer **Turm** nördlich des Marktplatzes, einziger Überrest des 1258 gegründeten *Greyfriars*-Klosters. – **Easby Abbey** (1½ km südöstlich, Fußweg am linken Flußufer), imposante Klosterruine (Mitte 12. Jh.); in der Nähe *St. Agatha's* Pfarrkirche mit Fresken aus dem 13. Jh. und frühnormannischem Taufbecken. – **Georgian Theatre,** das zweitälteste Theater Englands, 1788 erbaut und 1962 wiedereröffnet, nachdem es ein Jahrhundert lang unbenutzt stand.

Baden: Hallenbad.

Sport: Golf, Bowling, Angeln.

Ausflüge: **Ellerton Priory** und **Marrick Priory** (8 M westlich, B 6270), zwei Klosterruinen aus dem 12. Jh. an gegenüberliegenden Ufern des *Swale* im wildromantischen Swale-Tal. – Nach **Barnard Castle** (14 M nordwestlich, B 6274/A 66), einer kleinen Marktstadt (5000 Einw.) am Nordufer des *Tees.* Burgruine aus dem 12. bis 14. Jh., Markthaus aus dem 18. Jh. Östlich der Stadt das **Bowes Museum,** im 19. Jh. als Nachbildung eines französischen Chateaus erbaut, mit bedeutender Gemälde- und Porzellansammlung (täglich geöffnet 10 bis 16 Uhr, sonntags ab 14 Uhr, Eintrittsgebühr). 2 M südöstlich die malerische Klosterruine **Egglestone Abbey,** 12. Jh. (täglich geöffnet, Eintrittsgebühr). 5 M nordöstlich die Burg **Raby Castle,** 14. Jh., im 18. Jh. restauriert (mittwochs, samstags und sonntags, April bis Sept., 14 bis 17 Uhr, Eintrittsgebühr). – **Piercebridge** (9 M nördlich, B 6275), ein Dorf innerhalb der Reste eines römischen Kastells, das die Furt über den Tees bewachte. – **Leyburn** (16 M südwestlich, A 6108), Ausgangspunkt für Ausflüge in das reizvolle *Wensleydale* sowie andere Täler im *Yorkshire Dales National Park.*

Unterkunft in Richmond:

Hotels:	Tel.	Zimmer
King's Head	23 11	23
Frenchgate	20 87	10

In der Umgebung:

Hotels:	Tel.	Zimmer
Montalbo, Barnard Castle	23 42	10
George, Piercebridge	5 76	9

Jugendherbergen: Ebor House, 91 Galgate, Barnard Castle, Tel. 0 83 33/21 27, 40 B. – Grinton Lodge, Grinton, Tel. Reeth 07 48 84/2 06, 70 B.

RIPON (E 2), Grafsch. North Yorkshire, 40 m, 11 000 Einw. Kleine Kathedralenstadt am Rand der *Pennines* und eine der frühesten christlichen Niederlassungen Englands, deren Klostergründung auf das Jahr 660 zurückgeht. Nach Westen erstreckt sich eines der rauhesten und einsamsten Moorgebiete Englands, im Osten liegt die fruchtbare Ebene des *Vale of York.*

Auskunft: Information Bureau, Market Square, Tel. 46 25.

Tel.-Vorwahl: 7 65

Verkehr: A 61 Harrogate – Middlesbrough. – Bahnstation.

Sehenswert: Die **Kathedrale;** in dem kleinen Bauwerk sind sämtliche Stilepochen vom 12. bis zum 15. Jh. vertreten, und es besitzt eine der wenigen kompletten sächsischen Krypten Englands. Besonders der *Chor* ist eine attraktive Stilmischung aus vier Jahrhunderten. – **Wakeman's House,** Market Place, aus dem 13. Jh. – **Maison Dieu,** High Street, eine verfallene Kapelle aus dem

15. Jh. – Mittelalterliche **Brücke** und **Hospital of St. Mary Magdalene,** Magdalene Street, die Ruine eines Lepraspitals aus dem 12. Jh.

Baden: Hallenbad.

Sport: Golf, Tennis, Angeln.

Ausflüge: **Fountains Abbey** (4 M südwestlich, Abzweigung von der B 6265), im bewaldeten Park von Studly Royal; die Ruinen eines der größten Klöster Englands aus dem 12. bis 15. Jh. Das zisterziensische Kirchenschiff (12. Jh.) ist bis auf das Dach komplett erhalten, ebenso die weitläufigen Wirtschaftsgebäude. Westlich der Abtei das Herrenhaus **Fountains Hall** aus dem 16. Jh., mit schönem Stilmobiliar und Kunstschätzen des ehemaligen Klosters (täglich 10 Uhr bis Einbruch der Dunkelheit, Eintrittsgebühr). – **Newby Hall** (3 M südöstlich, Abzweigung von der B 6265), ein Herrenhaus im Queen-Anne-Stil mit kunstvollen Gartenanlagen und einer Gobelin-Sammlung (mittwochs, donnerstags, samstags und sonntags, April bis Okt., 14 bis 18 Uhr, Eintrittsgebühr). – **Markenfield Hall** (3 M südlich, Abzweigung von der A 61), Herrenhaus aus dem 14. Jh. (montags Mai bis Sept., 10 bis 17 Uhr, Eintrittsgebühr). – **Jervaulx Abbey** (spr. Jervo; 13 M nordwestlich, A 6108), überwucherte Klosterruine einer Zisterziensergründung aus dem 12. Jh., über **Masham** (9 M; interessante Kirche aus dem 12. bis 14. Jh.); Ausgangspunkt für die unberührten Flußtäler des *Yorkshire Dales National Park* (Wensleydale). – Nach **Thirsk** (11 M nordöstlich, A 61), Marktstadt und Pferderennzentrum am Rand des *North York Moors National Park.* Schöne spätgotische Kirche. **Helmsley** (10 M östlich von Thirsk, A 170), kleine Marktstadt mit sehenswertem Kastell, Ausgangspunkt für Ausflüge in die *Cleveland Hills* sowie in das Hügel- und Moorland des *North York Moors National Park;* 3 M nordwestlich die malerischen Ruinen der im 12. Jh. gegründeten Zisterzienserabtei **Rievaulx Abbey** im frühgotischen Stil. – **Snape Castle** (11 M nördlich, Abzweigung von der B 6268), große Burgruine aus dem 15. bis 16. Jh. 3 M nördlich, an der A 684, liegt der Marktflecken **Bedale,** mit einer Kirche aus dem 13. bis 14. Jh., die einen alten Verteidigungsturm einbezieht. In einem georgianischen Landhaus ein Museum bodenständigen Handwerks (dienstags, März bis Sept., 14 bis 17 Uhr).

Unterkunft in Ripon:

Hotels:	Tel.	Zimmer
Ripon Spa	21 72	40
Unicorn	22 02	11

In Thirsk:

Hotels:	Tel.	Zimmer
Goldene Fleeche	2 31 08	20
Three Tuns	2 31 24	20

In *Bedale* keine Hotels.

Jugendherbergen: Lilac Cottage, Ellingstring, 16 B.

ROCHESTER (G 5), Grafsch. Kent, 40 m, 55 500 Einw. Die Stadt wird mit den benachbarten **Chatham** (57 000 Einw.) und **Gillingham** (87 000 Einw.) unter dem Namen »MEDWAY TOWNS« zusammengefaßt. Die drei Städte reihen sich unmittelbar nebeneinander am Ostufer des *Medway* entlang, kurz vor seiner Einmündung in das Themse-Ästuar. Rochester entstand als vorrömische Siedlung und war eine bedeutende Stätte des frühen Christentums in England. Heute ist sie, ebenso wie ihre Nachbarn, eine Fabrikstadt der rohstoffverarbeitenden Industrie, wie Papierherstellung, für die das Rohmaterial direkt per Schiff angeliefert werden kann. In *Chatham* befinden sich Marinewerften und eine Technische Militärhochschule; die Verbindung der Stadt mit der Marine geht auf Henry VIII zurück. *Gillingham* ist ein bedeutendes Zentrum für Papierherstellung. Charles Dickens, der viele Jahre seines Lebens in Rochester und Chatham verbrachte, hat das Leben dieser Städte in seinen Romanen festgehalten.

Auskunft: Tourist Information Office, Guildhall, Tel. 4 36 66.

Tel.-Vorwahl: 06 34

Verkehr: A 2 London – Canterbury. – Bahnstation.

Sehenswert in Rochester: **Bridge Chapel** am Fluß, 13. Jh., restauriert. – **Castle,** The Esplanade, 11. bis 14. Jh., an der Stätte einer frühen Sachsenkirche aus dem 6. Jh. Die normannische Westfassade ist unverändert erhalten. – **Restauration House,** Maidstone Road, ein Herrenhaus aus der Tudorzeit (am ersten Donnerstag jeden Monats, 10 bis 14 Uhr, Eintrittsgebühr). – **Eastgate House,** Eastgate, elisabethanisches Stadthaus, jetzt Museum (täglich außer freitags 14 bis 17 Uhr). – Römische und mittelalterliche **Stadtmauern,** in einer Seitenstraße der High Street. – *In Chatham:* Normannische **Kapelle,** High Street. – **Festungsanlagen** aus dem 18. Jh. im Park hinter dem Rathaus.

Baden: Freibad.

Sport: Wassersport, Golf, Tennis.

Ausflüge: Nach **Gravesend** (8 M nordwestlich, A 226), an einem belebten Abschnitt der Themse und seit jeher eng mit der Seefahrt verknüpft (54 000 Einw.). Es ist die Lotsenstation für Schiffe, die den Hafen von London anlaufen. Viele alte Hafenkneipen sind in seinen engen Gassen am Fluß erhalten. Charles Dickens lebte einige Zeit in der Stadt. Am gegenüberliegenden Fluß liegt **Tilbury,** die Endstation des Fährdienstes von Göteborg/Schweden; eine Personenfähre verbindet es mit Gravesend. 7 M westlich, an der Grenze zu Greater London, die Ortschaft **Dartford** mit einem alten Kutschergasthof aus dem frühen 18. Jh. und einer Kirche aus dem 12. bis 14. Jh. am Flußufer – **Cobham Hall** (5 M westlich, Abzweigung von der A 2), ein Herrenhaus der Tudorzeit, mit Anbauten aus dem 17. Jh. und großem, kunstvoll angelegtem Park (jetzt Schule, Besichtigung während der Schulferien möglich). – Zur **Isle of Sheppey** (19 M östlich, A 2/A 249), einer tiefliegenden, marschigen Insel, 15 km lang und 7 km breit, vom Festland durch die Wasserstraße des *Swale* getrennt, der im Jahr 597 Schauplatz einer Massentaufe durch den hl. Augustinus war, und durch den meandernden, mit Inseln übersäten Mündungstrichter des *Medway.* Auf der Insel wird hauptsächlich Schafzucht betrieben. An der Nordküste die alten Städte **Queensborough,** ein ehemaliger Fährhafen, **Sheerness** (32 000 Einw.), früher eine Marinewerft, und **Minster** mit großer sächsisch-normannischer Kirche. – Nach **Maidstone** (10 M südlich, A 229), an **Kit's Coty House** vorbei (6 M, markiert; riesiger Dolmen).

Maidstone, die Hauptstadt von *Kent* (71 000 Einw.), ist ein Landwirtschaftszentrum. *All Saints' Church,* vorwiegend 14. Jh.; Bischofspalast der Tudor-Spätgotik. In der Nähe eine Zehentscheune aus dem 14. Jh., heute Kutschenmuseum (täglich außer sonntags 10 bis 17 Uhr, Eintrittsgebühr). Stadtmuseum in einem Bürgerhaus aus dem 16. Jh. 2 M nördlich, am Ufer des *Medway*, **Allington Castle** aus dem 13. Jh., in der Tudorzeit renoviert, heute ein Karmeliterhaus (täglich Führungen, 14 bis 16 Uhr, Eintrittsgebühr).

In *Rochester* keine Hotels.

In der Umgebung:

Hotels:	Tel.	Zimmer
Europa Lodge, Gravesend	2768	228
Royal Star, Maidstone	5 57 21	42
Veglios, Maidstone	5 54 59	38
Clarendon Royal, Gravesend	6 31 51	26

ST. ALBANS (F 5), Grafsch. Herfordshire, 100 m, 52000 Einw. Von den Römern als Hauptstadt Britanniens gegründet, ist es heute eine reiche Markt- und Kathedralenstadt, Sitz einiger Leichtindustrie und ein Zentrum des Buchdrucks seit dem 15. Jh. Die Stadt ist nach einem römischen Soldaten benannt, der hier im Jahr 303 n. Chr. als erster christlicher Märtyrer Englands hingerichtet wurde.

Auskunft: Tourist Information Office, Tel. 6 45 11.

Tel.-Vorwahl: 7 27

Verkehr: A 6 London – Luton. – Bahnstation.

Sehenswert: **Cathedral,** eine der ältesten Normannenkirchen auf der Insel, im 11. Jh. an der Stelle der im 8. Jh. zu Ehren des hl. Alban gegründeten Benediktinerabtei neu erbaut. Sie stellt ein Gemisch von normannischen, früh- und spätgotischen Stilen dar. Turm und Hauptschiff sind aus Steinen und Schiefer des römischen »Verulamium« erbaut. Die Länge des Hauptschiffes (87 m) wird von keiner anderen gotischen Kirche erreicht; im Inneren sehenswerte Grabmonumente; neben dem Presbyterium die St. Alban's Chapel mit dem Schrein des hl. Alban. – Ausgrabungsstätte des römischen **Verulamium** am Ufer des Flusses Ver (Reste der Stadtmauer, von Gebäuden mit Mosaiken und eines Theaters). Das Ausgrabungsmuseum (10 bis 17.30 Uhr, im Winter bis 16 Uhr, sonntags ab 14 Uhr, Eintrittsgebühr) befindet sich in der Nähe der *St. Michael's Church* (zum Teil aus dem 10. Jh.); ebenso das römische Amphitheater (täglich ab 10 Uhr bis Dunkelheit, Eintrittsgebühr). – **Clock Tower** von 1411, High Street (Aussichtspunkt; Besteigung im Sommer samstags 10 bis 17.30 Uhr, sonntags ab 11 Uhr; Eintrittsgebühr). – Alte **Gasthäuser** aus dem 15. und 16. Jh. in der Fishpool Street, Holywell Hill, und die alte **Fighting Cock Tavern** am Fluß.

Baden: Westminster Lodge Sports Centre.

Sport: Golf, Tennis.

Ausflüge: **Salisbury Hall** (4 M südöstlich, A 6); in dem im 17. Jh. umgebauten mittelalterlichen Herrenhaus verbrachte Winston Churchill seine Knabenjahre (sonntags April bis Sept., 14 bis 18 Uhr, Eintrittsgebühr). – **Hatfield House** (5 M östlich, A 414), ein feudaler Landsitz aus dem 17. Jh. mit wertvoller Sammlung aus der elisabethanischen Epoche (täglich April bis Sept., 11 bis 20 Uhr, Eintrittsgebühr). 2 M nördlich die 1920 angelegte Gartenstadt **Welwyn Garden City** (41 000 Einw.). – **Ayot St. Lawrence** (7 M nordöstlich, Abzweigung von der B 651), das Heim George Bernard Shaws (1856–1950), als Erinnerungsstätte erhalten (täglich außer dienstags, Febr. bis Nov. 11 bis 18 Uhr, Eintrittsgebühr). – Nach **Hertford** (spr. Hart-; 12 M östlich, A 414), der Hauptstadt *Hertfordshires;* eine alte Landstadt (20 000 Einw.) mit vielen

Gebäuden aus dem 17. und 18. Jh. 2 M östlich die Ortschaft **Ware** mit den Ruinen einer Priorei aus dem 15. Jh. und interessanten Industriebauten des 17. und 18. Jh.

Unterkunft in St. Albans:

Hotels:	Tel.	Zimmer
Noke	5 42 52	56
Haven	6 27 50	48
St. Michael's Manor	6 44 44	22
Peahen	5 32 56	20
Sopwell House	6 44 77	17

In der Umgebung:

Hotels:	Tel.	Zimmer
Comet, Hatfield	6 54 11	44
Salisbury Arms, Hertford	30 91	32
Caledonian, Watford	2 92 12	10

Jugendherbergen: Welders Lane, Jordans, Tel. Chalfont St. Giles 0 24 07/31 35, 24 B. – St. Michael's Hall, Branch Road, Tel. 07 27/5 17 97, 40 B.

SALISBURY (spr. Sawlsbury; E 5), Grafsch. Wiltshire, 60 m, 35 500 Einw. Marktzentrum eines reichen Landwirtschaftsgebietes am Zusammenfluß dreier Flüsse. Die Stadt, überragt von ihrer großartigen gotischen Kathedrale, hat den symmetrischen Straßenplan der mittelalterlichen Stadtgründung bewahrt, ebenso viele ihrer reizvollen alten Gasthäuser und Brücken.

Auskunft: Tourist Information Centre, 10 Endless Street, Tel. 49 56.

Tel.-Vorwahl: 07 22

Verkehr: A 36 Bath – Southampton. – Bahnstation.

Geschichte: Salisburys friedliche und ereignislose Geschichte begann im Jahr 1220 mit dem Bau der Kathedrale. Ein Disput zwischen Militär und Geistlichkeit war die Veranlassung dafür, den Bau einer neuen Kirche in die Flußniederungen zu verlegen und die alte Stadt Sarum, eine Hügelfestung in der Eisenzeit, unter den Römern, den Sachsen, Dänen und Normannen, zu verlassen. Um die neue Kirche wurde eine neue Stadt gebaut, das im Schachbrettmuster ausgelegte New Sarum. Die neue Stadtgründung erwies sich bald als attraktiver Siedlungsort und entwikkelte sich in den folgenden Jahrhunderten zu einer reichen, blühenden Stadt mit dem Namen Salisbury, während Old Sarum zu einem kleinen Dorf verkümmerte und heute vorwiegend als archäologische Ausgrabungsstätte von Interesse ist.

Sehenswert: Die **Kathedrale,** 1220 begonnen, 1258 geweiht. Die schöne Einheitlichkeit des Baustils verdankt sie ihrer kurzen Bauzeit von nur 38 Jahren. Der 140 m hohe Turm, der höchste Englands, wurde 100 Jahre später aufgebaut. Besonders schön das oktogonale **Chapter House** und die Kreuzgänge. – **Cathedral Close,** mit gepflegten Anlagen und schönen alten Häusern, u. a. **The Wardrobe** aus dem 15. Jh. und **Mopesson House,** 1701, mit schönem Interieur (Mai bis Sept., mittwochs und samstags 14.30 bis 18 Uhr). Die drei alten Tore zum *Close* werden allabendlich geschlossen. – **Church of St. Thomas of Canterbury,** 1238 begonnen und im 15. Jh. teilweise umgebaut. – **Museum,** St. Anne Street, interessante prähistorische und historische Sammlung (täglich außer sonntags 10 bis 16 oder 17 Uhr, Eintrittsgebühr). – **Old Sarum,** 2 M nördlich, archäologische Ausgrabungsstätte (s. oben; täglich geöffnet; Eintrittsgebühr).

Baden: Hallenbäder, Castle Street und Durrington.

Sport: Angeln, Tennis, Rudern auf dem Avon.

Unterhaltung: The Playhouse Theatre, Fisherton Street (Schauspiel).

Ausflüge: Nach **Shaftesbury** (20 M südwestlich, A 30) über **Wilton** (3 M Teppichfabrikation; Kirche aus dem 19. Jh. im italienischen Renaissancestil; *Wilton House,* Sitz des Earl of Pembroke, ein elisabethanischer Herrensitz, im 17. Jh. restauriert; dienstags und samstags, April bis Okt. 11 bis 18 Uhr, Eintrittsgebühr). **Shaftesbury** ist eine kleine Stadt mit alter Geschichte (4000 Einw.) auf einem Höhenrücken über dem fruchtbaren Flußtal des *Stour.* Stätte einer Benediktinergründung aus dem 9. Jh., teilweise ausgezeichnet erhalten (täglich geöffnet April bis Sept. 10 bis 14 Uhr, sonntags 14 bis 18 Uhr, Eintrittsgebühr). Das kleine Museum in der Gold Hill Street stellt eine Sammlung von Knöpfen aus, die früher das Hauptprodukt der Stadt waren. – Nach **Stonehenge** (12 M nördlich, A 345/A 303) über **Amesbury** (10 M; große normannische Abteikirche; umfangreiche Erdschanze eines prähistorischen Forts). **Stonehenge,** im 2. Jahrtausend vor Chr. errichtet und eine der großartigsten Kultstätten dieser Art in Europa, besteht aus einer Gruppe konzentrischer Steinringe aus über 4 m hohen Monolithen. Der äußere Ring, zum Teil mit Decksteinen verbunden, mißt 30 m im Durchmesser. Der innere Ring, mit 24 m Durchmesser, besteht aus Steinmonolithen, die von dem ca. 200 km entfernten Südwales über Land herbeigeschafft wurden. Orientierung und Anordnung der Steine wurde vermutlich nach astronomischen Erscheinungen bestimmt (täglich geöffnet, Eintrittsgebühr). Nach Norden erstreckt sich das wellige, baumlose Moor- und Heideland der **Salisbury Plain,** das als Truppenübungsgelände dient. – Nach **Breamore** (spr. Bremmer; 9 M südlich, Abzweigung von der A 338); in der Ortschaft eine unverändert erhaltene normannische Kirche mit frühen sächsischen Inschriften, und **Breamore House** aus dem 16. Jh. (täglich außer montags und freitags, April bis Sept., 14 bis 17 Uhr, Eintrittsgebühr).

Unterkunft in Salisbury:

Hotels:	Tel.	Zimmer
White Hart	2 74 76	72
Red Lion	2 27 88	63
Conty	60 88	40
Cathedral	2 29 93	33
Rose an Crown	2 79 08	28
King's Arms	2 76 29	15

In Shaftesbury:

Hotels:	Tel.	Zimmer
Grosvenor	22 82	48
Royal Chase	33 55	14

In Amesbury:

Hotels:	Tel.	Zimmer
Famous George	21 08	24
Antrobus Arms	31 63	19

Jugendherbergen: 2 Crane Street, Cranborne, Tel. 0 72 54/2 85, 42 B. – Milford Hill House, Milford Hill, Tel. 07 22/2 75 72, 72 B.

SALOP (D 4), 3450 qkm, 355 000 Einw. Binnengrafschaft an der Grenze nach Wales. Hauptstadt **Shrewsbury** (s. dort). Nach Abzug der Römer erlebte die Landschaft eine stürmische Geschichte in einer Folge von Überfällen, Grenzgefechten und Scharmützeln entlang ihrer gebirgigen Grenze. Der *Severn,* Englands längster Fluß (345 km), teilt sie in zwei Hälften, in Hügelland mit Schafweiden im Süden und eine flache, fruchtbare Seenplatte im Norden. Der südöstliche Teil, an das ausgedehnte städtische Siedlungsgebiet von *Birmingham* grenzend, entwickelte sich als eines der frühesten Industriegebiete Englands mit großen Kohle- und Erzbergwerken. **Oswestry** im Nordwesten war jahrhundertelang Grenzfeste gegen Wales. Weitere bedeutende Zentren sind das alte **Market Drayton,** die Marktstadt **Wellington,** die Teppichstadt **Bridgnorth** und das malerische **Ludlow** (s. dort).

SCARBOROUGH (F 2), Grafsch. North Yorkshire, 40 m, 44 400 Einw. Das älteste Seebad Großbritanniens an der Nordsee, aus einem Heilbad hervorgegangen. Ein burggekrönter Felsvorsprung trennt die beiden weitgeschwungenen Sandbuchten, das ruhig-gesetztere *North Bay* und das betriebsam-populäre *South Bay,* mit seinen vielen Amüsements und Vergnügungsstätten.

Auskunft: Tourist Information Centre, St. Nicholas Cliff, Tel. 7 22 61

Tel.-Vorwahl: 07 23

Verkehr: Endpunkt der A 64 von Leeds. – Bahnstation.

Sehenswert: Auf dem Felsvorsprung zwischen *North Bay* und *South Bay* die Ruinen von **Scarborough Castle** (12. Jh.) und einer römischen Signalstation. Unterhalb davon **St. Mary's Church** (12. Jh.); auf dem Friedhof das Grab der Schriftstellerin Anne Brontë. – *South Bay:* Alter **Hafen** und **Fischmarkt.** – **The Crescent,** eine in elegantem Bogen geschwungene Straße, mit **Wood End Museum** (naturgeschichtliche Sammlung) im ehemaligen Heim der Literatenfamilie Sitwell; **Londesborough Lodge,** Scarboroughs Stadtmuseum; **Art Gallery,** Gemäldesammlung (täglich 10 bis 17 Uhr, sonntags ab 14 Uhr). – **Scarborough Museum,** Vernon Road, regionale archäologische Sammlung (wie oben). – Schöne **Parks** und **Gartenanlagen** in South Bay (insbesondere *South Cliff Gardens* mit schöner Aussicht) und North Bay.

Baden: Sandstrand; Freibäder am Meer, davon eines beheizt; Hallenbad.

Sport: Rudern, Tennis, Golf, Bowling, Reiten, Angeln.

Ausflüge: Nach **Malton** (23 M südwestlich, A 64), einer Marktstadt (4000 Einw.) an der Stätte einer römischen Siedlung. Zwei Kirchen aus dem 12. Jh.; im Museum römische Sammlung. 1 M nördlich, in **Old Malton,** schließt die Kirche große Teile einer ehemaligen Priorei aus dem 12. Jh. ein. – Nach **Pickering** (17 M westlich, A 170), einer kleinen Marktstadt (4500 Einw.) am Rand des ländlichen *Vale of Pickering;* nördlich beginnt der *York Moors National Park* (s. Nationalparks). In der Ortschaft eine Burgruine aus dem 14. Jh., und Wandgemälde aus dem 15. Jh. in der Kirche. 4 M südwestlich liegt **Kirby Misperton,** mit einem Flamingopark (täglich geöffnet, Eintrittsgebühr). Die Eisenbahnstrecke von Pickering nach **Grosmont** wurde 1836 von George Stephenson erbaut; sie ist heute in Privatbesitz (Ausflugsfahrten im Sommer). – Nach **Filey** (7 M südöstlich, A 165), einem kleinen Seebad und Golfzentrum mit einem von Klippen geschützten Sandstrand. Kirche aus dem 11 bis 13. Jh. – Nach **Ravenscar** (5 M, Abzweigung von der A 171), Ferienort auf hohen Klippen, einst eine römische Signalstation, im Hintergrund Moor- und Heideland. Ausgangspunkt des Fernwanderwegs **Lyke Wake Walk** (65 km, markiert), der quer durch die *Yorkshire Moors* nach **Osmotherley** führt.

Unterkunft in Scarborough:

In Scarborough und Umgebung gibt es ca. 25 Hotels mit über 1500 Zimmern und zahlreiche Pensionen.

Jugendherbergen: Derwent Bank, Malton, Tel. 06 53/20 77, 74 B. – Burniston Road, Scarborough, Tel. 07 23/6 11 76, 70 B. – Fridaythorpe, Thixendale, Malton, Tel. Driffield 03 77/8 82 38, 16 B.

SHEFFIELD (E 3), Grafsch. South Yorkshire, 35 m, 561 500 Einw. Hauptstadt der Grafschaft und Universitätsstadt in schöner Lage am Rand des *Peak District National Park.* Die Stadt ist weltweit berühmt für die Erzeugung hochwertigen Stahls. Weitsichtige moderne Stadtplanung verändert das Bild der alten Industriestadt.

Auskunft: Tourist Information Service, Central Library, Surrey Street, Tel. 43 47 60.

Tel.-Vorwahl: 07 42

Verkehr: A 61 Derby – Leeds. – Bahnstation.

Sehenswert: **Cathedral Church of St. Peter and St. Paul;** der spätgotische Bau von 1435 steht auf den Grundmauern einer Kirche aus dem 12. Jh. – **Beauchief Abbey,** Abbey Lane, gegr. 1175. Die Ruine umfaßt den Westturm und die Grundmauern der ehemaligen Klosteranlage; die heutige **St. Thomas of Canterbury Church** wurde im 17. Jh. mit den Steinen der Klosterkirche gebaut. – **Cutlers' Hall,** Church Street, Zunftgebäude der Messerschmiede, das dritte an dieser Stelle, 1832 erbaut. – **Central Library,** im Obergeschoß die bedeutende Kunstsammlung der **Graves Art Gallery** (10 bis 20 Uhr, sonntags 14 bis 17 Uhr). – **City Museum,** Weston Park, besonders interessant die einmalige Sammlung Sheffielder und europäischen Tafelgeschirrs und -bestecks aus fünf Jahrhunderten und die umfangreiche Ausstellung des berühmten *Sheffield Plate,* das seit 1742 nach dem hier entwickelten Versilberungsverfahren hergestellt wird (montags bis samstags 10 bis 17 Uhr, sonntags ab 11 Uhr). – **Abbeydale Industrial Hamlet,** Abbeydale Road South (4 M vom Zentrum), Industriemuseum, Schmiedehandwerk des 18. Jh. (geöffnet wie oben).

Baden: Hallen- und Freibäder.

Sport: Golf, Tennis.

Unterhaltung: Crucible Theatre, Norfolk Street (Schauspiel).

Ausflüge: Nach **Doncaster** (18 M nordöstlich, A 630), Kohlebergbau- und Maschinenbauzentrum (83 000 Einw.), eine Gründung der Römer. Es ist ein Zentrum für Pferderennen seit dem Jahr 1615; Englands ältestes klassisches Pferderennen, das 1778 etablierte *St. Leger,* findet hier alljährlich in der zweiten Septemberwoche statt. Über **Rotherham** (6 M; römisches Museum in einem Herrenhaus aus dem 18. Jh.) und **Conisborough** (14 M; Normannenburg aus dem 12. Jh.). – Nach **Worksop** (16 M südöstlich, A 57), einer kleinen Fabrikstadt (30 000 Einw.) am Rand des als **»Dukeries«** bezeichneten Gebiets, ausgedehnte Ländereien mit Adelssitzen, Schlössern und großen Parks, früher zeitweise Sitz von vier Herzögen. In **Worksop** sind die umfangreichen Ruinen einer Priorei aus dem 12. Jh. erhalten. – **Hardwick Hall** (12 M südöstlich, A 61/A 617), elisabethanisches Herrenhaus mit bedeutender Kunstsammlung (täglich außer montags und dienstags, April bis Okt., 13 bis 18 Uhr, Eintrittsgebühr). 3 M nördlich die Ortschaft **Bolsover** mit normannischer Burg, die im 17. Jh. durch Wohnflügel erweitert wurde (täglich geöffnet, Eintrittsgebühr). – **Castle-**

ton (s. Buxton; 21 M südwestlich, A 625), interessantes Städtchen und Ausgangspunkt für die Besichtigung der Peak-Höhlen. Von dem etwa 5 M nördlich gelegenen **Edale** führt ein Wanderweg zum 660 m hohen **Kinder Scout,** dem höchsten Berg des High Peak im Peak District National Park (s. auch Nationalparks).

Unterkunft in Sheffield:

Hotels:	Tel.	Zimmer
Hallam Tower, Mancester Road	68 60 31	135
Grosvenor House, Charter Square	2 00 41	102
Rutland	66 52 15	101
Royal Victoria, Victoria Station Road	7 88 22	64
Alpha, 21/23 Montgomery Road	5 43 63	24

In Doncaster:

Hotels:	Tel.	Zimmer
Danum	6 22 61	71
Earl of Doncaster	6 13 71	46
Punch's	5 52 55	25

In Rotherham:

Hotels:	Tel.	Zimmer
Brentwood	27 72	21

In Worksop:

Hotels:	Tel.	Zimmer
Lion	21 79	13
Ashley	26 21	6

In *Bolsover* keine Hotels.

Jugendherbergen: Castleton Hall, Castleton, Tel. Hope Valley 04 33/ 2 02 35, 80 B.

SHREWSBURY (spr. Schros-; D 4), Grafsch. Salop, 49 m, 84 000 Einw. Hauptstadt der Grafschaft und ehemalige Grenzfeste an der Grenze nach Wales, in einer weiten Flußschleife des *Severn* gelegen, in der schon im 5. Jh. eine sächsische Siedlung bestand. Sie ist eine der berühmtesten Schulstädte des Landes, mit schönem alten Stadtbild aus der Tudorzeit.

Auskunft: Tourist Information Bureau, The Square, Tel. 5 20 19.
Tel.-Vorwahl: 07 43
Verkehr: A 458 Birmingham – Welshpool. – Bahnstation.

Sehenswert: Die **Burg** aus dem 13. Jh., an der engsten Stelle der Flußschleife erbaut (montags bis samstags 9 bis 17 Uhr, im Sommer auch sonntags nachmittags, Eintrittsgebühr). – Gegenüber dem Burgeingang **Museum** und **Library,** im ehemaligen Schulgebäude (17. Jh.) der **Shrewsbury School,** die, 1552 gegründet, noch heute zu den berühmtesten Public Schools zählt. – **St. Mary's Church,** St. Mary Street, 970 gegründet, wertvolle Glasfenster aus dem 14. Jh. In der Nähe der Fachwerkbau **Draper's Hall** und **Jones's Mansion.** – Am gegenüberliegenden Flußufer die aus rotem Sandstein erbaute **Abbey Church** mit imposantem gotischem Turm und bedeutenden normannischen Bauteilen. Von den Kostergebäuden der ehemaligen Abtei ist nur noch wenig erhalten. – Shrewsburys reizvolle alte Straßen und Fachwerkhäuser: *High Street,* mit **Ireland's Mansion** (1580) und **Owen's Mansion** (1592); *The Square,* mit der elisabethanischen **Old Market Hall** (1596); *Fish Street* und *Butcher Row* mit Häusern aus dem 15. Jh. – **Rowley's Mansion** (1618), Bridge Street, mit Museum der römischen Ausgrabungsstätte *Viroconium* (montags bis samstags 10 bis 17 Uhr). – **The Mount,** Frankwell, Geburtshaus von Charles Darwin (1809–1882).

– **The Quarry,** attraktive Parkanlagen am Fluß; darüber die klassizistische Rundkirche **New St. Chad's** (1792).

Baden: Hallenbad.

Sport: Angeln, Rudern, Golf, Tennis.

Veranstaltungen: Musical and Floral Fête, im Quarry Park, drittes Wochenende im August.

Ausflüge: Nach **Llangollen** (29 M nordwestlich, A 5), über die alten Grenzstädte **Oswestry** (18 M) und **Chirk** (23 M; Kirche 15. Jh.; *Chirk Castle* 1 M westlich, 11. bis 14. Jh.). **Llangollen,** kleine Fabrikstadt (3000 Einw.; Flanell, Gerbereien) im attraktiven engen Flußtal des *Dee* vor dessen Austritt aus den Waliser Bergen und von einer Brücke aus dem 14. Jh. überspannt. *St. Collen's Church* stammt aus dem 14. bis 15. Jh. Im Südosten liegt der Landsitz **Plas Newydd,** Fachwerkhaus aus dem 16. Jh., ehem. Wohnung (1778–1731) der als »Ladies of Llongollen« bekannt gewordenen Damen, die ihr Leben der Freundschaft und Ehelosigkeit gewidmet hatten (täglich geöffnet 11 bis 16 Uhr, Mai–Sept., Eintrittsgebühr). Llangollen ist der Schauplatz des alljährlichen internationalen *Eisteddfod* (Juli), eines Musik-, Chorgesang- und Volkstanzfestivals. Auf einer Anhöhe über dem Flußtal die Burgruine von **Castell Dinas Bran** aus dem 13. Jh. (Aussichtspunkt); nördlich davon erstreckt sich eine 6 km lange hohe Kalksteinfelswand. 2 M nordwestlich der Stadt die umfangreichen Ruinen der **Valle Crucis Abbey** aus dem 13. Jh. (täglich 10 bis 16 Uhr, sonntags ab 14 Uhr, Eintrittsgebühr). – **Wroxeter** (6 M südöstlich, A 5), Ruinen der im 4. Jh. verlassenen Römerstadt *Uriconium.* 4 M östlich ragt aus der Ebene der bewaldete, erloschene Vulkan **»The Wrekin«** (430 m, Aussichtspunkt; Aufstieg von *Wellington).* – **Much Wenlock** (12 M südöstlich, A 458); in der Ortschaft eine normannische Kirche, ein mittelalterliches Zunfthaus und die Ruinen einer Abtei aus dem 11. Jh. (täglich geöffnet; Eintrittsgebühr). 3 M nördlich, am *Severn River,* die Ruinen der Zisterziensergründung **Buildwas Abbey** aus dem 12. Jh. 4 M nordöstlich liegt die Ortschaft **Ironbridge,** das Zentrum eines Kohlereviers, mit der ersten Gußeisenbrücke der Welt (1774) und einem Technischen Museum (täglich montags bis samstags 10 bis 17 Uhr). – **Haughmond Abbey** (3 M nordöstlich), Ruinen einer Augustinerpriorei, 12. Jh. (täglich geöffnet, Eintrittsgebühr). – **Church Stretton** (13 M südlich, A 49), ein beliebter Kurort (200 m Höhe) mit Kirche des 11. bis 13. Jh. Im Westen erhebt sich der mit Gras und Heide bedeckte Hügelrücken des **Longmynd,** der gute Wanderwege und schöne Ausblicke bietet (Eigentum des National Trust). – **Montgomery** (22 M südwestlich, B 4386), auf Waliser Boden 1 M nach der Grenze liegend, eine altertümliche Stadt mit zahlreichen Häusern aus georgianischer Zeit. Die Burg, in praktisch unerstürmbarer Lage, stammt aus dem 13. Jh. – **Welshpool** (19 M westlich, A 458), Landwirtschaftszentrum am *Severn River* in Wales. Kirche zum Teil 14. Jh. 1 M südlich **Powis Castle,** 13. bis 14. Jh., im 17. Jh. umgebaut, mit kunstvoll angelegtem Schloßpark (täglich außer montags und dienstags, Juni bis Sept., Eintrittsgebühr).

Unterkunft in Shrewsbury:

Hotels:	Tel.	Zimmer
Prince Rupert	5 24 61	66
Lion	5 31 07	64
Radbrook Hall	48 61	31
Beauchamp	32 30	24

Hotels:	Tel.	Zimmer
Britannia	61246	20
Abbey Gardens	56538	18
Lord Hill	52601	17

In Llangollen:

Hotels:	Tel.	Zimmer
Hand	2303	60
Royal	860202	39
Bryn Howel	860331	38
Chain Bridge	2215	24

In Church Stretton:

Hotels:	Tel.	Zimmer
Longmynd	2244	56
Stretton Hall	3224	12

In Montgomery:

Hotels:	Tel.	Zimmer
Dragon	359	10

In Welshpool:

Hotels:	Tel.	Zimmer
Royal Oak	2217	20

In *Wroxeter* und *Much Wenlock* keine Hotels.

Jugendherbergen: Bridges, Ratlinghope, Tel. Linley 058861/656, 38 B. – Tyndwr Hall, Birch Hill, Llangollen, Tel. 0978/860330, 141 B. – The Woodlands, Abbey Foregate, Tel. 0743/56397, 100 B. – Wilderhope Manor, Easthope, Much Wenlock, Tel. Longville 06943/363, 50 B.

SKIPTON (D 3), Grafsch. North Yorkshire, 12400 Einw. Eine hübsche alte Marktstadt mit breiter Hauptstraße und Hauptort des landschaftlich schönen *Craven District,* dicht am Kamm der *Pennines.* Im 18. und 19. Jh. gelangte die Stadt zu Wohlstand durch den Bau zweier großer technischer Errungenschaften dieser Zeit, des *Liverpool-Leeds-Kanals* und der Eisenbahnlinie von Settle nach Carlisle. Heute ist sie ein beliebtes Tourenzentrum am Rand des *Yorkshire Dales National Park.*

Auskunft: Tourist Information, Council Offices, Granville Street, Tel. 2304.

Tel.-Vorwahl: 0756

Verkehr: A 59 Preston – Harrogate. – Bahnstation.

Sehenswert: **Skipton Castle.** Die alte Normannenburg wurde nach dreijähriger Belagerung im Bürgerkrieg geschleift und drei Jahre später, 1655, neu aufgebaut. – **Craven Museum,** prähistorische und historische Sammlung des Craven District; interessante geologische Sammlung und Arbeitsgeräte aus den Bleibergwerken der Umgebung (täglich außer dienstags 13.30 bis 17 Uhr, samstags 13 bis 16 Uhr). – **High Corn Mill** bei der Mill Bridge über den *Spring Canal,* restaurierte Getreidemühle aus dem 13. Jh. (sonntags 12 bis 18 Uhr).

Baden: Hallenbad.

Sport: Tennis, Golf, Angeln, Paddeln.

Ausflüge: **Grassington** (10 M nördlich), charakteristisches Dale-Dorf am *Warfe River* und Touristenzentrum für Ausflüge in den *Yorkshire Dales National Park* (s. Nationalparks) mit seinen reizvollen Flußtälern; Ausgangspunkt für *Craven Dales.* – **Malham** (11 M nordwestlich, Abzweigung von der A 65), malerisches Dorf und Tourenzentrum für den Yorkshire Dales National Park, umgeben von hügeligem Moor- und Heideland. 1 km nördlich (Fußweg markiert *»Pennine Way«)* **Malham Cove,** ein felsiges Amphitheater mit 100 m hohen Wänden, in dem der *Aire River* entspringt. Der Fußweg führt weiter nördlich (1 Std.) zum **Malham Tarn,** einem einsamen Moorsee mit Naturforschungsstation. – Nach **Settle** (15 M nordwestlich, A 65), einer kleinen Marktstadt am *Ribble,* zum Teil aus dem 17. und 18. Jh. Die Umgebung ist geologisch hochinteressant, und das ausgezeichnete Museum ist diesem

Thema gewidmet. Von den zahlreichen natürlichen Höhlen dieser Gegend ist am leichtesten zugänglich **Victoria Cave** (3 M nordöstlich), in der Spuren menschlicher Behausung von der mesolithischen bis zur römischen Epoche gefunden wurden. **Giggleswick,** am gegenüberliegenden Flußufer, besitzt eine 1512 gegründete Public School und eine bemerkenswerte Kapelle aus dem frühen 20. Jh. 2 M nördlich liegt die Ortschaft **Stainforth** mit einer Brücke aus dem 17. Jh. 2 M östlich der 30 m hohe Wasserfall **Scaleber Force.** – **Bolton Abbey** (6 M östlich, A 59/ B 6160), Klosterruine einer Augustinergründung aus dem 12. bis 15. Jh. am Ufer des *Wharfe,* der hier mittels einer langen Reihe von Trittsteinen überquert werden kann. Im Norden das landschaftlich reizvolle Waldgebiet *Bolton Woods* über dem Fluß (täglich geöffnet von 10 Uhr bis Dunkelheit, Eintrittsgebühr).

In *Skipton* keine Hotels.

Unterkunft in Settle:

Hotels:	Tel.	Zimmer
Royal Oak	25 61	6

SNOWDONIA NATIONAL PARK s. Nationalparks.

SOMERSET (C/D 5), 3452 qkm, 402 000 Einw. Südwestenglische Grafschaft an der Südküste des *Bristol Channel.* Hauptstadt **Taunton** (s. dort). Funde vorgeschichtlicher Seebehausungen in der Zentralebene Somersets deuten darauf hin, daß dieser Landstrich von den frühesten Siedlungsstämmen Englands bewohnt war; ebenso weisen die **Mendip Hills,** die diese Ebene nördlich umschließen, zahlreiche Höhlen und Spuren prähistorischer Siedlungen auf. Im Westen liegt das Landschaftsschutzgebiet des **Exmoor National Park** (s. Nationalparks). Es ist ein reiches Landwirtschaftsgebiet, dessen mittelalterlicher Wohlstand sich an den vielen historischen Gebäuden seiner Städte ablesen läßt. Am westlichen Küstenabschnitt liegen einige kleinere Ferienorte; der Mittelabschnitt der Küste ist flach und marschig, mit der einst bedeutenden Hafenstadt **Bridgwater** an der Spitze eines seichten Meeresarms einige Kilometer landeinwärts. Weitere bedeutende Zentren sind die Marktstädte **Chard, Yeovil** (s. dort) und **Frome** und die alte Kathedralenstadt **Wells** (s. dort).

SOUTHAMPTON (E 6), Grafsch. Hampshire, 30 m, 213 000 Einw. Historische Hafenstadt, modernes Industrie- und Verwaltungszentrum und einer der wichtigsten englischen Häfen für die Transatlantik-Schifffahrt. Ihre Entwicklung zum Hafen verdankt sie der ungewöhnlichen Erscheinung von doppelten Gezeiten, die mit zwei Fluten am Tag ihre Docks fast immer für Verschiffung zugänglich machen sowie ihrer geschützten Lage in der tiefen Bucht von *Southampton Water,* die ihrerseits im Schutz der vorgelagerten *Isle of Wight* liegt.

Auskunft: Tourist Information Centre, Canute Road, Tel. 2 04 38, und Above Bar Street, Tel. 2 38 55 (6 95).

Tel.-Vorwahl: 07 03

Verkehr: A 31 Winchester – Bournemouth. – Bahnstation. – Autofähren zur Isle of Wight, nach Cherbourg, Le Havre, Lissabon. – Flugverbindungen nach Paris, Channel Islands, London, Exeter. – Übersee-Linienschiffe über Cherbourg.

Sehenswert: **Civic Centre** mit **Art Gallery,** bedeutende Gemäldesamm-

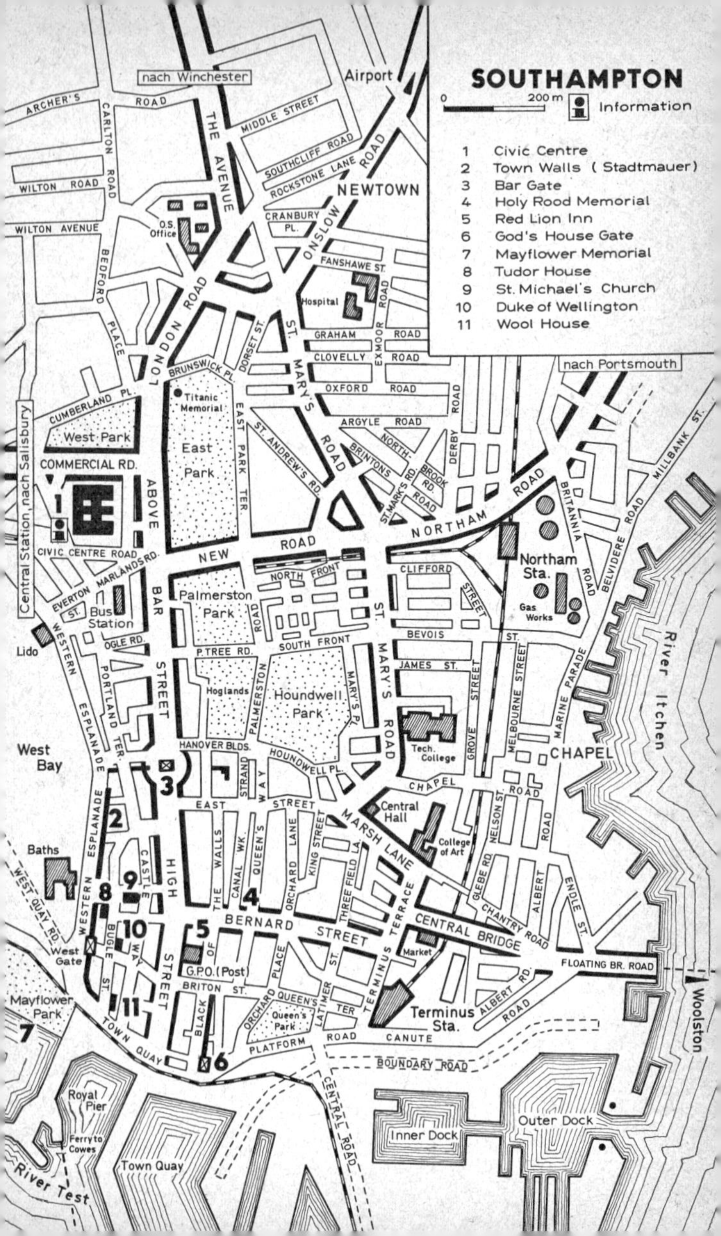
SOUTHAMPTON
0
200 m
Information
1 Civic Centre
2 Town Walls (Stadtmauer)
3 Bar Gate
4 Holy Rood Memorial
5 Red Lion Inn
6 God's House Gate
7 Mayflower Memorial
8 Tudor House
9 St. Michael's Church
10 Duke of Wellington
11 Wool House
nach Winchester
Airport
nach Portsmouth
Central Station, nach Salisbury
ARCHER'S ROAD
CARLTON ROAD
WILTON ROAD
WILTON AVENUE
BEDFORD PLACE
THE AVENUE
MIDDLE STREET
SOUTHCLIFF ROAD
ROCKSTONE LANE
ONSLOW ROAD
NEWTOWN
CRANBURY PL.
O.S. Office
LONDON ROAD
FANSHAWE ST.
Hospital
EXMOOR ROAD
GRAHAM ROAD
CLOVELLY ROAD
OXFORD ROAD
ARGYLE ROAD
DORSET ST.
BRUNSWICK PL.
ST. MARY'S ROAD
CUMBERLAND PL.
West Park
Titanic Memorial
East Park
EAST PARK TER.
ST. ANDREW'S RD.
BRINTONS ROAD
NORTHBROOK RD.
ST. MARK'S RD.
DERBY ROAD
COMMERCIAL RD.
ABOVE BAR
CIVIC CENTRE ROAD
MARLANDS RD.
EVERTON ST.
Bus Station
NEW ROAD
NORTHAM ROAD
BRITANNIA ROAD
MILLBANK ST.
BELVIDERE ROAD
Northam Sta.
Gas Works
CLIFFORD STREET
NORTH FRONT
Palmerston Park
SOUTH FRONT
BEVOIS ST.
JAMES ST.
Lido
WESTERN ESPLANADE
PORTLAND TER.
OGLE RD.
BAR STREET
P. TREE RD.
Hoglands
PALMERSTON ROAD
Houndwell Park
MARY'S PL.
ST. MARY'S ROAD
GROVE STREET
MELBOURNE STREET
MARINE PARADE
River Itchen
Tech. College
West Bay
HANOVER BLDS.
HOUNDWELL PL.
CHAPEL
CHAPEL ROAD
3
EAST STREET
MARSH LANE
Central Hall
2
College of Art
NELSON ST.
GLEBE RD.
ALBERT ROAD
ENDLE ST.
Baths
WEST QUAY RD.
THE WALLS
CANAL WK.
QUEEN'S WAY
ORCHARD LANE
KING STREET
THREE FIELD LA.
STRAND
CASTLE
HIGH STREET
9
8
4
TERRACE
CHANTRY ROAD
BERNARD STREET
CENTRAL BRIDGE
10
BUGLE ST.
5
OF
West Gate
Market
FLOATING BR. ROAD
G.P.O. (Post)
BRITON ST.
ORCHARD PLACE
ST.
TERMINUS TER.
LATIMER
ALBERT RD.
ROAD
11
QUEEN'S
Queen's Park
Terminus Sta.
Woolston
Mayflower Park
7
TOWN QUAY
BLACK
PLATFORM ROAD
CANUTE ROAD
6
BOUNDARY ROAD
Royal Pier
CENTRAL ROAD
Inner Dock
Outer Dock
Ferry to Cowes
Town Quay
River Test

lung. – Reste der **Stadtmauer;** der ursprünglich normannische Stadtwall wurde im 14. Jh. neu aufgebaut und verstärkt und besaß sieben Haupttore. Besonders gut erhalten ist die Westseite mit schönen Arkaden entlang der *Western Esplanade* zwischen *Westgate* und *Arundel Tower.* Hinter dem Arundel Tower Spuren der alten Burgmauer – In der High Street: **Bar Gate,** jetzt Zentrum der Altstadt, das ehemalige Nordtor, später Rathaus und Gefängnis, heute Museum (10 bis 17 Uhr, sonntags 14.30 bis 16.30 Uhr). **Holy Rood Memorial,** im Zweiten Weltkrieg zerstörte Pfarrkirche, jetzt Kriegerdenkmal der Handelsmarine. **Red Lion Inn,** altes Gasthaus mit normannischem Keller. Normannisches Kaufmannshaus und Überreste des **Water Gate** an der Einmündung in den Town Quay. – Vom *Town Quay* östlich zum **God's House Tower** und **Gate,** mit Resten der Stadtmauer. Der Turm beherbergt das archäologische Museum (wie oben). – Vom Town Quay westlich zum *Royal Pier,* **Mayflower Park** und Memorial. – In der Bugle Street: **Tudor House,** schöner Fachwerkbau (1510–1518) mit Stadtmuseum (wie oben), hübscher Garten. Anschließend ein normannisches Kaufmannshaus, 12. Jh. – **St. Michael's Church,** St. Michael's Square, 12. Jh., im 19. Jh. stark renoviert. – Das alte Gasthaus, the **Duke of Wellington** (ca. 1490). – **Wool House** (14. Jh.) mit **Maritime Museum** (wie oben).

Baden: Hallen- und Freibäder

Sport: Wassersport, Angeln, Golf, Tennis.

Ausflüge: Nach **Romsey** (9 M nordwestlich, A 3057), einer kleinen Stadt am *Test River* (10 000 Einw.); die große Pfarrkirche aus dem 12. Jh. ist die Nachfolgerin eines Benediktinerinnenklosters aus dem 9. Jh. Östlich der Kirche **King John's Hunting Box,** ein Jagdschloß aus dem 13. Jh. Wandgemälde aus der Tudorzeit im White Horse Hotel. In **East Wellow,** 3 M westlich befindet sich das Grab von Florence Nightingale (1820–1910). – Nach **Lymington** (20 M südwestlich, A 35/A 337) über **Lyndhurst** (12 M; Zentrum des *New Forest National Park;* s. unter Nationalparks) **Lymington,** alte Hafenstadt und beliebtes Segelzentrum am Eingang zur 6 km breiten Meerenge von *Solent* zwischen dem Festland und der *Isle of Wight.* 4 M südwestlich das kleine Seebad **Milford-on-Sea.** Von hier erstreckt sich eine schmale, 4 km lange Kiesbank über die Einfahrt zum *Solent,* mit einer Burg aus dem 16. Jh., **Hurst Castle,** als Schlußpunkt (täglich 10 bis 16 Uhr, Eintrittsgebühr). – Nach **Beaulieu** (spr. Bewly; 18 M südwestlich, A 326/B 3054); Ruinen einer reichen Zisterzienserabtei aus dem 13. Jh., *Palace House,* 17. Jh., **National Motor Museum** (alle täglich geöffnet, April bis Okt. 10 bis 18 Uhr, Eintrittsgebühr). – Nach **Netley** (3 M südwestlich, Abzweigung von der A 3025) mit den malerischen und umfangreichen Ruinen eines Zisterzienserklosters (täglich geöffnet 10 bis 16 Uhr, sonntags ab 14 Uhr, Eintrittsgebühr).

Unterkunft in Southampton:

Hotels:	Tel.	Zimmer
Post House, Herbert Waker Avenue	2 80 81	132
Polygon, Cumberland Place	2 64 01	119
Royal, Cumberland Place	2 34 67	105
Dolphin, High Street	2 61 78	72
Albany, 2 Winn Road	55 45 53	50
Cotswald,		

Hotels:	Tel.	Zimmer
Highfield Lane	55 95 55	48
Berkeley, Cranbury Terrace	2 35 11	41
Wessex, Northlands Road	3 17 44	36
St. Regulus, 5 Archers Road	2 42 43	32

In Romsey:

Hotels:	Tel.	Zimmer
White Horse	51 24 31	35

In Lymington:

Hotels:	Tel.	Zimmer
Passford House, Sway	23 98	40
Angel	20 50	18
Stanwell House	44 88	15

In Beaulieu:

Hotels:	Tel.	Zimmer
Montagu Arms	61 23 24	22

Jugendherbergen: 461 Winchester Road, Bassett, Tel. 07 03/6 96 07, 59 B.

SOUTHEND-ON-SEA (G 5), Grafsch. Essex, 20 m, 162 000 Einw. Eines der populärsten Seebäder Englands, am Nordufer des Themse-Ästuars bei seiner Einmündung ins Meer Ursprünglich ein winziger Badeort unterhalb der alten Ortschaft **Prittlewell,** breitete es sich rasch aus und überwucherte nicht nur seine eigenen ursprünglichen Anfänge, sondern auch vier weitere Ortschaften der Umgebung. Seine Feriengäste sind vorwiegend Tagesausflügler von London, für deren Zerstreuung eine Vielfalt von Vergnügungs- und Unterhaltungsmöglichkeiten geboten wird, unter anderem der längste Pier der Welt (2,5 km) mit einer eigenen elektrischen Eisenbahn.

Auskunft: Tourist Information Centre, Victoria Avenue, Tel. 4 94 51 (2 28), und Information Bureau, Pier Hill, Tel. 4 94 51 (5 56).

Tel.-Vorwahl: 07 02

Verkehr: Endpunkt der A 13 von London. – Bahnstation. – Flughafen (Autoflugfähren von Oostende und Rotterdam).

Sehenswert: **Prittlewell Priory,** gegründet 1110, mit Museum und Park (täglich 11 bis 18 Uhr, sonntags ab 15 Uhr). – **Hadleigh Castle** aus dem 14. Jh. – **Southchurch Hall,** 13. Jh. – **Historic Aircraft Museum,** Aviation Way (täglich 10 bis 19 Uhr, im Winter nur an Wochenenden; Eintrittsgebühr).

Baden: Sandstrand, Hallen- und Freibäder

Sport: Segeln, Angeln, Golf, Tennis, Reiten, Bowling.

Ausflüge: **Chelmsford** (18 M nordwestlich, A 130), Hauptstadt von *Essex* (58 000 Einw.) mit Kathedrale aus dem 15. Jh., nach einem Einsturz im Jahr 1800 wieder aufgebaut. Chelmsford war Schauplatz der frühen Rundfunkexperimente Marconis. – **Maldon** (16 M nördlich, nach 8 M Fähre über den *Crouch River),* malerische Hafenstadt und Seebad mit Austernbänken und alten Kirchen. 1 M westlich die Klosterruine **Beeleigh Abbey,** ca. 12. Jh. (geöffnet mittwochs 14 bis 17 Uhr).

Unterkunft in Southend-on-Sea:

Hotels:	Tel.	Zimmer
West Cliff	4 52 47	83
White Friars	4 67 90	30

In der Umgebung:

Hotels:	Tel.	Zimmer
Airport, Southend Airport	54 63 44	130
Conty, Chelmsford	6 69 11	48
Blue Bear, Maldon	5 28 61	25

STAFFORD (D 4), Grafsch. Staffordshire, 70 m, 55 000 Einw. Hübsche alte Stadt, Hauptstadt der Grafschaft, Sitz alteingesessener Schuhfabriken und moderner Elektroindustrie und Zentrum des Staffordshire-Kohlereviers. Nach Osten erstreckt sich das ländlich-liebliche Tal *Vale of Trent*, und im Norden erheben sich die Hochmoore des *Peak District*.

Auskunft: Town Hall, Tel. 31 81.
Tel.-Vorwahl: 7 85
Verkehr: A 34 Birmingham – Stoke-on-Trent. – Bahnstation.

Sehenswert: Die gotische **St. Mary's** Pfarrkirche; an der Westseite die 1954 freigelegten Grundmauern der *St. Bertelin's Chapel* (ca. 1000). – **St. Chad's,** Greengate St., stark renoviert im vergangenen Jh., besitzt normannische Bauteile. – Schöne alte Häuser in Greengate St.: **High House** (1555), **The Swan Hotel** und das ehemalige **Chetwyn House,** jetzt Postamt. – **St. William Salt Library,** heimatkundliches Archiv in einem attraktiven Gebäude aus dem 18. Jh.

Sport: Angeln, Golf, Tennis.

Ausflüge: Nach **Newport** (12 M westlich, A 518), Marktstadt (6000 Einw.) mit Grammar School aus dem 17. Jh. 2 M nordöstlich liegt inmitten von Wald- und Parklandschaft der See **Aqualate Mere,** der sowohl für die Römer wie für die frühen Christen eine Rolle spielte. 3 M südwestlich der Ferienort **Lilleshall** mit schönen Parks und Anlagen und den Ruinen einer Abtei aus dem 12. Jh. (täglich geöffnet, Eintrittsgebühr).

Unterkunft in Stafford:

Hotels:	Tel.	Zimmer
Tillington Hall	5 35 31	63
Vine	5 10 71	23

In Newport:

Hotels:	Tel.	Zimmer
Royal Victoria	81 08 31	21

STOKE-ON-TRENT (D 3), Grafsch. Staffordshire, 120 m, 260 000 Einw. Ein Industriezentrum am Rand des *Peak District National Park* (s. Nationalparks). Das an Eisenerzen, Kohle und Lehmvorkommen reiche Gebiet entwickelte sich im 18. Jh. zu Englands Haupterzeuger und -lieferanten von Steingut. Nachdem der Ausbau einer Kanalverbindung mit dem Seehafen Liverpool den Transport von Porzellanerde aus Südwestengland ermöglichte, erlangte die Stadt ihre heutige Bedeutung als größte Porzellanmanufaktur der Welt. Aus der ursprünglichen Gruppe kleiner Ortschaften, in denen Töpferwaren in Heimarbeit hergestellt wurden, entwickelte sich die größte Fabrikstadt der Grafschaft. Arnold Bennet (1867–1931), der im heutigen Stadtteil **Hanley** geboren wurde, läßt in seinen Romanen ein getreues Bild der Stadt im vergangenen Jahrhundert entstehen. Die großen Porzellanmanufakturen können besichtigt und ihre Erzeugnisse an Ort und Stelle erworben werden.

Auskunft: Tourist Information Service, City Central Library, Bethesda Street, Hanley, Tel. 2 51 08, und Town Hall, Tel. 2 51 08.
Tel.-Vorwahl: 07 82
Verkehr: A 34 Birmingham – Manchester. – Bahnstation.

Sehenswert: **Museum and Art Gallery,** Broad Street, *Hanley;* Porzellan und Keramik aus aller Welt, Skulpturen, Gemälde (täglich 10 bis 18 Uhr, sonntags 14.30 bis 17 Uhr). – **Bennet House,** Waterloo Road 205, *Cobridge;* ehemaliges Wohnhaus des Dichters und Erinnerungsstätte. – **Ford**

Green Hall, Smallthorne, Fachwerkhaus des 16. Jh. mit antiker Einrichtung (täglich außer dienstags und freitags 10 bis 17 Uhr). – **Gladstone Pottery Working Museum,** mit historischen Brennöfen und aus dem 18. und 19. Jh. erhaltenen Werksbauten.

Baden: Hallenbäder.

Sport: Bowling, Tennis, Angeln, Wassersport.

Ausflüge: Nach **Sandbach** (spr. -batch; 12 M nordwestlich, A 50/ A 533), einem altertümlichen Landstädtchen (13 000 Einw.); auf dem Marktplatz zwei sächsische Kreuze. – **Moreton Old Hall** (auch Little Moreton Hall; 8 M nördlich, A 34), ein ausgezeichnetes Beispiel eines elisabethanischen Fachwerkbaus (täglich außer dienstags, März bis Okt., 14 bis 18 Uhr, Eintrittsgebühr).

Unterkunft in Stoke-on-Trent:

Hotels:	Tel.	Zimmer
North Stafford	4 85 01	70

In Sandbach:

Hotels:	Tel.	Zimmer
Saxon Cross Motel	26 36	52
Chimney House	41 41	22

STRATFORD-UPON-AVON (E 4), Grafsch. Warwickshire, 37 m, 20 000 Einw. Wohlhabende Marktstadt und berühmte Geburtsstadt Shakespeares am *Avon,* mit schönen alten Fachwerkhäusern und zahlreichen Erinnerungsstätten.

Auskunft: Tourist Information Bureau, Judith Shakespeare House, 1 High Street, Tel. 31 24, 6 61 75, 6 61 85.

Tel.-Vorwahl: 07 89

Verkehr: A 34 Oxford – Birmingham. – Bahnstation.

Sehenswert: **Shakespeare's Birthplace** (Geburtshaus; geöffnet täglich 9 bis 19 Uhr, im Winter bis 16 Uhr), in der Henley Street, eingerichtet im Stil der damaligen Zeit, mit Museum. Daneben das **Shakespeare Centre,** 1964 eröffnet; öffentliche Bibliotheks- und Studienräume. – **New Place,** Chapel Street; nur noch Garten und Grundmauern von Shakespeares letztem Wohnsitz und Sterbehaus sind erhalten. Man erreicht es durch **Nash's House,** das Stadtmuseum, das vor allem das elisabethanische England zeigt; anschließend **Knott Garden,** die Nachbildung eines elisabethanischen Gartens (sonntags 14 bis 18 Uhr im Sommer). – **The Guild Chapel, Guildhall, Grammar School** und **Almshouse,** Chapel Lane/ Church Street, reizvoller geschlossener mittelalterlicher Gebäudekomplex, bestehend aus der Zunftkapelle (13. und 15. Jh.), Zunfthaus und Armenhaus (1416–1418); ersteres wurde später Grammar School (die vermutlich Shakespeare zu ihren Schülern zählte), letzteres Altersheim. – **Hall's Croft,** Old Town, schönes Fachwerkhaus mit Stilmöbelsammlung und bezauberndem Garten (montags bis samstags 9 bis 18 Uhr, im Winter 14 bis 16 Uhr). – **Holy Trinity Church;** in der gotischen Kirche befindet sich Shakespeares Grabstätte. – **Harvard House,** High Street, 1596 erbaut, seit 1909 Eigentum der Harvard University. Der Gründer der berühmten amerikanischen Universität stammt mütterlicherseits vom Baumeister des schönen Fachwerkhauses ab. – **Anne Hathaway's Cottage,** Shottery (2 km westlich), strohgedecktes Bauernhaus mit reizvoll rustikalem Garten, das Elternhaus von Shakespeares Ehefrau. Bäuerliches Interieur aus Familienbesitz (sonntags 10 bis 18 Uhr, im Winter 13.30 bis 16.30 Uhr). – **Clopton Bridge,** mittelalterliche

Steinbrücke. – **Royal Shakespeare Theatre,** 1934 eröffnet.

Baden: Hallenbad, Bridgeway.

Sport: Angeln, Golf, Tennis, Rudern, Reiten.

Veranstaltungen: Royal Shakespeare Theatre, Shakespeare-Aufführungen von April bis Nov. (Tel. 22 71-2).

Ausflüge: **Mary Arden's House,** Wilmcote (3 M nördlich). Mary Arden war Shakespeares Mutter. Ihr Geburtshaus, ein Bauernhaus aus der Tudorzeit, enthält ein bäuerliches Museum. – **Upton House** (12 M südöstlich, A 422), ein Herrenhaus aus dem 17. bis 18. Jh. auf der Anhöhe **Edge Hill** (220 m) erbaut, auf der die erste Schlacht des Bürgerkrieges (1642) geschlagen wurde. Bemerkenswerte Sammlung holländischer Meister (nur samstags Mai bis Sept 14 bis 18 Uhr, Eintrittsgebühr). 3 M südwestlich das Herrenhaus aus der Tudorzeit **Compton Wynyates,** mit schönem Parkgelände (mittwochs und samstags, April bis Sept. 14 bis 18 Uhr, Eintrittsgebühr). – **Charlecote Park** (4 M östlich, B 4086), elisabethanisches Herrenhaus aus dem 16. Jh., mit Shakespeare verknüpft (täglich außer montags, Mai bis Sept. 11 bis 18 Uhr, Eintrittsgebühr). – Nach **Warwick** (10 M nordöstlich), einer altertümlichen Stadt (18 000 Einw.) auf einer Anhöhe am *Avon River.* Teile der alten Stadtmauer sind erhalten sowie zahlreiche Häuser aus dem 16. und 17. Jh. *St. Mary's Church* mit schönem Interieur. Die gut erhaltene **Burg** stammt aus dem 14. bis 17 Jh.; stilmöblierte Staatsgemächer und Banketthalle (Führungen 10 und 16 Uhr, März bis Okt., Eintrittsgebühr).

Unterkunft in Stratford-upon-Avon:

In Stratford-upon-Avon und Warwick gibt es ca. 20 Hotels mit über 1000 Zimmern und zahlreiche private Fremdenzimmer

Jugendherbergen: Hemingford House, Alveston, Tel. 07 89/28 23, 174 B.

SUFFOLK (G/H 4), 3800 qkm, 570 000 Einw. Östlichste Grafschaft Englands und Teil des flachen, ländlichen und dünn besiedelten Gebietes von *East Anglia,* das sich von der seichten Meeresbucht der *Wash* bis zum Themse-Ästuar erstreckt. Hauptstadt **Ipswich** (s. dort). Im Westen liegen die Ausläufer der *Chiltern Hills,* im Osten die Nordseeküste. Beliebtes Ferien- und Erholungsgebiet, gesäumt von Seebädern, langen einsamen Sandstränden und vielen verzweigten und gewundenen Meeresarmen, ideal für den Segelsport. Die Römer hatten nur wenige Niederlassungen in Suffolk, das erst zwischen dem 5. und 10. Jh. von Sachsen und Dänen erobert und besiedelt wurde. Im Mittelalter wurde das Land durch den Wollhandel reich. Heute ist Suffolk vor allem ein bedeutendes Agrargebiet und führend in England in der Herstellung landwirtschaftlicher Maschinen. Mit den betriebsamen modernen Häfen von **Ipswich, Felixstowe** und **Lowestoft** (s. dort) besitzt es gute Absatzmöglichkeiten. Sehenswert sind die zahlreichen alten Kirchen der Grafschaft, von denen einige noch strohgedeckt sind, viele sind fast unverändert erhalten sowie die stattlichen Herrenhäuser und kunstvollen Parks. **Bury St. Edmunds** (s. dort), das Verwaltungszentrum Westsuffolks, war eine der frühesten Stätten des Christentums in England. **Newmarket,** im äußersten Westen gelegen, ist weltbekannt für seine Pferdezucht und die Ausbildung von Rennpferden. Weitere bedeutende Städte sind **Stowmarket,** ein Landwirtschafts-

und Marktzentrum, und das vor allem für den Angel- und Segelsport bekannte **Beccles.**

SWANSEA (walisisch **Abertawe;** C 5), Grafsch. West Glamorgan (WALES), 190 000 Einw. Hauptstadt der Grafschaft, großer Hafen und moderne Industrie- und Universitätsstadt am *Bristol Channel,* am Ansatzpunkt der wildromantischen, geologisch wie archäologisch interessanten Halbinsel **Gower.** An die Stelle der großen Kupferhütten, die im 19. Jh. den Ruf Swanseas als metallurgisches Zentrum Großbritanniens begründeten, sind Stahl- und Walzwerke, vor allem aber Erdölraffinerien getreten. Bei dem Wiederaufbau nach schwerer Zerstörung im Zweiten Weltkrieg entstanden in der Innenstadt zahlreiche Parks und Grünanlagen. Swansea ist die Heimatstadt des walisischen Dichters Dylan Thomas. **Oystermouth,** oder nach den beiden vorgelagerten Inseln **»Mumbles«** genannt, wurde 1920 eingemeindet; es ist ein beliebtes Seebad und Ferienzentrum.

Auskunft: Tourist Information Welsh Tourist Board, Killay, Tel. 2 76 71; Public Relations Office, The Guildhall, Tel. 5 08 21

Tel.-Vorwahl: 07 92

Verkehr: A 48 Cardiff – Carmarthen. – Bahnstation.

Sehenswert: Die moderne **Guildhall** (1934) mit Gemäldesammlung des Malers Brangwyn. – **Glynn Vivian Art Gallery,** Porzellansammlung. – **Royal Institution of South Wales,** heimatkundlich archäologisches Museum, prähistorische Funde von *Gower* (täglich geöffnet 10 bis 17 Uhr). – Die **Docks,** in der ersten Hälfte des 19. Jh. begonnen (Besichtigung möglich). – *In Mumbles:* **Oystermouth Castle** (13. Jh., teilweise restauriert im 19. Jh., eine der interessantesten Burgen der *Gower-Halbinsel.*

Ausflüge: **Margam Abbey** (11 M südöstlich, A 48), vorbei an *Abbey Steel Mills* (8 M), das größte Stahlwalzwerk Europas. Das Kloster **Margam Abbey** wurde im 12. Jh. gegründet. Westfassade und Stiftshaus (13. Jh.) sind fast unversehrt. – Nach **Neath** (6 M nordöstlich, A 483), Industriestadt (30 500 Einw.) am Eingang zu einem langezogenen idyllischen Tal; früher stand hier ein römisches Fort; Spuren einer Burg aus dem 12. Jh. und einer Abtei aus dem 13. Jh. sind erhalten (täglich 10 bis 17 Uhr, sonntags ab 14 Uhr, Eintrittsgebühr). – **Pen-y-Cae** (20 M nordöstlich, A 4067), Höhlen von über 3 km Länge (täglich geöffnet). 2 M südöstlich der 35 m hohe Wasserfall von **Henrhyd.** – Nach **Llandeilo** (24 M nördlich, A 483), einer kleinen Marktstadt (2000 Einw.) in attraktiver Lage im Tal des *Towy River;* Burgruine aus dem 13. Jh. Beliebtes Angler- und Ausflugszentrum. 1 M westlich das Kunstzentrum **Dynevor Castle;** im Schloßpark eine Herde weißer Wildrinder. 4 M südöstlich die verfallene Bergfeste **Castell Careg Cennen** (13. Jh.; täglich 10 bis 16 Uhr, sonntags ab 14 Uhr, Eintrittsgebühr). – Nach **Carmarthen** (walisisch Caerfyrddin; 31 M nordwestlich, A 484) über **Llanelli** (12 M; Stahlhüttenstadt; Museum »Kunst und Handwerk aus Wales«) und **Kidwelly** (21 M; alter Seehafen, Kirche 14. Jh., Burg 13. Jh.). **Carmarthen,** eine florierende Marktstadt (13 000 Einw.), war früher die inoffizielle Hauptstadt von Südwales. Eine römische Gründung, war es im 18. Jh. die größte Stadt von Wales. Heute ist es ein Zentrum für walisische Kunst und Literatur Im Museum eine einmalige Sammlung frühkeltischer Kultur (täglich 10 bis

17 Uhr, sonntags bis 12 Uhr). *St. Peter's Church* aus dem 14. Jh.

Unterkunft in Swansea:

Hotels:	Tel.	Zimmer
Dragon, The Kingsway	5 10 74	118
Dolphin, White Wall	5 00 11	66
Grand	5 05 41	35
Glanafon Country, Pontardawe	86 33 62	32

In Neath:

Hotels:	Tel.	Zimmer
Castle	35 81	36
Cimla Court Motel Cimla	26 39	34

In Llandeilo:

Hotels:	Tel.	Zimmer
Cawsor Arms	35 00	14
King's Head	23 88	11

In Carmarthen:

Hotels:	Tel.	Zimmer
Ivy Bush Royal	51 11	103

In Llanelli:

Hotels:	Tel.	Zimmer
Stradey Park	5 81 71	87
Royal	5 86 40	40
Stepney	21 55	34

Jugendherbergen: Port Eynon, The Old Lifeboat House, Tel. Gower 04 41 20/3 40, 32 B.

SWINDON (E 5), Grafsch. Wiltshire, 90 800 Industriestadt und Verwaltungszentrum. Als bedeutende Sachsensiedlung entstanden, wurde das ehemals ländlich-beschauliche Marktstädtchen in den *Wiltshire Downs* infolge der rapiden Entwicklung der Eisenbahn zu einem Zentrum des Lokomotivenbaus (1835 Gründung der Great Western Railway). Nach dem Zweiten Weltkrieg entstanden in Swindon zahlreiche moderne Industrie-Anlagen.

Auskunft: Information Centre, Theatre Square, Tel. 2 61 61.

Tel.-Vorwahl: 07 93

Verkehr: A 420 Oxford – Bristol. M 4 London – Bristol. – Bahnstation.

Sehenswert: **Eisenbahnmuseum** der *Great Western Railway,* Farringdon Road (10 bis 18 Uhr, sonntags 14 bis 17 Uhr, Eintrittsgebühr). – **Railway Village,** alte Arbeitersiedlung, von Brunel als Mustersiedlung geplant. – **Town Museum,** Apsley House, Bath Road, Witshire Heimatmuseum (geöffnet wie oben).

Baden: Hallenbad im Sports Centre; Freibäder Coate Water und Highworth.

Sport: Golf, Tennis, Bowling, Angeln, Sportzentrum.

Unterhaltung: Wyvern Theatre (Repertoirebühne, Ballett, Konzerte).

Ausflüge: Nach **Avebury** (14 M südwestlich, A 361), einer hübschen Ortschaft, die innerhalb einer der größten prähistorischen Kultstätten Englands liegt. Eine äußere Erdschanze umschließt Steinringe aus unbehauenen Megalithen, und südöstlich verläuft eine 1 km lange Menhir-Allee. Das Museum, in einem Herrenhaus aus dem 16. Jh. (täglich geöffnet 10 bis 16 Uhr, Eintrittsgebühr), enthält eine Sammlung von Ausgrabungsfunden aus den zahlreichen jungsteinzeitlichen Siedlungsstätten der Umgebung. Südlich der Ortschaft liegt **Silbury Hill,** der größte künstlich angelegte prähistorische Erdhügel Europas. Auf dem **Windmill Hill** (187 m; 2 km nördlich) ist ein jungsteinzeitliches Lager erhalten. – **Cirencester** (15 M nordwestlich, A 419), das von Römern gegründete *Corinium,* eine attraktive Marktstadt (13 000 Einw.) mit spätgotischer Kirche, Überresten eines Augustinerklosters mit freigelegten Grundmauern und Fußböden aus der Römerzeit. Im Museum Funde aus diesen Ausgrabungsstätten (täglich geöffnet 10 bis 16 Uhr, sonntags ab 14 Uhr). – Nach **Malmesbury** (18 M westlich, B 4042); in der Ortschaft eine teilweise verfallene Abteikirche aus dem 12. Jh., ein Marktkreuz aus dem 15. Jh. und Überreste eines Spitals aus dem 13. Jh. – Nach **Faringdon** (12 M nordöstlich, A 420), Markt- und Milchwirtschaftszentrum; normannische Kirche. 2 M südwestlich ist eine zisterziensische Zehentscheune aus dem 13. Jh. erhalten. – Nach **Lambourn** (16 M südwestlich, B 4000) über **Ashdown Park** (12 M; Herrenhaus aus dem 17. Jh., Bergfort aus der Eisenzeit). **Lambourn** ist als Trainingsstation für Rennpferde bekannt; spätnormannische Kirche. – **Lydiard Park** (6 M westlich, Abzweigung von der A 420), ein Herrenhaus aus dem 18. Jh. (mittwochs bis sonntags 10 bis 17 Uhr, Eintrittsgebühr).

Unterkunft in Swindon:

Hotels:	Tel.	Zimmer
Post House	2 46 01	103
Wiltshire	2 82 82	85
Goddard Arms	69 23 13	44
Blunsdon House	7 01	37

In Cirencester:

Hotels:	Tel.	Zimmer
King's Head	33 22	72
Fleeche	26 80	23

In Malmesbury:

Hotels:	Tel.	Zimmer
Old Bell	23 44	19

In Faringdon:

Hotels:	Tel.	Zimmer
Bell	2 05 34	9
Salutation	2 05 36	7

In Marlborough, 12 M südlich, A 345:

Hotels:	Tel.	Zimmer
Castle & Ball	20 02	31
Ailesbury Arms Hotel and Motel	34 51	27

Jugendherbergen: Duntisbourne Abbotts, Cirencester, Tel. Miserden 3 46, 59 B. – Littleholme, Upper Inglesham, Tel. Lechlade 5 46, 22 B.

TAUNTON (C 5), Grafsch. Somerset, 40 000 Einw. Hauptstadt der Grafschaft im lieblichen Tal des *Tone Deane*, Markt- und Verwaltungszentrum eines fruchtbaren Landwirtschafts- und Obstanbaugebietes, dessen bekanntestes und beliebtestes Produkt Cider (Apfelmost) ist.

Auskunft: Tourist Information Centre, The Library, Corporation Street, Tel. 8 40 77.

Tel.-Vorwahl: 08 23

Verkehr: A 38 Bristol – Exeter. – Bahnstation.

Sehenswert: **Taunton Castle** aus dem 12. Jh., Sitz des *Somerset County Museum* (Heimatmuseum, interessante prähistorische Sammlung; werktags 10 bis 17.30 Uhr, Eintrittsgebühr). – Die attraktive georgianische Hammet Street führt zur gotischen **St. Mary Magdalen's Church,** einer der größten Kirchen Englands. – Das strohgedeckte **St. Margret's Hospital** (Rekonstruktion) in der Magdalen Lane, 1160 als Lepraspital gegründet. – Beispiele der Architektur des 16. Jh. *(Tudor House,* Fore Street, jetzt Restaurant) und des 17. Jh. *(Gray's Almhouses,* East Street und *Huish Almhouses,* Magdalen Street).

Baden: Hallenbad, St. James' Street; Station Road; Wellington Sports Centre.

Sport: Golf, Tennis, Angeln.

Ausflüge: Nach **Wellington** (7 M südwestlich, A 38), einer kleinen Wollweberstadt, die dem Helden von Waterloo ihren Namen gab (Wellington selbst hat sie nur ein einziges Mal besucht). *Wellington Monument* auf den *Blackdown Hills,* das die Landschaft weithin beherrscht, es bietet einen herrlichen Rundblick (der Obelisk kann bestiegen werden). – Nach **Bridgwater** (11 M nordöstlich, A 38), im flachen üppigen Weideland Nordsomersets; Sitz von großen Ziegeleien und in seiner Geschichte Schauplatz zweier entscheidender Schlachten, als es 1645 von den Parlamentariern eingenommen wurde, und 1685, als der Duke von Monmouth, Anführer eines Bauernaufstandes, bei *Sedgemoor* 4 M östlich geschlagen wurde. *St. Mary's Church* mit 55 m hohem Turm, 14. Jh.; *Blake Museum* (täglich außer sonntags 10 bis 17 Uhr) mit heimatkundlich-historischer Sammlung. – Nach **Chard** (18 M südöstlich) über **Ilminster** (13 M; Kirche 14. Jh., Grammar School 16. Jh.). **Chard** ist bekannt für seine Spitzenklöppeleien und seinen Cider 3 M südöstlich **Forde Abbey,** ein Herrenhaus aus dem 16. Jh., das die Überreste eines Zisterzienserklosters aus dem 12. Jh. einbezieht (mittwochs 14 bis 18 Uhr, Eintrittsgebühr). – Nach **Minehead** (24 M nordwestlich, A 358/A 39) über **Washford** (17 M; guterhaltene Überreste des Zisterzienserklosters *Cleeve Abbey,* 12. Jh., täglich 11 bis 16 Uhr, sonntags ab 14 Uhr, Eintrittsgebühr) und **Dunster** (22 M; *Yarn Market,* der Garnmarkt aus dem 16. Jh., Kirche 11. bis 14. Jh., Burg 13. bis 18. Jh.). **Minehead** (8000 Einw.) ist ein beliebtes kleines Seebad mit malerischem Hafen und einer Kirche aus dem 14. Jh. Ausgezeichnetes Ausflugszentrum zum *Exmoor National Park* nach Exford (18 M südwestlich; s. Nationalparks). Im Sommer Dampferverbindung nach *Ilfracombe, Cardiff* und *Bristol.*

Unterkunft in Taunton:

Hotels:	Tel.	Zimmer
County	8 76 51	76
Castle	26 71	52
Corner House	8 46 83	23
George	56 03	19

In Bridgwater:

Hotels:	Tel.	Zimmer
Royal Clarence	5 51 96	28
White Hart	21 60	18
Crofton	25 43	15

In Ilminster:

Hotels:	Tel.	Zimmer
Horton Cross Motel	21 44	20
George	26 54	14
Shrubbery	21 08	13

In Minehead:

Hotels:	Tel.	Zimmer
Beach	21 93	41
Benares	23 40	23
York	20 37	23
Northfield	28 64	22
Beaconwood	20 32	20
Edinor	21 00	18
Queen's Head	29 40	15

In Washford:

Hotels:	Tel.	Zimmer
Washford	2 56	10

In Dunster:

Hotels:	Tel.	Zimmer
Luttrell Arms	5 55	21

Jugendherbergen: Denzel, Heathfield, Crowcombe, Tel. Lydeard St. Lawrence 0 98 47/2 49, 56 B. – Sevenacres, Holford, Tel. 0 27 874/2 24, 40 B.

TORQUAY (spr. Torki; C 6), Grafsch. Devon, 60 000 Einw. Zentrum des neugeschaffenen Verwaltungsbezirks **Torbay,** der außerdem die Orte

Paignton und **Brixham** umschließt. Ein attraktives Seebad mit sonnigmildem Klima das ganze Jahr hindurch und üppigem subtropischem Pflanzenwuchs; es liegt terrassenförmig auf sieben Hügeln über der weiten, geschützten Bucht von *Torbay.*

Auskunft: Tourist Information Bureau, Vaughan Parade 9, Tel. 2 74 28.
Tel.-Vorwahl: 08 03
Verkehr: A 379 Exeter – Plymouth. – Bahnstation.

Sehenswert in Torquay: **Torre Abbey;** das Schloß (17 bis 18. Jh., jetzt Kunstgalerie) mit schönen Gartenanlagen steht über den Ruinen eines 1196 gegründeten Klosters. Teile der alten Klostergebäude sind erhalten. – **Miniaturdorf** in Miniaturlandschaft, im Vorort **Babbacombe.** – **Cockington** (1 M westlich), eine Dorfidylle mit strohgedeckten Häusern, Dorfschmiede, alter gotischer Kirche und Schloß (16. bis 17. Jh.). – **Kent's Cavern** *(Wellswood,* 1 M östlich), Tropfsteinhöhle, Fundstelle prähistorischer Werkzeuge. – *In Paignton:* **Parish Church,** aus rotem Sandstein, 15. Jh. – **Coverdale Tower** (Miles Coverdale soll hier die Bibel ins Englische übertragen haben), letzter Rest eines Bischofspalastes aus dem 14. Jh. – **Kirkham House,** mittelalterliches Gebäude. – **Oldway Mansion,** 1874 von Isaac Singer (Nähmaschinenfabrikant) im Stil von Versailles errichtetes Herrenhaus.

Baden: Sandstrände; Hallenbad im Sport- und Freizeitzentrum The Beacon.

Sport: Wassersport, Angeln, Golf, Tennis.

Unterhaltung: Theater in Torquay, Babbacombe, Paignton und Brixham.

Ausflüge: Nach **Dartmouth** (11 M südlich, A 379) über **Paignton,** Seebad mit familiärer Atmosphäre, schönen Stränden (Goodrington) und einigen Sehenswürdigkeiten, und den malerischen alten Fischerhafen **Brixham** am südlichen Kap der Bucht von Torbay (Abstecher von Churston Ferrers, A 3022), mit Schiffsbautradition (Bau der Mayflower II). **Dartmouth** ist eine alte Hafenstadt an der schönen Mündungsbucht des *Dart River;* von hier segelten die frühen Kreuzfahrer im 12. Jh. ins Heilige Land. Über der Hafeneinfahrt zwei mittelalterliche Burgruinen. Im Norden der Stadt das *Royal Naval College,* die führende Marineoffiziersschule Großbritanniens. Im Sommer regelmäßige Dampferverbindung zum 10 M flußaufwärts liegenden Totnes; eine altertümliche Dampfeisenbahn führt von *Paignton* nach *Kingswear* am jenseitigen Ufer des Dartmouth Harbour – Nach **Totnes** (8 M westlich, A 385), einer alten Marktstadt und beliebtem Anglerzentrum (5800 Einw.). Schöne alte Häuser säumen seine Hauptstraße, im Herzen der Stadt ist der Burgfried einer Normannenburg erhalten (täglich 10 bis 17 Uhr, sonntags ab 14 Uhr, Eintrittsgebühr). Kirche aus dem 15. Jh., Säulenbau der Guildhall 17 Jh., *East Gate,* das im 15. Jh. wiederaufgebaute östliche Stadttor; in der Nähe die Überreste des alten Rathauses aus dem 12. Jh. Die Privateisenbahn *Dart Valley Railway* unterhält regelmäßige Dampfzüge von Totnes nach **Buckfastleigh** (10 M nordwestlich), dessen Klosterbau, **Buckfast Abbey,** ursprünglich aus dem 11. Jh., Ende des 19. Jh. von französischen Benediktinern neu aufgebaut wurde; Ausgangspunkt für Touren in das Moorgebiet des **Dartmoor National Park** (s. Nationalparks). – **Comp-**

ton Castle (4 M nordwestlich, A 3022), befestigter Herrensitz aus dem 14. bis 16. Jh. (montags, mittwochs, donnerstags, April bis Okt., 11 bis 17 Uhr, Eintrittsgebühr). – Nach **Newton Abbot** (10 M nordwestlich, A 380), Landwirtschafts- und Eisenbahnzentrum (19400 Einw.). *Ford House* (Anfang 17. Jh.) in der Torquay Road ist mit Charles I. verknüpft, ebenso mit Wilhelm von Oranien, der 1688 unter dem *St.-Leonard's-Turm* (14. Jh.) im Mittelpunkt der Stadt zum König ausgerufen wurde. Im Westen der Stadt **Bradley Manor,** ein Herrenhaus aus dem 15. Jh. mit Privatkapelle (April bis Sept. mittwochs 14 bis 17 Uhr, Eintrittsgebühr). – Nach **Teignmouth** (spr. Tin-; 8 M nördlich, A 379), Hafen für die Verschiffung von Porzellanerde und eines der ältesten Seebäder Englands (13000 Einw.). Seine teils klassizistische teils extravagante Architektur stammt aus seiner Blütezeit im 19. Jh. – Nach **Salcombe** (31 M südwestlich, A 381) über **Kingsbridge** (25 M; alte Marktstadt, Markthalle aus dem 16. Jh.). **Salcombe** ist ein populäres Seebad am Ufer einer meandernden Mündungsbucht und war früher für seinen Schiffsbau bekannt; ein beliebtes Segelzentrum mit schöner Küstenlandschaft im Osten und Westen. 1 M südlich, über der Mündungsbucht, der subtropische Garten von *Sharpitor* mit Museum über die Geschichte des Schiffsbaus in *Salcombe* (täglich geöffnet April bis Okt. 11 bis 18 Uhr, Eintrittsgebühr).

Unterkunft in Torquay:

In Torquay und Umgebung gibt es ca. 90 Hotels mit über 3200 Zimmern und zahlreiche Pensionen.

Jugendherbergen: Bellever, Postbridge, Tel. Postbridge 08 22/8 82 27, 36 B. – Parish Hall, Strete, Dartmouth, 24 B. – Castle Farm, Gidleigh, Tel. Chagford 0 64 73/24 21, 24 B. – Lownhard, Dartington, Totnes, Tel. Totnes 08 03/86 23 03, 36 B. – Maypool, Galmpton, Brixham, Tel. Churston 0 80 44/24 44, 80 B. – Overbecks, Sharpitor, Salcombe, Tel. 0 54 8 84/28 56, 72 B.

TRURO (A 6), Grafsch. Cornwall, 40 m, 14 800 Einw. Verwaltungssitz der Grafschaft und Marktzentrum eines reichen Landwirtschaftsgebiets, 15 km landeinwärts vom offenen Meer am *Truro River,* der bis hier schiffbar ist. Schöne georgische Straßenzüge erinnern an den Wohlstand der Stadt im 18. und 19. Jh.; um diese Zeit wurde Truro Bischofssitz und seine spätgotische Pfarrkirche wurde zu einer imposanten neugotischen Kathedrale umgebaut.

Auskunft: Tourist Information Office, County Hall, Tel. 42 82.

Tel.-Vorwahl: 08 72

Verkehr: A 38/A 390 Plymouth – Falmouth. – Bahnstation.

Sport: Golf, Angeln, Wassersport in Falmouth, Penryn und St. Mawes.

Ausflüge: Nach **St. Mawes** (26 M südlich, A 3078), eine kurvenreiche Route durch reizvolle Gegend, über **Tregony** (10 M; Überreste einer Kirche aus dem 5. Jh., Armenhäuser 14. Jh., Rathaus 15. Jh.). **St. Mawes,** ruhiges Seebad; Burg Heinrichs VIII. (täglich geöffnet ab 14 Uhr). – Nach **Falmouth** (11 M südlich, A 39; im Sommer auch auf dem Fluß), über **Carnon Downs** (4 M; die B 3289 östlich erreicht nach 3 M die *Trelissick Gardens* am Ufer des *Fal River;* Eintritt täglich März bis Okt. 11 bis 18 Uhr, sonntags ab 14 Uhr, Eintrittsgebühr) und **Penryn** (8 M; berühmter Granit). **Falmouth** ist ein bedeutender Hafen und Segelzentrum (18000 Einw.), mit weiter, geschützter Hafenbucht und zahlreichen Gebäuden aus dem 17. und 18. Jh. Westlich, auf einem Felsvorsprung am Hafeneingang, **Pendennis Castle,** 16. Jh. (täglich geöffnet 11 bis 16 Uhr, Eintrittsgebühr; Aussichtspunkt). 4 M südwestlich die subtropischen Gärten von **Glendurgan** (montags und mittwochs April bis Sept. 11 bis 16 Uhr; Eintrittsgebühr). – Nach **Helston** (17 M südwestlich, A 39/A 394), einer kleinen Marktstadt (6700 Einw.) mit Kirche und öffentlichen Bauten aus dem 18. Jh.; alljährlicher »Blumentanz« am 8. Mai. Im Süden und Südosten die Halbinsel **Lizard Peninsula;** offenes, sanfthügeliges Gelände, zahlreiche prähistorische Funde in der Umgebung, Sitz der britischen Hauptsatellitenstation. Küstenlandschaft von großer natürlicher Schönheit. Die Spitze der Halbinsel, **Lizard Point,** bildet den südlichsten Punkt Englands. – Nach **Camborne** (16 M westlich, A 390/A 30), einer noch immer aktiven Bergwerksstadt (15000 Einw.) mit ausgezeichnetem Mineralogischem Museum und Metallurgischer Bergbauschule. Das Gebiet war bereits den Phöniziern als Quelle für Zinn und Kupfer bekannt. Die Route führt über **Redruth** (12 M), das Zentrum des Kupfer- und Zinnbergbaus in Cornwall; **Carn Brea,** 1 M südöstlich, 220 m, war fast ununterbrochen seit der Jungsteinzeit Festung (Aussichtspunkt), und über **Pool** (14 M), wo zwei riesige Pumpen aus dem 18. Jh. erhalten sind, die der Entwässerung der Zinnbergwerke dienten.

Unterkunft in Truro:

Hotels:	Tel.	Zimmer
Brookdale	35 13	58
Carlton	24 50	24

In St. Mawes:

Hotels:	Tel.	Zimmer
Ship & Castle	4 01	53
Idle Rocks	4 01	35
Tresanton	5 44	29
Rising Sun	2 33	20

In Falmouth:

Hotels:	Tel.	Zimmer
Falmouth	31 26 71	75
Madeira	31 23 51	51
Bay	31 20 94	40
Royal Duchy	31 30 42	38
Greenlawns	31 27 34	36
Gyllyngdune	31 29 78	35
Penmere Manor	31 13 56	31

In Helston:

Hotels:	Tel.	Zimmer
Angel	27 01	21

In St. Austell, 11 M nordöstlich, A 390:

Hotels:	Tel.	Zimmer
Clifden	36 91	16

Jugendherbergen: Boswinger, Gorran, St. Austell, Tel. Mevagissey 07 26 84/32 34, 36 B. – Pendennis Castle, Falmouth, Tel. 03 26/31 14 35, 90 B.

TUNBRIDGE WELLS (G 5), Grafsch. Kent, 150 m, 44800 Einw. Die Stadt wurde von Edward VII. mit der Beifügung »Royal« ausgezeichnet, ist Heilbad seit dem 17. Jh., als seine eisenhaltigen Mineralquellen entdeckt wurden. Heute ist Tunbridge Wells mit seinen ausgedehnten Parks und gepflegten Anlagen ein vielbesuchter Luftkurort. Es liegt an der Grenze zu *Sussex,* dessen waldreiches Farmland sich nach Süden erstreckt, während sich die großen Hopfen- und Obstgärten *Kents* nach Osten ausdehnen.

Auskunft: Tourist Information Bureau, Town Hall, Tel. 2 61 21.

Tel.-Vorwahl: 08 92

Verkehr: Abzweigung der A21 London-Hastings bei Tonbridge. – Bahnstation.

Sehenswert: Die **Pentiles,** 1638 angelegte Kolonnaden mit Trinkhaus. – **King Charles the Martyr Church,** schöne Barockdecke (1682).

Baden: Freibäder in Hildenborough und Tonbridge; Hallenbad, St. John's Road.

Sport: Rudern, Angeln, Tennis, Golf, Minigolf, Bowling.

Spaziergänge: **The Common,** der 100 ha große Gemeindeanger, eine unberührte Park- und Heidelandschaft, die sich bis ins Stadtzentrum zieht. – **Toad Rock,** Rusthall Common (1 M nordwestlich), bizarre Felsgruppe. Ein Fußweg am *Medway River* führt weiter (2 M westlich) zu dem hübschen alten Dorf **Groombridge.** – **High Rocks** (2 M westlich), Sandsteinfelsen und Klettergarten (Klettergenehmigung erforderlich, Gebühr).

Ausflüge: **Scotney Castle** (10 M südöstlich, B 2169/A 21), Herrenhaus aus dem 14. Jh., Anbauten aus dem 17 Jh., kunstvoll angelegter Park (mittwoch bis sonntags April bis Okt. 14 bis 18 Uhr, Eintrittsgebühr). – **Mayfield** (9 M südlich, A 267), verfallener Palast des Erzbischofs von Canterbury, 14. Jh., die Überreste sind in einem Schulbau einbezogen (Besichtigung möglich). – Nach **Sevenoaks** (14 M nördlich, A 26/A 275) über **Tonbridge** (6 M; mittelalterliche Häuser, Normannenburg). Das hübsche Landstädtchen **Sevenoaks** (18 000 Einw.), mit seinen vielen attraktiven Häusern aus dem 17 Jh., droht eine Schlafstadt Londons zu werden. Im Osten liegt **Knole,** eines der größten Herrenhäuser aus dem 17. Jh. in England, in weitem bewaldetem Park (mittwochs bis samstags, März bis Nov 10 bis 17 Uhr). 6 M nördlich (Abzweigung von der A 225 bei **Eynsford;** frühnormanniche Burgruine) die römische Villa **Lullingstone,** eine der besterhaltenen in England (täglich geöffnet, Eintrittsgebühr). 5 M östlich **Ightham Mote** (spr. Eitam), ein Herrenhaus aus dem 14. bis 15. Jh. (nur freitags; Eintrittsgebühr). – Nach **East Grinstead** (15 M westlich, A 264); in der Ortschaft *Sackville College* aus dem 17. Jh. (täglich 14 bis 16 Uhr, Eintrittsgebühr) und viele Fachwerkhäuser. 3 M südlich die Kirche von **West Hoathly** aus dem 13. Jh. 5 M westlich die große sächsische Kirche von **Worth.** 5 M südwestlich Park- und Gartenanlagen von **Wakehurst Place,** die unter der Verwaltung des *Royal Botanic Gardens of Kew* stehen (täglich geöffnet). – Nach **Chartwell** (18 M nordwestlich, A 26/B 2176/B 2026), Wohnsitz Sir Winston Churchills von 1922 bis 1965 (mittwochs bis sonntags April bis Okt. 11 bis 18 Uhr, Eintrittsgebühr) über **Penshurst Place** (7 M; Herrenhaus aus dem 14. bis 16. Jh., dienstags bis donnerstags).

Unterkunft in Tunbridge Wells:

Hotels:	Tel.	Zimmer
Spa	20331	80
Wellington	20286	70
Calverley	26455	44
Royal Wells Inn	23414	16
St. Lo	32536	16

In Sevenoaks:

Hotels:	Tel.	Zimmer
Crossway	54245	16
Crown Crest	54103	10

In East Grinstead:

Hotels:	Tel.	Zimmer
Ye Olde Felbridge	24424	47
Gravetye Manor	567	15

In Tonbridge, 4 M nördlich, A 26:

Hotels:	Tel.	Zimmer
Rose & Crown	67966	46

Jugendherbergen: Crockham Hill House, Tel. 322, 47 B. – Cleves, Kemsing, Tel. Sevenoaks 0732/61341, 64 B.

WALES (walisisch **Cymru**), wird im vorliegenden GRIEBEN-Band nicht separat behandelt. Um Wales-Reisenden das Auffinden der beschriebenen Orte und Grafschaften zu erleichtern, nachfolgend die mit einem eigenen Stichwort im alphabetisch geordneten Teil »Orts- und Landschaftsbeschreibungen« genannten Begriffe: Abergavenny, Aberystwyth, Anglesey, Barmouth, Betws-y-Coed, Brecon, Brecon Beacons National Park, Caernarfon, Cardiff, Chepstow, Clwyd, Colwyn Bay, Dyfed, Gwent, Gwynedd, Llandrindod-Wells, Pembroke, Pembrokeshire Coast National Park, Powys, Snowdonia National Park, Swansea.

WELLS (D 5), Grafsch. Somerset, 9100 Einw. Beschauliche Markt- und Kathedralenstadt am Fuß der *Mendip Hills,* einer von natürlichen Kalksteinhöhlen durchsetzten Hügelkette. Die Stadt entstand im Umkreis ihrer Kathedrale und war jahrhundertelang ein rein kirchliches Zentrum. Heute besitzt die Stadt neben ihren traditionellen Käsereien einige Leichtindustrie.

Auskunft: Tourist Information, Town Hall, Market Place, Tel. 73172.
Tel.-Vorwahl: 0749
Verkehr: A 39 Bath – Bridgwater

Sehenswert: Die **Kathedrale** (12. bis 13. Jh.), eine der kleinsten und zugleich eine der schönsten Kathedralen Englands. Die prachtvolle Westfassade mit über 300 Statuen umfaßt eine der bedeutendsten Sammlungen mittelalterlicher Skulpturen in England. Schöne und interessante Details im Inneren. – **Vicar's Close,** nördlich der Kathedrale und mit ihr verbunden, ein reizvoller, vollständig erhaltener mittelalterlicher Straßenzug. – Anschließend am Cathedral Green die **Library** im modernisierten Gebäude des ehemaligen Priesterseminars von 1280; daneben das **Museum** mit prähistorischer (Wookey Hole) und historischer Sammlung (montags bis samstags 10 bis 18 Uhr, sonntags 14.30 bis 17.30 Uhr, im Winter 14 bis 16 Uhr, Eintrittsgebühr); und das **Dekanat** (Deanery), im 15. Jh. teilweise erneuert. – Südlich der Kathedrale **Bishop's Palace,** 1206 erbaut. Auf dem mit Wall und Graben (14. Jh.) umgebenen Gelände (für Besucher nur mittwochs nachmittags im Sommer geöffnet) befinden sich die Ruinen der **Great Hall,** im 13. Jh. erbaut und im 16. Jh. abgerissen, und eine gotische Kapelle aus der gleichen Periode. Im Palastgarten das **Brunnenhaus** (15. Jh.) über der Quelle, die der Stadt ihren Namen gab. – **St. Cuthbert's Church,** ebenso wie die nahegelegenen Almshouses aus dem 14. Jh. – Westlich des Bischofspalastes der **Marktplatz** mit Rathaus (18. Jh.) und dem **Crown Hotel** (17. Jh.), schönen alten Fassaden an der Nordseite, und die beiden mittelalterlichen Torwege **»Bishop's Eye«** und **»Penniless Porch«.**

Baden: Freibad, Princes Road.

Sport: Golf, Tennis, Bowling.

Ausflüge: Nach **Cheddar** (8 M nordwestlich, A 371); die Stadt, aus der der berühmte Cheddar-Käse kommt, liegt am Eingang zur **Cheddar Gorge,** einer 3 km langen, tiefen Schlucht zwischen bis zu 135 m hohen, von

Kalksteinhöhlen durchsetzten Felswänden. **Cox's Cavern** und **Gough's Cavern** waren in der Steinzeit bewohnt; beide Höhlen weisen imposante Stalagtiten- und Stalagmitenformationen auf (Eintritt). – **Wookey Hole** (2 M nordwestlich), Englands älteste Wohnhöhle und Ursprung des *Axe River* (Eintrittsgebühr). – **Stratton-on-the-Fosse** (10 M nordöstlich, B 3139), 1814 gegründete Benediktinerabtei **Downside,** mit schöner Kirche, erst 1935 fertiggestellt. – Nach **Glastonbury** (7 M südwestlich, A 39), einer Stadt mit alter Geschichte (6600 Einw.) und einer Stätte des Christentums seit dem 2. Jh. Joseph von Arimathäa, der mit seinen Begleitern den Heiligen Gral (Abendmahlskelch) hierher gebracht haben soll, soll die erste Kirche der Stadt gegründet haben; die Legende bringt auch die Namen St. Patrick und König Arthur (sein Grab soll im 12. Jh. hier gefunden worden sein) mit ins Spiel. Die heutige Klosterruine stammt aus dem 14. Jh. (täglich 10 bis 18 Uhr, Eintrittsgebühr). In der Nähe Armenhaus und Gasthaus, beide 15. Jh. *St. John's Church* vorwiegend 15. Jh. Im Museum Ausstellungsstücke prähistorischer Pfahldörfer, die es in dieser Gegend in großer Zahl gab (täglich 10 bis 17 Uhr, Eintrittsgebühr). 1 km östlich liegt der Hügel *Tor* (158 m), mit dem Turm einer Kapelle aus dem 11. Jh. gekrönt (Aussichtspunkt). Am Fuß des Hügels eine Scheune aus dem 14. Jh. und eine Stahlquelle. – Nach **Shepton Mallet** (6 M östlich, A 371), einer alten Marktstadt (5900 Einw.) mit Häusern aus dem 15. Jh., Marktkreuz von 1500.

Unterkunft in Wells:

Hotels:	Tel.	Zimmer
Red Lion	7 26 16	29
Swan	7 88 77	27

In Cheddar:

Hotels:	Tel.	Zimmer
Cliff	74 23 46	25

In Glastonbury:

Hotels:	Tel.	Zimmer
George & Pilgrim	3 11 46	9
Market House Inn	3 22 20	7

Jugendherbergen: Hillfield, Cheddar, Tel. 09 34/74 29 94, 54 B. – The Chalet, Ivythorn Hill Street, Tel. 0 45 84/29 61, 43 B.

WESTON-SUPER-MARE (D 5), Grafschaft Avon, 52 500 Einw. Populäres Seebad gegenüber *Cardiff* und der Küste von Südwales am *Bristol Channel.*

Auskunft: Tourist Information Bureau, Beach Lawns, Tel. 2 68 38.

Tel.-Vorwahl: 9 34

Verkehr: A 370 von Bristol. – Bahnstation. – Im Sommer zahlreiche Schiffsverbindungen nach Cardiff und Ilfracombe.

Baden: 3 km Sandstrand; Freibad am Strand; Meerwasser-Hallenbad.

Sport: Angeln, Tennis, Golf.

Ausflüge: Insel **Brean Dean** (2 km südlich, Fährverbindung) Vogelschutzgebiet unter der Obhut des National Trust. – Nach **Clevedon** (17 M nordöstlich, A 370/B 3133) über **Yatton** (10 M; Kirche 12. bis 15. Jh.). Der ruhige Ferienort **Clevedon** liegt um den einsam stehenden *Dial Hill* (95 m, Aussichtspunkt). **Clevedon Court** ist ein Herrenhaus aus dem 14. Jh. mit Anbauten aus elisabethanischer Zeit (mittwochs, donnerstags und sonntags, April bis Sept., 14 bis 17 Uhr, Eintrittsgebühr). – **Brent Knoll** (9 M südlich, A 370), ein vereinzelter Hügel (137 m), der sich unvermittelt aus dem flachen Gelände erhebt. Auf der Spitze (Aussichtspunkt) Spuren einer Festung der Eisenzeit. 3 M südwestlich liegt das populäre Seebad **Burnham-on-Sea.**

Unterkunft in Weston-super-Mare:

Hotels:	Tel.	Zimmer
Grand Atlantic	2 65 43	84
Albert	2 13 63	74
Dauncey's	2 11 44	53
Royal Pier	2 66 44	47
Royal	2 35 01	39

In Clevedon:

Hotels:	Tel.	Zimmer
Walton Park	42 53	38

WHITBY (F 2), Grafsch. North Yorkshire, 70 m, 13 000 Einw. Historischer Fischereihafen an den steilen Felsufern der *Esk*-Mündung in die Nordsee; unmittelbar landeinwärts erstrecken sich die Täler und Hügel des *North York Moors National Park* (s. Nationalparks). Sein mildes Klima und sein kilometerlanger Strand machen es zu einem vielbesuchten Seebad, die attraktive Landschaft seiner Umgebung zu einem beliebten Ausflugs- und Ferienzentrum.

Auskunft: Tourist Information Bureau, New Quay Road, Tel. 26 74.
Tel.-Vorwahl: 09 47
Verkehr: A 171 Middlesbrough – Scarborough. – Bahnstation.

Sehenswert: Am Ostufer über dem Hafen die schöne alte Klosterruine von **St. Hilda,** 657 gegründet, und **St. Mary's Church** (teilweise 12. Jh.), die vom Hafen aus über eine Treppenflucht von 199 Stufen *(Jacob's Ladder)* erreicht wird. – *Grape Lane No. 16,* ein Haus von ca. 1688, in dem Captain Cook (1728–1779) seine Lehrlingszeit absolvierte. Seine erste Entdeckungsreise unternahm er auf einem in Whitby gebauten Schiff. – **Pannet Park Museum,** Heimatmuseum mit interessanter geologischer Sammlung (täglich 9 bis 17.30 Uhr, sonntags 14 bis 17 Uhr).

Baden: Sandstrand.

Sport: Segeln, Angeln, Tennis, Golf, Bowling.

Ausflüge: Nach **Goathland** (10 M südwestlich, Abzweigung von der A 169), einem Heidedorf im Nationalpark, in einem romantischen Tal mit hohen Wasserfällen. 3 M südwestlich, bei der Jugendherberge *Hunt House,* liegt ein 1,5 km langer Abschnitt einer ursprünglichen Römerstraße frei. – Nach **Staithes** (10 M nordwestlich, A 174), Fischerdorf in einer tiefen Schlucht zwischen Englands höchsten Meeresklippen (210 m hoch). Captain Cook verbrachte hier seine Kinderjahre.

Unterkunft in Whitby:

Hotels:	Tel.	Zimmer
Marvic	24 00	29
Saxonville	26 31	22

In Goathland:

Hotels:	Tel.	Zimmer
Goathland Hydro	2 96	33
Mallyan Spout	2 06	21

In *Staithes* keine Hotels.

Jugendherbergen: Boggle Hole, Fyling Thorpe, Tel. Robin Hood's Bay 09 47 82/3 52, 80 B. – East liff, Whitby, Tel. 09 47/28 78, 60 B. – Wheeldale Lodge, Goathland, Tel. 09 47 86/3 50, 36 B.

WHITEHAVEN (C 2), Grafsch. Cumbria, 25 m, 26 000 Einw. Kleiner Seehafen an der Westküste, Verwaltungszentrum und Marktstadt. In der Umgebung liegen nicht nur die reichen Kohlelager, denen Whitehaven seine Entstehung verdankt, sondern auch einer der schönsten und unberührtesten Küstenstriche Englands und landeinwärts das Naturschutz- und Erholungsgebiet des *Lake District National Park* (s. Nationalparks).

Auskunft: Tourist Information Centre, Market Place, Tel. 56 78.

Tel.-Vorwahl: 09 46

Verkehr: A 595 Barrow-in-Furness – Carlisle. – Bahnstation.

Sehenswert: **St. James' Church** mit schönem georgianischem Interieur – **St. Nicholas Church,** 1972 durch Feuer zerstört; nur der mächtige alte Turm blieb erhalten. – **Museum** (montags bis samstags 10 bis 18 Uhr).

Baden: Hallenbad, Sandstrände im Süden.

Sport: Tennis, Angeln, Wassersport, Klettern im nahen Lake District (Scafell Pike).

Unterhaltung: Rosehill Theatre (2 M nordöstlich), Schauspielhaus (Sommer).

Ausflüge: Nach **Ravenglass** (17 M südöstlich, A 595) über **Egremont** (5 M; Burgruine 12. Jh.), **Calder Bridge** (9 M; Kosterruine einer Zisterzienserabtei aus dem 12. Jh., nur freitags geöffnet; an der Küste im Südwesten zwei große Kernkraftwerke) und **Gosforth** (12 M; im Kirchhof ein Wikingerkreuz aus dem 10. Jh.). **Ravenglass** ist eine kleine Ortschaft an der *Esk*-Mündung, mit den Resten einer römischen Niederlassung. Östlich davon der Schloßgrund und Vogelpark von **Muncaster Castle** (Aussichtspunkt; geöffnet täglich April bis Sept., 13 bis 18 Uhr, Eintrittsgebühr). – **St. Bees** (4 M südlich, B 5345), kleines Seebad, mit Kirche aus dem 12. Jh. und einer im Jahr 1583 gegründeten Public School. – **Cockermouth** (13 M nordöstlich, A 595), Marktstadt (6500 Einw.) landeinwärts vom Industriegebiet an der Küste, Geburtsort des Dichters William Wordsworth (1770–1850). Sein Geburtshaus, ein Gebäude aus dem 18. Jh., ist erhalten (täglich außer donnerstags und sonntags, April bis Okt., 11 bis 17 Uhr, Eintrittsgebühr). Burgruine aus dem 13. bis 15. Jh. – **Keswick** (25 M südöstlich über Cockermouth), Touristenzentrum im *Lake District* (s. Windermere). – **Wasdale Head** (16 M südöstlich, A 595; Abzweigung bei Gosforth), Tourenzentrum und Endpunkt der Straße am langgestreckten *Wast Water* in großartiger Landschaft; Ausgangspunkt markierter Wanderwege sowie Touren (Klettern) auf den 978 m hohen *Scafell Pike,* Englands höchsten Gipfel.

Unterkunft in Whitehaven:

Hotels:	Tel.	Zimmer
Chase	36 56	14
Wheyrigg Hall Guest House	2 42	10

In Cockermouth:

Hotels:	Tel.	Zimmer
Moota Motel	Aspatria, 2 06 81	51
Trout	35 91	17

In Workington:

Hotels:	Tel.	Zimmer
Westland	45 44	30

In *Ravenglass* und *St. Bees* keine Hotels.

Jugendherbergen: Double Mills, Cockermouth, Tel. 25 61, 28 B.

WILTSHIRE (Abk. Wilts.; E 5), 3480 qkm, 507 000 Einw. Binnengrafschaft in Südwestengland. Hauptstadt **Trowbridge** (19 000 Einw.). Dieser Landstrich ist prähistorisch außerordentlich interessant und umfaßt die großartigen megalithischen Stätten von **Avebury** (s. Swindon) und **Stonehenge** (s. Salisbury) sowie die berühmten weißen Menschen- oder Pferdefiguren, die ein primitiver Volksstamm der Vorzeit in die Wiesenhänge der Kreidedowns im Osten der Grafschaft geschnitten hat. Aus einer jüngeren Zeit stammen Wiltshires große feudale Herrenhäuser, die zu den ältesten in England zählen. Die Grafschaft ist vorwiegend Landwirtschaftsgebiet, mit Schwerpunkt auf Milchwirtschaft, Schaf- und Schweinezucht. **Swindon,** (s. dort), die größte Stadt Wiltshires, ist Sitz bedeutender Eisenbahnwerke; **Wilton** ist ein Teppichzentrum. Im Herzen Wiltshires liegt die mit Heidekraut und Ginster bewachsene Kreidehochebene der **Salisbury Plain,** die zum Teil als Truppenübungsgelände benutzt wird. **Salisbury** (s. dort) im Südosten besitzt eine der schönsten Kathedralen Englands mit dem höchsten Kirchturm des Landes. Weitere Städte von Bedeutung sind das Marktzentrum **Chippenham** und die reizvolle alte Stadt **Marlborough,** Sitz einer der führenden Public Schools Englands.

WINCHESTER (E 5), Grafsch. Hampshire, 90 m, 31 670 Einw. Die Stadt liegt am *Itchen River,* ist Verwaltungszentrum, Kathedralenstadt und Sitz eines der ältesten Colleges des Landes. Sie ist eine der ältesten Städte Englands, eine römische Gründung und später Hauptstadt der sächsischen und dänischen Könige. Die ersten Normannenkönige ließen sich nicht nur in London, sondern auch in Winchester krönen. Bei umfangreichen Stadtsanierungsarbeiten kamen seit 1953 bedeutende Funde aus Winchesters Vergangenheit zutage, die nun in systematischen Ausgrabungsarbeiten freigelegt werden.

Auskunft: Tourist Information, City Offices, Colebrook Street, Tel. 6 54 06.

Tel.-Vorwahl: 09 62

Verkehr: A 33 Reading – Southampton. – Bahnstation.

Sehenswert: Die normannisch-gotische **Kathedrale,** 1079 begonnen, ist architektonisch von großem Interesse. Nördlich davon Ausgrabung des alten sächsischen Kirchenbaus **Old Minster** (7. Jh.), das an der Stelle des römischen Forums stand. Südlich der Kathedrale der **Cathedral Close,** zum Teil von der alten Klostermauer umschlossen, die **Deanery, Pilgrims' Hall** (14. Jh.) und **Pilgrims' School** (17. Jh.). – Vom Cathedral Close südlich verlaufend die mit alten Gebäuden gesäumte King's Gate Street, die von dem mittelalterlichen Torbau **King's Gate** (13. Jh.; darüber **St. Swithin's Church,** im 16. Jh. neu aufgebaut) zu den zum Winchester College gehörenden **War Memorial Cloisters** führt. – In der College Street, von King's Gate östlich, befindet sich **Winchester College,** das, 1382 gegründet, das Vorbild für Englands große Public Schools wurde (Kapelle, War Memorial Cloisters, die alten Kreuzgänge sind täglich von 10 bis 16 oder 18 Uhr geöffnet; weitere Gebäudeteile können mit Führung besichtigt werden). Westlich vom College das Sterbehaus Jane Austens; östlich führt die College Street zu den Ruinen von **Wolvesey Castle** (12. Jh.) mit gotischer Kapelle. Dahinter Teile der **Stadtmauer.** – Die High Street führt vom **Butter Cross** (15. Jh., restauriert) nordwestlich, an dem Tudor Haus **Manor of God Begot** und der alten **Guildhall** vorbei zum **West Gate,** dem westlichen Stadttor aus dem 14. Jh., in dem ein Museum untergebracht ist (10 bis 16, 17 oder 18 Uhr, sonntags 14 bis 16.30 Uhr, Eintrittsgebühr). Links führt Castle Hill zur großen Bankettহalle **Great Hall** der von Wilhelm dem Eroberer begonnenen Burg, die Schauplatz der Gerichtsverhandlung gegen Sir Walter Raleigh war (geöffnet wie oben). Südöstlich vom Butter Cross führt die High Street am **Pentice** mit Kolonnaden und überhängendem Giebel und am Turm (normannisches Tor) der abgerissenen **St. Maurice's Church** vorbei zum **St. John's Hospital** (mit Kapelle aus dem 13. Jh.) und zur **Stadtmühle** (City Mill), 1744, National Trust, jetzt Jugendherberge; Besichtigung montags, dienstags und freitags), nach der *Soke-Brücke.* Südlich vom Butter Cross der Square mit **City Museum** (wie oben), in dem Winchesters archäologische Funde ausgestellt sind. – **Hospital of St. Cross,** St. Cross Road, 1136 für 13 arme Brüder gegründet. Die Kirche ist ein schönes Beispiel des Baustils dieser Zeit. Weitere Klostergebäude stammen aus dem 15. Jh. (täglich 9.30 bis 12 und 14 bis 17 Uhr, im Winter 10.30 bis 12 und 14 bis 15.30 Uhr). – Gegenüber St. Cross, am anderen Flußufer, **St. Catherine's Hill** (77 m), auf dessen Hügelkuppe sich ein Festungswerk der Eisenzeit und Reste einer mittelalterlichen Kapelle befinden (Aussichtspunkt).

Baden: Hallenbad, North Walls Recreation Centre.

Sport: Golf, Tennis.

Ausflüge: Nach **Alton** (17 M nordöstlich, A 31) über **New Alresford** (7 M; große Ortschaft, die ihren Straßenplan von etwa 1200 erhalten hat) und **Chawton** (16 M; Wohnhaus Jane Austens von 1809 bis 1817; täglich 11 bis 14 Uhr, Eintrittsgebühr). Die alte Stadt **Alton** in den *Hampshire Downs* (12 700 Einw.) besitzt eine Kirche aus dem 13. bis 15. Jh. in ihrer langen, attraktiven Hauptstraße. **Curtis Museum** mit heimatkundlicher Sammlung von Haushalts- und landwirtschaftlichem Gerät (täglich außer mittwochs und sonntags 10 bis 17 Uhr). 4 M südöstlich das Dorf **Selborne,** das unter dem Schutz des National Trust steht.

Unterkunft in Winchester:

Hotels:	Tel.	Zimmer
Wessex	6 16 11	91
Winton Court	36 64	26
Chantry Mead	27 67	24

In Alton:

Hotels:	Tel.	Zimmer
Alton House	8 23 69	25
Swan	8 37 77	21

In Andover:

Hotels:	Tel.	Zimmer
White Hart	22 66	24
Star and Garter Inn	33 32	21

Jugendherbergen: The City Mill, 1 Water Lane, Winchester, Tel. 09 62/37 23, 61 B.

WINDERMERE (C/D 2), Grafsch. Cumbria, 148 m, 8500 Einw., vielbesuchter Ferienort im *Lake District,* in idyllischer Lage am Fuß des Orrest Head, und mit dem südwestlich gelegenen Ortsteil und Hafen **Bowness** Hauptort des zauberhaften *Windermere-Sees.* Das knapp 300 qkm große Seengebiet mit bis 1000 m hohen Bergen zählt zu den schönsten Landschaften Englands; es steht als *Lake District National Park* unter Naturschutz (s. Nationalparks sowie Übersichtskarte unter Kendal).

Auskunft: Tourist Information Bureau, Victoria Street, Tel. 45 61; im Sommer auch Bowness Bay, Tel. 28 95.

Verkehr: A 6/M 6 Lancaster – Carlisle; Abzweigung bei Kendal (A 591). – Bahnstation. – Schiffsanlegestelle Bowness.

Sehenswert in Bowness: Pfarrkirche St. Martin, 15. Jh., mit schönem Glasfenster.

Baden: Schwimmbad Millerground, am Fuß des Queen Adelaide Hill.

Sport: Rudern, Paddeln, Segeln, Angeln, Tennis, Golf.

Spaziergänge und Wanderungen: Das ganze Gebiet gilt als Paradies für Fußgänger; auf den Aussichtsberg Orrest Head, 239 m, 20 Min.

Ausflüge: Mit Dampfer oder Motorbooten zu den Küstenorten des 16 km langen, von bewaldeten Ufern gesäumten Sees **Windermere.** – **Ambleside** (6 M nordwestlich), malerisches Städtchen und vielbesuchtes Ferienzentrum im Norden des Windermere-Sees, im Tal des Rothay, mit interessantem Brückenhaus aus dem 17. Jh.; Ausgangspunkt für die Besteigung des *Wansfell Pike* (500 m) und des *Lougbrigg Fell* (380 m), je etwa 1 Std. **Rydal** (1 M nordwestlich von Ambleside), im gleichnamigen Tal, nahe dem See *Rydal Water.* **Grasmere** (2 M nordwestlich von Rydal) ist Ferienort im Norden des verträumten, ziemlich runden *Grasmere Lake,* mit einer grünen Insel in der Mitte; hier befindet sich das ehem. Wohnhaus (Dove Cottage) und Grab des Dichters William Wordsworth (1770 bis 1850); Ausgangspunkt für Wanderungen, u. a. zum *Easedale Tarn* (2½ M nordwestlich). Von Grasmere weiter auf der A 591 über *Grisedale Paß* nach **Wythburn** (3 M) am Südende des langgestreckten Sees *Thirlmere;* Ausgangspunkt für herrliche Wanderungen, u. a. auf den 950 m hohen *Helvellyn* (3 Std.). – **Keswick** (20 M nordwestlich, A 591 über Wythburn), Touristenzentrum im Nordosten von *Derwentwater,* eines malerischen Sees, etwa 5 km lang und 1½ km breit mit mehreren Inseln. Der Ort ist von Englands höchsten Bergen umgeben und ausgezeichneter Ausgangspunkt für Wanderungen, u. a. zum *Skiddaw,* 930 m, nördlich; über *Castlerigg Circle,* Steinkreis aus der Bronzezeit, in das *Vale of St. John;* zu den Seen *Bassenthwaite, Buttermere* und *Crummock Water* sowie in das *Borrowdale* und zum *Honister House.* – **Coniston** (6 M westlich), schön gelegenes Touristenzentrum an der Nordwestseite des 8 km langen Sees *Coniston Water,* am Fuß der Berge Old Man und Yewdale Crags; mit der Fähre von Bowness zum Westufer des Windermere-Sees, dann über **Sawrey,** und am Westufer des *Easthwaite Water* entlang zum reizvollen Städtchen **Hawkshead;** weiter westlich nach **Coniston,** Ausgangspunkt für Wanderungen zum *Old Man,* 606 m (2 Std.), in das romantische Felsental *Tilberthwaite Glen* mit Wasserfall und zu vielen anderen Zielen. – **Penrith** (s. dort; 25 M nördlich, A 592); die Straße führt über den landschaftlich reizvollen *Kirkstone Paß* nach **Patterdale,** wo der malerische See *Ullswater* mit Steilufern und hübschen Buchten erreicht wird; an seinem Westufer entlang über **Pooley Bridge** nach Penrith. – Der Lake District bietet sich vor allem für »Fahrten ins Blaue« an, weil hier praktisch jede Straße die abwechslungsreiche Schönheit der Landschaft erschließt; von Parkplätzen aus können Wanderungen zu den Seen, Wasserfällen und Bergen unternommen werden.

Unterkunft in Windermere:

Hotels:	Tel.	Zimmer
Hydro	44 55	96
Beech Hill	21 37	49
Wild Boar	31 78	40
Langdale Chase	Ambleside, 22 01	37
Royal	30 45	28

In *Bowness on Windermere:*

Hotels:	Tel.	Zimmer
Old England	24 44	90
Belsfield	24 48	85
Burnside, Kendal Road	22 11	30

In Ambleside:

Hotels:	Tel.	Zimmer
Lowwood	33 38	147
Waterhead	25 66	33
Ambleside Park	25 71	30
Salutation	22 44	29
Queen's	22 06	24
Water Edge	23 32	21
Vale View	31 92	20
Regent	22 54	18
Rommey	22 19	18
Ghyll Head	23 60	15

In Keswick:

Hotels:	Tel.	Zimmer
Keswick	7 20 20	76
Royal Oak	7 29 65	68
Derwentwater	7 25 38	53
Skiddaw	7 20 71	51
Chaucer House	7 23 18	36
Queen's	7 33 33	33
Millfield	7 20 99	27
County	7 23 41	26
Red House	7 22 11	24
Lake	7 20 69	20

In Coniston:

Hotels:	Tel.	Zimmer
Sun	2 48	10

In Hawkshead:

Hotels:	Tel.	Zimmer
Tarn Hows	3 30	26
Sawrey	Windermere, 34 25	18

In Grange:

Hotels:	Tel	Zimmer
Netherwood	25 52	21
Methven	20 31	13

WINDSOR (F 5), Grafsch. Berkshire, 30 000 Einw. Die Stadt liegt 43 km westlich von London. Auf felsigem Steilufer über der Themse, in überragender Position, *Windsor Castle,* die Residenz der englischen Könige seit über 850 Jahren. Am gegenüberliegenden, linken Ufer, mit Brücken verbunden, die berühmte Schulstadt **Eton** (4000 Einw.). Nach Süden erstreckt sich über 8 km der *Windsor Great Park* mit Safari Park.

Auskunft: Tourist Information, The Guildhall, Tel. 6 08 41
Tel.-Vorwahl: 75 35
Verkehr: M 4 London – Reading. – Bahnstation.

Sehenswert: **Windsor Castle.** Die mittelalterliche Steinburg, die den ersten Holzbau Wilhelms des Eroberers an dieser Stelle ersetzte, erhielt ihr heutiges Gepräge durch umfassende Renovierungsarbeiten unter George IV (1820–1830). Die Staatsgemächer *(State Apartments)* befinden sich im *Upper Ward* und können bei Abwesenheit des Hofes besichtigt werden (wochentags ab 11 Uhr bis 15, 16 oder 17 Uhr, je nach Jahreszeit; sonntags, April bis Okt. ab 13.30 Uhr; Eintrittsgebühr). **St. George's Chapel,** im *Lower Ward,* ist eines der schönsten Beispiele englischer Spätgotik (wochentags 11 bis 15.45 Uhr, freitags ab 13 Uhr, sonntags 14.30 bis 16 Uhr, im Januar geschlossen, Eintrittsgebühr). – **Eton College** (1 km nördlich), 1440 gegründet. Der Gebäudekomplex umfaßt zwei Innenhöfe *(School Yard* und *Cloisters), Upper School* (Ende 17. Jh.), *Lower School* (ca. 1500) und die schöne spätgotische Kapelle. (Die beiden Innenhöfe können an Wochentagen nachmittags besichtigt werden; die Schulgebäude selbst nur auf Anmeldung, mit Führung). – **Guildhall,** 17. Jh.

Sport: Golf, Angeln, Tennis, Pferderennen (in Ascot, 6 M südwestlich).

Ausflüge: Nach **High Wycombe** (18 M nordwestlich, A 4/B 476), Sitz von Möbelfabriken (59 000 Einw.); die große Kirche stammt aus dem 13. bis 16. Jh., *Guildhall* 18. Jh. – Route über **Cliveden** (9 M; Herrenhaus aus dem 19. Jh., mittwochs, samstags und sonntags). – Nach **Henley-on-Thames** (15 M nordwestlich, A 308/A 423), Schauplatz der jährlichen Ruderregatta (Henley Royal Regatte im Juni/Juli) auf der Themse, die hier von einer Brücke aus dem 18. Jh. überquert wird.

Unterkunft in Windsor:

Hotels:	Tel.	Zimmer
Castle	5 10 11	63
Ye Hart & Garter	6 34 26	45
Royal Adelaide	6 39 16	34
Ye Old King's Head	6 89 52	34

In High Wycombe:

Hotels:	Tel.	Zimmer
Falcon	2 01 26	10

In Henley-on-Thames:

Hotels:	Tel.	Zimmer
Red Lion	21 61	30
Little White Hart	41 45	19
Imperial	22 95	18

In Slough:

Hotels:	Tel.	Zimmer
Holiday Inn	4 42 44	238
Royal	2 30 24	29

In Ascot:

Hotels:	Tel.	Zimmer
Berystede	2 33 11	106
Royal Foresters	47 47	33

In Staines:

Hotels:	Tel.	Zimmer
Pack Horse	5 42 21	18

Jugendherbergen: Friends Meeting House, 45 Northfield End, Henley-on-Thames, Tel. 0 49 12/20 60, 28 B. – Edgeworth House, Mill Lane, Tel. 0 75 35/6 17 10, 79 B.

WOLVERHAMPTON (D 4), Grafsch. West Midlands, 110 m, 270 000 Einw. Stadt am Rande des großen Städtekonglomerats des mittelenglischen Industriegebietes, bekannt als Hersteller von Metall- und Eisenwaren, die hier seit der elisabethanischen Epoche produziert werden. Sie geht auf eine sächsische Gründung des 9. und 10. Jh. zurück.

Auskunft: Town Hall, Tel. 2 78 11
Tel.-Vorwahl: 9 02
Verkehr: A 41 Birmingham – Chester – Bahnstation. – Birmingham Airport.
Sehenswert: **St. Peter's Church** aus dem späten 15. Jh., mit einem dänischen Kreuz aus dem 9. Jh. – **Wightwick Manor,** das Herrenhaus ist eine Schöpfung der präraffaelitischen Kunstrichtung des 19. Jh.
Baden: Hallenbäder
Sport: Golf, Bowling, Angeln.
Ausflüge: Nach **Tong** (9 M nordwestlich, A 41), seine Pfarrkirche aus dem 9. bis 15. Jh. wird oft als »Miniatur-Westminster Abbey« bezeichnet. 3 M östlich der feudale Herrensitz **Boscobel House** aus dem 16. Jh. (täglich geöffnet, Eintrittsgebühr) und die Ruinen des Nonnenklosters **Whiteladies** aus dem 12. Jh.

Unterkunft in Wolverhampton:

Hotels:	Tel.	Zimmer
Old Vic, Lichfield Street	2 06 41	73
Mount, Mount Road	75 20 55	72
Connaught, Tettenhall Road	2 44 33	61
Park Hall, Park Drive	3 11 21	55
Ravensholt, Summerfield Road	2 41 40	32
Fox, School Street	2 16 80	29
Castlecroft, Castlecroft Road	6 12 64	28

In Walsall:

Hotels:	Tel.	Zimmer
Walsall Crest Motel	3 35 55	106
County	3 23 23	46
Barons Court	65 43	42
Royal	2 45 55	36

In *Tong* keine Hotels.

WORCESTER (spr. Wusster; D 4), Grafsch. Hereford and Worcester, 74 500 Einw. Hauptstadt der Grafschaft, ein von den Sachsen gegründetes Bistum am *Severn River,* der bis zur Stadt auch für Hochseeschiffe befahrbar ist. Die Stadt liegt in einer fruchtbaren Ebene, die vor allem ein reiches Obstanbaugebiet ist. Sie ist Sitz einer berühmten Porzellanmanufaktur, die zusammen mit dem ebenso bekannten Produkt der Stadt, der Worcester-Sauce, ihren Namen weltbekannt gemacht hat. Von ihrer früheren Bedeutung als Zentrum der Bekleidungsindustrie verblieb lediglich die Herstellung von Handschuhen und Kurzwaren.

Auskunft: Tourist Information, Guildhall, Tel. 2 34 71.
Tel.-Vorwahl: 09 05
Verkehr: A 38 Gloucester – Birmingham. – Bahnstation.

Sehenswert: **Cathedral** (vorwiegend 13. Jh.) mit normannischer *Krypta* (1084) eines früheren Kirchenbaus, schönem *Chor* und *Lady Chapel* (13. Jh.). Im Süden anschließend die eindrucksvollen Überreste der ehemaligen Klosterbauten (Kreuzgang, 14. Jh.; Kapitelhaus, etwa 1150). **Edgar Tower,** ursprünglich das Haupttor des Klosters. – Schöne Beispiele der Architektur des 16. Jh., insbesondere die **Commandery,** ursprünglich 1085 als Hospiz für Reisende gegründet, **Greyfriars** und **Tudor House** (Volksmuseum) in Friar Street; **Nash House** und **King Charles's House** in New Street und **Queen Elizabeth House** in Trinity Street. – Gebäude des 18. Jh. sind das barocke **Gildenhaus,** das ehemalige Armenhaus **Berkeley Hospital** (1703) und die schöne **Severn-Brücke** von 1771. – **Royal Porcelain Works,** Severn Street, 1751 gegründet (Werksbesichtung montags bis freitags von 10 bis 13 und 14 bis 17 Uhr). Wertvolle Porzellansammlung in den Ausstellungsräumen des **Dyson Perrins Museum.**

Sport: Rudern, Angeln, Golf.

Veranstaltungen: »Three Choirs Festival, alle 3 Jahre.

Ausflüge: Nach **Evesham** (15 M südöstlich, A 44), Zentrum eines Obstanbaugebiets (14 000 Einw.) am *Avon.* Öffentliche Gebäude aus dem 15. und 16. Jh. sind erhalten sowie die Überreste einer Abtei aus dem 12. Jh. Route über **Pershore** (9 M; teilweise normannische Abteikirche). – Nach **Droitwich** (7 M nordöstlich, A 38), von den Römern gegründet, die seine salzhaltigen Heilquellen entdeckten. Die heutigen Kurmöglichkeiten umfassen auch Behandlung mit radioaktivem Wasser, das aus über 150 m Tiefe aus dem Boden kommt. Das Stadtbild bewahrt weitgehend seinen Charakter des 19. Jh., in dem sich Droitwich zum Kurort entwickelte. – **Great Malvern** (8 M südwestlich, A 449), ein Heilbad am Fuß der steilen *Malvern Hills.* Kirche mit gotischer Fassade (15. Jh.) und normannischem Innerem. Südlich die beiden Heilquellen **Malvern Wells** und **Little Malvern.** – **Tenbury Wells** (21 M nordwestlich, B 4204) über **Great Witley** (10 M; imposante Kirche im italienischen Stil, 18. Jh.). **Tenbury Wells** war im 19. Jh. ein Heilbad; seine alten Gasthäuser erinnern an seine frühere Bedeutung als Postkutschenstation auf der Route nach Wales. Die Hochschule für geistliche Musik von Tenbury Wells besitzt das Manuskript von Händels »Messias«.

Unterkunft in Worcester:

Hotels:	Tel.	Zimmer
Giffhard	27155	103
Star	24308	34

In Evesham:

Hotels:	Tel.	Zimmer
Evesham	6344	18
Northwick Arms	6109	18

In Droitwich:

Hotels:	Tel.	Zimmer
Worcestershire	2371	144
Chateau Impney	4411	65
Raven	2224	55
St. Andrew's House	3202	30

In Great Malvern:

Hotels:	Tel.	Zimmer
Abbey	3325	112
Gold Hill	4000	22
Cottage in the Wood	3487	22

In Tenbury Wells:

Hotels:	Tel.	Zimmer
Royal Oak	810417	7

Jugendherbergen: Hatherley, 18 Peachfield Road, Malvern Wells, Tel. Malvern 06845/3300, 70 B.

YEOVIL (spr. Yovil; D 6), Grafsch. Somerset, 90 m, 25500 Einw. Alte Stadt mit schöner gotischer Kirche in landschaftlich reizvoller Umgebung. Zu den Haupterzeugnissen der Stadt gehören Molkereiprodukte, Handschuhe, Segeltuch und Helikopter.

Auskunft: Town Hall, Tel. 5272.

Tel.-Vorwahl: 935

Verkehr: A 30 Salisbury – Exeter. – Bahnstation.

Sport: Golf, Tennis, Reiten.

Ausflüge: Nach **Crewkerne** (9 M südwestlich, A 30), über **Haselbury Plunckett** (7 M; Brücke 15. Jh.), einer Marktstadt, seit jeher berühmt als Segelmacherstadt; Kirche 15. Jh., Armenhäuser aus dem 17. Jh. – **Montacute** (4 M westlich, A 2088), elisabethanisches Herrenhaus (mittwochs und sonntags, April bis Sept. 13 bis 18 Uhr, Eintrittsgebühr). – **Tintinhull House** (5 M nordwestlich), Gartenkunst des 17. Jh. (mittwochs, donnerstags, samstags, April bis Sept., Eintrittsgebühr). – Nach **Sherborne** (5 M östlich, A 30), geistliches Zentrum im 8. Jh., schöne Abteikirche 11. bis 12. Jh. *Abbot's Hall* im Anwesen der *Sherborne School*, einer Gründung Henry VIII. (geöffnet während der Schulferien). Mittelalterliches Spital (15. Jh.). Am südlichen Flußufer eine Burgruine aus dem 12. Jh., und **Sherborne Castle,** 16. Jh. (donnerstags, samstags und sonntags, April bis Sept., 14 bis 18 Uhr, Eintrittsgebühr).

Unterkunft in Yeovil:

Hotels:	Tel.	Zimmer
Three Choughs	4886	39
Manor	3116	25

In Crewkerne:

Hotels:	Tel.	Zimmer
Old Parsonage	3516	6

In Sherborne:

Hotels:	Tel.	Zimmer
Post House	3191	60
Half Moon	2017	16
Eastbury	3387	15

YORK (E 3), Grafsch. North Yorkshire, 10 m, 105000 Einw. Hauptstadt der Grafschaft und Erzbistum (Primat von England) am *Ouse River;* Industriestadt und bedeutendes Eisenbahnzentrum im fruchtbaren *Vale of York.* Ein fast geschlossener Mauergürtel umgibt die historische Altstadt mit ihren reizvollen mittelalterlichen Straßen und Gäßchen und den vielen gotischen Kirchen, die, ebenso wie das imposante Münster, einen erstaunlichen Reichtum an mittelalterlicher Glasmalerei besitzen. York ist ein ausgezeichnetes Ausflugszentrum.

Auskunft: Tourist Information Centre, Exhibition Square, De Grey Rooms, Tel. 2 17 56.

Tel.-Vorwahl: 09 04

Verkehr: A 64 Leeds – Scarborough. – Bahnstation.

Geschichte: Im Jahr 71 n. Chr wurde die kleine britische Ansiedlung römische Garnisonstadt und erlangte Bedeutung als Hauptstadt der gesamten römischen Provinz Britannien. Kaiser Hadrian besuchte die Stadt im Jahr 121, Severus und Constantius Chlorus starben hier, und Konstantin der Große wurde hier zum Kaiser proklamiert. Nach Abzug der Römer wurde York ein monastisches Zentrum und angesehener Sitz der Gelehrsamkeit; Karl der Große berief Yorks Magister Scholarum, Alcuin, an seinen Hof in Aachen (782). Es behielt seine Bedeutung unter den Dänen, die es Jorvik nannten, und unter den Normannen, die hier zwei Burgen errichteten.

Sehenswert: **York Minster,** 627 gegründet, heutiger Bau aus dem 13. bis 15. Jh.; berühmte Glasmalereien, besonders *»Five Sisters«* und großes Ostfenster im Nordschiff. Umfangreiche Sanierungs- und Restaurierungsarbeiten wurden in den vergangenen Jahren notwendig, um das prächtige Bauwerk zu erhalten. – **City Walls,** 4 km lang; die mittelalterlichen Stadtmauern bilden heute eine Promenade um die Altstadt. Vier »**Bars**« (Tore), davon eines noch mit Fallgitter – **Clifford's Tower** in der Mitte der Altstadt, die Zitadelle der früheren Burg (13. Jh.). Anschließend das **Castle Folk Museum,** eines der interessantesten Volkskundemuseen in England, im Gebäude des ehemaligen Frauengefängnisses (1780) und Schuldturm (1705; 9.30 bis 19.30 Uhr, sonntags ab 10 Uhr, im Winter bis 16.30 Uhr, Eintrittsgebühr). – Reizvolle alte Straßen, wie die alte Metzgergasse **Shambles.** – Die vier mittelalterlichen Zunftgebäude, **Merchant Adventurers' Hall, Merchant Taylors' Hall, St. Anthony's Hall** und **Guildhall.** – **Assembly Rooms,** Blake Street, Gesellschaftsräume des Adels aus dem 18. Jh. – **St. Michael-le-Belfry,** kleine gotische Kirche im Schatten des Münsters; schöne Glasfenster – **Treasurer's House** (17 Jh., auf den Fundamenten eines früheren Gebäudes aus dem 12. Jh.), frühere Wohnung des Schatzmeisters der Kathedrale mit Stilmöbelsammlung. Daneben **St. William's College** (1461). – **Yorkshire Museum,** Funde aus der Römerzeit (10 bis 17 Uhr, sonntags ab 13 Uhr). Im Park die Ruinen der **St. Mary's Abbey** (11. Jh.), **St. Leonard's Hospital** (13. Jh.), der zum Teil römische **Multangular Tower** bei der Stadtmauer und **King's Manor,** das ehemalige Äbtehaus (vorwiegend 15. Jh.). Anschließend die **City Art Gallery.** – **Railway Museum** (10 bis 18 Uhr, sonntags 14.30 bis 18.30 Uhr). – **Heritage Museum** (Stadtgeschichte).

Baden: Hallen- und Freibad.

Sport: Rudern, Angeln, Tennis, Golf, Bowling.

Unterhaltung: Theatre Royal, St. Leonard's Place (Schauspiel).

Ausflüge: **Castle Howard** (16 M nordöstlich, Abzweigung von der A 64), Anfang des 18. Jh. erbautes Herrenhaus mit schönen Parkanlagen (täg-

YORK
INNENSTADT

0 100 200m — Information

1 Minster
2 City Walls
3 "Bars" (Tore)
4 Clifford's Tower
5 Castle Folk Museum
6 Shambles
7 Merchant Adventurers' Hall
8 Merchant Taylors' Hall
9 St. Anthony's Hall
10 Guildhall
11 Assembly Rooms
12 St. Michael -le -Belfry
13 Treasurer's House
14 St. William's College
15 Yorkshire Museum
16 St. Mary's Abbey
17 St. Leonard's Hospital
18 Römischer Turm
19 King's Manor
20 Art Gallery
21 Railway Museum

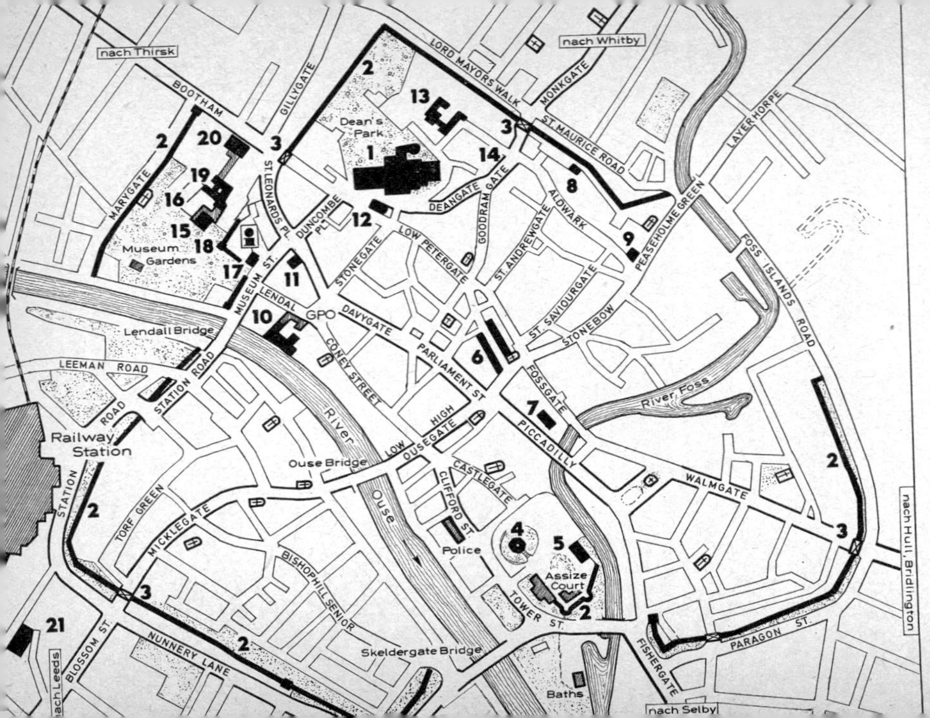

lich außer montags und freitags, 14 bis 17 Uhr, Eintrittsgebühr). – Nach **Gilling** (18 M nördlich, B 1363), Burg aus dem 13. Jh., heute als Schule benutzt; sorgfältig erhaltener elisabethanischer Bankettsaal (geöffnet während der Schulferien, 10 bis 16 Uhr). 4 M nordwestlich die Klosterruine von **Byland Abbey,** 12. bis 13. Jh., eine Zisterziensergründung (täglich geöffnet, Eintrittsgebühr). – Nach **Skelton** (4 M nordwestlich, A 19); eine Kirche aus dem 13. Jh. ist unverändert erhalten. 3 M westlich das Herrenhaus **Beningbrough Hall** aus dem frühen 18. Jh., mit großen Gartenanlagen (mittwochs und samstags, April bis Sept., 14 bis 18 Uhr, Eintrittsgebühr). – Nach **Aldborough** (16 M nordwestlich, A 59/B 6265), ein Dorf an der Stätte des römischen Legionshauptquartiers *Isurium*. Teile eines Mosaikbodens wurden im Garten des *Aldburgh Arms Inn* freigelegt, ein kleines Museum zeigt eine Sammlung lokaler römischer Funde.

Unterkunft in York:

Hotels:	Tel.	Zimmer
Royal Station	5 36 81	132
Viking	5 98 22	112
Post House	6 79 21	104
Abbey Park	2 54 81	63
Granby Lodge	5 32 91	53
Chase	6 71 71	45
Newington	2 51 73	45
White Swan	2 88 51	30
York Motel	6 71 51	28
Dean Court	2 50 82	25
Scarcroft	2 50 80	24
Sheppard	2 05 00	20

In *Gilling* und *Aldborough* keine Hotels.

Jugendherbergen: »Sabrina«, Swing Bridge, Selby, 22 B. – Haverford, Water End, Clifton York, Tel. 09 04/ 5 31 47, 140 B.

YORKSHIRE DALES NATIONAL PARK s. Nationalparks.

Orts- und Sachverzeichnis

Fett gedruckte Seitenzahlen weisen auf ausführlichere Angaben hin.

C 43 2 78/I 12